모두를 위한 자유

모두를 위한 자유

리하르트 다비트
프레히트 지음

박종대 옮김

일의 미래, 그리고 기본 소득

FREIHEIT
FÜR
ALLE

열린책들

일러두기
- 이 책의 각주는 옮긴이 주입니다.
- 원서에서 이탤릭으로 강조한 부분은 굵은 명조체로 표시하였습니다.

이 책은 실로 꿰매어 제본하는 정통적인 사철 방식으로 만들어졌습니다.
사철 방식으로 제본된 책은 오랫동안 보관해도 손상되지 않습니다.

다이달로스의 발명품이 저절로 움직이는 것처럼, 혹은 헤파이스토스의 삼각대가 자가 동력으로 움직이면서 성스러운 작업을 수행하는 것처럼 모든 도구가 명령에 따라 움직이거나 맡겨진 일을 알아서 척척 수행한다면, 또는 베틀이 혼자 자동으로 베를 짜낸다면 작업장의 장인에게는 조수가, 주인에게는 하인이 필요하지 않을 것이다.

— 아리스토텔레스, 『정치학』 1253b, 기원전 4세기

기계가 우리에게 필요한 모든 것을 생산해 준다면 이제 남은 것은 재화의 분배 문제뿐이다. 기계가 생산한 부를 적절히 분배한다면 모두가 호사스럽게 살 수 있고, 반대로 기계의 소유주들이 그런 식의 글로벌한 분배에 완강히 저항한다면 대다수 사람은 끔찍한 가난에 시달릴 것이다. 지금까지의 추세를 보면 두 번째의 가능성이 커 보인다. 기술의 진보는 불평등을 더욱 부채질하고 있기 때문이다.

— 스티븐 호킹, 미국 SNS 레딧Reddit, 2015

들어가는 글

약속은 거창했다. 대필 작가에게 받아 적게 한 그 책의 저자도 어떤 면에서는 허세가 심했다. 1957년에 출간된 『모두를 위한 번영Wohlstand für Alle』이야기다. 이 책은 아마 독일 정치인이 지금껏 국민들에게 내놓은 약속 중에서 가장 강력한 확약일 것이다.[1] 만일 당시의 경제 장관 루트비히 에르하르트Ludwig Erhard의 말대로 되었다면 새로 도입된 독일의 〈사회적 시장 경제〉는 점점 더 많은 사람을 부자로 만들었을 뿐 아니라 이 사회에서 가난을 영원히 몰아냈을 것이다. 전후의 〈경제 기적〉은 사실 독일인들 스스로도 어찌나 놀라고 감격했던지 에르하르트조차 나중에는 〈절제〉를 호소할 정도였다.

독일의 물질적 번영은 1950년대와 1960년대에 거의 화산 폭발처럼 전례 없는 속도와 강도로 성취되었다. 사회적 시장 경제는 자가 동력으로 끊임없이 돌아가는, 인간의 얼굴을 한 자본주의를 만들어 낸 마법의 공식 같았고, 이 자본주의는 마법의 손처럼 경쟁을 통해 지상에 새로운 축복을 내렸다. 전쟁 세대는 잿더미 위에서 애도할 여력조차 없이 생존에만 목을 매달았으며, 빳빳하게 풀 먹인 흰색 와이셔츠로 양심의 가책을 감추었고, 〈우리는 다시 떳떳한 존재다〉라는 모호한 새출발의 구호와 재무장에 감격했고, 그러면서도 여전히 주 6일 근무의 긴 노동에 시달리다가, 정말 뜻밖의 성공이 눈앞에 있는 것을 발견했다. 비참한 전쟁 패자가 어느새 전후 승자로 우뚝 서 있었다. 독일인들은 아돌프 히틀러Adolf Hitler가 외쳤던 기적의 무기로는 세계를 정복하지 못했지만, 사회적 시장 경제라는 경제 기적의 무기로는 세계를 정복하는 데 성공했다. 어쩌면 나치의 하켄크로이츠가 메르세데스 벤츠 로고로 대체되고, 나치의 상징색인 갈색이 가톨릭의 검은색으로 바뀐 것에 불과할지 몰라도 독일의 성실함과 유능함에 대해서는 의심의 여지가 없었다. 〈모두를 위한 번영〉은 독일의 무한한 노동력과 능력에 대한 믿음일 뿐 아니라 지금까지 실현 불가능이라 여겨졌던 인류의 꿈을 표준적으로 실현한 것이기도 했다. 이제 모든 것이 모두에게 충분할 만큼 존재했다! 필요한 것은 커다란 파이 한 조각을 살 수 있을 만큼의 성실함뿐이었다.

1960년대 서구의 모든 산업국에서 궁핍의 경제는 끝났다. 인간이 문명을 만든 이후 모두에게 풍족했던 적은 일찍이 없었다. 그러다 현대에 들어 산업국들에서 기술 진보와 끊임없는 생산성 증대가 그것을 가능케 했다. 이제 분배의 문제만 남았다. 원칙적으로 모두에게 충분할 만큼 생산된다면 각각의 사람에게 얼마가 돌아가야 할까? 여기서 한 가지가 궁금하다. 풍요 사회는 모두에게 풍족할 만큼 재화만 생산한 것이 아니라 동시에 그 성공의 토대가 무엇인지 묻는다. 답은 분명하다. 일할 능력이 있는 사람이라면 누구 할 것 없이 가능한 한 오랫동안 많은 일을 했다. 이제 그런 노동이 점점 불필요해진다면 사람들은 앞으로도 계속 스스로를 생업 노동 사회의 일부로 정의해야 할까? 수 세기 동안 대다수 사람에게 악몽과도 같았던 그 역할을 계속 떠맡아야 할까? 임금으로 생계를 지탱하고, 심지어 등골 휘는 노동으로 스스로를 갉아먹음으로써 종종 이른 죽음으로 내몰았던 그 역할 말이다. 20세기 후반에 이르러 대부분의 선진국에서는 스스로를 망가뜨린 노동에 종지부를 찍었고, 대신에 서비스 부문에서 무한 반복 되는 무수한 노동을 만들어 냈다. 한마디로 혹독한 노동이 지루하기 짝이 없는 노동으로 대체된 것이다.

그런데 이 도약도 그리 오래가지는 못했다. 정보 처리 능력이 좋아지는 제2차 기계 시대는 오늘날 다시 한번 인간 사회의 지형을 근본적으로 갈아엎고 있다.[2] 기술 경제적 혁명만큼 노동에 대한 우리의 생각을 획기적으로 바꾼 것은 없다. 이 혁명들은 스스로 원하든 원하지 않든 새로운 세계 형성을 요구하는 진정한 장수이자 무적의 게임 체인저다. 사회 전체를 혁명하지 않고는 상품의 생산 방식과 유통 방식, 노동 과정, 직업 영역, 커뮤니케이션을 혁명할 수 없다.

인간 역사에서는 늘 그래 왔고, 앞으로도 그러할 것이다. 1차 산업 혁명은 단순히 증기 기관을 이용한 산업 생산의 시작에 그치지 않고, 약 2,000년 가까이 지속된 귀족 및 교회 지배의 종말을 의미했다. 산업 혁명은 경제가 국가 권력에서 벗어나 독립할 것을 요구했다. 그를 위해 민족 국가들은 경제 조종자가 아니라 거대한 내수 시장에서의 역할만 강요받았다. 그런데 그보다 훨씬 중요한 것은 1차 산업 혁명이 성과 및 임금 노동 사회라는 새로운 사회 모델의 초안을 마련했다는 점이다. 산업 혁명은 수많은 굴곡과 우회를 거쳐 의회 민주주의와 법치주의, 시민사회, 행정 기관의 정착을 이뤄 냈고, 나중에는 공공 서비스와 보건 정책까지 성취해 냈다. 2차 산업 혁명, 즉 전기를 통한 대량 생산은 이 과정을 더욱 가속화했을 뿐 아니라, 처음에는 두 차례의 세계 대전을 일으켰고 나중에는 유례없는 보편 교육과 현대 복지 국가, 풍요로운 소비 사회, 시민 의식의 강화를 가능케 했다.

오늘날 우리 모두의 눈앞에서 일어나고 있는 이 격변 역시 많은 사람이 생각하는 것 이상으로 강렬하고 거대하다. 정치인과 경제학자들이야 그렇게 믿고 싶을지 몰라도 우리는 역사의 종언 후에 찾아온 어떤 최종적인 사회, 즉 기술 경제적 혁명이 오직 효율성 향상과 새로운 성장만을 의미하는 그런 사회에 살고 있지 않다. 아니, 정반대다. 새로운 사유 체계를 설계하는 작업은 정체되고, 온갖 미사여구로 현상 유지를 영원한 가치로 떠받드는 이 상황 자체야말로 모든 격변의 시대에 공통적으로 나타나는 특징이다! 어떤 군주도 증기 기관에 자신의 통치를 영원히 끝장낼 힘이 숨어 있음을 눈치채지 못했다. 농업에 기반을 둔 프랑스 봉건 사회의 경제 사상가들을 생각해 보라.[3] 그들은 증기 기관과 방적 기계를 보면서도 더더욱 반항적으로 농업만

이 생산의 영구적인 진보를 약속하고, 산업 혁명의 거품은 곧 꺼지게 되며, 모든 것이 다시 옛것에 머물게 될 거라고 주장하지 않았던가? 그로부터 20년 후 프랑스 혁명은 프랑스 전체를 뒤집어엎었을 뿐 아니라 오랜 세월 버텨 온 하나의 세계도 무너뜨렸다.

디지털 혁명이 지금껏 우리가 경험한 그 어떤 것보다 더 거대한 사회 혁명을 내포하고 있다고 짐작할 이유는 많다. 컴퓨터와 로봇이 전 세계 노동 현장에 혁명을 일으키고 있음에도 모든 것이 전반적으로 옛것에 머물 가능성은 지극히 낮다. 그런데 이런 변화와 속도를 실제로 파악하려면 한 발짝 비켜서서 살펴볼 필요가 있다. 우리는 한편으로 새로운 테크놀로지의 **단기적** 결과를 과대평가하는 경향이 있다. 2014년 세상을 바꾸겠다고 큰소리치던, 안경테에 장착된 미니컴퓨터 구글 글래스Google Glass는 그사이 어디로 갔는가? 아마존의 알렉사Alexa 같은 가정용 음성 비서들에 대한 수요는 정체 상태에 머물러 있다. 게다가 이제는 그 누구도 전 세계 대도시에서 수년 내에 완전 자율 주행 차량만 다닐 거라고 믿지 않는다. 3D 프린터도 아직 그 사용 가능성에 대한 기대를 충족시키지 못하고 있다. 또한 일론 머스크Elon Musk조차 앞으로 몇 년 안에 달이나 화성으로 갈 수 있을 거라고는 믿지 않을 듯하다.

다른 한편으로 우리는 새로운 테크놀로지의 **장기적** 결과를 심각하게 과소평가하는 경향이 있다. 예를 들면 삶의 환경과 삶의 리듬의 미묘하지만 결정적인 변화, 가치관의 변화, 권위와 제도의 변화, 공존 방식과 사회 구조의 변화, 정치 문화의 변화 등 말이다. 이런 변화는 우리가 기술 혁명의 결과로 인지하지 못할 정도로 아주 천천히 진행된다. 지나고 나서야 우리는 그 변화의 규모를 깨닫는다. 사회 전반에 전기화가 급속하게 이루어지고 선구적인 공학이 발달하던 1900년부터 1920년까지 전기 조명과 자동차, 비행기, 고층 빌딩, 전화만 일상이 된 것이 아니라 최소한 대도시에서는 완전히 새로운 삶이 발명되었다. 가령 패션, 음악, 여성의 역할, 성생활, 정신 질환 같은 것들 말이다. 게다가 물리학과 철학의 세계관도 바뀌었고, 회화는 예전의 모습을 거의 찾아볼 수 없게 되었으며, 영화 같은 새로운 장르까지 등장했다. 작가들은 완전히 다른 책을 쓰고 언어를 새로운 방식으로 다루었으며, 소음은 증가하고 속도는 빨라졌다.

반면에 거대한 기술 혁신이 없던 시절에는 변화가 얼마나 미미했던가! 1970년에서 2000년 사이 선진국들은 사회의 심층 구조와 삶의 리듬 면에서 무엇이 바뀌었던가? 사회에 완전히 새로운 동력을 제공한 것은 인터넷과 스마트폰이었다. 1970년부터 2000년까지는 돈과 자동차, 패션, 소비재 같은 물건이 **많아졌다면** 이제는 그 많은 물건이 갑자기 완전히 **달라졌다**. 인터넷과 스마트폰은 업무 영역에서 혁명을 일으켰고, 예전에 없던 새로운 유형의 회사를 만들어 냈으며, 우리의 관심을 다른 데로 돌렸고, 언제 어디서건 소통을 가능하게 만들었다. 그렇다, 이 세상에서 삶의 방향 자체가 바뀌었다. 예전에는 몰랐던 욕구가 때로는 쾌락 충족의 형태로, 때로는 강박 행동의 형태로 분출되었다. 자신을 드러내고 자기 의견을 전달하려는 욕구도 엄청나게 폭발했다. 관심을 받으려는 사람들의 충동은 기존의 모든 관습에서 해방되어, 자신의 육체적 매력을 공개적으로 드러내고 정치적 입장을 노골적으로 표명하고 증오를 공개적으로 표출하는 식으로 이어졌다. 더구나 이런 일상적 혁명은 앞으로도 상당 기간 끝나지 않을 것처럼 보인다. 오늘날 우리가 도로 교통, 단조로운 직장 생활, 은행 업무, 행정, 의료, 법률 상담이라 부르는 것들 중에서 많은 것이 아마 20년 후에는 지금과 완전히 다른 모습으로 변해 있을 것이다.

현재 거대한 격변이 거세게 휘몰아친다. 그 여파가 우리 사회를 강타하고 있다. 가만히 보면 사회 시스템의 변화는 기술 및 노동 세계의 변화를 항상 일정한 간격을 두고 뒤늦게 쫓아간다. 제임스 와트James Watt의 증기 기관에서부터 노동조합의 광범한 확산까지 100년이 넘게 걸렸다. 최초의 중요한 사회 보장 시스템이 실제로 만들어지기까지는 그보다 훨씬 더 오랜 시간이 필요했다. 독일의 2차 산업 혁명이 사회적 시장 경제를 통해 그 열매를 분배하기까지도 숱한 우여곡절을 거듭하며 반세기 이상이 걸렸다. 그러나 이미 가속도가 붙은 21세기 사회에서는 그 속도가 과거에 비할 바 없이 더 빨라지리라는 것은 예언자가 아니어도 누구나 짐작할 수 있다.

그렇다면 노동의 개념은 어떻게 변할까? 근 2,000년 전부터 인간 삶의 의미로 여겨져 온 노동은 인간 존재에 삶의 지침을 제공하고 성취 지향적 사회를 유지시킨 기독교적 유산이다. 그런데 사람들이 삶의 의미를 대체로 종교 밖에서 찾고 삶의 의미와 관련해서 점점 더 다양한 요구가 쏟아지는 21세기에 노동은 과연 예전과 같은 의미를 지닐 수 있을까? 노동이 더는 실존적 과제가 아니고 인간 존재의 목적도 아니라는 사실은 더 이상 젊은 세대에게 설명할 필요가 없다. 오늘날 우리에게 가장 중요한 자산은 노동이 아니라 삶을 자기 생각대로 꾸밀 수 있는 시간을 가질 자유다.

번영에 관한 관념도 바뀌었다. 사람들은 이제 번영을 에르하르트 시대처럼 생각하지 않는다. 오늘날 번영은 1950년대처럼 단순히 물질적 안정이나 돈, 지위가 아니다. 냉장고, 타일이 깔린 욕실, 텔레비전, 자동차, 광나는 구두, 잔디밭, 화단, 자갈 등 번영의 옛 상징들은 이미 수명을 다했다. 직장에서의 건강한 생활, 구내식당의 건강식, 아늑한 휴게 공간, 심지어 늘어나는 재택근무가 일상으로 자리 잡고 있다. 과거에는 광업이든 철강 산업이든 독일의 번영은 거기서 종사한 사람들의 복지를 기반으로 이루어지지 않았다. 반면에 오늘날은 얼마나 달라졌는가! 번영과 복지의 경계가 흐려지고 있다. 다들 일상적으로 느낄 정도다. 우리가 아는 노동 개념을 수정하는 것은 옛것의 개선이 아니라 완전히 새로운 노동의 시작을 의미한다.

오늘날 모두를 위한 번영에 속하는 것은 산업 사회의 역사에서 일찍이 없었던 더 많은 자유다. 에르하르트의 시대처럼 끝없는 노동 시간은 미래 세대의 자유를 제한하게 될, 자연에 대한 무한한 착취와 마찬가지로 현대적 번영 개념과는 맞지 않는다. 1950년대와 달리 번영은 이제 순수 경제적인 개념이 아니라 건강한 몸과 마음의 문제이자 온전한 환경, 평화로운 공존, 문화적 혜택, 감각적 욕구 충족의 문제다.

이로써 산업 사회의 유토피아, 즉 어떤 대가를 치르더라도 더 많은 경제적 번영을 이뤄 내야 한다는 생각에 깊은 균열이 생긴다. 여전히 무조건적인 성장이 필요할까? 그로 인해 우리는 매일 잘못된 것을 최적화하고 있는 것은 아닐까? 요즘의 희망과 걱정은 더 이상 전후 세대의 것과 같지 않다. 무조건 더 많이 가져야 한다는 욕망은 분배의 문제로 이어진다. 왜 누구는 번영으로 인해 엄청난 혜택을 받는 반면에 나머지 사람은 풍요의 혜택을 거의 받지 못할까? 기초적인 욕구를 어떻게 충족시킬까 하는 물음도 이제 다른 물음으로 넘어간다. 이대로 계속 사치스러운 물질적 욕구를 계속 일깨우는 것이 과연 옳을까? 인간의 이익을 위해 자연을 지배하는 것을 당연시하던 분위기에도 의문이 제기된다. 우리가 장차 자연을 소중하게 다루는 것이 오히려 더 큰 이익이 되지 않을까? 내가 어떤 일을 하느냐의 물음은 내가 왜, 무엇을 위해 이 일을 하느냐의 물음과 불가분의 관계로 엮여 있다.

과거에는 합리적이었던 것이, 그러니까 합리성 그 자체로 비쳤던 것이 갑자기 비합리인 것으로 나타난다. 경제적 관점에서만 모든 것을 바라보는 일은 오늘날 더는 당연하지 않다. 한편으로 경제적 합리성은 우리를 이 행성에서 삶의 토대를 파괴하는 나락의 길로 이끄는 듯하고, 다른 한편으로 21세기 선진 사회의 주민들은 경제적 성공 외에 그와 비슷한 등급의 다른 동기를 알고 있다. 고전적인 생업 노동 사회가 200년 넘게 만들어 놓은 가치 체계의 우위가 이제 끝나 가고 있다. 진정한 진보는 진보라는 이유만으로 그 안에 가치가 담겨 있는 것이 아니라 이성적이고 의미 있는 발전이 담겨 있어야 한다. 과거와 완전히 다른 이 새로운 진보는 과거의 진보에 묻는다. 무한 경제 성장과 물질적 재화의 무한 축적만 외치는 진보가 정말 이성적일까?

이 질문은 노동의 미래에 굉장히 중요하다. 고전적인 생업 노동 사회의 많은 불문율과 성문율은 오늘날 이성적으로 비치지 않고 산업 시대에 폭넓게 퍼진 신화처럼 보인다. 우리가 정말 일주일 내내 일해야 할까? 돈을 위해 일하는 사람만이 성취를 이루었다고 할 수 있을까? 산업 사회의 미덕인 성실함과 유능함은 본질적으로 노임과 무관하지 않을까? 지금껏 우리가 알고 있는 생업 노동 사회의 원칙들은 하루아침에 사라지지 않을 것이다. 그러나 그것들은 이미 오래전부터 내부에서 공동화(空洞化) 및 침식 현상이 일어나면서 서서히 본래의 보편적인 의미를 상실해 가고 있다.

바로 이 지점에서 많은 사람, 특히 경제학자와 정치인들은 큰 딜레마에 빠진다. 그들이 그렇게 애지중지하던 완전 고용이든, 대안 없는 성장이든, 소비를 통한 노동 스트레스의 무조건적인 보상이든지 간에, 지금까지의 상수가 이제 변수가 된 것이다. 이런 원칙이 모두 사라지면 누가 예측과 측정이 가능한 미래 진단을 내놓을 수 있을까? 이런 측면에서 그들은 지금껏 마치 생명 줄처럼 오직 경제 지수에만 매달려 오지 않았던가? 그러나 경제에 대한 핵심 질문은 이제 더 이상 경제가 어떻게 이대로 계속될지의 문제가 아니라, 어떻게 **의미 있게** 계속되고 또 **계속되어야 하는지**의 문제여야 한다. 이는 서구 사회가 이 복잡한 시스템 속에서 한 번도 맞닥뜨린 적이 없는 질문이었다.

노동 사회에서 〈의미 사회〉(필자가 제안하는 용어다)로의 도약은 우리가 지금껏 경제학자들이 해왔던 것보다 현실을 더 예리하고 총체적으로 이해하게 만든다. 〈경제 요소〉, 〈경제 규모〉, 〈자원〉, 〈성장률〉은 제1차 기계 시대의 좌표들로서 스스로를 탁월한 이성으로 여긴 경제적 이성의 개화기에 생겨났다. 그것들은 이론적으로나 심리적으로 마치 신이 수학의 언어로 기록하고 고전 경제학의 가치를 곳곳에 마련해 두기라도 한 것처럼 잘 정돈된 세계의 상징이다. 반면에 오늘날의 의미 사회는 〈수요와 공급 너머〉의 세상도 안다. 사회적 시장 경제의 아버지인 빌헬름 뢰프케Wilhelm Röpke가 일찍이 1958년, 그러니까 『모두를 위한 번영』이 출간된 지 1년 후에 제시한 세상이다.[4]

제2차 기계 시대는 제1차 기계 시대의 사유 세계를 갈아 엎는다. 그것의 경제만 파괴적인 것이 아니라 모든 경제 혁명이 그렇듯 사회적 결과도 파괴적이다. 고도로 자동화된 미래 세계는 더 이상 모든 시민에게 확고한 노동 의무를 요구하지 않는다. 오히려 한편으로는 점점 더 커지는 의미 요구를 노동 세계에 부과하고, 다른 한편으로는 수많은 삶의 의미가 노동의 코르셋에서 벗어나는 것을 허용한다. 임금 노동이 전반적으로 더 이상 예전처럼 경제적인 면에서 필수적이지 않다면 우리가 반평생을 노동으로 보낼 필요가 있을까? 완전 자동화된 생산과 인공 지능으로 대변되는 제2차 기계 시대는 생산과 번영의 막대한 성공에도 불구하고 제1차 기계 시대가 인정한 적이 없던 것을 선명하게 보여 준다. 모든 것이 실제로 모두에게 충분할 만큼 있다는 것이다. 풍요 사회는 눈을 번쩍 뜨고 그 사실을 깨닫는다.

그런데 21세기 산업 사회는 이런 분위기에 당혹스러움을 감추지 못한다. 해방의 잠재력이 실현되는 과정에서 필시 경제가 해를 입지 않을까? 의미 있는 노동은 대체 무엇이고, 노동이 아닌 의미 충족이 중심에 서는 사회는 어떤 모습일까? 그러나 기차는 이미 출발한 지 오래다. 독일에서는 직장인들조차 이제는 일생의 10분의 1 혹은 깨어 있는 시간의 7분의 1 동안만 일한다.[5] 노동은 의미를 생성해야 하고, **목적**이 있어야 하고, 삶과 균형을 이루어야 한다는 것은 수많은 신(新)노동 회의에서 시급한 요구로 확인되고 있다. 그런데 저임금 분야의 사정은 달라 보인다. 배달업이나 대리운전업에 종사하는 사람, 돌보미, 경비원, 식당 종업원은 노동의 미래를 다루는 회의에서 거의 다루어지지 않는다. 게다가 코로나 이후 원래 직장으로 돌아가지 못한 수백만 명의 미국인은 서유럽 전역에서 마찬가지로 다른 일을 찾아야 하는 수십만 명의 화물차 운전사 및 식당 종업원과 비슷한 운명에 처해 있다.[6] 그들에게는 어떤 미래가 기다리고 있을까?

격변의 시기에는 항상 바람직한 것과 그것을 실현하려는 의지 사이에 큰 괴리가 있었다. 전통적인 생업 노동 사회가 서서히 붕괴되는 사이, 현 체제의 수호자들은 늘 사람들의 권리 요구에 분노를 터뜨린다. 노동으로 인간을 규율하고 통제하는 시스템이 사라지면, 지난 200년 동안 모든 사회 개혁 때마다 그랬듯이 부정적인 인간상과 암울한 미래상이 어김없이 고개를 든다. 〈이러다 우리는 도대체 어디로 가게 될 것인가?〉 하는 식이다. 하지만 지금까지 산업 사회는 인도주의적 방향으로 꾸준히 진보해 왔다. 심지어 보수주의자조차 여성이 인간으로서의 권리를 누리지 못하고, 노동자가 열악한 환경에서 생활하고, 아이가 무자비한 노동에 시달리는 옛 시절로 돌아가고 싶어 하지는 않을 것이다. 스위스 작가 쿠르트 마르티Kurt Marti의 말처럼, 다들 우리가 어디로 갈 것인지 한탄만 할 뿐 지금 어디로 가고 있는지 아무도 가르쳐 주지 않는다면 우리는 정말 어디로 가게 될까? 많은 사람이 되도록 일을 적게 하고 스스로에게 더 많은 자유 시간을 허용하고 싶어 하면서도 다른 한편으로는 바로 그 상태를 두려워하는 사회에서 우리는 어떻게 벗어날 수 있을까?

사실 모든 것은 권력의 문제다. 기술의 진보를 밀어붙이면서 동시에 가능한 한 많은 일자리를 유지하려는 것은 가속과 감속 페달을 동시에 밟고 있는 정치가 낳은 역설이다. 그런데 브레이크에서 발을 떼려면 올바른 방향에 대한 새로운 인식과 새로운 사회적 거래가 필요하다. 이 거래는 독일 연방 의회의 모든 정당보다 기업들이 오히려 더 원하고 있으며, 다른 서유럽 국가들의 상황도 엇비슷하다.

이 새로운 사회적 거래가 이 책의 주제다. 18세기 계몽주의 사상가들을 생각해 보라. 그들은 서유럽의 저물어 가는 귀족 사회를 바라보며, 제1차 기계 시대가 불러올 미래 시민 사회의 청사진을 그렸다. 같은 맥락에서 제2차 기계 시대의 청사진을 제공하는 것은 오늘날의 사상가들에게 맡겨진 과업이다. 그 옛날 데이비드 흄David Hume의 정적에 잠긴 에든버러 도서관에서, 파리 살롱들의 우아한 대화 속에서, 혹은 이마누엘 칸트 Immanuel Kant의 한적한 쾨니히스베르크 서재에서 새로운 사회에 대한 구상이 탄생한 것처럼, 오늘날에도 점점 꺼져 가는 고전적 생업 노동 사회의 빛 속에서 새로운 사회의 윤곽이 그려지고 있다. 필자가 지난 10년 동안 수많은 학술 대회에 참석하고, 다양한 기업인을 만나고, 연단과 포럼에서 강연하고, 흥미로운 사람들과 잊을 수 없는 대화를 나누고, 수년 동안 경제 관련 논문과 선견지명이 있는 책과 에세이를 읽은 끝에 바로 이 책이 나왔다. 전작인『사냥꾼, 목동, 비평가』에서는 사회적 변화에 대한 일반적 개요를,『인공 지능의 시대, 인생의 의미』에서는 제목 그대로 인공 지능과 인생의 의미에 대한 철학적 성찰을 담았다면, 디지털 변화의 3부작 중 마지막에 해당하는『모두를 위한 자유』는 노동의 미래에 대한 성찰을 담고 있다. 여기서는 우리 사회를 앞으로 나아가게 하고, 지속 가능한 진정한 진보를 가져올 대격변의 잠재력을 보여 주고자 한다.

차례

의미 사회는 어떻게 만들어질까?

노동 세계의 혁명

과거의 기술 경제적 혁명은 왜 임금 노동을 줄이지 못했고, 이번
에는 그것이 다를 가능성이 높은 이유는 무엇일까?

거대한 변혁:
어떤 일이 닥칠까?

코로나 팬데믹은 말잔치로 시작했다. 그중 가장 유명한 예를 들면 다음과 같다. 〈코로나 이후 세상은 달라질 것이다.〉 심지어 〈아무것도 이전과 같지 않을 것이다〉. 앙겔라 메르켈Angela Merkel이든, 프랑크발터 슈타인마이어Frank-Walter Steinmeier든, 에마뉘엘 마크롱Emmanuel Macron이든, 프리드리히 메르츠Friedrich Merz든, 아르민 라셰트Armin Laschet든 누구도 자신이 내뱉는 이런 말을 과장이라 여기지 않았다. 혹자는 국가 일방주의와 민주주의, 무탈한 건강, 세계화, 유럽 연합 또는 자본주의의 종말을 보았다면, 미래학자 마티아스 호르크스Matthias Horx는 다가오는 낙원을 예측했다. 〈새로운 세계에서 자산은 이제 더 이상 결정적인 역할을 하지 않는다. 중요한 것은 좋은 이웃과 만발한 채소밭이다.〉[1] 또 다른 미래학자도 이에 동의한다. 이제부터 우리는 〈인생에서 정말 중요한 것이 무엇인지 깊이 고민해야 한다. 그것은 건강과 안전과 보호다〉.[2]

그런데 이웃 주민들과 철저하게 분리된 콜로니의 세계 경제 포럼 본부는 에덴동산은 물론이고 좋은 이웃이나 만발한 채소밭과는 전혀 상관없는 다른 세상을 보여 준다. 평평한 정육

면체 건물들은 군사 시설처럼 땅에 납작 엎드려 있고, 주변에는 정원이나 이웃도 없다. 게다가 호르크스의 예측과 달리 그곳 제네바 호숫가에 사는 사람들은 여전히 세상에서 돈이 제일이고, 채소는 일반적으로 꽃이 필 때까지 기다리지 않고 먹는 것이 최고라고 생각하는 듯하다.

2020년 5월 세계 경제 포럼 회장 클라우스 슈바프Klaus Schwab와 찰스 왕세자는 여기서 새로운 시대를 선포했다. 〈그레이트 리셋Great Reset〉 혹은 슈바프의 독일어 책 제목처럼 〈코비드-19: 거대한 변혁〉의 시대가 찾아오리라는 것이다. 세상은 급변하고 있다. 디지털화와 인공 지능으로 대변되는 4차 산업 혁명은 글로벌 대기업과 정부의 긴밀한 협력을 통해서만 극복할 수 있는 도전을 수반한다. 그렇다면 코로나 팬데믹의 휴지기를 이용해서 둘 사이에 예전보다 더 긴밀한 네트워크 체제를 갖추는 것보다 더 나은 아이디어가 있을까? 미래 경제는 지속 가능하고 친환경적이어야 하고, 세계 무역은 예전보다 한층 공정해야 하며, 디지털화는 훨씬 세심하게 조율되어야 한다. 또한 세계의 불평등은 더 이상 현재와 같은 형태로 유지되어서는 안 되고, 가난한 나라는 진보의 혜택을 더 많이 받아야 한다. 슈바프가 프랑스 경제학자 티에리 말르레Thierry Malleret와 함께 쓴 그 책에서 선언했듯이, 이제 신자유주의는 소임을 다했고 세계 무대로 복귀한 정부들이 다시 우위를 점하게 될 것이다.

다른 사람도 아니고 하필 신자유주의의 상징적 인물인 슈바프가 신자유주의의 종말을 선언하고 재분배와 부유세, 진정한 지속 가능성을 촉구했다는 사실은 놀랍기 그지없다. 그렇기에 『그레이트 리셋Great Reset』이 출간되자마자 심각한 우려와 두려움을 야기하고, 심지어 깊은 불안에 빠진 좌파와 우파가 서로 손잡고 음모론까지 만들어 낸 것은 어찌 보면 당연한 일인 듯하다. 이 음모론에 따르면, 코로나 팬데믹은 새출발을 위한 숙고의 계기가 아니라 오직 다른 목적을 위해 동원되고 과장된 것뿐이다. 세계 경제 포럼과 글로벌 기업이 원하는 것은 새로운 세계 질서이고, 그들의 목표는 더 안정적이고 공정한 세상이 아니라 경제 특권층의 은밀한 지배다. 그들의 공식 선언과는 정반대되는 것을 노리고 있다는 말이다.

사실 〈그레이트 리셋〉의 숭고한 선언에는 다른 동기가 숨어 있을지도 모른다. 지금껏 자기만 알던 경제 특권층이 어느 날 갑자기 인간애를 발휘하는 모습은 의심스러워 보이기 때문이다. 게다가 〈리셋〉이라는 용어도 인간과 인간 사회에 대한 공감이 별로 느껴지지 않는다. 사회가 컴퓨터 시스템처럼 종료와 재시작, 업로드가 될 수 있다고 생각하는 듯하기 때문이다. 그럼에도 글로벌 새출발은 사적 이익이나 나쁜 의도가 개입되어 있는 것이 아니라 진정한 걱정과 불안에서 비롯된 것이 분명하다. 자연에 대한 과도한 착취가 부른 막대한 사회적 파장과 함께 디지털 혁명을 통한 거대한 변혁 및 창조적 파괴는 세계를 혼돈에 빠뜨릴 수 있다. 서구 사회가 지금처럼 계속 신자유주의적 방식으로 나아간다면 자멸은 멈출 수 없을 듯하다. 이렇게 보자면, 서방의 많은 정부 수반으로부터 환영받는 그레이트 리셋은 미래에 대한 현 세계 질서의 취약한 안정성을 구해 내려는, 동시에 기존 권력 및 소유 구조를 지키려는 필사적인 시도이자 극한 노력으로 읽을 수 있다.

그런데 여기서 정말 깜짝 놀랄 만한 것은 이런 말들 뒤에 숨은 당사자들의 의도가 아니다. 예를 들어 경제 특권층의 독재 시나리오는 그저 명백한 상상력 부족이 낳은 판타지에 지나지 않는 것처럼 보인다. 문제는 새출발이나 변혁 같은 거창한 말을 뒷받침할 만한 거대한 이념이 거의 없다는 사실이다. 그런 점에서 그레이트 리셋에는 어떤 새로운 것도 담겨 있지 않다. 글로벌한 도전을 극복하기 위한 더 나은 네트워킹과 협력, 공동 전략, 더 많은 기술 혁신과 더 많은 지속 가능성은 그전에 다른 싱크 탱크들도 내놓은 바 있는 듣기 좋은 말에 지나지 않는다. 사회적, 경제적 창의성과 진정한 변화를 위한 용기 없이는 미래의 분배 투쟁, 민족주의의 득세, 학살과 전쟁 같은 두려운 시나리오를 막기 어렵다.

그레이트 리셋에서 비판 가능한 것은 무엇보다 소박하기 짝이 없는 문제의식이다. 세상은 미친 듯이 빠르게 돌아가지만 자본주의는 여전히 예전과 똑같이 유지되리라는 믿음이 그것이다. 그렇기에 자본주의 앞에 기껏 〈책임감 있는〉이라는 수식어만 하나 달랑 붙이고 만다. 슈바프가 말한 사회 및 경제 시스템의 격변과 재편은 기업의 기부 문화 확산과 정부의 부유세 도입만으로 통제할 수 있는 수준이 아니라 그보다 훨씬 더 근본적일 가능성이 높다. 디지털 혁명과 폭발적으로 늘어나는 데이터,

그리고 인공 지능은 특히 선진국에서 삶과 경제 활동의 방식을 돌이킬 수 없는 형태로 변화시킬 획기적인 기술 도약을 만들어 낸다. 필요한 것은 새로운 것을 발명하는 기술자와 그것을 생산하고 판매하는 회사만이 아니다. 모든 산업 혁명이 그랬듯이 가장 큰 도전은 완전히 다른 데 있다. 즉, 사람들이 앞으로 어떤 일을 하고, 어떻게 함께 살아갈지를 새롭게 구성해야 한다.

최신 컴퓨터의 계산 능력이 향상될수록, 지금은 아직 사람들이 하지만 곧 기계가 대신하게 될 많은 작업은 더 효율적이고 저렴하게 처리될 것이다. 지금까지는 자동화 기계가 근로자를 단순 반복적 작업에서 해방시켰다면, 앞으로는 생산직과 사무직, 회계직 할 것 없이 모두 자동화 시스템 자체가 자동으로 돌아가는 세상에서 살게 될 것이다. 디지털 기기는 기계 학습, 즉 딥 러닝을 통해 자신의 행동 패턴을 독립적으로 변경하고 훨씬 더 광범한 작업을 수행할 수 있다. 특히 수십억 대의 스마트폰과 수십억 명의 인터넷 사용자 덕분에 컴퓨터가 마음대로 활용할 데이터가 늘어날수록 디지털 기기의 〈지식〉은 더 많아지고, 그 행동은 더욱 정밀해질 것이다.

미래의 모습을 미리 그려 보자. 앞으로는 더 완벽한 로봇 공학과 센서, AI 및 자동화된 이미지 분석(머신 비전)의 도움으로 이전에는 수백만 명의 사람이 맡아서 하던 작업을 컴퓨터 단독으로 수행한다. 물리적 프로세스와 컴퓨터 내 가상 프로세스가 완전히 새로운 방식으로 결합된 독자적인 컴퓨터 학습 덕분에 지금까지보다 훨씬 적은 수의 인력으로도 충분히 감당할 수 있는 완전히 다른 노동 영역이 생겨난다. 원자재 조달, 생산, 마케팅, 판매, 물류, 서비스 할 것 없이 어떤 부문도 이 영향에서 자유롭지 않다. 임금 노동에 유용했던 지식과 기술은 많은 분야에서 과거 어느 때보다 빠르게 진부해지고, 그와 함께 다른 요구들이 더 빠른 속도로 제기된다. 일부 경제 부문이 사라지는 대신 다른 부문이 새롭게 등장하고, 직무 요건을 비롯해 일상적 협업, 지금까지의 분업, 익숙한 위계질서도 변화한다. 그 밖에 업무 및 직업의 급속한 변화로 삶의 리듬과 형태가 바뀌면서 사회에 폭넓은 영향을 미친다.

산업부터 시작해 보자. 독일은 일부 디지털화 부문에서 다른 나라들보다 뒤지거나 심지어 의존 상태에 있음에도 산업 데이터의 네트워킹 면에서는 세계 선두 그룹에 속한다. 아날로그 데이터를 디지털 데이터로 변환하는 작업은 전반적으로 완료되었다. 공장에 설치된 센서들은 이미 작업 및 생산 단계를 모두 기록했고, 실제 생산 시설은 거의 모든 곳에서 완벽하게 가상으로 모사되고 생산 과정은 투명해졌다. 그로써 2011년 독일 물리학자와 정보학자들이 〈인더스트리 4.0〉이라 부르는 시스템을 향한 첫걸음이 놓였다.[3] 센서와 기기 및 기계가 수집한 산업 데이터들의 네트워킹이 완료됨으로써 이들 상호 간의 독립적인 정보 교환이나 사람들과의 소통은 더 긴밀하게 이루어진다. 기술 지원 시스템은 작업자가 결정을 내리거나 신체적으로 위험한 일을 할 때도 도움을 준다. AI의 약진은 대부분 스스로 통제하는 전자동화 공장을 목표로 삼아 작업장과 기타 생산 시설을 점점 더 자동화된 공간으로 변모시킨다. 사이버 물리 시스템은 지금 벌써 일부 공간에서 자율적인 결정을 내린다. 다시 말해, 특정 요구 사항에 맞게 실시간으로 생산을 정확히 조정하고, 프로세스를 제어하고, 물류 업무를 수행하고, 에너지 공급을 관리한다. 자가 학습 알고리즘은 판매를 예측하고, 필요한 생산량을 더 계획적으로 운용하는 데 유용하다. 게다가 선제적으로 기계를 점검하고 한 치의 오차도 없이 자율 주행차를 통제한다. 지금까지는 도구 제작자, 엔지니어, 물류 전문가, 오더 피커, 포워딩 에이전트, 창고 관리자, 운전사, 발송자, 공급망 관리자가 일하던 곳을 앞으로는 점점 더 완전 자동화된 기계 및 소프트웨어 전문가가 차지하게 될 것이다.

다만 많은 사람이 안심할 수 있는 소식이 있다. 이런 전자동화 공장이 아직까지는 매우 드물다는 것이다. 또한 사이버 물리 시스템의 약진이 독일 공장에서 대량 실업을 야기한다는 사실도 아직 뚜렷하지 않다. 하지만 여기서 묘사된 전자동화 프로세스는 독일에서 아직 초기 단계에 불과하다. 적지 않은 독일 회사들이 지능형 소프트웨어 시스템을 구입하는 것과 이를 직접 투입해서 효율성 향상을 높이는 것은 별개의 문제다. 사이버 물리 시스템을 서로 완벽하게 조율하고 그를 통해 프로세스를 실제로 최적화하는 일은 어렵고 시간이 많이 걸린다. 따라서 기업들의 기대대로 훨씬 적은 수의 직원으로 한층 효율적으로 생산이 이루어지는 곳은 별로 없다. 게다가 5G 네트워크, 블록체인 테크놀로지, 그리고 중앙 서버 대신 공장에서 바로 데이터를 처리하는 에지 컴퓨팅 같은 효율성을 향상시킬 수 있는 다른 수단들은 아직 사용조차 되지 않는 경우가 많다.

반면에 노동 세계의 또 다른 현장인 은행, 보험 회사, 에너지 공급 및 관리 영역은 디지털 혁명의 영향이 훨씬 더 신속하고 포괄적이다. 오늘날 전문가가 처리하는 일들, 그러니까 장부상의 수치를 점검하고 회사 실적을 계획 조정 하고, 비용 절감의 가능성과 새로운 기회를 발굴하고, 상품 이동을 체계화하고, 물류를 효율적으로 구성하는 일은 이론적으로 이미 컴퓨터가 대부분 처리할 수 있다. 빅 데이터 분석은 고객 행동, 가격, 경쟁 상품 같은 시장의 혼란스러운 변수를 조사하고, 모델에 따라 인간의 경험과 루틴을 밝혀낸다. 분석이 정확할수록, 즉 빅 데이터의 가정이 정확할수록 인간의 결정은 나아질 것이고, 그를 바탕으로 막대한 비용 절감이 기대된다. 실직은 하급 직원부터 중간 관리자 사이에서 주로 이루어질 듯하다.

이 길에서 특히 앞서 나간 것은 은행과 보험 회사다. 빌 게이츠Bill Gates의 유명한 말을 생각해 보라. 〈은행은 있어야 하지만 어디에도 은행은 없다.〉 페이팔PayPal, 결제 앱, 블록체인 및 암호 화폐의 시대에 이 말은 언제 떨어질지 모르는 다모클레스의 검처럼 이 업계 위에 아슬아슬하게 매달려 있다. 오프라인 지점들은 빠른 속도로 도시에서 자취를 감추고 ATM은 철거되고 있다. 공감과 노하우를 갖춘 만능 해결사로서의 은행원의 능력은 너무 이상적으로 들린다. 직원은 사람의 손이 필요 없는 온라인 뱅킹에 비했을 때 결정적인 부가 가치를 창출하지 않는

한 도태되고 만다. 기술에 익숙하지 않아 여전히 은행 지점을 찾는 나이 든 세대가 사라지는 것처럼 말이다. 그렇다면 남은 지점들의 종말도 그리 멀지 않아 보인다. 게다가 장기간 지속된 저금리 정책을 고려하면 마지막 남은 지점들조차 직원을 감축할 가능성을 두고 주판알을 튀길 수밖에 없다. 그런데 지금까지는 무대 앞에서만 벌어지던 일이 무대 뒤에서도 똑같이 일어나고 있다. 로보틱 프로세스 자동화Robotic Process Automation, 데이터 분석, AI의 사용 증가로 많은 지점이 존재 이유를 상실했고, 그와 함께 창구 직원의 할 일이 없어졌다. 현재의 직원들 가운데 프라이빗 뱅킹 전문가나 기업 보험 컨설턴트가 되기 위해 실제로 재교육을 받을 의향과 능력이 있는 사람이 몇이나 될까? 또한 은행의 디지털 연구소에서 모바일 뱅킹 앱이나 자동 대출 앱을 개발하느라 하루가 멀다 하고 많아지는 IT 요구 사항을 충족할 수 있는 사람은 몇이나 될까? 아무리 대담한 낙관론자라도 은행이 중기적으로 현재 직원들을 계속 고용하리라고는 믿지 못한다.

보험업계도 마찬가지다. 손해 보험이나 자동차 보험에서 피해 금액을 산정할 때 앞으로는 주로 AI를 사용해서 피해 사례를 분석하고 판단할 것이다. 지금까지는 인간이 해왔던 일을 이제는 컴퓨터가 대신해서 청구서와 서류를 심사하고, 그로써 감정인과 서류 심사관을 대체한다. 자동차 보험의 미래는 대도시와 중소 도시의 교통 상황이 얼마나 급진적으로 바뀔지 모른다는 점을 고려하면 더더욱 불확실하다. 다만 개인 소유의 자동차 수는 더 이상 증가하지 않고 감소할 것으로 보인다.

어쨌든 이로써 일반적인 경향은 대체로 그려진 듯하다. 노동은 시간적, 공간적 측면에서 점점 유연해지고 재택근무의 의미는 점점 커지는 반면에 사무실에 출근해서 풀타임으로 일하는 경우는 점점 드물어질 것이다. 그뿐이 아니다. 미래에 사람들의 일도 크게 바뀐다. 틀에 박힌 일만 반복적으로 수행하는 직업들 대신 관리자, 문제 해결사, 의사 결정자로서 높은 요구를 충족시키는 소수의 직업이 뚜렷이 약진한다. 이러한 발전은 단순노동에만 해당되는 것이 아니라 전문성을 요하는 다른 직업에도 영향을 끼친다.

유명한 예가 세무사다. 세무사 업무의 대부분은 요구하는 것이 엇비슷하고, 한눈에 정리하기도 쉽다. 그렇다면 이런 업무에서 많은 양의 데이터를 처리하는 컴퓨터가 유리하다는 사실은 긴말이 필요 없다. 컴퓨터는 특이한 점을 무척 빠르고 정확하게 인식하고, 세금 문제를 찾아내서 내용적으로 분석할 뿐 아니라 그와 관련된 질문에 대화 형식으로 답할 수도 있다. 세무사의 업무 중 대부분을 차지하는 이런 단순 작업을 위해서 더 이상 인력이 필요 없다. 그렇다면 낙관적으로 말해서, 세무사는 단순 업무를 기계에 맡김으로써 고도의 전문 상담에 집중할 시간이 충분히 생긴다. 그러나 고객이 정말로 그들을 필요로 하고, 그들이 요구하는 만큼 보수를 지급할까?

법률가도 상황이 비슷하다. 물론 수십 년 후에도 변호사와 이혼 전문 판사는 분명 존재할 것이고, 살인 사건 재판도 컴퓨터에 의해 이루어지지는 않을 것이다. 그럼에도 현재 사람들이 수행하는 대형 로펌의 많은 작업은 디지털화될 것이다. e디스커버리 소프트웨어가 장착된 컴퓨터 프로그램은 이메일과 사건 기록, 계약서를 샅샅이 뒤져 정밀하게 분석한다. 인간 언어의 의미론적 검색과 분석이 가능한 IBM의 슈퍼컴퓨터 왓슨 Watson은 지금 벌써 법률가에게도 유용한 AI 앱들을 보유하고 있다. 자가 학습 능력이 있는 언어 분석과 이미지 분석, 텍스트 분석은 엄청난 양의 데이터를 단 몇 초 만에 처리할 뿐 아니라 서로 연결시켜 관련성을 만들어 낸다. 왓슨은 이런 방식으로 사람들의 복잡한 법률 질문에 답변한다. 보통 몇 달이 걸리는 조사조차 단기간에 완료한다. 의미론적 검색 기계 및 분석 기계의 대규모 투입이 장차 법조계에 상당한 영향을 미치리라는 데는 이론의 여지가 없다. 다만 문제는 세무사와 동일하다. 그를 통해 인간의 일은 얼마나 수월해지고, 장기적으로 얼마나 많은 일이 기계로 대체될까?

디지털화의 이런 예들은 은행과 대형 로펌을 비롯해 모든 기업의 효율성 향상과 관련이 있다. 이것과 완전히 다른 분야는 이른바 플랫폼 자본주의다. 이제는 직업 영역 외에 일상생활도 디지털화된다. 그런데 이 영역에서는 모든 것이 단순히 편리해지고 시간을 절약하고 효율적으로만 바뀌는 것이 아니라, 만인에 의한 만인의 디지털화가 관련 산업을 없애고 있다. 이제는 우체국에 소포를 맡기거나, 휴가 신청서를 제출하거나, 항공편과 숙박, 여행 일정을 예약할 때 더는 중개인이 필요하지 않다. 소비자는 단순히 소비만 하던 사람에서 생산과 판매 과정에 영향을 미치는 〈프로슈머prosumer〉가 된다. 그런데 개인이 은행 업무의 대부분을 직접 온라인 뱅킹으로 처리한다면 은행의 고객 비즈니스가 필요한 이유가 있을까? 또한 이베이, 우버, 에어비앤비로 대체되고 있는 모든 서비스 제공자와 중개인, 업체는 어떻게 될까? 요즘은 곳곳에서 프로슈머가 예전에 임금 노동자가 맡았던 일을 대신하고 있다. 1960년대에 슈퍼마켓이 식품 소매점을 대체하고 셀프서비스를 도입하면서 시작된 흐름이 이제는 더 많은 영역에서 당연한 일로 여겨지고 있다. 승차권 자동 발매기부터 온라인 티켓 예약에 이르기까지 〈일하는 고객〉은 직업에 대한 개념을 바꾸고 임금 근로자를 대체한다. 오늘날에는 중고 상품이든 신상품이든, 혹은 숙박, 통신, 교통, 에너지, 금융 거래, 영양, 영화, 사진, 삶의 조언, 파트너 찾기, 오락 등 이 모든 것이 해당 전문 인력 없이도 대부분 가능하다.

그렇다면 이런 추세는 노동 시장에 어떤 영향을 미칠까? 지금까지 사이버 물리 시스템에서 산업 데이터의 네트워킹과 서비스 제공업체의 점점 더 자율적인 분석 도구들, 그리고 플랫폼 자본주의는 기록적인 실업률을 야기하지 않았다. 또한 독일의 공식 실업률이 실제 상황을 얼마나 정확히 반영하고 있는지를 두고 치열한 논쟁이 벌어질 수는 있으나, 독일이든 다른 서구 선진국이든 노동 시장에서의 전면적인 재앙은 아직 발생하지 않았다. 다만 사회 보험 의무 가입 대상이 아닌 고용 관계가 엄청나게 늘었다는 점이 걱정스럽다. 실제 통계에 따르면 독일의 생업 노동 종사자들 가운데 51퍼센트만이 사회 보험료를 내는 직장에 다니고 있다. 그렇다면 대량 실업 대신 폭발적으로 증가한 것은 정규직이라 부를 수 없는 수많은 불안정한 〈일자리〉다.

미국의 상황은 훨씬 더 심각하다. 이 나라에서는 10년 넘게 중산층이 서서히 무너져 내렸다. IT 발전을 따라가지 못하는 사람은 설령 일자리를 찾는다 해도 일반적으로 현저하게 낮은 임금을 받을 수밖에 없다. 더 까다로워지는 직무 요건은 새로운 기술적 요구 사항을 감당할 수 없는 패배자들을 양산한다. 이제는 1990년대와 같은 엄청난 사회적 상승 대신 좌절과 공격성, 포퓰리즘의 일반적인 부상, 국가에 대한 불신, 급진적 세계관을 수반하는 거대한 사회적 추락 현상이 발생하고 있다. 실리콘 밸리가 예찬하는 기술 발전은 그 자체로는 눈부시게 빛나지만 국가 전체에는 거대한 그림자가 드리운다. 모두가 진보의 수혜를 입을 수 없다는 것은 그렇다 치더라도, 최소한 대부분의 사람은 수혜를 입어야 하지 않을까? 하지만 그마저도 불확실해 보인다. 따라서 새로운 기술 발전과 새 시대로의 출발은 씁쓰레한 뒷맛을 남긴다. 그 대열에 동참할 수 없는 사람이 많아진다면 미래 교통이나 미래 의학의 수천 가지 해결책이 무슨 소용이 있겠는가?

지금까지는 등한시되었지만, 디지털 혁명이 중산층에 혹독한 시련이 되리라는 것은 의심의 여지가 없다. 독일은 미국보다 장기적으로 이 격변에 더 잘 대비하고 있을까? 더 많은 디지털화가 적어도 우리 사회에서는 모두를 위한 번영을 의미할까?

이에 대한 회의론은 지금 벌써 좌파건 우파건 양쪽 모두에서 포퓰리즘을 뜨겁게 달구고 있다. 복잡한 문제를 아주 단순하게 대답할 줄 아는 전문 정치꾼들이 점점 커지는 경제적, 사회적 불평등에 대한 불안과 두려움을 이용하는 것이다. 사실 대다수 사람은 빠른 변화와 〈파괴적 혁신〉에 대한 필요성을 그다지 느끼지 못한다. 독일만 놓고 보아도, 그런 격변에 열광하는 사람보다 그것을 걱정하는 사람이 훨씬 많다. 모든 것이 더 나아질까, 아니면 더 나빠질까? 단순해 보이지만 자세히 들여다보면 굉장히 복잡한 문제다. 게다가 앞으로 얼마나 많은 사람이 임금 노동을 하지 않게 될까 하는 상당히 협소한 질문으로도 국한되지 않는다. 아니, 그것은 이런 질문을 훌쩍 뛰어넘는 문제다.

그럼에도 현재 논쟁을 지배하는 것은 이 질문이다. 디지털화는 대량 실업을 낳을까, 아니면 기업들은 재교육 과정을 통해 디지털화에 뒤처진 사람들을 구제할까? 새로 생기는 일자리보다 사라지는 일자리가 더 많을까, 아니면 둘이 균형을 이룰까? 대량 해고가 문제일까, 아니면 전문 인력의 부족이 문제일까? 이런 질문들에서 양 진영은 각자 과격한 테제를 내세우며 거의 합치될 수 없을 만큼 첨예하게 대립한다. 한편에서는 디지털화가 역사상 최대의 실업을 야기할 거라고 믿고, 다른 한편에서는 수백만 개의 새로운 일자리가 창출되어 상실된 일자리를 거의 완벽하게 메울 거라고 주장한다. 그렇다면 이 두 가지 관점을 자세히 살필 필요가 있어 보인다.

거대한 불안:
경제학자들이 미래를 조사하다

하나의 유령이 배회하고 있는 것은 이제 유럽만이 아니다. 기계가 사람을 대체할까? 이는 아리스토텔레스Aristoteles가 국가에 대해 쓴 자신의 책 『정치학*Politics*』에서 갈망했던 인류의 오랜 꿈이다. 완전 자동화된 기계가 사람들을 노동의 짐에서 영원히 해방시키리라는 것이다. 그러나 산업 사회에서 그 꿈은 주로 불길한 위협으로 다가온다. 히틀러에게 권력 장악의 온상을 제공한 것은 굶주린 직조공들과 기계 파괴 운동에 동참한 절박한 노동자들, 그리고 세계 대공황으로 일자리를 잃은 수백만 명의 실업자였다는 사실을 잊어서는 안 된다. 이 유령은 최근 역사에서 꿈이라기보다는 재앙으로 출몰하고 있다. 임금 노동이 더 이상 충분히 존재하지 않는다면 우리는 어떻게 해야 할까?

유령이 우리 시대의 옷으로 갈아입고 다시 돌아왔다. 숫자로 이루어진 유령이다. 설명하면 이렇다. 미국의 모든 일자리 가운데 디지털 혁명으로 어느 정도 완전히 자동화될 가능성이 높거나 매우 높은 일자리는 정확히 47퍼센트에 이른다. 옥스퍼드 대학교의 두 경제학자 마이클 오즈번Michael Osborne과 칼 베네딕트 프레이Carl Benedikt Frey의 말대로 미래를 〈조사한〉 결과다.[1] 2013년 노동의 미래에 대한 옥스퍼드 연구라는 이름으로 발표된 이 수치는 그야말로 센세이션을 불러일으켰다. 그들의 예언에 따르면 향후 20년 안에, 그러니까 2033년까지 노동 세계가 완전히 파괴될 것이었다. 저자들은 2016년에 후속 연구 결과를 발표했다. 이번에는 전 세계적으로 노동의 미래를 조사했는데, 그 수치는 이전보다 급격히 치솟았다. 즉, 아르헨티나에서는 미래 기술로 인해 전체 일자리의 65퍼센트가 사라질 것이고, 인도에서는 69퍼센트, 중국에서는 77퍼센트, 에티오피아에서는 85퍼센트가 사라질 수 있다는 것이다.[2]

사람들의 반응은 폭발적이었다. 수천 번이나 언급되고 논의된 이 연구는 아마 노동의 미래에 대한 연구 중에서 가장 유명할 듯하다. 버락 오바마Barack Obama는 물론 백악관 경제 정책 자문 기구인 경제 자문 위원회도 이 연구 결과를 인용했다.[3] 다보스에서 열린 세계 경제 포럼은 이 연구에 홀딱 빠져 비교 가능한 방법을 통해 그 결과가 옳다는 사실을 입증했다.[4] 영국 중앙은행과 세계은행 역시 그 수치를 액면 그대로 받아들였다.[5] 심지어 런던 정치 경제 대학교의 한 연구 팀은 동일한 방법을 사용해 유럽의 미래 고용 상황을 계산해 냈다. 그 결과 현재 존재하는 모든 직업의 54퍼센트가 자동화될 가능성이 굉장히 높은 것으로 나타났다.[6]

지금껏 어떤 연구도 이렇게 큰 회오리를 일으키고 이렇게 많은 경보를 발동시킨 적이 없었다. 그렇다면 그런 수치는 어떻게 얻었을까? 오즈번과 프레이는 2010년 일단 미국 노동부의 직업 정보 서비스(오넷O*NET)에 나열된 직업군에 접근했다. 이어 702개 직업의 업무 내용과 과제를 조사한 뒤 그 분야에 필요한 전문적 요구 사항을 지식, 기술, 능력 항목으로 묶었다. 여기서 이런 직업들과 관련해서 오넷에 별도로 열거된 교육, 확장된 업무 범위, 심적 및 육체적 스트레스, 그리고 무엇보다 소득 범위 같은 요소들도 참고했다. 오즈번과 프레이는 모든 직업을 검토한 뒤 이런 질문을 던졌다. 이 직업들에는 컴퓨터가 앞으로 더 잘 처리할 수 있는 어떤 요소들이 포함되어 있을까? 예를 들면, 대량의 데이터를 저장하고 처리하고, 데이터를 최대한 빨리 찾고, 반복되는 과정을 정확히 수행하고, 반복되는 의사 결정을 최대한 신속하게 내리는 요소들 말이다. 그다음 그들은 이렇게 묻는다. 새로운 테크놀로지는 어느 정도까지 기존 작업을 최적화하고 지원하고 보완하고, 신규 고용으로 이끌고, 작업을 아웃소싱하고, 얼마만큼 대체할 수 있을까?

이런 식으로 두 경제학자는 열거된 직업들이 앞으로 얼마나 안전한지, 자체 내의 비용을 얼마나 절감할 수 있는지, 혹은 기술 진보를 통해 완전히 사라질 가능성은 얼마나 높은지를 조사했다. 이때 전문가들로부터 감정도 받았다. 그럴 목적으로 세계 최고의 로봇 공학 전문가들이 옥스퍼드 대학교의 과학 분야 워크숍에 모였다. 그들은 가까운 미래에 어떤 직업들이 원칙적으로 자동화될 수 있을지를 두고 현재 및 미래의 가능성에 대한 정보를 제공하고 예측까지 내놓았다. 프레이와 오즈번은 이 전문 감정서를 토대로 자신들의 연구에 표준적인 또 다른 요소들을 산정했다. 특정 기술 발전이 특정 분야에서 얼마나 빨리 현실적으로 자리 잡을까? 자동화 시스템의 구축에는 **비용**이 얼마나 들고, 그것의 대량 투입이 경제적인 면에서 실제로 가치가 있을까? 자동화 비용과 비교해서 노동자 및 직원의 **임금**은 얼마나 높을까?

오넷에 나열된 702개 직업 중에서 자동화될 가능성이 70퍼센트가 넘으면 〈위험〉으로 간주된다. 이제 그런 위험 직업군의 수가 전체 직업에서 차지하는 비율만 찾으면 된다. 이로써 오즈번과 프레이는 미국에서 〈고위험군〉에 해당하는 직업이 47퍼센트에 이른다는 그 유명한 결과를 얻어 냈다.

옥스퍼드 연구의 키워드는 **엔지니어링 병목 현상**이다. 머신 러닝, AI, 모바일 로봇 공학 등의 새로운 테크놀로지가 너무 좁은 병목 현상으로 인해 가까운 미래에 현실화되지 못할 직업군에는 어떤 것들이 있을까? 오즈번과 프레이에 따르면 그것들은 주로 자동화 테크놀로지가 구조화할 수 없는 복잡한 환경, 즉 프로세스가 반복적이고 규칙적이지 않은 시스템 속에서 움직이는 직업군이다. 예를 들어 고도의 창의적 지능이 필요한 경우 컴퓨터는 제대로 처리를 못 하고 헤맬 수밖에 없다. 복잡한 사회적 요구가 담긴 직종도 마찬가지다. 따라서 두 연구자는 총체적인 방향 정립 능력과 고도의 창의력, 사회적 지능이 필요한 일의 경우에는 자동화 가능성이 거의 없다고 본다.

역으로 그런 자질과 능력이 별로 필요치 않은 직종일수록 더 위험하다. 레크리에이션 치료사, 수석 엔지니어, 위기관리 경영인, 정신과 의사, 사회 복지사, 청각 전문의, 작업 치료사, 정형외과 의사, 구강악 안면외과 의사, 소방관, 영양사, 안무가는 미래에도 계속 안정적으로 일을 하겠지만, 자동화될 가능성이 90퍼센트가 넘는 다른 170개 직업은 다르다. 특히 위험한 직업은 은행과 보험 회사를 비롯해 계산원, 대출 상담사, 금융 애널리스트, 단순 사무직, 교통사고 손해 사정사 등이다. 그 밖에 회계사, 중개인, 대중교통 운전자, 모델, 음식점 주인, 법률 사무소 직원, 금속 및 암석 자르는 사람, 심판, 운송업자, 시계 기술자 같은 직업도 곧 사라질 위기에 처해 있다고 한다. 추세는 분명하다. 차별화된 전문 자격을 더 많이 요구하는 직업일수록 20년 후에도 생존할 가능성이 커진다. 반면에 거의 동일한 패턴에 따라 움직이는 일은 원칙적으로 조만간 자동화되어 기계에 의해 대체될 것이다. 이는 시간문제일 뿐이다. 미래의 직업 세계는 농업과 축산업이 시작된 이래 가장 큰 혁명을 경험하게 되리라는 메시지는 너무 확고하고 분명해서 대다수 사람을 충격에 빠뜨린다. 1차 산업 혁명이든 2차 산업 혁명이든, 혹은 3차 산업 혁명이든 오늘날의 자가 학습 컴퓨터와 로봇 시대만큼 과격하게 노동 현장을 뒤흔들지는 않았다.

따라서 옥스퍼드 연구 이후 수많은 다른 연구가 봇물처럼 터져 나온 것은 이상한 일이 아니다. 옥스퍼드 연구 결과가 정말 사실일까? 다른 연구들의 미래 예측은 오히려 옥스퍼드 연구를 능가했다. 2015년 독일 은행 아이엔지디바ING-DiBa의 경제 리서치 부서에서는 다음과 같은 연구 결과를 발표했다.

〈로봇이 오고 있다. 독일 고용 시장에 나타날 자동화의 결과.〉이 연구는 독일이 미국보다 전반적으로 더 산업화되어 있기 때문에 일자리 손실도 그만큼 더 클 거라고 예상한다. 그러니까 독일은 미국처럼 47퍼센트가 아니라, 전체 일자리의 59퍼센트가 자동화 위험에 노출되어 있다. 같은 해 말, 세계적인 경영 컨설팅업체 A. T. 커니A. T. Kearney도 거들고 나섰다.[7] 그들의 보고서 「2064 독일: 우리 아이들의 세계Deutschland 2064 – Die Welt unserer Kinder」는 50년 후로 시선을 돌린다. 여기서는 완전히 달라진 풍경이 대담하게 그려진다. 초거대 기업과 수많은 스타트업 및 개별 기업의 느슨한 연합체가 지배하는 경제 생태계다. 오늘날의 중견기업들은 고도로 전문화된 하이테크 기업들에 밀려난다. 미래 노동 시장을 다룬 A. T. 커니의 보고서는 옥스퍼드 연구가 낸 물길을 따라간다. 다른 출처가 부족한 탓에 여기서도 예측은 정확히 20년 후로 맞추어져 있다. 그에 따르면 2034년까지 독일 피고용자의 45퍼센트가 실업 상태에 빠진다. 특히 270만 명의 사무직과 비서직, 110만 명의 판매직, 100만 명의 요식업 종사자, 90만 명의 상업 및 기술 관리직 종사자가 타격을 입는다. 그 밖에 우편 및 배달업 종사자 70만 명과 요리사 70만 명, 은행원 50만 명, 그리고 창고 노동자, 금속 가공 종사자, 회계원 수십만 명도 더 이상 자신들의 직업을 장담할 수 없다.

반면에 돌보미 및 보육 교사 80만 명, 간병인 및 요양 보호사 70만 명, 관리 감독자 50만 명은 안전하다. 특히 자동차 엔지니어링 분야의 일자리 40만 개는 낙관적인 전망이 두드러진다. 이는 2015년의 미래 예측에서는 해당 일자리가 노동 집약적인 내연 기관의 생산에서 훨씬 덜 노동 집약적인 전기차의 생산으로 전환됨에 따라 전망이 굉장히 암담했던 점을 생각하면 놀랍기 짝이 없다.

맥킨지를 비롯해 다른 경영 컨설팅업체들도 옥스퍼드 연구로부터 강한 자극을 받았다. 선견지명이 있는 척 대담한 예측을 내놓는 전략가라면 미래의 노동 세계를 눈부시게 선명한 색깔로 그려 낼 때 사심이 아예 없다고 할 수는 없다.[8] 맥킨지는 2017년 미국 전체 노동 시간의 18퍼센트가 육체 활동, 특히 기계의 반복적인 운행과 관련이 있고, 이런 일은 장차 자동화될 확률이 81퍼센트에 이른다고 발표했다. 데이터 처리와 관련이 있는 업무를 수행하는 미국 근로자의 16퍼센트도 상황이 별로 나아 보이지 않는다. 그들의 노동이 컴퓨터로 대체될 확률은 69퍼센트다. 데이터 조사를 담당하는 17퍼센트의 근로자도 상황이 비슷하다. 그들의 일이 자동화될 가능성은 64퍼센트에 달한다. 이 수치들에 따르면, 미국의 피고용자 6060만 명이 자동화될 가능성이 높은 직종에 종사하고 있는 것이다. 스페인의 경우는 870만 명, 프랑스는 970만 명, 영국은 1190만 명이다. 독일의 경우는 2050만 명인데, 이는 독일 총 근로자 4500만 명의 절반 가까이에 해당하는 수치다! 하지만 이런 독일도 월등하게 뛰어넘는 국가들이 있다. 바로 인도와 중국이다. 인도는 고도의 자동화 과정으로 일자리를 잃을 가능성이 높은 사람이 2억

3510만 명, 중국은 3억 9530만 명에 이른다.

4년 뒤에도 이 전망은 크게 달라지지 않았다. 2021년 맥킨지 글로벌 연구소의 보고서 「COVID-19 이후 노동의 미래 The future of work after COVID-19」를 보면 오히려 자동화 경향은 강화된 것으로 나타난다. 팬데믹으로 말미암아 자동화 경향이 훨씬 더 빠른 속도로 밀려오고 있다는 것이다.[9] 독일 근로자 1050만 명 — 총 근로자의 4분의 1 — 은 2030년까지 엄청난 변화를 각오해야 한다. 400만 명이 직장에서 쫓겨나 새 일자리를 찾아야 하고, 650만 명은 AI 시대에 맞게 재교육을 받아야 한다. 미국, 중국, 인도, 일본, 프랑스, 스페인, 영국 같은 나라들로 확장하면 이런 식으로 변화를 겪게 될 사람은 1억 명이 넘는다. 맥킨지의 보고서에 따르면, 이는 세 가지 요인 때문이다. 첫째, 오프라인 소매상이 피해를 입을 수밖에 없는 전자 상거래의 급속한 확산이다. 둘째, AI 앱의 증가에 따라 생산과 공정, 물류의 자동화 속도가 더욱 빨라진다. 조사 대상국 중에서 이 변화로 가장 큰 타격을 입을 나라는 고도로 산업화된 독일이다. 셋째, 공장에서건 은행에서건, 혹은 보험 회사나 행정 기관에서건, 고객 및 동료와의 직접적인 접촉은 점점 의미를 잃고 있다. 모바일로 업무를 보는 추세는 기존의 오피스 라이프도 변화시킨다. 맥킨지의 견해에 따르면, 그로 인해 사무실 공실이 대량으로 발생하고, 출장 횟수는 지속적으로 줄어든다. 그로써 부동산업계와 항공 산업이 타격을 입는다. 특히 여성의 실직이 두드러진다. 24세 미만의 젊은 여성은 전체 평균 수준으로 일자리를 잃고, 대학 졸업장이나 전문 자격증이 없는 여성은 평균 이상으로, 더구나 이주민 가정 출신의 여성은 해고의 칼날에 특히 무방비 상태로 노출된다. 하지만 그들만 그런 것은 아니다. 경영 컨설팅업체이자 회계 법인인 딜로이트Deloitte의 2017년 예측에 따르면, 금융권의 디지털 혁명은 저소득자만 강타하지 않는다.[10] 사무직과 계산원에 이어 세무사와 은행원도 영향을 받는다. 딜로이트는 영국의 금융 산업이 가까운 미래에 50만 개의 일자리를 잃을 위험에 처해 있다고 밝혔다.

경영 컨설팅업체가 우울한 예측을 내놓고 극적인 변혁을 예고하는 경향은 당연히 그들 사업의 일환일 수 있다. 예측된 변화가 클수록 구조 조정의 필요성은 커지고, 그와 함께 컨설팅의 필요성도 증가하기 때문이다. 그런데 미래 예측 분야에서는 이런 컨설팅업체만 존재하는 것이 아니다. 매사추세츠 공과 대학교의 경제학자 다론 아제모을루Daron Acemoğlu와 파스쿠알 레스트레포Pascual Restrepo는 의심할 여지없이 그 분야에서 독보적인 학자들이다. 특히 아제모을루는 영향력이 크고, 다수의 상을 받았으며, 미국 예술 과학 아카데미의 회원이기도 하다. 2015년 미국 경제 리서치 페이퍼스(RePEc)는 그를 60세 이하의 경제학자 가운데 지난 10년 동안 가장 많이 인용된 학자로 선정했다.[11] 아제모을루와 레스트레포는 수년간에 걸쳐 미국에서 자동화와 AI 사용 문제를 다룬 연구를 잇달아 내놓았고, 2017년에는 미국에서 다목적 로봇 1대가 평균 약 3.3개의 일자리를 대체했다는 사실을 상세한 자료와 함께 발표했다.[12] 그렇다면 이 나라에서는 염려스러운 대량 해고 사태가 실제로 발생한 것이었다. 게다가 새 일자리를 얻은 노동자들도 임금 삭감을 감수할 수밖에 없었다. 옥스퍼드 연구 및 다른 많은 예측과 달리 그들의 연구에서는 가능성과 확률이 구체적인 수치로 제시되지는 않았지만, 노동 세계의 실제적인 변화가 풍성한 자료로 입증되었다. 피고용인들에 미친 심각한 파장과 함께 말이다.

2014년에서 2019년까지 미국의 석유 및 가스 산업에서만 완전 자동화 시스템으로 인해 약 5만~8만 개의 숙련된 일자리가 사라졌다. 독일의 상황도 별반 다르지 않다. 이는 연방 고용청 산하의 노동 시장 및 직업 연구소(IAB)의 2018년도 연구 보고서에도 드러난다.[13] 그 보고서에 따르면 독일 경제에서 장차 기계로 대체될 수 있는 직업의 비율은 급격히 늘어났다. 개별 경제 분야뿐 아니라 모든 연방주도 마찬가지였다. 사회 보험 가입 의무가 있는 직원들 중 4분의 1이 이미 2018년에, 현재의 기술 수준을 고려할 때 장차 70퍼센트가 넘는 확률로 컴퓨터나 기계로 대체될 직종에 종사하고 있었다.

그런데 상황은 연방주마다 달랐다. 베를린처럼 제조업이 빈약한 지역은 기계로 대체될 확률이 자를란트주(30퍼센트)의 절반인 15퍼센트에 불과했다. 타격이 가장 심한 곳은 고전적인 제조업의 기반이 허약한 구동독 지역이 아니라 바덴뷔르템베르크주처럼 산업이 고도로 발달한 주들이었다. 일부 연구와 달리 노동 시장 및 직업 연구소의 보고서에서는 디지털화로 인해 가장 큰 피해를 입을 부문으로 은행, 보험사, 기타 서비스업이 아닌 제조업을 꼽았다. 대체 가능성의 순위에서 제조업은 54퍼센트로, 광업(48퍼센트), 금융 서비스(48퍼센트), 에너지 공급(32퍼센트), 물 공급(28퍼센트), 과학 및 기술 서비스(24퍼센트), 상업(22퍼센트), 운송과 물류(21퍼센트), 건설(21퍼센트) 부문을 앞질렀다.

옥스퍼드 연구와 마찬가지로 노동 시장 및 직업 연구소의 연구도 실제적인 실업이 아니라 기계를 통한 〈대체 가능성〉만 이야기한다. 그렇다면 지금의 기술 수준으로 가능한 모든 것이 현실화된다면 우리는 얼마나 많은 일자리를 잃게 될까? 노동 시장 및 직업 연구소의 보고서는 **머신 러닝** 및 기타 AI 프로그램의 대량 투입을 통한 추가적인 기술 발달 및 도약을 산정하지 않는다는 점에서는 옥스퍼드 연구와 차이를 보인다. 그러나 미래의 다른 기술 발전을 상정하지 않더라도 결과는 어마어마하다. 옥스퍼드 연구와 다르지 않게 노동 시장 및 직업 연구소의 보고서도 독일에서만 제조업과 에너지 분야의 근로자, 회계사, 금융 공무원, 행정 전문가, 법률가, 세무사, 화물차 및 버스 운전사, 택시 운전사, 판매원, 은행원, 금융 애널리스트, 보험 중개인 등 총 수백만 명이 존재 이유를 상실하게 될 거라고 예측한다. 또한 고객 눈에는 보이지 않는 모니터 뒤에서 일하는 직업, 즉 수학자이자 전 IBM 매니저인 군터 뒤크Gunter Dueck가 표현한 것처럼 〈모니터 뒤의 상담〉도 사멸되고, 공장이나 길거리, 혹은 관청과 사무실에서 근무하는 무수한 직업도 사라진다.

그다음에는 무엇이 찾아올까? 대학과 연구소, 경영 컨설팅업체가 예측한 것의 절반만 실현되더라도 모든 선진국에서는 혼란으로 나아가는 프로그램이 째깍거린다. 증권 거래소는 샴페인을 터뜨리고 IT 업체 주주들은 환호성을 올릴 수 있지만, 그런 와중에 비정규직과 실업자의 수는 폭발적으로 증가한다. 일반적으로 대량 실업은 정치에서 가장 큰 위험 시나리오 중 하나로, 정치적 불안정의 전조이자 방아쇠다. 사회적 분배 및 부양 문제는 더욱 절박하게 대두되고, 예전보다 몇 배는 더 첨예하게 논의된다. 일자리 수가 줄어들면 임금은 하방 압력에 시달리고, 본인의 잘못 없이 저임금을 받는 사람과 실업자의 불만은 커진다. 선진국에서 노동 사회와 떼려야 뗄 수 없는 사회 결속력이 무너지면 사회 안정성은 심각한 위기에 봉착한다.

이런 끔찍한 시나리오는 정말 실현될까? 옥스퍼드 연구를 비롯해 그와 비슷한 다른 연구들을 반박하는 경제학자도 많지 않을까? 그렇다, 그런 이들도 당연히 존재한다. 그것도 지구상의 다른 어느 나라보다 독일에 많다.

경보 해제의 목소리:
경제학자들이 과거를 미래의 지침으로 삼다

옥스퍼드 연구가 발표된 지 1년이 채 안 된 2014년 8월, 독일 노동 시장 및 직업 연구소는 독일 정치의 장기 목표가 〈완전 고용〉이라는 내용의 보도 자료를 냈다. 연구 팀장인 엔초 베버Enzo Weber에 따르면, 특히 교육 시스템 내에서의 필요조건이 충족되면 언젠가는 실업률이 2~3퍼센트로 떨어지고, 실업자 수는 100만 명 수준에 머물 거라고 한다.[1]

그로부터 4년 후, 노동 시장 및 직업 연구소가 디지털화를 통한 일자리의 대대적인 대체 가능성을 보고했을 때 당시 연방 총리였던 메르켈은 정부 성명에서 여전히 완전 고용에 대해 차분하게 이야기했다. 「여기 이 땅에서 삶의 조건을 개선하려는 우리의 모든 시도는 궁극적으로 지금보다 훨씬 더 많은 사람이 일을 해야 성공할 수 있습니다. 따라서 우리는 2025년까지 완전 고용을 달성하고자 합니다.」[2]

한편에서는 수많은 국제 연구가 산업국에서 무수한 직업의 자동화 가능성을 전망하고, 100년 이래 가장 큰 격변, 그것도 앞으로 어떤 허리케인이 닥칠지 예측할 수 없는 격변을 묘사하는 동안에도 독일 총리와 독일의 노동 시장 연구자들은 아주

태연하게 완전 고용의 목표에 대해 이야기한다. 그것이 정말 가능할까? 국제 연구들이 내놓은 예측이 모두 잘못되었다는 말일까? 그들은 독일 총리와 정부가 알고 있는 중요한 무언가를 놓쳤다는 것일까?

어찌 되었건 2018년의 경기 정점에서 바라본 미래 전망은 밝고 걱정할 것이 없는 듯했다. 폭풍이 몰아칠 기미는 어디서도 찾을 수 없었다. 경제 상황은 훌륭했고, 독일 취업자 수는 약 4500만 명으로 사상 최고치를 기록했다. 〈대량 실업〉이 아니라 오히려 〈숙련 노동자 부족〉이 당시의 관심사가 될 정도였다. 그러다 난데없이 닥친 코로나 팬데믹으로 경제 전망에 잠시 먹구름이 끼었고, 경기는 침체되었고, 수많은 사람이 일자리를 잃었다. 하지만 팬데믹도 언젠가는 끝나게 된다. 그러면 노동 시장은 다시 예전 수준을 회복하고, 독일 정부가 미래 목표로 내건 완전 고용을 향해 계속 달려가게 될까?

적어도 코로나바이러스가 강타하기 전까지는 많은 독일 경제학자가 대량 실업이 임박했다는 예측을 단순히 비관론으로 치부했다. 그렇다면 코로나 팬데믹 이후에도 그렇게 보는 것이 논리적이다. 왜냐하면 작가와 사상가, 발명가, 엔지니어의 나라로 불리는 이 독일만큼 옥스퍼드 연구 및 후속 연구들을 믿지 않는 나라는 없었기 때문이다. 앞서 언급한 노동 시장 및 직업 연구소의 연구 같은 몇몇 예외를 제외하면, 독일 대학과 국립 연구소에서는 이전과 동일한 태도가 다시 빠르게 확산했다. 비관적인 전망을 약화시키고, 기계를 통한 일자리 대체 가능성을 부인하고, 무엇보다 그런 일이 독일에서만큼은 일어나지 않으리라는 확신이었다.

대체 왜 이럴까? 그런 전망이 왜 유독 독일에서는 먹히지 않을까? 이 질문은 문화사적인 측면이나 독일인의 사고방식 면에서 흥미로운데, 다양한 연구 방법뿐 아니라 독일 경제의 멘털리티에 관해서도 많은 것을 말해 주기 때문이다. 독일의 주류 경제학자들은 대부분 보수적이거나 자유주의적이고, 게다가 보수적-자유주의적 사회 민주주의자들이 합류한다. 나머지는 열외로 치부되거나 1부 리그에서 뛰지 않는다. 아무튼 주류 경제학자들은 역사를 돌아보며 독일에서는 대량 해고를 두려워할 이유가 전혀 없다고 생각한다. 과거 사례를 보면, 결코 일어나지도 않을 대량 실업을 예고한 잘못된 예측이 수두룩하다는 것이다. 가장 유명한 예가 1978년 『슈피겔 Der Spiegel』의 기사 제목이다. 〈진보가 당신을 실업자로 만든다.〉 이 제목 아래에는 로봇이 축 늘어진 노동자를 한 손으로 들어 올리는 사진이 실려 있다. 1970년대 말과 1980년대 초에 독일의 실업률이 비정상적으로 높았던 것은 사실이지만, 1980년대 중반에 이르자 실업률은 다시 크게 떨어졌다. 물론 자동차 산업과 다른 부문의 자동화로 인해 일부 근로자가 분명 일자리를 잃었다. 하지만 극히 일부였고 지속적이지도 않았다. 더구나 그 이전에도 같은 상황은 항상 반복되어 왔다. 즉 증기 기관과 방적기, 전기화, 전자 제품의 발명으로 일자리는 장기적으로 줄어든 것이 아니라 오히려 매번 늘어났다. 그렇다면 비관론자들은 늘 틀렸고, 침착하고 신중한 사람들은 항상 맞았다.

독일은 지금껏 기술 혁신의 도전을 잘 극복했다고 자부하는 나라다. 주된 방법은 두 가지였다. 변화된 환경에 맞게 노동 시장을 적절히 조정하고, 세계적으로 모범이 될 만한 재교육 프로그램을 실시한 것이다. 이는 디지털화가 생산 과정에 혁명을 일으킨 1970년대와 1980년대, 1990년대의 인쇄 산업에서 일어난 구조 변화만 생각해 보아도 알 수 있다. 당시 인쇄업체는 〈미디어 그룹〉으로 바뀌었고, 인쇄공과 식자공 대신 곧 〈인쇄 및 프린트 미디어 디자이너〉가 등장했다. ATM조차 사람들의 우려와는 달리 대량 실업 사태를 낳지 않았고, 은행의 창구 직원이 다른 업무로 전환되는 변동만 이루어졌다. 자동화를 통한 대량 해고의 흔적은 어디서도 보이지 않았다.

독일의 재교육 시스템에 대한 이런 긍정적인 경험을 고려하면, 대량 실업에 대한 많은 경제학자의 불신은 충분히 이해가 된다. 어제도 아무 일이 없었으니 앞으로도 별일이 없으리라는 자연스러운 낙관이다. 게다가 독일 근로자들은 다른 유럽국들과 비교하면 교육 수준이 높다. 또한 인구 통계학적 측면에서 보면 노동 시장에서 구직자 수도 뚜렷이 줄어들 것으로 예상된다. 그러니까 2030년에 이미 독일에서는 생업 노동을 해야 할 사람이 5퍼센트 줄어들 전망이다. 그렇다면 미래의 노동 시장과 관련해서 경보를 울려야 할 이유가 있을까? 오히려 사람들의 불안을 진정시키는 것이 훨씬 더 중요한 듯하다. 공포는 누구에게도 도움이 되지 않는다. 독일 경제는 이미 많은 도전을 이겨 냈고, 항상 유연하게 대처해 왔다. 〈공포 시나리오〉는 위기만 조장할 뿐이다. 코미디언 카를 발렌틴Karl Valentin은 〈예측은 어렵다고, 특히 미래와 관련해서는 더욱 어렵다〉고 말한다. 결국 미래를 보여 주는 마법의 구슬을 가진 사람은 없다. 그렇다면 과거를 보고 미래를 짐작할 수밖에 없다.

옥스퍼드 연구에 반기를 드는 독일 노동 시장 연구자와 고용 전문가들의 연구들은 본질적으로 네 가지 비판에 집중한다. 첫째, 미래의 위험성이 너무 과장되어 있다. IT 대가들이 옥스퍼드 경제학자 오즈번과 프레이에게 미래의 자동화 가능성에 대해 말한 것은 순수 기술적인 측면에서만 따진 것이다. 그러나 AI 시스템은 기하급수적으로 발전할 수도 있지만, 삐걱거릴 수도 있다. 게다가 AI의 기술적 가능성과 산업 및 서비스 분야에 채산성 있게 적용하는 것은 완전히 다른 문제다. IT 분야의 전문가들은 기술 진보의 사회적인 측면을 별로 고려하지 않는다. 특정 기술의 작동 여부는 그것의 적극적인 수용 여부와는 별개의 문제다. 예를 들어 AI를 사용해서 범죄자의 재범률을 계산하는 일은 기술적으로 가능하지만, 이 시스템이 머지않아 독일 사법부에 전면적으로 도입되리라는 것은 법적으로 상상하기 어렵다. 또한 노인을 돌보는 로봇도 민감한 문제다. 로봇이 과연 진정한 공감과 인간적 온기가 필요한 일까지 해낼 수 있을까? 게다가 오늘날 이미 규칙에 기반한 단순한 환경에서 운행이 가능한 전자동 차량을 개발하는 것은 기술적으로는 얼마든지 가능하지만, 파리나 바르셀로나, 나폴리 같은 도시에 실제로 투입하는 것은 그렇게 단순하지 않다. 혼잡스럽기 이를 데 없는 대도시 교통의 사회 기술적 어려움은 상상 이상으로 클 뿐 아니라 윤리적 문제도 엄청난 걸림돌이다. 따라서 완전 자동화된 차량이 홍보와는 달리 미래 교통을 위한 해결책이 아니라는 사실은 충분히 공감할 수 있다. 그렇다면 팔레르모의 택시 기사는 10년 후에도 자신의 직업을 계속 지킬 수 있다고 확신해도 된다.

두 번째 비판은 〈자동화 잠재력〉 또는 〈대체 잠재력〉 같은 용어와 관련이 있는데, 그들이 말하는 잠재력은 혹시 너무 과대평가되지 않았을까? 자동화 잠재력과 실질적인 고용 상황 사이에는 종종 엄청난 간극이 존재한다. 파괴적 기술과 파괴적 경제는 한 몸처럼 나란히 가지 않고, 자동화 잠재력은 산업과 노동 시장에서 즉각적인 효과를 내지도 않는다. 특히 옥스퍼드 연구가 각 직종을 너무 싸잡아서 평가했다는 사실은 우리의 판단을 흐리게 한다. 단순 반복 업무가 많은 직업이라도 그것만 하지는 않는다. 그렇다면 프레이와 오즈번이 설명한 것처럼 결코 그렇게 쉽게 컴퓨터로 대체될 수 없다. 게다가 특정 산업 분야라고 해서 모든 직장에서 맡게 되는 일이 늘 똑같지 않다. 그런데도 싸잡아 〈단순 반복 직종〉으로 분류하는 것은 실제적인 고용 상황을 왜곡할 수 있다.[3] 이런 점을 고려하면 대안적 연구들은 자동화 잠재력을 옥스퍼드 연구보다 훨씬 낮게 본다.[4]

세 번째 비판의 요점은 프레이와 오즈번이 IT 대가들의 의견에만 너무 매몰되어 개발 속도를 지나치게 과대평가했다는 것이다. 신기술은 그것이 있다는 이유만으로 항상 모든 곳에서 전면적으로 투입되지 않는다. 국제적으로 비교했을 때 독일은 생산 과정에 투입되는 로봇의 밀도 면에서 한국, 싱가포르, 일본에 이어 네 번째로 높다. 구체적으로는 근로자 1만 명당 로봇 장치가 371개 설치되어 있다. 그럼에도 독일 경제에서 사이버 물리 시스템의 대량 투입은 지금껏 쉽게 이루어지지 않고 있다.[5] 인더스트리 4.0은 최근에 뚜렷이 속도를 높이고 있음에도 옥스퍼드 연구가 발표된 지 8년이 지난 2021년에도 여전히 기대에 미치지 못한다. 사실 새로운 테크놀로지를 설치하고 수익성 있게 사용하는 과정은 멀고 험난하다. 게다가 그 기술을 정확히 구동하고, 적절히 재단하고, 유지 관리 할 전문가도 마찬가지로 부족하다. 따라서 모든 신기술이 원하는 효과를 내는 것은 아니다. 또한 많은 신기술은 무척 비싸기 때문에 수익성도 떨어진다. 예를 들어 아스파라거스 수확 공정이 숱한 실패 끝에 마침내 완전 자동화되었다고 했을 때, 그것이 의미하는 것은 한 가지다. 이제부터 아스파라거스 농사를 지으려면 일단 수확 로봇에 상당한 액수를 투자해야 한다는 것이다. 기계에 대한 수요가 현저히 증가해야만 기계의 가격이 싸진다. 그러나 동유럽 일꾼을 동원해 수확하는 편이 여전히 더 저렴한데 누가 그런 투자를 감행하겠는가?

게다가 독일의 임금 상승은 지난 몇 년 사이 미미했다. 최고 경영자가 아니라 평균 임금 소득자들이 그렇다는 말이다. 인건비가 낮을수록 신기술에 투자할 마음은 사라진다. 인건비와 신기술은 경쟁 관계에 있다. 따라서 기업은 생산 과정의 개선을 확실히 보장하면서도 그 비용이 사람보다 훨씬 저렴할 때만 대대적인 기술 혁신에 나선다. 하지만 이는 예측하기 어려운 복잡한 계산일 수밖에 없다. 따라서 옥스퍼드 연구에 따르면 대체 가능성이 높은 분야에서도 자동화 프로세스가 제대로 이루어지지 않는 경우가 많다.

네 번째 비판은 근로자들이 생각보다 무척 유연하고 변화된 환경에 적응력이 높다는 사실에 초점이 맞추어진다. 그렇다면 지금까지 인간이 하던 일의 상당 부분이 기계로 대체되더라도 직원을 해고할 필요는 없다. 일명 〈인간은 말이 아니〉라는 반박이다. 이는 노벨 경제학상을 받은 러시아계 미국인 바실리 레온티예프Wassily Leontief의 주장에 대한 반박이었다. 1983년 그는 트랙터가 농업에서 말을 불필요하게 만든 것처럼 언젠가는 사람도 노동 시장에서 불필요해질 거라고 예측했다. 〈노동은 점점 덜 중요해지고 …… 점점 더 많은 노동자가 기계로 대체될 것이다. 새로운 산업이 일자리를 원하는 사람들을 어떻게 다 고용할 수 있을지는 나로서는 정말 알다가도 모를 일이다.〉[6] 그러나 노동 시장에서 인간과 말 사이에는 근본적인 차이가 있다. 말은 몰라도, 인간은 새로운 변화에 적응할 능력이 있다. 대량 실업은 지금까지 자신이 하던 일의 상당 부분을 기계에 빼앗긴 사람들이 직장에서 새 업무를 찾을 수 없을 때만 발생한다. 이처럼 독일의 많은 경제학자는 과거 사례에서 영감을 얻어 미래에 대한 경보를 해제한다. 지금까지 독일 경제에서 컴퓨터와 로봇의 진군은 미국과 달리 대량 실업을 야기한 것이 아니라 근로자들에 대한 새로운 요구만 낳았을 뿐이라는 것이다. 반복적인 업무는 줄어들고 자동화할 수 없는 일은 더 많아졌으며, 이로써 고용 상황은 최소한 안정적으로 유지되었다는 것이다.

예를 들어 뒤셀도르프 경쟁 경제 연구소(DICE)의 경제 학자 옌스 쥐데쿰Jens Südekum은 1990년대 초부터 독일의 제조 업 분야에서 새로운 자동화 기술이 전체적인 실업을 초래하지 않았음을 보여 준다. 로봇이 사람을 대신해서 차체를 조립하거 나 창고 물건을 분류하기 시작했을 때도 정리 해고가 드문 대신 직원들에 대한 재교육 프로그램이 폭넓게 실시되었다. 쥐데쿰 에 따르면, 그전에 차체를 조립하던 노동자들은 〈미래의 품질 및 판매 관리자로 변신했다. 그런 직업에 대한 수요가 갑자기 많아졌기 때문이다. 따라서 회사는 어차피 그런 일에 적합한 인 원을 새로 충원해야 했는데, 그들은 다른 길을 택했다. 기존 인 력을 재교육해서 필요한 일에 재투입하는 길을 선택한 것이다. 그들은 안정성에 역점을 두었다. 노조는 임금 억제를 약속함으 로써 이 전략을 지원했다. 결국 이 계획은 성공했다. 무엇보다 해외 수출이 크게 늘어난 덕분이다〉.[7]

그렇다면 디지털화의 진전은 인간과 기계 사이의 노동을 확실하게 나누어 준다고도 할 수 있다. 노동자들은 더 이상 생 산 현장에서 직접 일하지 않고 유지 관리나 기획 같은 다른 분 야로 전환된다. 따라서 자동화가 반드시 합리적 구조 조정을 의 미하는 것은 아니다. 위험하고 건강에 해롭고 단조로운 노동이 기계로 대체되고 있는 것은 사실이지만, 그로 인해 노동자들이

경보 해체의 목소리: 경제학자들이 과거를 미래의 지침으로 삼다

모두 길거리로 쫓겨나는 것은 아니고 그저 자동화하기 어려운 다른 업무를 수행하게 된다. 그렇다면 미래에도 똑같은 일이 일어나지 않을 이유가 있을까? 심지어 라이프니츠 유럽 경제 연구 센터(ZEW)의 경제학자들은 지난 수십 년 사이 독일에서 자동화 기술로 인해 일자리 수가 오히려 1퍼센트 증가했다고 보고하면서 미래에도 그렇게 될 거라고 자신 있게 이야기한다. 게다가 독일에서는 자동화될 일자리가 기껏해야 전체의 12퍼센트라고 예상한다. 또한 〈경제에서 신기술의 확산〉은 〈더디게 이루어지는 과정〉이기에 자동화 잠재력은 새로운 고용 관계를 통해 보상받을 가능성이 크다고 주장한다.[8]

런던 정치 경제 대학교의 경제학자인 가이 마이클스Guy Michaels와 게오르크 그레츠Georg Graetz도 과거로부터 용기를 얻는다. 그들은 2018년 〈노동 현장에서의 로봇〉이라는 연구에서 산업용 로봇이 1993년에서 2007년까지 17개국의 선진국 경제에 미친 영향을 조사했다. 결과는 매우 고무적이었다. 〈산업용 로봇의 투입으로 노동 생산성은 약 15퍼센트 향상되었다. 동시에 저숙련 일자리의 비율은 감소했고 임금은 소폭 상승했다. 전체적으로 보면 산업용 로봇의 투입은 근로자 총원에 의미 있는 영향을 끼치지 않았다.〉[9]

그사이 다보스 세계 경제 포럼의 점쟁이들도 그에 못지않게 낙관적으로 변했다. 그들은 보고서 「2018 직업의 미래The Future of Jobs 2018」에서 2025년에 이미 기계가 사람보다 더 많은 작업 과정을 수행할 거라고 가정한다. 불과 7년 만에 30퍼센트가 증가한 것이다. 하지만 그와 동시에 〈노동 현장에서 기계와 알고리즘의 급속한 발전으로 1억 3300만 개의 일자리가 새로 생길 수 있다〉고 장담한다. 그에 비하면 〈2022년까지 사라질 것으로 추정되는 직업은 7500만 개〉에 지나지 않을 것으로 예측한다.[10]

과거 사례를 기반으로 미래를 내다보는 이런 시선은 매사추세츠 공과 대학교의 교수 앤드루 맥아피Andrew McAfee와 에릭 브리뇰프슨Erik Brynjolfsson이 현대 고전에 해당하는 『제2차 기계 시대The Second Machine Age』에서 예측한 내용을 정확히 확인해 주는 듯하다.[11] 다시 말해 기술 진보가 그사이 전체 직업 분야를 망가뜨린 피해에도 불구하고 새로운 AI 시스템은 인간을 몰아내는 것이 아니라 더 전문적인 노동 영역으로 끌어올리게 되리라는 것이다. 고분고분하게 시키는 일만 하던 예전의 말들이 컴퓨터 전문가가 되고 IT 경제의 일류 선수로 변신하게 된다.

미래에도 높은 고용률을 기대하는 낙관론자들은 모두 한 가지 지점에 동의한다. 급속한 자동화 시대에 직업 영역의 구조 조정이 성공하려면 두 가지 효과가 나타나야 한다는 것이다. 첫째, 새로운 테크놀로지는 생산성을 높여야 하고, 둘째, 그와 함께 고용 회복 효과를 불러일으켜야 한다. 생산비 하락이 상품이나 서비스 가격의 하락으로 이어지면(물론 반드시 그런 것은 아니지만 자주 발생하는 일이다) 수요도 대개 증가한다. 실제로 그렇게 된다면 경제는 성장하고, 새로운 직업을 창출하고, 그전에 노동 시장에서 쫓겨난 사람들을 자동화의 영향을 비교적 받지 않는 영역으로 거두어들일 수 있다. 이상적으로 이루어지면 고용 회복 효과는 상상 이상으로 커지고, 노동 시장은 테크놀로지의 진보로 생성된 많은 새로운 직업을 통해 더욱 확장된다.[12]

여기서 흡사 자동화의 자동적인 귀결처럼 묘사된 것들은 결코 필연적인 연쇄가 아니라 많은 조건이 있어야 가능한 사슬이다. 이 부분에 대해서는 나중에 상세히 다룰 것이다. 어쨌든 많은 독일 경제학자가 볼 때, 잃어버린 일자리를 새로운 일자리로 〈보상하는 작용〉은 제2차 기계 시대에도 변하지 않는 법칙이다. 〈자동화는 결국 인간들의 일자리를 빼앗기는 하지만, 동시에 생산성 증대 효과와 새로운 보완적 업무의 필요성으로 인해 새 일자리를 창출해 낸다.〉[13] 여기서 생산 효과는 즉, 생산성 향상과 수요 증가는 모두 변수가 아니라 상수로 설정되어 있다.

아무튼 라이프니츠 유럽 경제 연구 센터 경제학자들과 독일 우편 재단에서 자금을 지원하는 미래 노동 연구소(IZA)의 경제학자들은 과거에 성공적으로 작동한 그런 보상 효과에 대한 확고한 믿음을 갖고 있다. 미래에도 인력의 배치만 달라질 뿐 유급 노동은 줄어들지 않고 오히려 역사적 경험으로 비추어 볼 때 증가 추세일 거라는 믿음 말이다. 아제모을루와 레스트레포가 최근의 미국 역사에서 발견한 것처럼 로봇이 실제 실업을 유발하는 시나리오는 독일에서는 발생할 수 없다. 독일에서는 더 엄격한 노동법 때문에 미국만큼 해고가 쉽게 이루어질 수 없는 데다 경제적이지도 않다. 민간 기업 및 국가의 재교육 시스템 역시 미국과 완전히 다른 전통을 갖고 있고, 수준도 다르다. 독일 근로자는 평균적으로 미국 근로자보다 훨씬 더 전문적인 기술 자격을 갖고 있다. 게다가 공장도 어차피 서비스업보다 중요성이 떨어지고 있다. 오늘날에는 독일 노동자 4명 중 1명만 산업계에 고용되어 있다.

이러한 배경에서 해결책은 다음과 같이 제시된다. 교육 및 재교육에 열과 성을 다하자! 브리뇰프슨과 맥아피도 선진국들이 기술 진보와 대대적인 재교육을 두고 치열한 경주를 벌이고 있다고 생각한다. 이 점에 대해서는 하버드 경제학자 클로디아 골딘Claudia Goldin과 로런스 캐츠Lawrence Katz가 자세히 설명한 바 있다.[14] 선진국의 교육 시스템은 근본적으로 바뀌어야 하고, 점점 더 많은 사람을 수백만 개의 새로운 IT 일자리가 요구하는 조건에 적합한 상태로 만들어야 한다는 것이다. 필자는 이런 관점을 진화론에서 해당 정리(定理)와 유사한 붉은 여왕 가설Red-Queen-Hypothese이라고 부르고 싶다. 진화 생물학자들은 루이스 캐럴Lewis Carroll의 『거울 나라의 앨리스Through the Looking-glass』에서 체스 판 위의 붉은 여왕이 앨리스에게 말하는 대목을 인용한다. 「이 나라에서 동일한 장소에 머물고 싶다면 최대한 빨리 달려야 해.」 생물학에서 복잡한 유기체가 기생충에게서 도망치기 위해 쉴 새 없이 변화하는 것처럼 경제도 경쟁에서 살아남으려면 부지런히 달려야 한다. 또한 항상 일정하게 낮은 실업률을 유지하려면 기술과 보조를 맞춘 상태에서 쉼 없이 지속적으로 재교육을 실시해야 한다.

이로써 공은 정치로 넘어간다. 재교육 및 추가 교육을 위해 막대한 금액을 마련하고, 기술 진보로 일자리를 잃을 수백만 명의 사람이 노동 시장에서 계속 살아남을 수 있도록 도와 달라는 것이다. 또한 라이프니츠 유럽 경제 센터의 연구원들이 썼듯이, 〈재교육 및 추가 교육으로도 IT 산업이 요구하는 점점 더 높은 기준을 충족시킬 수 없는 사람들도 이 사회에서 살아남을 수 있도록 조치를 취하라〉는 것이다.[15]

그런데 이런 조치가 무엇을 의미하는지는 모호하다. 주지의 사실처럼, 세금 감면은 실업자에게 별 도움이 안 되고, 다른 조치들도 점점 더 요구가 많아지는 IT 세계에 적응하는 데 별 소용이 없다. 독일 경제학자들도 미국에서 자주 확인되는 것처럼 이전 직장에서 쫓겨난 많은 사람이 적절한 새 직장을 찾지 못한다는 사실을 잘 알고 있다. 쥐데쿰은 이렇게 말한다. 〈진짜 문제〉는 예상되는 대량 실업이 아니라, 〈다른 데 있다. 새로 생겨난 일자리와 없어진 일자리는 전반적으로 완전히 다르다. 팔츠 지방에서 지금껏 디젤 차량만 조립하고 정비하던 기술자에게 베를린 어딘가에서 웹 디자이너와 프로그래머를 다급하게 찾고 있다고 한들 그것이 무슨 소용이 있겠는가?〉[16] 쥐데쿰은 임금 및 소득 분배가 자동화를 통해 달라지리라는 사실도 마찬가지로 분명히 알고 있다. 그러니까 임금 스펙트럼의 중간부에 위치한 사람들은 임금 하락을 예상해야 하고, 반면에 전문 기술을 갖추고 있어 이미 높은 급여를 받는 사람들은 연봉이 더욱 높아지게 된다는 것이다.

이런 상황에서 몇몇 독일 경제학자는 하버드 경제학자 리처드 프리먼Richard Freeman이 두 동료와 함께 개발한 아이디어로 도피한다.[17] 즉, 미래의 근로자들을 〈기계 소유주들의 농노로 만들지〉 않으려면 기계 노동으로 벌어들인 수익을 근로자에게도 분배해야 한다는 것이다. 더 많은 사람이 기계의 생산성 향상으로 혜택을 받을수록 기계와의 관계는 더 좋아지고, 이는 기업에도 더 좋다. 일터에서 평화와 화합을 원하는 사람이라면 누구나 프리먼의 제안에 동의할 것이다. 프리먼은 기계 노동으로 근로자가 얻을 수 있는 이익이 어떤 형태일지 다양하게 제시한다. 나라마다 상황과 경제 전통이 다르기 때문이다. 직원들에 대한 수익 분배 제도가 이미 존재하는 경우에는 이를 더욱 확대할 수 있다. 예를 들어 회사 지분이나 주식을 싼값에 나누어 주는 방식으로 말이다. 또 다른 가능성은 직원들을 위해 기금을 조성하는 것이다. 만일 기업이 이를 받아들이지 않거나 받아들일 수 없는 상황이라면 직원들이 수익 분배 구조에 참여할 수 있도록 국가에서 재정을 지원할 수 있다. 프리먼에 따르면, 이런 방법이 세금 인상을 통한 사회적 재분배보다 분명히 더 낫다.

미래 노동 연구소의 테리 그레고리Terry Gregory도 비슷한 방향으로 생각하는 듯하다.[18] 설명하면 이렇다. 고도로 자동화되는 기업이 중국인과 인도인 또는 아랍인의 소유가 아니라 국내 투자자들의 소유가 되는 한, 돈은 어쨌든 다양한 방식으로 국내로 유입된다. 기계가 창출하는 수익을 직원들이 공유할 수 있도록 최대한 많은 독일인을 국내 기업의 주주로 삼자는 이 아이디어는 로봇화에 우호적인 환경을 조성한다. 또한 이는 결과적으로 소비자들이 자동화된 첨단 제품을 구입할 수 있도록 소비자의 자본을 늘리고, 그리하여 다시 수요를 촉진하고 생산을 증대시켜 새로운 일자리를 창출한다는 것이다.

이 논리가 정말 설득력이 있으려면, 국가는 교육 및 추가 교육에 대대적으로 투자하고, 직원들의 이익 공유 시스템을 재정적으로 지원해야 한다. 그리되면 저절로 원활하게 돌아가는 영구 기관으로서의 자본주의는 모든 위험을 내몰고, 과거에 도움이 된 똑같은 성공 비법으로 밝은 미래를 보장할 것이다. 그러나 정말 그렇게 될까? 그것이 IT 세계에 적응하지 못하거나 장차 전문 기술을 취득할 수 없는 사람들에게는 도움이 되지 않는다는 점은 한 가지 문제에 지나지 않는다. 그보다 훨씬 더 중요한 문제는 옥스퍼드 연구로 야기된 미래에 대한 불안을 과거의 사례를 통해 제거하고 안정을 찾으려는 시도가 어쩌면 생각보다 훨씬 무의미한 행동일 수 있다는 것이다. 이번에는 상황이 과거와 완전히 다르게 진행될 거라고 가정할 만한 충분한 이유들이 존재하기 때문이다.

경험 이성 비판:
격변은 계산할 수 있을까?

우리가 미래에 대해 아는 것이 딱 한 가지 있다면, 그것은 미래를 가늠할 수 없다는 사실뿐이다. 이 사실만큼은 분명히 기억하고 있어야 한다. 그 자체로 매우 큰 도움이 되기 때문이다. 그렇다면 옥스퍼드 연구자들의 주장처럼 현재 일어나는 과정이 무한히 계속되리라고 믿는 것은 이치에 맞지 않다. 또한 폴란드의 철학자이자 수필가, SF 작가인 스타니스와프 렘Stanisław Lem이 영리하게 알아챈 것처럼 진정한 미래학과 예측은 거울에 비친 현재나 심지어 과거에서 유추하는 데 있지 않다. 이는 노동의 미래를 과거의 격변과 똑같은 방식으로 다룰 수 있다고 믿는 모든 연구자가 똑똑히 알아야 한다. 렘이 말한 머나먼 가능성의 윤곽은 두 경우 다 모호하기 짝이 없다.

　　외사법*을 조심해야 한다! 실제 인간들의 세계는 직선 형태로 움직이지 않고 기하급수적으로 바뀌지도 않는다. 직업군에 대해 소수점 이하까지 계산된 자동화 가능성은 수학적으로는 가치가 있을지 몰라도 실생활에는 아무 의미가 없다. 거꾸로

* 과거의 추세가 장래에도 그대로 지속되리라는 전제 아래 과거의 추세선을 연장해서 미래 일정 시점의 상황을 추측하는 미래 예측 기법.

과거에 늘 동일한 성공을 거두었다고 해서 그 처방이 영원히 똑같이 반복될 거라고 믿는 것도 우리에게 위안이 되지 못한다. 제2차 기계 시대의 대격변에 해당하는 〈그레이트 리셋〉은 결코 사소하지도 무해하지도 않을 뿐 아니라 예전의 약장에서 꺼낸 수단으로 적당히 노력해서 치료할 수 있지도 않다.

연구가 항상 의뢰인의 의중을 반영하고 그들의 세계관이나 이익에 최상으로 부합하는 결과를 도출한다는 사실은 오늘날 대단한 비밀이 아니다. 경제학이 반세기 이상 스스로에게 요구한 과학적 객관성도 그런 현실을 바꾸지 못한다. 경제학은 본질적으로 인간에 대한 학문이다. 그것도 개인보다는 사회적 상호 작용에 관한 학문이다. 따라서 경제는 사회 심리학, 이해관계 및 권력에 관한 이론, 이데올로기와 대항 이데올로기에 대한 지식, 인류학적 가정, 정신 및 문화의 역사에 대한 깊은 지식 없이는 이해할 수 없다.

그런데도 대학의 경제학과에서는 이런 분야를 거의 가르치지 않는다. 대신에 경제에 대한 한 가지 특정 견해만 주야장천 가르친다. 경제학자들은 경험론적 연구 및 수학적 계산을 광범하게 활용해서 최대한 중립성을 유지하려고 노력한다. 그러나 이 중립성은 항상 기존의 자본주의 시스템 내에서의 중립성이고, 그들이 생각하는 중립성 의무라는 것도 결코 중립적이지 않다. 예를 들어 경제 성장은 중립적 목표가 아니다. 생산성 향상이나 완전 고용도 마찬가지다. 이것들은 최대한 많은 사람의 만족스러운 삶을 위한 수단이다. 그것도 역사적으로 형성된 특정 관점의 틀 안에서의 수단이다. 이런 수단은 유용하고 공감할 수 있지만, 그 자체가 수단임은 변하지 않는다. 국내 총생산(GDP)의 증대는 정치적 목표일 뿐 그 자체로 윤리적이지도, 과학적으로 중립적이지도 않은 목표다.

여기서 전반적으로 누락된 것은, 혹은 소수의 예외적인 경우에만 실행된 것은 19세기 전반기부터 사람들이 정치 경제학이라고 부르는 영역이다. 이것은 경험론과 통계, 수학의 지평 너머를 바라보는 시선으로서 자신의 지식을 반성하고 역사적, 사회적, 정치적으로 분류하는 관점을 가리킨다. 반면에 독일에는 무엇보다 숫자의 세계로만 미래를 예측하는 경제학자들만 주로 눈에 띈다. 〈경제계의 현자들〉이라고 불리는 사람들이 내놓는 성장 예측만 생각해 보아도 알 수 있다. 그들에게 지혜란 실제로 무언가 거대한 것이 아니라 소수점 이하까지 정밀하게 표시된 수학적 예언일 뿐이다. 혹은 함정과 엄청난 붕괴를 경고하는 수많은 책도 마찬가지다. 이런 책들의 저자는 격동의 시대에 스스로를 투자 고문으로 내세우는 것이 유일한 목표다.

과학적이라고 주장하는 예측들은 일부 장점이 있기는 하지만 비싼 대가를 치러야 한다. 공정을 기하기 위해 덧붙이자면 심리학과 언론학, 커뮤니케이션학, 사회학, 교육학 분야도 그런 점에서 별반 낫지 않다는 사실을 언급해야 한다. 이 학문들이 더욱 엄정하게 경험론적으로 연구할수록 사회적 영향력은 떨어지고, 토론의 주도권은 상실되고, 연구 결과는 더 빨리 노화된다. 모든 경험론적 연구는 아직 희미하게 반짝거리기는 하지만 이미 식어 가는 태양과 비슷하다. 그 옆에 더 밝게 빛나는 태양이 나타나지만, 그마저도 곧 예전 태양만큼 빨리 사그라진다. 이런 식으로는 영구적이고 획기적인 인식이 나올 수 없다.

상황이 이렇다 보니, 노동의 미래를 다루는 경제학자들은 부득이 계량화할 수 없는 미래를 측정하거나 과거 사례에서 처방전을 꺼내 든다. 이런 연구는 당연히 현실성이 없다. 정량화되지 않고 정량화할 수 없는 사회적 요소와 과정 없이는 미래에 대해 말할 수 없기 때문이다. 어떤 거시 경제적 요소들이 기술 및 경제 발전을 억제하거나 촉진할까? 예를 들면 글로벌한 세계 시장에서의 경기 순환이나 경쟁적 압력 같은 요소들 말이다. 또한 그중에서 도널드 트럼프 현상이나 코로나 팬데믹처럼 돌발적인 상황은 얼마나 될까? 옥스퍼드 연구에서 말하는 경향이 절반만이라도 노동 시장에 반영된다면 정치인들은 아무도 결과를 모르는 결정을 내릴 수밖에 없다. 많은 사람이 일자리를 잃으면 생산성은 급격히 증가할 수 있지만, 그 반대도 마찬가지다. 그렇다면 둘 중에서 무엇이 더 중요할까? 세수 증가를 동반하는 생산성 향상일까, 아니면 고용 증가를 동반하는 생산성 하락일까? 잘 알려진 것처럼, 거의 모든 국가는 늘 이 두 가지, 즉 경제 성장과 고용을 목표로 삼는다. 이 둘은 동시에 이루어질 수도 있지만, 논리적으로 반드시 하나로 연결되어 있는 것은 아니다. 가령 2000년대에 산업국들은 수백만 명의 사람을 노동 시장으로 편입시키는 데 성공했지만 생산성이 일부 저하되는 대가를 치러야 했다.

모든 결정은 미래의 노동 시장에 막대한 영향을 미친다. 따라서 경험론에 입각한 예측은 극도로 의심스러운 기술이고, 신빙성은 전반적으로 상당히 떨어진다. 자칭 객관적이라는 경험론적 연구들에는 숫자와 도표, 그래프로 전달하는 것보다 커피 앙금을 보고 점을 치는 식의 예측이 훨씬 더 많이 포함되어 있다. 게다가 이런 연구들에서 특히 인기가 높은, 〈지금으로부터 20년 후〉라는 시간 범위도 지극히 계산적이다. 5년 후의 극적 변화를 예고한 사람은 5년 후에도 여전히 기억될 것이고, 그 예측이 빗나갈 경우 곤란한 상황에 빠진다. 반면에 50년 후의 미래를 그리는 사람은 별 주목을 받지 못한다. 50년 후에는 어떤 일이든 일어나도 이상하지 않고, 그때가 되면 50년 전의 예측을 기억하는 사람은 어차피 거의 없다. 따라서 연구자들은 옥스퍼드 연구처럼 대부분 20년 후를 선호한다. 그 시점은 지금 관심을 가질 만큼 가까운 미래이기도 하고, 동시에 상상력을 발휘해 많은 것을 가능하다고 여길 만큼 모호한 시간이기도 하기 때문이다. 더구나 20년 후를 예언하는 사람은 다행히 그 시간이 되면 대체로 세간의 관심에서 멀어질 거라고 안심해도 된다.

그런데 옥스퍼드 연구의 신빙성에 대한 비판은 그 반대 주장을 펼치는 사람들에게도 똑같이 적용되어야 한다. 만일 라이프니츠 유럽 경제 연구 센터의 경제학자들이 노동 세계의 자동화 가능성과 관련해서 한국은 6퍼센트, 미국은 9퍼센트, 독일은 12퍼센트라고 계산해도 그 수치들 역시 그렇게 믿을 만한 것이 못 된다. 미래에 실제로 일어날 일에는 가늠할 수 없고 명확하게 특정하거나 계량화할 수 없는 요소가 너무 많이 섞여 있기 때문이다. 따라서 그들이 주장하는 그런 정확성과 개연성은 있을 수 없다.

그에 비하면 과거에 대한 조사는 발밑에 단단한 지반을 딛고 서 있는 셈이다. 하지만 과거를 단순히 미래화해서는 안 된다. 과거에 효과가 있었다고 해서 미래에도 효과가 있으리라는 보장은 없다. 결론적으로 말해서, 미래는 경험적으로 접근할 수 없고 오직 해석만 가능하다. 경제학 연구에는 등장하지 않는 단어인 해석학은 수많은 부분의 분석을 통해 전체를 추론하고, 그 전체를 다시 부분들과 비교해서 조정하는 오래된 기술이다. 철학자 마르틴 젤Martin Seel의 말처럼, 해석학자는 세계의 측정 가능한 측면이 세계 그 자체가 아니라 그저 세계의 측정 가능한 측면일 뿐이라는 사실을 아는 사람이다.[1] 따라서 해석학적으로 접근한 경제는 단순히 그래프와 숫자, 공식으로만 이루어진 것이 아니라 사람을 중점적으로 다룬다. 프레이가 미래를 예측할 때 사용한 〈사회적 비용〉 같은 개념도 실제 사람들의 생활 조건과 환경, 권리 의식, 문화적 특성을 함께 고려할 때 확실히 더 잘 이해할 수 있다. 게다가 사회적 비용을 말하는 사람은 더 높은 목표나 가치를 위해 좋건 싫건 그 비용을 감수하고 지불해야 한다는 사실도 안다. 그렇다면 그 목표나 가치는 무엇일까? 시장, 번영, 경제 시스템, 국가, 진보, 미래? 반면에 경제 자체에서 그것을 보는 사람들, 즉 최대 다수의 만족스러운 삶을 위한 물질적 토대만 생각하는 사람들은 당연히 〈사회적 비용〉 같은 개념과는 거리가 멀다.

현재와 미래의 노동 사회에서 위험에 처한 것은 비용과 수익 문제가 아니라, 자동화 물결로 촉발된 윤리적, 사회적 진보를 향한 올바른 길에 대한 물음이다. 여기에는 시장 논리, 기술 역학, 이익 추구 외에 비합리적인 욕구와 수요, 특이성, 장단점을 갖춘 인간의 실제 행동 같은 요소들이 포함되어 있다. 현재 그에 관한 논의가 너무 적고 광범한 정치적 아이디어가 부족하다면 이는 한편으로는 경험론적으로 협소한 견해 때문이고, 다른 한편으로는 이것이 아마 훨씬 더 중요할 텐데, 많은 경제학자의 내면에 깊숙이 자리하고 있는 다른 문제, 즉 대안이 없다는 인식 때문이다. 다시 말해 옥스퍼드 연구 같은 예측이 조금이라도 타당하다면 무엇을 해야 할지 도무지 알 수가 없다는 것이다.

이런 상황에서 현재의 거대한 기술 도약을 폭넓게 인정하면서도 그것이 전반적으로 파괴적이거나 사회 변혁적이지 않고 검증된 수단으로 제어가 가능하다고 믿는다는 사실은 놀랍다. 사람들은 자동화가 과거처럼 주로 수작업에 영향을 주는 것이 아니라 인간의 인지 기능까지 더 광범하게 떠맡기 시작했다는 사실을 암묵적으로 무시한다. 예전에는 기계화로 인해 육체노동자가 정신적으로 까다로운 도전을 받는 노동자가 되었다면, 지금은 많은 영역에서 정신적으로 까다로운 도전을 받는 노동자가 복잡한 문제를 극복하고 해결할 수 있는 사람이 되어야 한다. 다만 지금까지는 우리가 아는 노동 세계에서 그런 도전을 받은 사람은 소수였다.

과연 이 거대한 도전은 과거 인쇄공과 식자공이 미디어 전문가로 변신한 것과 유사할까? 혹은 1980년대와 1990년대에 산업용 로봇이 야기한 노동 세계의 변화와 정말 비슷할까? 당시 새 노동은 옛 노동과 비교했을 때 얼마나 까다로웠고, 이번에는 어떻게 될까? 완전 자동화된 시스템으로 업무뿐 아니라 직업 전체가 사라지기 때문에 재교육이 거의 이루어질 수 없는 업종들은 어떻게 될까? 예를 들어 손해 사정 업무를 보던 보험사 직원은 장차 무엇을 하게 될까? 이제는 IT 시스템을 관리하고 필요에 따라 프로그램을 변경하는 일을 맡아야 할까? 그렇게 수십만 명이 회사의 다른 부문으로 이동할까? 그렇다면 어느 부문으로 이동할까? 마찬가지로 점점 더 자동화된 시스템으로 돌아가는 마케팅 부문으로? 아니면 인간 세계를 이미 오래 전에 숫자의 세계로 변모시켰고, 인간적 매력 대신 오직 가격만이 중요해진 판매 부문으로?

재교육 및 추가 교육의 사다리는 무한정 올라가지 않는다. 반면에 범용 기술인 AI의 응용 가능성은 무한정 올라간다. 다만 평균 지능을 가진 사람은 AI 기술의 높은 단계까지 쉽게 접근할 수 없다. 우리 세계의 대다수가 그런 사람이다(그렇지 않다면 평균적인 사람이 아닐 테니까). 사실 아무리 대담한 낙관주의자라도 그 사실을 안다. 그런데도 그들은 노동 세계를 새로 창출하거나 최소한 완전히 재편하는 대안적 아이디어를 내는 대신 한 가지 생각에만 빠져 있다. 질문을 계속 미루는 것이다! IT 예찬가인 브리뇰프슨과 맥아피조차 노동 세계의 혁명이 사람들이 두려워하는 것만큼 그렇게 빨리 오지는 않을 거라며 안심시킨다. 그들은 이렇게 주장한다. 완전 자동화된 차량이 〈조만간〉 모든 도로 위를 달리는 일은 없을 것이다. 게다가 〈아직도 수많은 인간 계산원과 고객 서비스 담당자, 변호사, 운전사, 경찰관, 간병인, 매니저, 기타 근로자〉가 존재한다. 이들은 기계화의 격랑에 휩쓸려 갈 〈위험을 걱정하지 않아도 된다〉.[2]

이 매사추세츠 공과 대학교 교수들이 말하려는 것은 무엇일까? 기계화 혁명의 파고가 〈모든 사람을 덮치지는 않을 테니〉 안심하라는 의미일까?[3] 하지만 제2차 기계 시대가 그들의 강력한 예언처럼 노동 세계를 확 뒤집지 못할 이유가 있을까? 자동차가 단기간에 마차를 대체했을 때 거의 모든 마부와 목공, 무두장이, 말발굽 대장장이가 영향을 받지 않았던가? 그중 살아남은 직업은 너무 적어서, 더 이상 옥스퍼드 연구가 나열한 702개의 직업에 포함되지 않을 정도다. 20년 후에 누가 여전히 계산원이나 은행원으로 일하고 있을까? 브리뇰프슨과 맥아피가 별 근거도 없이 경찰관과 간병인, 매니저를 살아남을 직종에 포함시켰지만, 안심이 되지는 않는다. 옥스퍼드 연구만 보아도 실제로 영원히 사라질 직업의 목록은 길기만 하다.

그들의 책에 자주 등장하는 〈아직도〉라는 부사도 섬뜩하다. 여전히 시간이 충분하다는 소리처럼 들리는데, 과연 무엇을 위한 시간이 남았다는 뜻일까? 운전사와 계산원을 가상 현실 디자이너나 빅 데이터 분석가로 바꿀 시간일까? 비상 간호 인력이나 가정 간병인으로 훈련시킬 시간일까? 아니면 스카우터,

인생 상담사, 커플 테라피스트, 인플루언서, 뷰티 및 건강 강사로 양성할 시간일까? 그들은 자동화 과정이 고도화되어도 독일에서는 임금 노동자의 10퍼센트만 일자리를 잃을 뿐 정치와 사회는 예전과 별반 달라지지 않을 거라고 말한다. 브리놀프슨과 맥아피가 강력한 경제 성장을 마치 만병통치약처럼 내세우는 것을 보면 미래 전령이라는 사람들의 사고가 여전히 과거에서 벗어나지 못하고 있음을 알 수 있다. 절박해지는 지속 가능성의 문제, 천연자원의 보존 필요성, 우리의 생활 방식을 총체적으로 바꾸어야 한다는 압박감, 이 중 어느 것도 그들의 머릿속에는 없으며 그들의 생각에 영향을 미치지 않는 듯하다. 현재 우리가 처한 상황을 보면 디지털 혁명과 지속 가능성은 하나로 움직여야 하는데, 그들의 머릿속에는 그런 생각이 전혀 떠오르지 않는 모양이다.

영국 경제학자이자 전 스탠퍼드 대학교 교수인 브라이언 아서Brian Arthur가 명명한 **제2의 경제**, 즉 새로운 경제는 물리적으로 보이는 실물 경제 옆에 거대하고, 조용하고, 네트워크로 연결되고, 보이지 않고, 자율적으로 움직이는 프로세스로 이루어져 있다. 이것이 바로 새로운 자동화 물결을 이전의 모든 물결과 명확하게 구분 짓는 점이다. 〈제2의 경제는 확실한 성장 동력이 될 것이고, 우리에게 번영을 선사할 것이다. …… 그러나 그것이 일자리를 만들어 주지는 않기 때문에 번영은 이루어지되 많은 사람이 그 혜택을 함께 누리지는 못할 것이다.〉[4] 2011년의 이 예언을 지금 들으면 피식 웃음이 날지 모르지만, 아서는 구체적인 미래 시점을 설정하지 않았다. 제2의 경제는 하룻밤 사이에 완성되는 것이 아니고, 업무 자동화는 수많은 자잘한 단계를 거쳐 이루어진다. 적어도 이 과도기에는 글로벌 운송 및 물류 기업인 UPS의 기사가 소포를 차량으로 배달하는 대신 드론을 이용할 수 있다. 우버 운영자들도 인간이 아직 운전하는 우버 서비스를 과도기로 간주한다. 전 과정이 자동화되기 전까지는 모든 것이 그럴 것이다. 디지털 혁명으로 인한 저임금 일자리는 어쩌면 앞으로 10년, 20년 더 지속될 수 있지만, 결국 그 시간도 지나갈 것이다. 수익성이 있고 인간 본성에 문제가 되지 않으면서 동시에 수요가 있고 도덕적으로 거부감이 들지 않는 모든 것을 디지털화하려는 거대한 회오리는 긱 경제*의 고용 관계, 즉 플랫폼 경제의 저임금 일자리에만 영향을 주는 것이 아니다. 그것은 강력한 철제 빗자루처럼 사무직과 생산 시설, 보험 회사, 은행을 더 철저하게 쓸어버릴 것이다.

　　사람이 아닌 기계를 위한 새 일자리가 더 많이 생길수록 보통의 기술 자격을 갖춘 일반 근로자가 경제적 타격을 입지 않으면서 고용 관계를 유지하는 것은 점점 더 어려워진다. 이 문제를 두고 고용자와 피고용자 대표가 지속적인 협상을 통해 타협책을 마련하는 것은 상상하기 어려운 반면에, 디지털 효율성과 가격 인하에 대한 글로벌한 압력은 제때 급행열차에 올라타

* gig economy. 기업들이 정규직보다 필요에 따라 계약직 또는 임시직으로 사람을 고용하는 경향이 커지는 경제를 이른다. 여기서 〈긱gig〉은 일시적인 일을 뜻한다.

경험 이성 비판: 객관은 계산할 수 있을까?

지 못한 거의 모든 사람을 위험에 빠뜨린다. 독일은 1980년대와 1990년대에 이루어진 로봇화에서는 선두 주자였지만, 지금은 일부 부문의 발전 단계에서 이미 다른 선진국들에 뒤처져 있다. 물론 이 격차는 곧 해소될 것이고, 시설과 디지털 혁신 프로세스에 대한 막대한 투자는 성과를 거둘 것으로 보인다.

기계가 제품을 더 저렴하게 생산할 때마다 일자리가 자동으로 생성된다는 것은 경험론적으로 입증된 사실이 아니고, 여러 조건에 따라 달라진다. 저렴한 상품과 업무량의 증가는 더 많은 노동을 초래하지만, 이 노동을 사람이 할지 아니면 기계가 할지는 자동으로 결정되지 않는다. 아제모을루와 레스트레포는 이렇게 진단한다. 〈안타깝게도 현재의 상업용 AI 개발 추세는 자동화 방향으로 나아가고 있고, 이는 사회에 잠재적인 파괴적 결과로 이어질 수 있다. 18세기 후반부터 직조와 방적 분야의 기계화로 시작된 산업 혁명 이후 자동화가 생산성 향상의 동력인 것은 분명하다. 그러나 자동화의 파고가 모든 배를 자동으로 띄우지는 않는다. 자동화는 생산 과정에서 인간 노동력을 기계로 대체함으로써 가치 창출 및 국민 소득 면에서 인간 노동이 차지하는 비율을 줄이고, 불평등을 야기하고, 고용과 임금을 감소시킬 수 있다.〉[5]

명시적으로 말하든 수사적으로 조심스럽게 표현하든, 현재의 경제 발전은 모든 작업을 최대한 자동화하는 것에 초점을 맞추고 있다. 그를 통해 다른 분야에서 새로운 노동 집약적 일이 대량으로 생겨날 거라는 조짐은 거의 없다. 작금의 발전은

마차가 자동차로 대체되거나, 쇠퇴하는 산업 노동이 강력하게
확장된 서비스 부문으로 상쇄되던 시기와 결코 같지 않다. 그
때문에 아제모을루와 레스트레포에 따르면 오늘날 〈시장을 신
뢰하지 않을 충분한 이유〉가 있다. 설상가상으로 디지털 혁명
분야는 〈사업 모델이 자동화와 밀접하게 연결된 소수의 테크놀
로지 대기업이 지배하고 있다. 이들 기업은 AI 연구에 어마어마
한 비용을 대면서 오류를 범할 수 있는 인간을 생산 과정에서
배제하는 것을 기술적, 경제적 정언 명령으로 여기는 사업 환경
을 조성했다〉.[6]

이런 상황을 고려하면, 특히 독일 경제학자들이 과거 산
업 혁명의 구조적 변화에서 끄집어낸 낙관론은 별로 설득력이
없다. 첫째, 그들은 산업에 주로 초점을 맞출 뿐 그사이 훨씬 더
커져 버린 서비스 부문과 플랫폼 자본주의에는 크게 관심을 보
이지 않는다. 둘째, 미래의 IT 요구와 관련해서 평균적인 재능
만 있는 일반 직원들의 재교육 및 추가 교육 가능성을 너무 과
대평가한다. 셋째, 한 가지 중요한 사실을 의도적으로 외면할
때가 많다. 로봇이 지금까지는 전반적으로 인간의 일자리를 빼
앗지 않았지만, 그럼에도 이미 고용 증가에 부정적인 영향을 미
치고 있다는 사실 말이다.

이를 확인하기 위해 굳이 수백만 개의 제조업 일자리가
로봇화의 제물이 된 미국으로 시선을 돌릴 필요는 없다. 독일에
서도 이미 몇 가지 징후가 나타나면서 유사한 발전 과정을 보이
고 있다. 옥스퍼드 연구나 다른 연구들에서 자동화될 가능성이

높다고 지목된 직업들은 실제로 최근 몇 년 사이 일자리가 거의 증가하지 않았다. 사무직이든 종이 및 목재 가공이든, 혹은 인쇄물 마감 공정이나 법률 회사 보조든 구조적 변화는 이미 명백하다.[7] 독일에서도 〈고용 증가와 자동화 가능성 사이에 부정적인 관계가 나타난다. 자동화 가능성이 높을수록 지난 5년간 고용 증가율은 떨어졌다〉.[8] 이런 추세가 지속되고 자동화가 진전되리라는 것은 이제 아무도 의심하지 않기에, 이것이 의미하는 바는 분명하다. 호황기에 고용 증가율이 평균 이하라면 불황기에는 일자리 감소가 본격적이고 신속하게 진행된다는 것이다. 고용 시장은 양극화되고 중간 지대는 축소되고 있다. 새로운 일자리는 주로 고도의 교육을 받은 소수 근로자에게 집중되고, 중간층은 엷어지고, 저임금 부문은 거의 그대로 유지된다.

이러한 불안한 징후를 인정하지 않는 사람들은 **구조 변화의 규모와 파장**을 너무 쉽게 과소평가하고 있다. 근거는 널려 있다. 지금까지 노동 시장의 변화는 주로 생산 기계에 해당되었다. 과거의 모든 경험치도 바로 이 과정과 연결되어 있다. 하지만 이번에는 근본적인 차이가 존재한다. 지금은 새로운 생산 기계가 아니라 전적으로 새로운 **정보 기계**가 중심에 서 있다. 생산 기계와 정보 기계의 차이는 엄청나다. 이것이 제1차 기계 시대에는 설득력이 있던 경제 이론과 추론이 제2차 기계 시대에는 그렇지 않은 이유다. 게다가 디지털 혁명은 일부 기업에만 천문학적인 이익을 가져다줄 뿐 **국가 경제의 생산성 향상**에는 기여하지 못할 수도 있다. 그렇다면 점점 더 지능화되는 디지털 테크놀로지의 사용 증가가 결국 경제 성장과 고용 창출로 이어진다고 상상하기는 어렵다. 오히려 정반대 결과가 나올 가능성이 높다. 기술 진보가 항상 기존 일자리를 없애는 것보다 새로운 일자리를 더 많이 창출해 낼 거라는 **보상 이론**은 이런 조건에서는 결코 맞지 않다.

지난 20년 동안 우리가 경험한 디지털 혁명의 〈문법〉을 살펴보면 이렇게 정리할 수 있다. 디지털 혁명의 1막은 거대한 변천, 즉 제조업 경제에서 금융 경제로의 변화와 밀접하게 연결되어 있다. 금융 경제는 서구 선진국의 금융 시장 규제 완화로 인해 지구상에서 가장 큰 경제가 되었고, 다른 모든 것은 굳이 명명하자면 실물 경제가 되었다. 오늘날 자본은 최대한의 단기 수익을 찾아 밀리초 단위로 전 세계를 쉴 새 없이 돌아다닌다. 플랫폼 자본주의가 자리를 잡은 것도 바로 이 구조 덕분이다. 아마존, 알리바바, 구글, 텐센트, 페이스북, 애플, 트위터, 우버, 페이팔 같은 회사에는 생산 시설, 고전적인 기계, 고전적인 소유 구조가 없다. 대신에 각종 연기금에서부터 아랍의 석유 자본, 노르웨이 국부 펀드에 이르기까지 수많은 개인 및 기관 투자자의 자본이 기업들에 모인다. 그들의 빠른 성장과 눈부신 규모의 경제 효과도 그를 통해 설명된다. 자본은 정보를 관리 및 통제하고, 그것을 바탕으로 가치 창출의 새로운 원천인 데이터 경제를 구축한다. 현재와 미래의 정보 교환 및 네트워킹 속도는 인류 역사상 유례가 없을 정도로 빠르다. 컴퓨터 칩의 저장 용량은 지난 15년 동안 1,000배 이상 성장했는데, 향후 수십 년 동안에는 더 폭발적으로 증가할 전망이다. 하지만 그를 통해 새로운 시장은 거의 생겨나지 않고 오히려 그 자체로 시장인 기업들만 생겨난다. 즉 아마존과 알리바바는 글로벌 온라인 무역에 동참하는 것이 아니라 그 자체로 세계 시장을 만들어 낸다. 구글역시 글로벌 지식 경제 시장의 플레이어가 아니라 지식 경제 그자체다. 더구나 새 경쟁자가 나타나면 일반적으로 신속하게 흡수해 버린다.

이 새로운 시장 권력자들은 자유 시장 경제의 규칙대로 움직이지 않는다. 다른 환경이라면 엄청난 수익을 올리는 글로벌 기업의 출현은 경제 전반에 특정한 축복을 내렸을 테지만, 이번에는 그렇지 않다. 디지털 혁명에서 사적 이익과 경제적 생산성의 향상은 지금껏 전혀 합치하지 않는 것처럼 보인다. 이와 관련해서 아제모을루와 레스트레포는 다음과 같이 쓴다. 〈임금과 고용 증가율은 여전히 정체되어 있고, 생산성 증가율도 미미하다. 다만 불길하게도 AI는 이러한 패턴을 악화시키는 듯하고, 그로 인해 불평등은 더욱 심화되고, 임금 상승은 앞으로 수십 년 동안 둔화되고, 노동 시장 참여율은 감소할 것으로 보인다.〉[9] 특히 미국에서 이런 유형의 경제 발전이 감가상각의 가속화와 이자 공제, 세금 감면을 통해 더욱 촉진되고 있다는 사실은 국가 경제적 차원에서 보면 지극히 의문스럽다.

생산성은 국내 총생산을 근로자 개인으로 환산했을 때 나오는 수치다. 놀랍게도, 독일에서도 2012년부터 2019년 사이에 생산성은 크게 증가하지 않았다. 통계에 따르면 기껏해야 연간 1.3퍼센트에서 마이너스 0.7퍼센트 사이를 오갈 뿐이다.[10] 근로자의 노동 수익성이 디지털화를 통해 더 높아지는 것은 맞다. 그러나 전체적으로 보면 성장은 거의 이루어지지 않았다. 이는 아제모을루와 레스트레포가 볼 때 전적으로 논리적이다. 〈점점 더 많은 업무를 자동화하는 데만 초점을 맞추는 것〉은 〈낮은 생산성과 낮은 임금 증가, 그리고 가치 창출에서 노동이 차지하는 비중의 하락〉으로 이어지기 때문이다.[11]

　　그런데 이 매사추세츠 공과 대학교 교수들이 보는 것만큼 그렇게 논리적인 것은 아니다. 이전의 자동화 물결은 항상 생산성을 크게 높였다. 미국 경제학자 로버트 솔로Robert Solow는 노동이나 자본이 아닌 주로 기술 진보가 생산성을 획기적으로 향상시킨다는 이론으로 1987년에 노벨 경제학상을 받았다.[12] 1950년에는 미국의 일반 노동자가 40시간 일해야 했던 양을 20세기 말에는 11시간이면 해냈다. 기술 수준이 높을수록 전체 경제 생산량도 많아진다. 다만 솔로가 노벨상을 받은 해에 이미 의아해했듯이, 자신의 이론이 새로운 디지털 진보의 관점에서는 확인되지 않은 점은 놀랍다. 〈우리는 컴퓨터 시대가 온 것을 도처에서 확인할 수 있지만, 노동 생산성 통계에서는 확인되지 않고 있다.〉[13]

　　비판가들은 19세기 말 산업의 전기화가 생산성 통계에 반영되기까지도 20년이 걸렸다는 사실을 자주 지적한다. 그러나 솔로의 발언이 나온 지 35년이 지난 시점에도 몹시 선명해 보이는 그 불균형은 여전히 지속되고 있다. 디지털 대기업의 이익은 하늘 높은 줄 모르게 치솟고 그들은 역사상 유례가 없을 만큼 매출이 높고 강력한 기업이 되었지만, 지금까지는 어떤 선진국에서도 전체 경제까지 활짝 꽃피는 일은 일어나지 않았다. 중국이 신흥국에서 세계 최대의 경제 대국으로 성장한 동력도 디지털 기업 덕분이 아니라 거의 전적으로 대부분의 중국인을 여전히 고용하고 있는 구경제 덕이다.

디지털 기술을 통한 생산성 향상은 기껏해야 전체 경제에서 그다지 비중이 높지 않는 특정 부문에서만 나타난다.[14] 이런 상황이 미래에도 별반 바뀌지 않으리라는 주장에는 몇 가지 음미해 볼 만한 논거가 있다. 솔로의 제자이자 오늘날 생산성 문제와 관련해서 세계적으로 가장 유명한 연구자 중 한 명인 미국 경제학자 로버트 고든Robert Gordon은 〈디지털 시대에서 산업국들은 경제가 거의 성장하지 않는 기나긴 시간에 적응해야 한다고〉[15] 말한다. 왜냐하면 실리콘 밸리를 비롯해 다른 디지털 기업들이 무엇을 발명하건, 그것은 전체 경제 성장으로 이어지지 않고 그저 다른 사업 영역을 대체할 뿐이기 때문이다. 우버는 글로벌 택시 영업을 잠식하고, 에어비앤비는 호텔업에 해를 끼치고, 트위터 및 기타 소셜 미디어는 방송사와 신문사, 잡지사의 고용을 줄이고, 아마존과 알리바바는 오프라인 소매점을 파괴한다. 플랫폼 자본주의의 이 모든 비즈니스 모델은 어느 정도 큰 이익을 창출하지만 전체 경제의 성장에는 날개가 되어 주지 않는다. 고든이 볼 때, 성장을 일궈 낼 아이디어는 고갈되어 가고 있다. 전자 제품, 가상 현실, 앱, 3D 프린터, 완전 자동화된 자동차, 이 중 어느 것도 전체적으로 일자리를 창출하거나 생산성을 높이지 않는다. 게다가 완전히 새로운 시장을 실제로 개척하거나 엄청난 생산성 향상을 가져올 위대한 발명은 어디서도 보이지 않는다.

고든의 말은 여러모로 일리가 있다. 디지털화와 과거 산업 혁명들을 구별 짓는 중요한 지점을 언급하자면, 디지털화는 새로운 영역을 개척한다기보다 기존 영역을 더 효율적으로 만든다. 이런 상황에서 기술 진보가 조만간 생산성에도 긍정적인 영향을 미칠 거라는 솔로의 모델은 퍽 허술해 보인다. 왜냐하면 모든 경제 이론과 마찬가지로 솔로의 관찰은 수학적인 형태로 표현되기는 하지만 자연법칙이 아니기 때문이다.

AI 시대에 디지털화라는 거대한 새 물결이 생산성을 획기적으로 향상시키지 못하는 것이 사실이라면, 이는 결코 사소한 문제가 아니다. 자동화의 증가가 경제 성장을 촉발하고 충분한 고용까지 보장할 수 있다는 결정적인 기둥이 그와 함께 무너지기 때문이다. 시장이 새로 창출되는 것이 아니라 그저 이전만 되는 거라면 보상 효과는 없다. 노동의 미래를 침착하게 기다리면서 교육과 재훈련으로 모든 문제를 해결할 수 있다고 믿는 사람들로서는 도저히 포기할 수 없는 효과 말이다.

자연법칙과 인간 세계:
보상인가, 퇴출인가?

보상 이론은 정확히 무엇을 말하는 것일까? 그것은 어디서 왔고, 그것이 작동하려면 어떤 조건이 충족되어야 할까? 보상 이론은 1차 산업 혁명의 산물로서 프랑스 경제학자 장바티스트 세Jean-Baptiste Say의 연구에 그 기원이 있다. 그는 1803년 『정치 경제론*Traité d'économie politique*』에서 훗날 〈세의 정리〉라고 불리게 될 이론을 정립했다. 〈생산자는 제품 생산에 대한 노동이 끝나고 나면 제품의 가치가 떨어지지 않도록 즉시 제품을 판매하기 위해 모든 노력을 기울인다. 또한 제품을 판매하고 받은 돈도 그에 못지않게 빨리 사용하고자 노력한다. 그 돈의 가치도 마찬가지로 하락할 수 있기 때문이다. 돈을 사용할 수 있는 유일한 방법은 다른 제품을 구입하는 것뿐이므로 한 제품의 생산은 다른 제품을 생산하기 위한 길을 열어 준다.〉[1] 여기서 말한 세의 정리가 약간 모호하게 들린다면, 철학자 존 스튜어트 밀John Stuart Mill의 아버지이자 스코틀랜드 언론인인 제임스 밀James Mill이 대중적으로 표현한 말은 한결 명확하다. 〈한 국가에서 어느 시점에 얼마나 많은 상품이 추가로 생산되든 그에 정확하게 일치하는 추가 구매력이 생겨난다. 그리하여 한 국가는 자연스럽게 자본이나 상품의 과잉 재고를 겪지 않는다.)[2] 즉, 공급이 많을수록 수요도 커진다.

1808년 밀에게서 나온 이 인상적인 공식은 19세기 영국 경제학에 깊은 영향을 끼쳤던 데이비드 리카도David Ricardo의 찬사와 동의를 얻었다. 밀이나 세와 같은 세대였던 그는 젊었을 때는 주식 투기꾼으로 이름을 날렸고, 42세부터는 오직 경제 연구에 전념했다. 그의 유명한 전임자 애덤 스미스Adam Smith와 달리 철학에는 별 관심이 없었고, 형이상학적 전제도 포기했다. 그가 볼 때 경제학은 자연 과학과 다름없었다. 아이작 뉴턴Isaac Newton의 물리학이 자연의 모든 현상을 기계적으로 설명한 것처럼 리카도 역시 모든 경제 과정을 순수 기계론적으로 설명하고 싶었다. 자연의 물리적 힘이 균형을 이루려고 노력한다면 시장의 경쟁하는 힘들도 마찬가지라는 것이다. 여기서 일어나는 일은 이성적이지 않고 도덕적으로도 설명할 수 없다. 그것은 균형을 이루려는 힘의 작용이고, 객관적이고, 초개인적이고, 또한 어떤 형태의 인간 심리학과도 무관하다. 리카도는 공장주가 생산 과정을 합리화하는 것처럼 경제를 합리화한다. 즉 자연 과학으로서의 자본주의다. 여기서 찾아야 할 것은 뉴턴의 물리학처럼 변하지 않는 〈법칙〉으로 표현될 수 있는, 최대한 효율적이고 흡사 기계처럼 돌아가는 이론이다.

다만 여기서 두 가지 외부적 문제가 있었다. 하나는 인구 변동이었다. 19세기 초에 인구수는 급격히 증가했고, 그와 함께 고용해야 할 노동자 수도 당연히 증가했다. 고용해야 할 노동자

수가 늘어나는 가운데 안정적인 균형 체계를 유지하는 일은 결코 만만한 과제가 아니었다. 다른 변수는 기술 혁신이었다. 이것은 생산 방식을 바꾸고 인간 노동을 기계로 대체해 나갔다. 자본주의의 균형을 위협하는 이 기술 혁신을 놓고 고민하던 중에 때맞추어 찾아온 것이 바로 세와 밀의 정리였다. 리카도는 1817년 경제학에 엄청난 영향을 끼친 대표작 『정치 경제학과 과세의 원리에 대하여On The Principles of Political Economy and Taxation』에서 훗날 역사에 보상 이론으로 오르게 될 공식을 확립했다. 설명하면 이렇다. 생산이 효율화될수록 생산량은 늘어난다. 저렴한 대량 생산으로 상품 가격은 싸지고, 그와 함께 점점 더 많은 사람에게 여러 상품을 동시에 구매할 경제적 여유가 생긴다. 이로써 〈기술, 상품 가격 하락, 대량 수요, 새로운 생산〉으로 이어지는 사슬이 생긴다. 따라서 기술 진보는 파괴하는 일자리보다 더 많은 새 일자리를 지속적으로 창출해 내고, 생산성이 높아질수록 임금 노동은 더 많이 생겨난다.

보상 이론은 엄청난 성공을 거두었다. 오늘날까지도 경제 교과서에 빠지지 않고 등장하고, 기술 진보를 통해 발생할 수 있는 대량 실업 시나리오에 대한 반대 근거로 수없이 이용되고 있다. 그런데 이 과정에서 알려지지 않은 사실이 하나 있다. 리카도 자신은 4년 후, 그러니까 『정치 경제학과 과세의 원리에 대하여』 3판에서 보상 이론을 철회했을 뿐 아니라 심지어 보상 이론을 노골적인 반대 원칙인 〈퇴출 이론〉으로 대체했다.

무슨 일이 있었을까? 1817년에 리카도의 책이 출간되자

마자 당시 핵심 산업에서 심각한 판매 위기가 찾아왔다. 방적기를 통해 기술 혁명이 일어난 섬유 산업은 크게 위축되었다. 앞서 1815년에 발생한 첫 번째 판매 위기는 나폴레옹Napoléon의 대륙 봉쇄령으로 쉽게 설명할 수 있었다. 영국 상품이 대량으로 대륙에 쏟아져 들어왔을 때 프랑스가 완강히 저항한 것이다. 그런데 1818~1819년의 판매 위기 당시에는 외부 요인이 전혀 없었다. 밀이 예측하고 리카도가 법칙화한 것과는 달리 섬유 제품의 대량 생산은 구매력 증가로 이어지지 않았다. 상품 가격은 여전히 꽤 비싼 데다 19세기 초의 공장주들이 리카도 같은 많은 이론가의 말을 믿고 외국 경쟁자들보다 저렴하게 상품을 만들기 위해 노동자들에게 최대한 낮은 임금을 지급하는 상황에서 구매력이 증가할 수는 없었다.

리카도는 1819년 스위스 경제학자 J. C. 시스몽디J. C. Sismondi가 출간한 『정치 경제학 신원리Nouveaux principes d'économie politique』를 읽고 깊은 불안에 빠졌다. 시스몽디의 접근 방식은 많은 면에서 리카도와 정반대였다. 영국인 경쟁자와 달리 시스몽디는 경제학을 자연 과학의 모델에 따라 움직이는 정밀과학으로 보지 않았다. 그것이 설령 과학이라면 인간에 관한 과학이어야 했다. 경제를 이해하고자 하는 사람은 영원한 법칙을 찾아서는 안 된다. 그런 법칙은 인간 세계 어디에도 존재하지 않기 때문이다. 오히려 경제를 알고자 한다면 역사를 공부해야 하고, 거기서 지혜를 끌어내야 한다. 리카도와 달리 시스몽디는 19세기 초의 자본주의를 경제학과 동일시하지 않았다. 그전에 이미 매우 다른 경제 시스템들이 있었고, 앞으로도 분명 큰 변화가 있으리라고 생각했다. 어쨌든 시스몽디가 원했던 것은, 당시처럼 소수의 특권층이 아닌 모든 사람이 실제로 중심에 서는 경제였다.

보상 이론과 관련해서 시스몽디는 리카도를 심하게 꾸짖는다. 시스몽디에 따르면, 수요와 공급은 결코 자연법칙처럼 움직이지 않았다.『정치 경제학 신원리』제4권 6장에서 스위스인은 영국인에게 기계가 〈쓸모없는 인구〉를 만들 수도 있음을 보여 준다. 노동자가 받는 임금으로는 생산된 물건을 대량으로 구매할 수 없다면 말이다. 반면에 공장주가 노동자의 임금을 올려 주면 상품은 더 비싸지고, 그 결과 경쟁자에 비해 불리해진다. 현대적으로 표현하자면, 가능한 한 저렴한 생산에 대한 경영자의 이해관계는 가능한 한 높은 소비에 대한 국민 경제적 이해관계와 일치하지 않고, 이는 결국 기업에도 영향을 미친다.

자연스럽게 균형을 찾지 않는 시장은 이 문제를 혼자 해결할 수 없다. 이때 선견지명이 있는 국가의 똑똑한 사회 정책이 필요한데, 리카도는 자신의 자연스러운 균형 이론에서 이를 거의 명백하게 배제했다. 그러다 고민 끝에『정치 경제학과 과세의 원리에 대하여』3판에서 일단 기술 진보가 자동으로 보상을 제공하지는 않는다는 인식을 받아들였다. 대신에 기술 진보가 시장에서 더는 필요 없는 수많은 노동 인력을 중기적으로, 혹은 심지어 영구적으로 〈퇴출시킬〉 가능성이 굉장히 높다고 생각했다. 그로써 기술 진보는 이제 시스몽디의 의심을 훌쩍 뒤어넘는다. 왜냐하면 시스몽디는 퇴출을 보상만큼이나 법칙으로 간주하지 않았고, 이 둘을 임금 보전 문제를 담은 신중한 경제 및 사회 정책의 문제로 여겼기 때문이다. 그렇다면 리카도의 시장 자유방임 대신 노련한 규제가 처방전이 될 수 있었다. 그러나 리카도는 자신의 준(準)물리적 시스템이 위험해지는 상황까지는 가고 싶지 않았다. 게다가 노동 조건과 임금에 대한 국가의 개입은 시장에 대한 그의 믿음과 근본적으로 모순되었다. 그럼에도 그는 시스몽디가 쓴 모든 내용에 관심이 아주 많았고, 본원적인 문제를 철저히 밝히기 위해 1823년 제네바로 그 스위스인을 찾아갔다. 시스몽디가 갑자기 세상을 떠나기 직전의 일이었다.

시장 법칙을 자연 과학과 비슷한 시선으로 바라봄으로써 경제학에 지속적으로 영향을 미치고 오늘날까지도 경제학을 준정밀과학으로 만든 리카도와 달리, 시스몽디는 사람들의 뇌리에서 곧 잊혔다. 훗날 선진국 정부들이 각종 규제와 노동자의 안전망에 대한 그의 요구를 마지못해 수용하고, 그로써 자본주의를 장기적으로 존속하게 만들었음에도 시스몽디의 자리는 어디에도 없었다. 다음 세대의 시장 신봉자들은 그를 무시했고, 『공산당 선언Manifest der Kommunistischen Partei』에서 시스몽디를 〈프티 부르주아〉라고 조롱한 카를 마르크스Karl Marx를 위시해 다른 사회주의자들조차 그를 배척했다. 어떤 필연적인 자연법칙으로도 막을 수 없을 것처럼 보이던 자본주의 경제의 붕괴를 똑똑한 사회 정책으로 저지했다는 것이 그 이유였다. 시스몽디는 세와 밀, 리카도가 천명했고, 나중에는 마르크스조차 믿었던 자연 과학 같은 형태의 영구한 경제 법칙에 근본적인 의문을 제기했다. 자본주의 경제 질서의 옹호자들에게 내려쳤던 그의 몽둥이는 자본주의 경제 질서의 급진적인 비판자들에게도 똑같이 휘둘러졌다. 실제 경제 과정은 정적인 모델로 설명하기에는 너무 복잡하고 역동적일 뿐 아니라 경제 이론들은 수학적 정밀함이나 물리적 인과율 속에서 그 진실성이 영구적으로 판명되는 것이 아니라 지속적으로 이어지는 역사의 유한한 심판대 앞에서 입증되어야 한다는 것이다. 스위스 경제 역사가 한스외르크 지겐탈러Hansjörg Siegenthaler가 사용한 적절한 용어를 빌리자면, 경제 이론의 합리성은 어떤 형태의 자연법칙도 존재할 수 없는 영역에서 〈합리성이 있다고 잘못 믿는 가정들〉로 이루어져 있다.

19세기 후반부터 21세기까지 〈사회 정책〉의 성공사가 증명하듯, 역사적으로 시스몽디가 리카도를 이겼다는 사실은 보상 이론에 대한 반사적인 찬성 태도를 의심스럽게 만든다. 기술 진보는 항상 파괴하는 일자리보다 더 많은 새로운 일자리를 창출하는 것이 아니라 굉장히 특정한 조건에서만 그렇게 한다. 일단 오늘날의 노동 시장에는 일하는 사람이 100년 전보다 더 많은 것이 아니라 더 적다. 어린이, 청소년, 퇴직 연령대의 사람은 일을 전혀 하지 않거나 적게 한다. 또한 훨씬 더 많은 배우자가 파트타임으로 일하거나 원칙적으로 임금을 위해 일하지 않는다. 반면에 예전에는 주로 농민과 공장 노동자로 이루어진 노동 집단은 남성과 여성의 비율이 균등했다.

자동화로 상실된 일자리를 보상하려면 생산성이 실제로 증가해야 하고, 그와 함께 판매 시장과 구매력도 커져야 한다. 하지만 그에 대한 조건이 까다롭다. 지금껏 기술적으로 가장 발전한 나라들의 산업 혁명은 항상 세계화의 진전과 함께 이루어졌다. 영국의 직조공 제임스 하그리브스James Hargreaves가 1764년 방적기를 발명했을 당시 영국과 네덜란드의 동인도 및 서인도 회사 선박들은 이미 150년 전부터 대양을 누비며 향신료와 노예, 면화를 거래하고 있었다. 방적기 같은 신기술의 효율성은 전 세계 무역에 막대한 추진력을 제공했다. 머나먼 나라들은 여전히 원료 공급국에 불과했다. 하지만 본격적으로 시동을 건 제국주의는 더 많은 것을 요구했다. 만일 벨기에인들이 콩고의 야만적인 환경에서 천연고무를 가져오지 않았다면 2차 산업 혁명의 자동차 산업은 어떻게 되었을까? 3차 산업 혁명은 동남아시아를 섬유 산업의 작업장으로 만들었고, 브라질과 아르헨티나를 동물 사료 생산 기지로 삼았다. 자동차와 기계, 가전제품의 저렴한 생산은 이렇듯 새로운 판매 시장의 개척과 손을 맞잡고 이루어졌다.

경제가 더 효율적으로 생산할수록 원자재의 양과 판매 시장의 부피도 그만큼 커져 나갔다. 그런데 바로 이 과정이 오늘날 정체 상태에 빠졌다. 마지막 남은 천연자원을 두고 소위 서방 세계와 중국이 치열한 싸움을 벌이고 있다. 예전에는 몇몇 국가만의 경쟁이었다면 이제는 20억 명이 넘는 경제권들이 서로 맞붙고 있다. 게다가 콩고, 중앙아프리카 공화국, 남수단, 소말리아, 아프가니스탄 같은 초저개발 국가들이 장래에 서방과 극동아시아 국가들이 대량으로 상품을 팔아먹을 수 있는 고성장 국가가 될 수 있다고 믿는 사람은 거의 없다. 이전의 기술 혁명과 달리 이제 글로벌 경제의 파이는 폭넓게 분배되어 있다. 생산이 효율적으로 이루어질 때 자동으로 더 많은 고용을 발생시킨다는 미개척 신천지는 오늘날 없는 듯하다.

솔로의 생산성 역설에 대한 설명을 찾는다면 여기서 찾을 수 있다. 고도로 자동화되는 생산은 지금까지 상품 가격의 하락을 낳고 새로운 상품에 대한 수요를 촉진했을 뿐이다. 자동화와 병행해서 시장이 전 세계적으로 확장되었기 때문이다. 독일 자동차 산업이 전 세계로 수출하지 못했다면 어떤 일이 벌어졌을지 상상해 보아도 알 수 있다. 폴크스바겐Volkswagen이 생산하는 자동차의 28퍼센트가 현재 중국 시장에서 판매되고 있다.[3] 자동화에 대한 보상은 항상 국제적이고 점점 더 글로벌화되어 가는 확장을 의미했다. 이 확장은 현재 전 세계적으로 스마트폰이 보급된 통신 기술 분야에서는 아직 진행 중이다. 반면에 제조업 부문에서는 글로벌 경쟁이 엄청나게 치열해졌고, 시장 자체도 커지기보다 오히려 작아지고 있다. 그렇다면 AI를 통한 생산 및 서비스업의 디지털화는 전체적인 시장 성장으로 보상받지 못한다. 현실에서는 오히려 시장 축소로 인해 많은 영역이 위협받고 있다.

보상이라는 낡은 게임 법칙이 미래에는 통용되지 않을

것임을 시사하는 세 가지 주요인이 있다. 첫째, 디지털 시대의 생산성은 더 이상 눈에 띄게 증가하지 않고 오히려 축소될 위험이 크다. 둘째, 디지털 기술은 새 영역을 개척하기보다 기존 영역을 효율화할 뿐이다. 셋째, 디지털 혁명은 직원 수가 적은 거대 독점 기업을 탄생시켰다. 그렇다면 이것이 선진국의 고용 상황에 구체적으로 의미하는 바는 무엇일까?

기술 혁명과 보상 간의 관계를 이해하려면 노동자들에 대한 요구 사항이 그때그때 **어떤 방식으로** 변했는지 살펴보는 것이 좋다. 1차 산업 혁명은 주로 노동을 단순화시켰다. 공장에서 초기 산업용 기계로 노동할 때는 특별한 기술이 거의 필요하지 않았다. 기계가 몰아낸 수공업과는 정반대였다. 예전에는 수공업자 한 명이 수행한 전체 작업이 이제 개별 단계로 세분화되고 고도로 전문화되었다. 경제학자 스미스가 산업화 시대의 성취로 환호한 분업은 노동자의 능력에 대한 요구를 한껏 낮추었다. 이제 노동자들은 몇 가지 단순노동만 했다. 그것도 기계에 의해 정확히 통제되고, 형편없는 임금을 받고, 하루 최대 열여섯 시간까지 몸 바쳐야 하는 노동이었다. 방적기나 제련로에서의 노동은 특별한 손재주나 경험이 필요하지 않았다. 기계가 기술적으로 완벽해질수록 기계를 작동하는 사람은 더 미숙해졌다. 게다가 몇몇 심각한 판매 위기 때만 제외하면 산업계에서는 더 많은 인원이 필요했다.

2차 산업 혁명도 처음에는 비슷한 추세로 진행되었다. 전기화를 통해 컨베이어 시스템이 새로운 마법의 생산 수단이 되면서 공장 노동자의 작업은 최대 30단계로 세분화되었다. 컨베이어 시스템으로 생산된 최초의 자동차인 포드 모델 T는 대성공을 거두었고, 1914년부터 대량 생산이 가능해지면서 자동차 가격은 대폭 떨어졌다. 그런데 이 성공의 대가는 분명했다. 단순한 작업만 수행하는 미숙련 노동자들로 이루어진 지극히 단조로운 노동 환경이 조성된 것이다. 그런데 추세가 바뀌기 시작했다. 전기화가 진행될수록 서비스 부문에서 더 많은 일자리가 생겨났다. 1920년대 초부터 노동자 대열에 소위 서비스업계의 사무직 군단이 합류했다. 이 직종도 대부분 일이 단조롭고 임금은 매우 낮았다. 이 직군의 부상으로 추세가 변화했다. 20세기가 진전될수록 경영계와 의학계, 공학계의 최고위직들만 까다로운 전문성을 요하는 것이 아니라 사회 전반적으로 노동에 대한 요구가 더 까다로워졌다. 이로써 비숙련 노동과 전문직 노동 사이의 임금 격차는 더 크게 벌어졌다.

　고임금의 전문 일자리가 급격히 증가함에 따라 임금이 비용에서 결정적인 요소가 되었다. 그에 비하면 기계는 더 저렴해졌고, 운송비는 훨씬 더 저렴해졌다. 철도와 증기선 덕분에 화물 수송은 예전보다 월등히 신속하고 안전하게 이루어졌다. 항공기와 자동차, 그리고 급격하게 확장된 인프라로 가속화된 교통 혁명은 시장을 빠른 속도로 확대했다. 이제 무역 상사에는 많은 사람이 고용되었고, 많은 철도 직원이 필요해졌으며, 운송 분야는 거대한 일자리 창출원이 되었다.

　따라서 2차 산업 혁명은 더 나은 교육을 받은 근로자에 대한 막대한 수요를 만들어 냈다. 그렇다면 그런 인력은 어떻게 구할 수 있을까? 기초 지식 이상의 것을 가르치는 적절한 교육 시스템 없이는 노동 시장에 전문 인력이 부족할 수밖에 없었다. 이제는 수백만 명이 기장법을 배우고 기본적인 회계 지식을 습득하고 타자기를 칠 줄 알았다. 다음 변화는 그다지 오래 걸리지 않았다. 20세기에 들어 사무실에 더 많은 기술 장비가 들어오면서 사무 업무가 한결 수월해졌기 때문이다. 등사기, 헥토그래프, 복사기는 문서 작업의 수고를 덜어 주었고, 휴대용 계산기는 계산 작업의 요구 수준을 낮추었다. 이로써 산업계 노동자에 비해 임금을 더 받던 사무직의 이점은 사라졌다. 1980년대 초만큼 선진국에서 생산직 노동자와 사무직 노동자 사이에 임금 격차가 적었던 적은 이전에도 이후에도 없었다. 그와 함께 계층 사다리에서 중산층은 최대로 불룩해졌다.

그런데 컴퓨터의 출현으로 모든 것이 바뀌었다. 골딘과 캐츠가 인상적으로 보여 주었듯이, 컴퓨터가 등장하면서 결정적인 전환이 일어났다. 많은 서구 선진국에서 컴퓨터 시대의 개막은 임금 격차의 지속적인 확대와 긴밀하게 연결되어 있었다.[4] 특히 미국에서는 좋은 교육을 받은 전문 인력과 경영자에 비해 특별한 기술이 없는 노동자와 직원의 소득은 엄청나게 악화되었다.[5] 다른 산업국들에서도 발전 양상은 비슷했다.[6] 1930년부터 1980년까지처럼 임금의 평준화 흐름은 사라지고, 대신에 반대 흐름, 즉 오늘날까지 부단히 이어지고 있는 사회적 격차의 확대가 시작되었다. 그 파장은 예측을 뛰어넘었다. 많은 산업국에서 구매력이 오래전부터 더는 눈에 띄게 증가하지 않았다. 고소득자들은 돈을 다 쓰는 일이 거의 없이 대개 남은 돈을 금융 상품에 투자하는 반면에 일반 소득자들은 30년 전보다 주머니가 더 두둑해지지 않아 전반적인 성장세는 정체 상태에 빠졌다. 설상가상으로 점점 더 많은 수의 단순노동이 디지털화되었을 뿐 아니라 인도 같은 나라에서 외주 형태로 이루어졌다. 이런 식의 〈자본 집중 현상〉이 기술 혁명의 〈파괴적 효과〉를 어떻게 완화할지는 설명하기 쉽지 않다.

지금까지의 과정을 유심히 살펴보면, 디지털화를 통한 효율적인 생산으로 더 많은 기업이 디지털 산업의 새로운 사업 부문에 안착하고, 더 많은 사람이 좋은 조건으로 고용될 것 같지는 않다. 오히려 자본은 소수에게 극단적으로 집중되고, 노동 시장은 주로 최고의 교육을 받은 전문 인력에게만 활짝 열리고, 평균 구매력은 염려할 수준으로 감소하고, 실업률은 높아지는 상황이 예상된다. 앞서 언급했듯이, 근로자의 재교육 및 추가 교육의 가능성에는 한계가 있고, 기술 혁신과 전문적 교육 사이의 경쟁은 무한대로 계속될 수 없다. 왜냐하면 이는 궁극적으로 브레인 도핑, 인간과 기계의 연결, 착상 전 유전자 진단을 통한 지능 선택 같은 마법적인 〈트랜스 휴머니즘적〉* 방식으로 인간을 〈최적화하지〉 않고는 불가능하기 때문이다.

유한한 세계에서는 무한한 최적화가 있을 수 없다. 그것

---

* 미래의 인공 지능에 지배당하지 않으려면 과학 기술로 인간의 정신적, 육체적 능력을 기계에 버금갈 정도로 향상시켜야 한다고 믿는 지적 문화적 신념.

은 호모 사피엔스에게도 마찬가지다. 지난 200년 동안 진행되어 온, 기술의 발전과 그에 따른 업무 적응 능력 사이의 경쟁은 언젠가 종료될 것이다. 노동 세계는 농업 및 목축업의 도입에서부터 견실한 수공업과 매뉴팩처를 거쳐 폭발적인 산업 생산과 거대한 서비스 부문에 이르기까지 숱한 혁명을 겪어 왔다. 그러나 까다로워지는 기술 적응에 대한 요구를 과거와 동일한 수단으로 무한정 감당할 수는 없음을 보여 주는 여러 단서가 존재한다. 나쁜 소식은 인간 정신이 더 이상 폭넓은 기술적 진보에 직업적으로 감당할 수 없다는 것이고, 좋은 소식은 꼭 그럴 필요가 없다는 것이다.

격변의 시대가 불러올 승자와 패자:
미래의 노동 시장

지금까지는 자동화될 가능성이 높거나 매우 높은 생업 노동 분야만 중점적으로 다루었다. 하지만 다른 한편으로는 그렇지 않은 분야도 분명 존재한다. 많은 경제학자와 정치인은 이 분야가 중장기적으로 일자리 손실을 보전해 줄 거라고 기대하고 있다. 그렇다면 그에 대해 상세히 살펴볼 필요가 있다. 피고용자의 수가 현재 안정을 유지할 뿐 아니라 오히려 미래에는 뚜렷이 증가할 수 있고 틀림없이 증가할 주요 영역이 네 가지 있다. 첨단 컴퓨터 공학 분야, 고도의 전문성을 요하는 제4차 산업의 서비스업 분야, 수공업 분야, 그리고 다른 것들보다 월등히 비중이 큰 이른바 공감 직업 분야다.

　　기업이나 단체, 정당 등 어디에서든 **기술적 창의성**에 대한 찬양가가 울려 퍼진다. 한 국가가 기술적 창의성을 발휘할수록 경제의 미래는 더 밝으리라는 것이다. 실리콘 밸리가 가장 유명한 보기이지만, 중국과 한국, 싱가포르, 인도도 그런 면에서 국제적인 롤 모델이다. 하지만 이들 국가의 절반 이상이 독일보다 경제적, 사회적으로 더 큰 문제를 갖고 있다는 사실은 여기서 굳이 논의할 필요가 없을 듯하다. 무엇보다 기술적 우수성만으로는 경제적, 정치적 성공의 지표가 될 수 없고, 사회가 얼마나 좋은 상태인지 거의 말해 주지 않는다는 것이 중요하다. 게다가 노동 시장에서도 기술적 우수성은 많은 요인 가운데 하나일 뿐이다.

물론 고도의 산업국들이 기술 진보에 강한 영향을 받고 의존한다는 점은 논쟁의 여지가 없다. 게다가 기술 혁신을 통해 새로운 사업 모델과 직업이 수없이 창출되는 것도 사실이다. 하지만 노동 시장에서 기술 혁신의 의미는 약간 과대평가되어 있다. 스타트업에 벤처 자본을 투자하고 그로써 창업을 쉽게 할 수 있도록 도와주는 것은 물론 의미가 있다. 기업가 정신은 존중되어야 하고, 일부 스타트업은 실제로 매우 인상적인 성공을 거두기도 한다. 그러나 대부분의 스타트업은 재정적 어려움을 겪거나, 아니면 드물게 성공하더라도 실리콘 밸리의 거대 기업에 인수되는 경우가 많다. 독일 노동 시장에서 스타트업의 실질적인 중요성은 사실 그리 크지 않다. 독일 저축 은행 같은 단일 기업 연합이 오히려 독일의 스타트업을 모두 합친 것보다 더 많은 인력을 고용한다. 만일 미래에 그 상황이 변한다면 스타트업의 성장 때문이 아니라 아마 저축 은행의 축소 때문에 그럴 것이다.

IT 전문가에 대한 주된 수요는 여전히 대기업에서 나온다. 대기업의 IT 부서는 지속적으로 성장하고 있으며 회사 내에서도 그 중요성이 빠르게 높아지고 있다. IT 보안 분야에서 앞으로 얼마나 많은 일자리가 창출될지 누가 알겠는가? 정확하고 총체적인 데이터 분석은 현재뿐 아니라 미래에도 수많은 사업 모델의 토대를 이룰 것이다. 진단부터 제조에 이르기까지 해당 정밀 기기에는 고도로 훈련받은 프로그래머와 기술자가 필요하다. 로봇 공학자들은 이 모든 기기를 구상하고 제작하고 작동만 하는 것이 아니라 지속적으로 관리해야 한다. 복잡한 사이버 물리 시스템은 오류가 발생할 가능성이 매우 높고, 이는 그것을 사용하는 기업에 엄청난 파장을 일으킬 수 있다. 서비스 부문을 비롯해 은행, 보험사, 법률 사무소, 과학 및 연구, 행정, 경찰, 군대 및 정보기관의 점점 더 정교해지는 AI 프로그램도 마찬가지다.

컴퓨터 공학자와 기술자를 애타게 갈망하고 절실하게 찾는 것은 이상한 일이 아니다. 독일 경제에 용기를 주려는 사람들은 IT 전문가 그룹이 불현듯 나타나 독일을 완전 고용 상태로 만들어 주리라고 기대한다. 다만 그들에게는 창의적 전문성을 가진 프로그래머와 IT 전문가를 무한정 늘릴 수 없는 것이 애석할 따름이다. 컴퓨터 공학은 수학이나 음악, 미술 교육처럼 상당히 높은 수준의 재능을 요구한다. 이런 점에서 최고의 컴퓨터 공학자는 피아니스트 대가, 붓을 든 천재, 유럽 최고 리그의 톱 클래스 축구 선수와 비슷하다. 그런 수준에 오르려면 성실함과 평균적인 재능만으로는 충분하지 않을 뿐 아니라 앞서 언급했듯이 회사 내에서의 재교육을 하더라도 한계가 있다. 기술이 발전할수록 그에 적합한 사람의 수는 점점 적어진다. 그에 비하면 〈평범한〉 컴퓨터 공학자는 아마 언젠가는 〈평범한〉 은행 직원이나 행정직만큼 쉽게 대체될 수 있을 것이다.

이처럼 IT 붐이 노동 시장에 미치는 장기적인 영향은 언뜻 느껴지는 것보다 예측하기가 더 어렵다. 어쨌든 독일 산업이 앞으로도 계속 숙련된 외국 인력에 의지해야 하고, 자국 내의 실업자는 거의 구해 내지 못할 가능성이 높다. 긍정적으로 이야기하자면, 독일 산업은 장기적으로 모든 재능 있는 젊은 컴퓨터 공학자에게 높은 보수의 일자리를 제공하고, 훌륭한 교육을 받은 기술자에게 생계 기반을 계속 보장해 줄 것이다. 하지만 부정적으로 보면, 이는 현재와 미래의 대다수 근로자에게는 아무 소용이 없는 일이다. 어차피 기술 혁신과 보조를 맞출 수 없는 사람들이기 때문이다.

두 번째 미래 부문도 최소한 기술적 창의력만큼 사람들이 애타게 갈망한다. 그것은 **주로 기술적 문제는 아니지만 그와 연결된 복잡한 문제를 해결하는 창의력**이다. 이와 관련해서 경제학자들은 고도의 제4차 서비스 업종에 대해 말한다. 21세기에도 공항을 계획하고 정확하게 완성하는 것은 아무리 지능이 뛰어나더라도 기계가 도맡아 할 수 있는 일이 아니다. 까다로운 프로젝트 관리도 마찬가지다. 이것은 프로세스만 다루는 것이 아니라 실제 인간과 관계하고, 인간의 능력과 욕구를 끊임없이 조정하고, 인간의 약점과 실수를 알아차리고, 인간의 불성실과 부정직을 꿰뚫고, 동기 부여로 인간을 부단히 독려해야 하는 일이다. 리더십이든 팀워크든 어느 것도 고도의 사회적 지능 없이는 작동하지 않는다. 이사회나 프로젝트 관리, 혹은 복잡한 물류 시스템에서 AI 프로그램이 많은 과제를 떠맡더라도 결국 제4차 산업에서 기계는 관리 직원에 대한 수요를 대체할 수 없다. IT를 투입하면 해당 분야는 크게 확장될 가능성이 무척 높다. 알다시피 인간의 창의적 과제 가운데 사회적 창의력이 가장 까다롭다. 컴퓨터 공학의 기술적 창의력과는 달리 인간의 사회적 창의력은 규칙에 기반한 환경에서는 발휘되지 않는다. 사회적 창의력의 과제는 무척 복잡하고, 인간의 예측 불가능성을 다루고, 〈해답〉이 아닌 적절한 결정을 찾는 지난한 과정이다. 실제 인간 세계에서 발생하는 거대 문제들은 수학의 경우처럼 명확하게 답을 내릴 수가 없는 것이 대부분이다. 그 문제들은 결코 해답을 통해 사라지는 것이 아니라 그저 눈에서 멀어질 뿐이다. 대신에 정치는 인간의 다른 공존 기술과 마찬가지로 문제를 줄이고 이전하고 연기하거나, 문제의 악화를 막는다. 이 모든 것은 컴퓨터 공학자의 문제 해결 방식과 모순되는 방식이다. 수학자와 기술자, 엔지니어가 그렇게 자주 세상과 동시대인들에게 절망하는 이유도 그 때문이다.

이것이 노동 시장에 미치는 영향은 무척이나 크다. 복잡한 문제와 과제는 미래에도 여전히 사람들이 직접 해결해야 하기 때문이다. 단순 반복 작업이 덜한 직업일수록 미래에 더 안전하다는 것은 옥스퍼드 연구의 신조이기도 했다. 인공 지능은 개연성을 지니고 있는 흥미진진한 스릴러를 쓰도록 시스템을 가동시킬 수는 있지만, 그런 책을 직접 쓸 수는 없다. 이런 대체 불가능성은 당연히 모든 종류의 예술가에게 해당된다. 하지만 그것이 노동 시장 연구자들을 안심시키지는 못한다. 임금 노동 및 성과 사회의 현 조건하에서는 성공적인 배우와 감독, 직업 음악가와 화가, 삶의 기쁨을 좇는 사람들을 임의로 늘릴 수 없기 때문이다.

인간의 생업 노동에 대한 필요성이 조금도 줄지 않을 세 번째 부문은 **수공업**이다. 로봇은 무한한 정보를 갖고 있을 뿐 아니라 보고 듣고 계산하는 능력에서 인간보다 수천수만 배 뛰어나다. 그에 비하면 손재주는 한참 뒤진다. 따라서 섬세한 수공업적 창의성은 앞으로도 대체 불가의 영역으로 남을 것이다. 예를 들어 기계 및 전자 공학 기술자, 에너지 기술자, 배관공, 난방 및 위생 전문가, 타일공 또는 용접공은 지금도 필요하지만 미래에는 더더욱 귀한 대접을 받을 가능성이 크다. 물론 일부 기성품은 장차 3D 프린터로 제작될 수 있다. 그렇다면 이케아 같은 사업 모델은 위험해질 것이다. 반면에 훌륭한 수공예품, 사람이 만든 테이블, 완벽하게 시공한 돌바닥 등은 과거 어느 때보다 더 소중하고 비싸질 것이다. 10년 후 난방 시스템이 고장 났을 때 로봇이 찾아와서 시설을 점검하고, 문제를 진단하고, 최선의 해결책이 될 만한 다양한 제안을 내놓고, 주머니에서 비용 견적서를 꺼내는 일은 상상하기 어렵다. 디지털 진단이 오래전부터 이미 수공업 분야에 진출해 있고, 로봇이 일부 수공업 분야에서 지원 서비스를 맡을 수도 있다. 하지만 그렇다고 해서 숙련된 수공업 분야에서 많은 일자리가 사라질 가능성은 희박하다.

제2차 기계 시대에 수공업은 안전한 일자리와 대체 불가능한 일이라는 이유로 입지가 탄탄해질 뿐 아니라 사회적 이미지도 상승할 가능성이 무척 높다. 2차 산업 혁명과 함께 사무직 계급이 등장했을 때 그들은 블루칼라 노동자를 업신여겼다. 임금 면에서 보면, 그저 〈흰 와이셔츠만 입은 프롤레타리아〉에 불과한데도 말이다. 그들은 손에 더러운 것을 묻히지 않는다는 이유로 자신들이 생산직 노동자보다 우월하다고 느꼈다. 게다가 20세기에 들면서 실업 학교 출신과 인문계 고등학교 졸업생들이 노동 시장에 많이 진출할수록 수공업 직종에 대한 경멸감은 더 커졌다. 오래전부터 주로 초등학교나 실업계 중학교 졸업생들만 종사한 직종이었기 때문이다. 수공업에 대한 사무직의 이런 오만함은 아마 지금이 정점일 듯하다. 다수의 독일 부모는 딸이나 아들이 제빵사, 타일공, 배관공이 되는 것을 직업적 성공으로 보지 않는다. 사실 장인들이 일반 사무직이나 보험사 직원, 행정직, 인문학자, 배우, 작가 또는 예술가보다 돈을 더 많이 벌더라도 말이다. 그러나 제2차 기계 시대에는 이런 상황이 달라질 것이다. 평판 디스플레이를 만드는 노동자의 단순 반복 작업이 사라질수록 수공업 직종은 더욱 각광받을 것이다. 이것이 목공이나 원예가, 요리사 같은 직업이라고 하더라도 — 난방 및 위생 분야의 직업은 좀 덜하더라도 — 수공업의 일반적인 가치 상승은 지극히 명백해 보인다.

말이 나온 김에 요리사에 대해 짚어 보자. 자동화 전문가들은 흔히 이 직업을 미래가 없는 직업의 전형으로 간주한다.

만능 조리 기구 테르모믹스Thermomix는 지금 벌써 어설픈 주방 직원조차 맛을 그려 낼 줄 아는 창의적 생산자로 만든다. 이 기구의 사용자를 인공 지능으로 알고리즘화하고 프로파일링하는 테르모믹스는 사용자가 다음 날 무엇을 먹고 싶어 하는지도 상당히 빨리 알아챈다. 기술적으로 보면, 이런 예측형 요리사는 요술 기계가 아니라 머지않아 실제로 출시될 것이다. 그렇다면 기구가 앞으로 인간 요리사를 전면적으로 대체할까? 레스토랑 방문객의 수는 가정에 점점 완벽해지는 조리 기구가 있느냐와 아무 상관이 없어 보인다. 기계가 대형 주방의 몇몇 비숙련 보조를 대체할 수 있을지는 몰라도 요리사는 대체할 수 없다. 자동화 예언자들은 우리가 레스토랑을 찾는 이유가 단순히 먹기 위해서만이 아니라는 사실을 알아야 한다. 촛불이나 은은한 조명, 매력적인 웨이터, 설레는 마음으로 메뉴를 고르는 일, 저마다 특색 있는 분위기도 우리가 레스토랑을 찾는 이유들이다. 스마트 홈이 〈첫 데이트〉 모드로 전환되고, 사랑하는 여인이 거실에 들어오면 낭만적인 조명이 켜지고, 스피커에서 에드 시런Ed Sheeran이나 루도비코 에이나우디Ludovico Einaudi의 음악이 흐르고, 테르모믹스가 분위기를 더욱 들뜨게 하는 음식을 마술처럼 만들어 낸다고 한들, 이 모든 무대 연출은 근사한 레스토랑을 방문하는 것에 비하면 약간 밋밋하고 조잡하고 수고스러워 보인다. 일반적으로 사람들은 설령 자기 테이블에 둘만 앉아 있다 하더라도 사람들이 많은 곳에서 함께 식사하기를 좋아한다. 그 이유는 쉽게 설명할 수 있다. 영미의 진화 심리학자들에 따르면, 인간의 사교성은 혼자서는 매머드를 사냥할 수 없다는 데서 비롯되었다고 한다. 여기에는 앵글로색슨족이 좋아하는 전형적인 생존 경쟁의 논리가 배어 있다.[1] 하지만 온전한 진실을 위해서는 한 가지를 더 추가해야 한다. 혼자서는 매머드를 다 먹어 치울 수 없다는 데서 인간의 사교성이 발달했을 수도 있기 때문이다. 이것이 바로 오늘날 사람들이 혼자 식사하기를 꺼려하고 함께 식사하기를 선호하는 이유다.

　　네 번째 영역인 **사회적 창의성**도 여기서부터 열린다. 미래의 모든 분야에서 가장 두드러지는 것은 소위 공감 직업이다. 즉, 사람들이 미래에도 계속해서 인간과 관계하는 것에 가치를 두는 노동 영역이다. 여기서는 옥스퍼드 연구가 방법론적인 이유 때문에 전혀 알지 못했던 측면이 작용한다. 왜냐하면 결정적인 질문은 장차 기술적으로 무엇이 가능한지가 아니라, 기술이 실제로 어디서 수용되고 어디서 자리를 잡느냐 하는 것이기 때문이다.

　　필자는 몇 년 전 인스브루크에서 열린 일본의 로봇 공학자 이시구로 히로시(石黒浩)의 강연을 떠올리면 피식 웃음이 나온다. 오사카 대학교의 지능 로봇 연구소장인 이시구로는 인간 노동이 거의 필요 없는 미래의 모습을 자신만만하게 보여 주었다. 미래에는 무엇보다 교육과 관련된 직업은 모두 로봇으로 대체된다는 것이었다. 놀라울 만큼 인간과 닮은 안드로이드를 개발하는 분야에서 세계적인 선두 주자로 꼽히는 이시구로는 청중에게 미래의 교육을 담당할 로봇 사진을 보여 주었다. 그런데

이 로봇은 의외로 인간과 별로 닮지 않았고, 꼭 만화적 인물을 동물 인형과 섞어 놓은 것 같았다. 부드러운 털, 크고 동그란 눈, 편안한 목소리, 그리고 하드웨어에 무한한 데이터가 저장된 로봇은 어떤 인간 교사와도 경쟁이 되지 않을 듯했다. 이 교육 및 보육 로봇은 아이들의 말을 한마디도 빼놓지 않고 저장하고 평가한 뒤 아이들에 대한 완벽한 프로파일링 자료를 만들었다. 그야말로 최고의 능력을 갖춘 교육자였다. 아이들의 알고리즘은 단시간에 작성되었고, 그를 바탕으로 적절한 시간에 질문을 던지거나 적당한 자극을 주어서 아이들이 생각하게 만들었다. 실제 유치원이나 학교에서 교사가 할 수 있는 것보다 훨씬 더 깊고 넓게 말이다.

이 시나리오가 믿기지 않는 이유는 어디에 있을까? 왜 우리는 유럽이나 미국의 대다수 아이가 장차 교육 로봇이 가득한 이 시구로 유치원에 다닐 확률이 극히 낮다고 생각할까? 아마 감성 컴퓨팅을 기반으로 로봇이 어떤 표정과 어떤 가짜 감정을 장착하고 있든, 부모는 아이가 인간으로서의 삶이 아니라 로봇으로서의 삶을 준비하고 있다고 직관적으로 예감하기 때문일 것이다. 어린이집에서 아이가 가장 중요하게 배워야 하는 것은 지식이나 어휘가 아니고, 블록 쌓기나 재주넘기도 아니다. 다른 아이들과 교류하면서 사회적 게임 법칙을 배워야 한다. 또한 부모에게서는 뿜어 나오지 않고, 교육자라는 이름에서는 자연스레 우러나오는 부드러운 권위와 관계하는 법을 배우는 것도 중요하다. 그 밖에 경청, 자기 평가, 예절, 공손함, 배려, 유머, 꾀,

말하는 법, 설득하는 법, 욕구를 포기하는 법, 스트레스를 관리하는 법, 패배와 불의에 대처하는 법 등도 완벽한 로봇이 아닌 불완전한 사람들을 상대해야만 배울 수 있다. 육체적인 위기관리는 말할 것도 없다. 집단 난투극을 말리는 로봇을 상상해 보라!

교육과 관련된 직업을 로봇으로 대체하는 것은 최소한 선진 사회에서는 미래가 없는 정신 나간 아이디어일 가능성이 무척 높다. 교육자와 교사라는 직업은 앞으로도 계속 살아남을 것이다. 사회 복지사, 보호 관찰관, 치료사도 마찬가지다. 인간적 요소가 중요한 직업은 로봇의 도전을 걱정할 필요가 없다. 이는 심지어 호텔 프런트처럼 비교적 단조로운 일을 하는 직업에도 해당된다. 〈저희 호텔이 처음이신가요?〉 혹은 〈여행이 즐거우셨나요?〉 같은 의례적인 질문을 던지는 데는 지금도 로봇에 특별히 인공 지능을 장착할 필요가 없다. 물론 일부 힙한 젊은이에게는 QR 코드로 체크인하는 일이 편하고, 몇몇 호텔은 로봇을 통해 비용을 절약할 수는 있다. 그럼에도 알프스의 호텔이나 펜션을 찾는 사람들이 머지않아 깔끔하게 차려입고 환한 미소로 응대하는 인간 직원 대신 로봇을 선호하게 되리라고는 상상하기 어렵다. 따라서 인간적 호의가 느껴지는 대화와 공감, 배려는 앞으로도 계속 소중한 자산일 뿐 아니라 어쩌면 모두가 원하는 점점 더 가치 있는 것이 될지 모른다. 따라서 레크리에이션 강사, 매력적이고 유능한 영업 사원, 조경사, 실내 장식가 또는 미용사를 로봇으로 대체하겠다는 생각은 사람들의 동의를 얻기 어렵다.

제2차 기계 시대는 인간을 로봇으로 만들지 않는다. 오히려 동식물 같은 다른 피조물과 함께 인간이 자연의 타자가 아닌 〈인공 지능의 타자〉임을 우리에게 보여 준다.[2] 인간은 다른 복잡한 생물학적 존재들과 마찬가지로 인정과 위로, 사랑과 보살핌을 필요로 한다. 그것은 로봇이 배후에서 단조로운 일을 하고 있더라도 바뀌지 않는다. 독일에서는 사회 보험 가입 의무가 있는 생업 노동의 5분의 1가량이 어떤 식으로든 타인을 돌보는 일과 관련이 있다. 200만 명에 가까운 사람이 어린이집, 유치원, 학교, 대학교, 직업 훈련 기관에서 교육자 및 지도사로 일하고 있다. 점점 복잡해지는 세상에서 점점 더 자기만의 행복을 찾고 싶어 하는 사람들이 그 길을 잘 헤쳐 나갈 수 있도록 돕는 인생 코치의 수도 늘어나고 있다. 예를 들면 건강 및 피트니스 강사, 요가 강사, 라이프 스타일 컨설턴트, 심리학자, 심리 치료사, 뷰티 컨설턴트, 대중 철학자 같은 사람들이다.

가장 많은 인원이 필요한 곳은 건강과 관련한 기관과 노인 간병 영역이다. 독일에서는 500만 명 이상이 현재 이 방면에서 일하고 있는데, 앞으로는 그 수가 더 가파르게 상승할 전망이다. 독일에서 돌봄이 필요한 사람은 1999년에 200만 명이었지만, 오늘날에는 300만 명이 넘고, 2060년에는 500만 명에 육박할 것으로 추정된다.[3] 의료 혁명이 밀어닥치고 건강에 대한 관심이 높아지는 시대에 기대 수명은 계속 늘어날 수밖에 없다. 바로 여기가 다른 어떤 부문도 따라올 수 없을 만큼 월등하게 많은 일자리를 창출할 영역이다.

아마 영국 물리학자이자 노벨상 수상자인 조지 패짓 톰슨George Paget Thomson이 오늘의 상황을 보았더라면 환호성을 질렀을지 모른다. 1955년 『예측 가능한 미래The Foreseeable Future』로 이름을 얻은 이 과학자는 말년에 심각한 걱정거리가 있었다. 기술적으로 점점 더 많은 것을 요구하는 미래 사회에서 똑똑하지 못한 사람들은 어떻게 살아가야 할까? 아니, 언젠가는 평균적인 지능을 가진 사람도 노동 시장에서 일자리를 못 구하지 않을까? 1975년에 사망한 톰슨이 떠올린 유일한 해결책은 간병인과 돌봄 도우미에 대한 수요의 급격한 증가였다. 〈똑똑한 뇌보다 친절과 인내가 더 소중한 직업들이 있는데, 그중 하나가 노인 간병이다. 부유한 국가는 이런 직업에 적절한 보조금을 지급해야 한다.〉[4] 오늘날 톰슨만큼 선한 이유로 이런 말을 하는 사람은 없다. 사실 지능과 친절은 예나 지금이나 결코 서로를 배제하는 모순이 아니다. 그럼에도 톰슨이 말하고자 하는 바는 적확했다. 21세기에 점점 까다로워지는 기술과의 경쟁에서 안전한 일자리를 찾을 수 있는 사람은 소수라는 것이다.

이로써 디지털 혁명 시대에 승리를 거둘 네 가지 직업군이 드러났다. 먼저 언급한 두 직업군은 장기적으로 그에 맞는 고도의 자격을 갖춘 인력이 충분하지 않으리라는 문제를 안고 있다. 나머지 두 직업도 최소한 필수 분야에서는 흔쾌히 함께할 인력을 충분히 구할 수 없으리라는 문제가 있다. 이를 톰슨의 용어로 표현하자면, 고급 IT 및 제4차 산업에 필요한 초지능 두

격변의 시대가 불러올 승자와 패자: 미래의 노동 시장

뇌만 부족한 것이 아니라 상대적 저임금을 감수하면서도 친절과 인내, 공감으로 기꺼이 함께 일할 용의가 있는 인력도 부족하다는 것이다. 게다가 특별히 똑똑한 뇌나 특별히 뛰어난 공감능력이 필요치 않는 수백만 개의 일자리는 중기적으로 사라진다. 앞서 열거한 제조업과 서비스업의 수많은 단순 반복 일자리 말이다. 이런 분야에서 장기간 일한 사람에게는 이미 미국에서 수백만 명에게 현실이 된 바 있는 운명이 기다리고 있다. 중하층의 서비스업계 근로자가 이제 실업자가 되거나 새로운 서비스 계층으로 흡수되는 것이다. 즉, 피자 및 음식 배달원, 청소부, 베이비시터, 개 산책자, 경비원처럼 연봉이나 회사를 위해 너무 많은 일을 해서 24시간 내내 자신의 일상을 돌볼 여력이 없는 고소득자의 시중을 드는 사람들이다.

그렇다면 상황은 꽤 심각하다. 노동 사회학자 자비네 파이퍼Sabine Pfeiffer는 이렇게 총평을 내린다. 〈독일은 과거 어느 때보다 부유하지만, 그 부는 점점 더 불균등하게 분배되고 있다. 이렇게 일자리가 많은 적도 없었지만, 이렇게 저임금 일자리가 많았던 적도 없었다.〉[5] 산업 노동과 비교하면 지난 수십 년 동안 주로 불안정한 저임금 임시직이 늘었다. 특이한 것은 그중 많은 부분이 초창기에 예측되었다는 사실이다. 1980년대 초에 이미 사회 철학자 앙드레 고르스André Gorz는 이런 추세를 정확히 전망했다.[6] 이후 승자와 패자 사이의 격차에 대한 논의는 끊이지 않았다. 경제학자이자 사회학자인 올리버 나흐트바이Oliver Nachtwey는 오늘날 〈사회적 추락〉에 대해 이야기하고, 그의 동료 안드레아스 레크비츠Andreas Reckwitz는 〈새로운 계급 사회〉에서 〈환상의 종말〉에 대해 이야기한다.[7] 말은 달라도 핵심은 하나다. 모두를 위해 더 많은 번영으로 나아가는 영속적인 진보에 대한 거대한 — 자유주의적 — 시나리오가 자연법칙처럼 지속되지는 않으리라는 것이다. 이런 흐름을 계속 방치하면 중산층의 집단 추락과 사회적 분열, 갈등, 포퓰리즘의 정치적 확산이 몰아칠 수 있다.

진실을 말하자면, 부의 증진과 고른 분배가 자본주의 경제의 자연법칙이었던 적은 아직 한 번도 없었다. 산업적 변혁이 진보 시나리오를 계속 이어서 써나가지는 않을 거라는 레크비츠의 진단은 사실 너무나 당연하다. 이는 예외가 아니고 연속성의 단절도 아니다. 역사상 모든 기술 경제적 혁명은 처음에는 많은 패자를 낳았다. 그러다 대담한 정치적 조치와 대대적인 조정으로 부정적 결과를 완화하고 소수의 부를 다수에게 분배할 수 있을 때만 축복이 되었다. 1차 산업 혁명 초기에 기업가들은 딱히 이렇다 할 세금을 내지 않았다. 오늘날의 많은 개발 도상국도 마찬가지다. 국가 교육과 연금 제도, 의료 시스템을 통한 예방과 돌봄은 미지의 영역이었고, 시간이 가면서 서서히 실현되었다. 경제적 격변이 클수록 국가의 조정 정책은 더욱 절실해졌다. 경제 구조에 규제를 가하고 많은 사람의 안녕을 위해 사회적으로 균형을 맞추는 일의 주체는 시장이 아니라 국가다. 자유방임 자본주의가 역사상 모두의 번영을 가져왔다는 증거는 그 어디에서도 찾을 수 없다. 오늘날 제2차 기계 시대가 너무 많은 패자를 낳는 것을 막으려면 지금의 질서를 새로 바꾸어야 한다. 그런데도 왜 아무도 이 엄청난 과제에 진지하게 접근하지 않을까?

경제적 막다른 골목:
이제는 생각을 바꾸어야 한다

미래 테크놀로지에 대한 콘퍼런스에서는 〈게임 체인저〉라는 말이 즐겨 사용된다. 이 말은 기존의 것에 의문을 제기하면서 생산적인 변혁 및 혁명을 촉발하는 사람이나 아이디어를 가리킨다. 그런 아이디어가 세상에 나와 실제로 무언가를 만들어 내면 예전의 게임은 갑자기 끝나고 모든 것이 새롭게 변한다. 스티브 잡스Steve Jobs, 머스크, 스마트폰, 페이스북, 우버, 테슬라가 일명 게임 체인저다. 그런데 희한하게도, 마찬가지로 무척 많은 것을 바꿀 수 있는 노동이나 사회에 관한 새로운 아이디어에 대해서는 이 말을 사용하지 않는다. 우리 문명사에서 기술적, 경제적 게임 체인저가 항상, 어떤 때는 모든 것을 바꿔 버린 사회적, 정치적, 문화적 게임 체인저이기도 했다는 점을 생각하면 더더욱 의아하다. 기술과 경제에 관한 새로운 아이디어는 군주제와 귀족제를 비롯해 다른 통치 형태들을 무너뜨렸다. 아니, 그것을 넘어 삶의 리듬과 가치, 일상의 고민거리와 필수품, 사람들의 생각, 태도, 인생관, 세계관까지 바꾸었다. 그 과정에서 새로운 형식과 태도, 구상, 그리고 형상화 아이디어가 필요했는데, 이것들을 발전시킨 사람들이 샤를 루이 드 세콩다 몽테스키

외Charles Louis de Secondat Montesquieu, 장 자크 루소Jean Jacques Rouseau, 칸트 같은 위대한 게임 체인저였다.

오늘날의 상황도 다르지 않다. 우리 역시 지금 무너져 가는 세상과 승승장구하는 새로운 것의 행렬에 직면해 있다. 19세기와 20세기의 전통적인 노동 사회가 제2차 기계 시대에도 크게 영향을 받지 않고 그 DNA가 동일하게 유지될 거라고 믿으려면 상당한 환상이 필요하다. 그러나 그보다 훨씬 더 분명한 것은 모든 것에는 유효 기간이 있다는 사실이다. 지금까지 우리가 알고 있던 노동 및 성과 사회도 마찬가지다. 그런데도 우리는 왜 이 문제를 다루지 않을까?

자유 민주주의적 산업 사회는 걱정이 많은 사회다. 역사상 그만큼 잃을 것이 많은 사회는 없었다. 따라서 이 사회의 통치자에게는 충분히 납득할 만한 두려움이 있다. 바로 국민에 대한 두려움이다. 사람들은 거대한 격변과 변화에 공격적일 만큼 거부 반응을 보일 때가 많다. 그러면서도 자신들이 실제로 그에 얼마나 적응력이 뛰어난지는 간과한다. 일례로 유럽 연합 전역의 식당 및 공공장소에 금연 조치가 내려진 것을 생각해 보라. 한때는 정말 격하게 반대했던 일이 지금은 얼마나 아무렇지도 않게 받아들여지고 있는가! 아무리 공격적으로 반대했던 일도 나중에는 대부분 별일이 아닌 것처럼 수용된다. 게다가 처음에는 단점만 보았다면 시간이 지나면서 차츰 장점이 마음속에 스며든다.

물론 금연 조치는 그와 관련된 온갖 소란에도 불구하고

하나의 작은 예일 뿐이다. 노동 세계의 혁명 같은 거대한 질서 변화의 경우에는 정치인이나 경제학자들이 바짝 긴장할 수밖에 없다. 그런데 회의장이나 연단, 텔레비전 스튜디오에서 앵무새처럼 반복해서 읊조리는 결말은 다음과 같다. 그냥 편안히 등을 기대고 안심하거나, 마음을 가라앉히고 남들에 비해 우월함을 느껴 보라는 것이다. 그러나 겉으로는 태연한 척하는 전문가들도 실은 속에 있는 불안을 숨기고 있을 뿐이다. 그것은 미래에 관한 한 자신이 남들보다 더 많이 알지 못한다는 사실을 아는 똑똑한 전문가들도 마찬가지다. 그들로서는 소위 미래 전문가라고 하는 사람들의 환상을 깨버리고, 최소한 부정(不定)의 정의(定意)*에 따라 자신들의 진단이 옳다고 주장하는 것보다 더 나은 방법이 있을까? 그러니까 미래에 관해서는 누구도 정확히 모른다는 것이다. 그러나 이들에게도 결국 괴상한 결론만 남게 된다. 아무도 미래를 모르기에 대담한 미래 예측이 모두 틀렸다면 모든 것은 어떤 식으로든 과거와 동일하게 유지되리라는 것이다.

　사실 상상할 수 있는 모든 시나리오 중에서 가장 개연성이 없는 것이 바로 이 시나리오다. 물론 미래 예측가들의 가장 된 평온함과 우월함도 그들에게 플랜 B가 없다는 사실만 드러낼 뿐이다. 만일 대폭적인 일자리 감소에 대한 불길한 예측이

* ex negativo. 어떤 입장에 대해 반대의 것을 자기 입장의 근거로 삼는 행위. 여기서는 미래를 안다고 하는 사람들에 대해, 미래란 알 수 없다는 전제하에 과거로 눈을 돌리는 사람들을 가리킨다.

절반 또는 3분의 1만이라도 맞아떨어진다면 과연 어느 경제학자가 무슨 조언을 할 수 있겠는가? 그런 시나리오에 대한 대비는 경제적 이성의 한계를 뛰어넘는다. 여기서는 측정과 경험 이상의 것이 필요하다. 즉 성장과 시장, 공급과 수요에 대한 경제적 지식을 훌쩍 뛰어넘는 고도의 사회적 상상력이 필요하다. 이 상상력은 제2차 기계 시대에도 사회적으로 모든 것이 최대한 예전과 같이 유지될 거라는 소망의 근거를 철저히 따져 물을 때만 활짝 꽃피울 수 있다. 자유 무역, 1차 산업 혁명(특히 프랑스에서), 소득에 관계없는 모든 성인의 투표권, 노예제와 농노제 폐지, 노동조합의 출현, 구매력과 내수 시장을 위한 임금 인상의 필요성, 마지막으로 생태 친화적 경제로의 전환 등, 이 모든 거대한 사회 경제적 변화는 과감한 요구와 완강한 의지에서 비롯되었다. 모름지기 현실에서 권력을 쥔 기득권층은 다른 사회를 상상하지 못한다. 그런 상상과 요구는 늘 이단적인 것으로 배격했다. 너무 비현실적이고, 너무 터무니없고, 현실에서는 불가능한 상상이라고 판정하면서 말이다. 자신의 현재 자리에 대한 불안과 거대한 재분배에 대한 두려움은 늘 함께 움직인다. 이런 불안이 권력자와 그 정신적 추종자들의 눈을 멀게 했고 오랫동안 미래를 직시하지 못하게 막았다.

더 깊이 들여다보면 다음의 사실이 확인된다. 미래 노동 사회의 거대한 두 가지 도전, 즉 불공평해지는 부의 분배와 수백만 임금 노동자의 퇴출 중에서 실제로 심각하게 논의되는 것은 두 번째 문제뿐이다. 왜냐하면 노동의 자동화로 제2차 기계 시대에는 과거 어느 때보다 부의 격차가 크게 벌어질 거라는 사실은 보수적인 경제학자들조차 인정하기 때문이다. 다만 그들에게는 이 격차를 줄이기 위한 현실적인 해법이 없다. 세금과 공공 지출을 통한 재분배는 보수적 경제학자와 진보적 경제학자 모두에게 인기가 없고, 그렇다고 본질적으로 다른 수단을 떠올리는 사람도 거의 없다. 이로써 엄청난 폭발력을 지닌 사회 문제는 단순히 재정 기술적 문제로 축소되거나, 아니면 지속적 성장과 수많은 새 일자리 창출에 대한 약속으로 가려진다.

이는 현명하지 않다. 자동화로 해고된 직원들이 저임금 일자리로 옮겨 가면 그로 인해 발생할 심각한 빈부 격차는 앞서 미국의 예에서 뼈저리게 확인했듯이 강력한 사회적 폭탄이 될 수 있다. 사회를 돈으로 나누고 그와 동시에 사회 신분이 갈리는 메커니즘은 비밀이 아니고, 경제학자들도 이미 잘 알고 있다. 21세기에 부를 증가시키는 가장 중요한 원천은 더 이상 노동이 아니다. 물론 근면한 노동이 부의 주요 원천이었던 적이 있었냐고 항변할 수도 있다. 그럼에도 전면적인 AI 자동화의 시대에 들어선 지금, 부의 원천으로서 노동의 비중은 분명 그 어느 때보다 줄어들 것이다. 현재 부의 가장 큰 원천은 부동산이든 대규모 투자든, 주식이든 갖가지 형태의 자본 투자에서 발생하는 소득이다. 오늘날 세계화된 지구와 세계화된 금융 산업은 국경이나 규제에 거의 구애받지 않고 자본을 증대시킨다. 자동화가 진척될수록 어디서 돈을 벌 수 있는지는 별로 중요하지 않다. 데이터 처리 프로세스와 AI 프로그램은 각국의 경제적 형편과는 무관하게 전 세계에서 정확히 동일한 방식으로 작동한다. 이러한 발전은 세계화 1단계에서 저임금으로 혜택을 본 빈국과 개발 도상국만 위협하지 않는다. 세계화 2단계에서 이러한 이점은 급속히 사라지고, 직물 제조부터 회계까지 단순 반복 프로세스는 다시 산업국으로 복귀한다. 그렇다고 해서 많은 일자리가 새로 생기는 것도 아니다. 아무튼 이런 상황에서 전 세계적으로 금융 시장이나 디지털 대기업에 막대한 자본을 투자한 사람들, 그것도 초단기로 투자한 사람들이 이득을 본다. 자신의 돈을 밀리초 단위로 그때그때 상황에 맞게 이리저리 옮기는 사람과 기업들이다. 이로써 빈부 격차는 점점 커진다. 지금 벌써 상위 10퍼센트가 전 세계 자산의 85퍼센트를 소유하고 있다. 그중 상위 1퍼센트의 자산은 45퍼센트를 넘는다. 전 세계 부의 거의 절반이다.[1] 방콕에서 벵갈루루, 부쿠레슈티, 베를린에 이르기까지 이 시대의 패자는 자신의 노동력을 팔아 계속 살아가야 하는 사람들이다.

한마디로 제2차 기계 시대는 노동의 가치를 떨어뜨린다. 과거에는 인건비였던 것이 이제는 전 세계에 투입할 수 있는 소프트웨어의 제작비 문제가 되었다. 그와 함께 어떤 나라가 최고의 경제 발전을 이루었느냐는 질문도 이제는 예전과 다른 방식으로 답하게 되었다. 예를 들어 독일과 같은 나라는 수십 년 동안 엔지니어와 기계공, 대학, 사내 교육의 매우 높은 수준을 자랑스럽게 내세워 왔지만, 제2차 기계 시대에 이런 우위는 감소할 수밖에 없다. 그런데 너무 자주 간과되는 점을 지적하자면,

독일은 오늘날 최고의 엔지니어 수십만 명을 거느리고 있듯이 미래에 최고의 IT 전문가 수십만 명을 갖춘 나라가 될 필요가 없다. 노동 시장은 장기적으로 기술과 발맞추어 폭넓게 성장하지 않는다. 오히려 커지는 것은 그 영역에서 일하는 사람들에 대한 요구다. 그런 높은 요구 때문에 거기서 일하는 사람들의 수는 임의로 늘릴 수도 없고, 무한히 늘릴 필요도 없다.

따라서 빈부 격차의 증가와 비숙련 노동자의 퇴출 및 강등은 불가분의 관계로 엮여 있고, 국가의 위기 상황도 이와 연동된다. 국가의 복지 시스템은 노동 세계의 변화로 인한 결과를 재정적으로 완화해야 한다. 하지만 그것이 가능할까? 사소한 변동, 예를 들어 제로 금리 정책을 통한 변동 같은 것을 제외하면 대부분의 산업국, 특히 미국의 공공 지출은 최근 수십 년 동안 빈약해졌고, 반면에 부유층의 자산은 월등하게 증가했다. 이런 경향이 지속된다면(지금까지의 상황을 보면 그럴 가능성이 높다), 독일을 포함해 대부분의 산업국에서 사회 시스템의 붕괴는 이미 예정된 일이다.

따라서 주류 경제학자들이 즐겨 가정하는 〈유토피아적 자본주의〉, 즉 미래에도 모든 것이 어느 정도 이전과 동일할 것이고 심지어 완전 고용에 점점 가까워질 거라는 전제는 허약하기 짝이 없다. 물론 사람들을 위로할 수는 있다. 〈기계는 결코 인간을 대체하지 못할 것이다! 절대로!〉 하지만 어쩌면 기계가 많은 사람에게 생계를 위해 일해야만 하는 필요성 자체를 대체할 수 있지는 않을까? 물론 이렇게도 말할 수 있다. 〈우리에게 노동이 사라지는 일은 없다!〉 맞는 말이다. 노동은 한정된 자원이 아니기 때문이다. 하지만 임금 노동이 앞으로 뚜렷이 줄어들 수밖에 없지 않을까? 안타깝게도 단순한 구호로는 상황을 진정시킬 수 없다. 프레이와 오즈번의 말을 자유롭게 변형하자면, 생각의 병목 현상을 극복하는 것은 때로 기술의 병목 현상을 극복하는 것보다 더 어려워 보인다.

구조 변화, 자동화, 전문 인력의 부족, 높은 실업률은 가까운 미래에 유기적으로 해결될 문제가 아니다. 대신에 우리는 전통적인 방식으로 하강, 즉 분열된 사회로의 추락을 경험할지 모른다. 이 추락 중에 드러나는 것은 옛 기술과 새로운 기술적 요구 사이의 간극, 전문 인력의 부족과 대량 실업 사이의 간극뿐 아니라 한 가지가 더 있다. 지극히 과소평가된 세 번째 간극은 일하고 싶어 하는 젊은 세대와 그들을 위해 임금 노동 사회가 마련해 줄 수 있는 제한된 일자리 사이의 차이다.

구직자의 능력과 고용주가 원하는 요구 조건 사이의 큰 격차는 모든 경제적 미래 분석에서 불변하는 요소다. 부조화라는 이름으로 전문가의 논쟁을 지배하는 이 간극은 항상 동일한 요구와 결부되어 있다. 빠른 시간 안에 더 많은 최고 IT 전문가를 길러 내서 노동 시장에 내보내라는 것이다. 독일에 필요한 것은 사무직, 행정직, 세무사, 은행원이 아니라 더 많은 빅 데이터 분석가, AI 프로그래머, 드론 조종사, 가상 현실 디자이너다. 숙련된 인력의 부족으로 위협받는 기술자 및 수공업도 마찬가지다. 바이에른 경제 협회의 의뢰로 실시된, 예측 연구소의 〈노동 사회 2040〉 연구에 따르면 지금 벌써 100만 명 이상의 전문 인력이 부족하고, 이러한 추세는 빠르게 확대되고 있다.[2] 많은 경제 단체와 비슷하게 이 연구도 〈교육 팽창〉 및 너무 많은 대학 졸업자 수에 대해 한탄을 늘어놓는다. 그들이 요구하는 바는 분명하다. 학교 및 대학은 노동 시장이 찾는 맞춤형 인재를 육성해서 제공하라는 것이다. 매년 졸업장 없이 학교를 떠나고도 취업 교육을 받지 않거나 애초에 일자리를 구할 생각조차 없는 학생들이 점점 늘어나는 현상에 대한 한탄은 이론의 여지가 없다. 또한 엔지니어조차 50세가 넘으면 실직하고 새로운 일자리를 찾는 데 어려움을 겪는다는 사실에 대한 한탄도 반박할 수 없다. 비숙련 노동자의 공급 과잉은 물론이고 너무 비싼 늙은 노동자도 전문 인력의 부족을 해소하지 못한다.

디지털 혁명은 충분한 자격을 갖추지 못한 구직자의 공급 과잉과 빈 일자리 사이의 부조화를 제거하지 못한다. 디지털 혁명은 앞으로 더욱 가속화하고 이 부조화는 더욱 심화될 것이다. 현재든 미래든 자동화의 목표와 임무는 노동 시장의 균형이나 완전 고용의 창출이 아니다. 제2차 기계 시대에 굳이 경제적 목표를 부과한다면 기껏해야 생산성 증가다. 〈모두를 위한 생업 노동〉이 아님은 분명하다. 이를 위해 필요한 보상 효과는 앞서 언급한 여러 가지 이유로 인해 그 가능성이 극히 희박하다.

좋은 소식도 있다. 고도의 자격을 갖춘 근로자와 저임금 부문의 서비스업 종사자들 사이의 간극과 부조화가 더 이상 방치되지 않으리라는 것이다. 상황을 좋은 쪽으로 바꾸기 위해 할

경제적 빵보다 공부: 이제는 생각해 보아야 할

수 있는 일은 많다. 이미 언급했듯이 기술 경제적 혁명은 거대한 사회 정치적 과제다. 1차 산업 혁명의 대량 빈곤은 저절로 사라지지 않았고, 2차 산업 혁명 역시 부정적인 사회적 파장을 막고 노동 시장을 활성화하기 위해 **뉴딜 정책**을 도입했다. 4차 산업 혁명으로 인한 많은 사람의 사회적 추락을 고려하면 이번에도 다음의 질문이 자연스레 제기된다. 우리는 노동 시장과 사회 복지 시스템을 어떻게 재편해야 할까? 사회를 어떻게 준비하고 경제를 어떻게 재구성해야 할까? 우리는 기업과 근로자를 위해 무엇을 할 수 있을까? 그리고 무엇보다, 미래에는 노동이 어떻게 조직될까?

영미권에서는 이 질문들이 경제학자들의 호응을 얻었다. 그런데 많은 답변이 여전히 깜짝 놀랄 정도로 단순하다. 예를 들어 프레이는 이렇게 쓴다. 〈그와 관련된 해결책은 기술이 아니라 정치 영역에 있다.〉[3] 노동 시장에 대한 그의 극적인 예측에 비하면 상당히 간결한 후기다. 만일 노동의 미래에 대한 프레이의 예언이 전반적으로 적중한다면 누구나 상상할 수 있듯이 산업국들의 사회는 쉽게 붕괴하고 말 것이다.

프레이도 미래에 대해 걱정하지만, 그 내용이 다르다. 즉, 강력한 반대 흐름이 기술 진보를 방해하거나 늦추거나, 아니면 완전히 가로막지 않을지를 걱정한다. 프레이는 『기술의 덫: 자동화 시대의 자본, 노동, 권력 *The Technology Trap: Capital, Labor, and Power in the Age of Automation*』에서 기술 진보에 반기를 든 모든 역사적 저항 흐름을 나열한다. 그가 볼 때 〈기술〉은 단기간의 사회적 결과로 인해 그 혁신에 제동이 걸릴 때 〈덫〉에 걸린다. 그런데 렘이 처음 사용한 〈기술의 덫〉이라는 용어는 원래 완전히 다른 의미를 갖고 있다.[4] 렘이 지적한 것은 기술적 진보의 양면성이었다. 기술 진보는 좋은 점만 있는 것이 아니라 언제나 보존할 가치가 있는 옛것을 파괴하기도 한다는 말이다. 그러나 프레이는 기술 진보의 양면성에는 관심이 없다. 프레이는 오직 단 하나의 얼굴, 즉 기술 진보의 늘 좋은 측면만 조명한다. 따라서 그는 쉬지 않고 외친다. 〈계속 전진! 후퇴는 금물!〉 그 때문에 기술 진보에 대한 모든 저항을 경고한다. 기술 진보가 비록 중단기적으로 부정적인 결과를 초래하더라도 역사를 보면 장기적으로는 항상 생산성 향상과 더 많은 번영, 사회적 진보를 가져왔다는 것이다.

이 마지막 문장에 대해 반론을 제기하는 것은 차치하더라도 프레이의 걱정이 정말 우리 시대의 주요 문제인지 의문이 든다. 1차 산업 혁명에 일어난 기계 파괴 운동처럼 AI에 대해서도 거센 반대 운동이 있으리라는 염려는 별 근거가 없어 보이고, 그런 사회적 흐름도 보이지 않는다. 기술 진보로 인한 대량 실업이 혹시 공장 건물을 불태우는 사태로 번지더라도 그것은 지극히 드문 일일 테고, 대부분은 소방대를 대량으로 투입해야 하는 사태와는 완전히 다른 걱정거리를 사회에 안길 것이다. 기술 진보를 악마의 소행으로 간주하면서 격퇴해야 한다고 주장하는 정당은 세계 어느 산업국에도 존재하지 않는다. 대신에 법적 문제나 데이터 보호, 윤리적으로 수상쩍은 적용 등에 관한 문제가 중심에 선다. 즉, 자동화된 기술 자체가 아니라 특정 적용 분야에서 초래할 수 있는 바람직하지 않고 꺼림칙하고 불법적인 결과에 대한 의문이다.

프레이는 자동화 속도에 제동을 걸어서는 안 되고 다른 쓸데없는 일로 시간을 낭비해서는 안 된다고 강력히 권고한다. 정부는 생산성 향상을 촉진하고, 노동조합 및 기타 반대자들에 의해 기술 진보가 가로막히지 않도록 모든 조치를 취해야 한다. 또한 〈사회적 비용〉을 감당할 수 있는 수준으로 줄이려면 교육 제도의 개혁만 필요한 것이 아니다. 〈이직 청구권 발급, 이직을 어렵게 만드는 걸림돌 제거, 사회 경제적 분열을 조장하는 건축물 규제 폐지, 세금 감면을 통한 저소득 가구에 대한 지원, 기계로 인해 일자리를 잃은 사람들에 대한 임금 보전 제도, 차세대에 미치는 부정적 결과를 완화하기 위한 조기 교육에 대한 투자 증대〉도 필요하다.[5]

프레이는 디지털 혁명의 모든 비용을 국가가 부담해야 한다고 믿는다. 하지만 예정된 대량 해고로 세수가 급락한 상황에서 국가는 어떻게 수백만 명에게 세금 혜택을 제공할 수 있을까? 게다가 일자리를 완전히 잃을 위기에 처한 저소득 가구에 세금 감면이 무슨 소용이 있을까? 과연 그것으로 선진국의 노동조합들이 수십 년 동안 쟁취해 온 권리와 규칙을 포기하도록 설득할 수 있을까? 국가가 계속 빚을 내어 수많은 해고자를 먹여 살릴 거라는 말이 그들을 납득시킬 수 있을까? 또한 유치원에서부터 컴퓨터 공학 교육을 전면적으로 실시하는 것이 정말 나중에 최고의 컴퓨터 공학자를 대량으로 길러 내는 데 도움이 될까?

이 모든 문제는 프레이에게는 비밀이다. 다만 알다시피 대부분의 문제는 철저하게 생각하지 않아서 발생한다. 조심스럽게 말해서, 프레이의 제안들이 그에 대한 좋은 증거다. 우리는 과연 디지털 혁명의 결과를 하늘에서 내리는 비처럼 기다려야 할까? 형상화 의지라는 그의 가면 뒤에 숨은 숙명론을 그저 따라가기만 해야 할까? 프레이는 주장한다. 〈우리는 장기적으로 모두가 이익을 얻을 거라는 믿음으로 새로운 노동 세계를 좋은 말로 포장하느니, 디지털 혁명의 미래 도전을 이해하고 정치적, 경제적으로 솔직하게 접근해야 한다. 모두가 혜택을 본다는 것은 사실이 아니다.〉[6]

프레이는 다른 경제, 다른 노동 세계, 다른 노동 문화, 다른 복지 시스템을 상상할 수도 없고 상상하고 싶지도 않기에 패자들, 그러니까 지금껏 우리가 폭넓게 논의한 사회적 낙오자들이 앞으로 많이 생길 거라고 별 의심 없이 전제한다. 그가 이 패자들에 대해 진짜 우려하는 유일한 것은 그들이 기술 발전에 저항할 수도 있다는 점이다. 그러나 현실적으로 볼 때 기술에 대한 적대감은 지극히 비현실적인 시나리오다. 오히려 개연성이 훨씬 더 높은 것은 중산층에서 프레카리아트*로의 사회적 추락

* precariat. 저임금과 저숙련 노동에 시달리는 불안정한 노동자 무산 계급을 가리키는 신조어. 〈불안정한〉이라는 의미의 이탈리아어 프레카리오precario와 무산 계급을 뜻하는 프롤레타리아트proletariat의 합성어다.

이 초래할 정치적 과격성이다. 많은 사람이 일자리를 잃거나 잃을 위기에 처한 선진국에서는 우익 포퓰리즘이 준동한다. 여기서 공공의 적으로 지목되는 것은 로봇과 AI 시스템이 아니라 이주민과 소수자, 〈좌파〉, 정치적 및 경제적 기득권층, 대중 매체다. 여기에는 점점 증오의 대상으로 변해 가는 기후 정책도 포함된다. 사회적 패자들은 예나 지금이나 자신과 다른 외모와 환경을 가진 적을 골라 내는 데 탁월한 능력을 갖고 있다. 외국 출신의 사람들도 미래 지향적인 지식인과 마찬가지로 그들의 표적이다. 지금까지 우익 포퓰리스트들이 사악한 로봇 포스터를 앞세우고 다닐 거라는 징후는 어디에도 없다. 4차 산업 혁명의 거대한 위협은 광범한 기계 반대 운동이 아니라 사회적 양극화와 정치적 극단주의, 그리고 문화 전쟁이다. 이것은 〈기술적 진보에 대한 찬성 여부〉에 따라 피아를 구분하는 전선에서 일어나는 것이 아니라 그와 동떨어진 전장에서 벌이는 전쟁이다. 예컨대 보건 정책과 이주 정책, 젠더 논쟁, 다양성 논쟁, 철자법 논쟁 같은 것들 말이다.

디지털 혁명이 실제로 대다수 사람에게 축복이 되려면 프레이의 생각과는 달리 그 예정된 과정을 이대로 내버려두어서는 안 된다. 그렇게 한다면 사회는 더욱 깊이 분열될 것이기 때문이다. 이제 우리는 이 갈림길에서 어떤 길을 택해야 할까? 일자리 손실이 많이 발생하지 않도록 사회적으로나 법적으로 일자리 보전 장치를 마련해야 할까? 높은 실업률을 막기 위해 우리 모두 앞으로 일을 더 적게 해야 할까? 아니면 이러한 수단이 너무 근시안적이고 별 도움이 되지 않기에 우리의 노동 사회를 전면적으로 개조해야 할까?

이 질문들은 나중에 다루게 될 것이다. 그 전에 우리는 〈노동〉이 원래 얼마나 이상한 개념이고, 그 안에 어떤 모순된 생각들이 숨어 있는지 명확히 해둘 필요가 있다. 왜냐하면 지금까지의 노동 사회에서 보존할 가치가 있는 것은 무엇이고 그렇지 않은 것은 무엇인지 가늠하려면 노동이 대체 무엇인지부터 정확히 이해해야 하기 때문이다.

노동이란 무엇인가?

우리가 노동에 대해 말할 때, 말해야 할 것과 말하지 말아야 할 것, 그리고 더 많이 말해야 할 것은 무엇일까?

노동:
모순덩어리

오늘날에는 노동과 관련해서 더 이상 어떤 것도 당연시되지 않는다. 19세기와 20세기에도 그랬지만 21세기 사회도 노동에 관한 개념을 자기 식으로 새롭게 정의 내린다. 예전에는 노동을 삶과 생존을 위한 활동으로 이해했다면, 비교적 최근에는 노동이 인간과 문화에 어떤 의미가 있는지에 초점을 맞춘다. 수렵 채취 사회, 그러니까 선사 시대와 열대 우림에 흩어져 살던 시절에는 오직 생존만이 중요했다. 노동 같은 것은 존재하지 않았다. 그러다 현대인들은 사무실 의자에 앉아서 일을 한다. 순수의 의미의 생존이 아니라 오로지 돈을 벌기 위해서다.

　　노동이 삶의 일부이건 전부이건, 부끄러운 것이건 고귀한 것이건, 임금 노동만이 노동이건 아니면 반대로 자발적으로 기꺼이 일하는 것만이 노동이건, 혹은 생업이건 천직이건, 생존 수단이건 자기실현이건, 고통이건 기쁨이건, 노동에 관한 이 모든 관념은 쉽게 변할 뿐 아니라 전제 조건으로 가득 차 있다. 그 중 일부는 유럽의 노예제, 강제 노동, 부역, 농노제처럼 사라졌고, 그 자리를 다른 것이 차지했으며, 게다가 또 다른 것이 지금의 관념을 대체하는 중이다.

그렇다면 끊임없이 변하는 노동 개념을 하나로 묶는 것은 무엇일까? 우리는 무엇을 기준으로 노동을 판단할까? 구걸은 노동일까? 어쨌든 거리에서 쪼그린 채 손을 벌리는 행동도 놀고먹는 편안한 일이 아니라 생계를 위한 장시간의 수고다. 마피아의 조직원도 노동을 한다고 할 수 있을까? 어찌 보면 마피아도 직원들에게 무조건적인 헌신을 요하는 매우 성공적인 기업이 아닐까? 보석상을 터는 강도도 많은 경험과 노하우를 갖춘 노동자일까? 16년 동안 독일 총리로 재직한 메르켈은 그 자리에서 노동을 한 것일까? 피카소도 화가로서 노동을 한 것일까? 게이츠는 정확히 어떤 노동을 하고 있을까? 각종 재단의 후원자와 연방 총리는 일반적인 직업 목록에는 거의 등장하지 않는다. 거지와 마피아 대부, 강도, 딜러, 인플루언서, 해커, 철학자, 투기꾼, 록 스타, 리얼리티 방송 스타도 마찬가지다. 하지만 그들도 어떻게든 노동을 하고 있는 것이 아닐까? 심지어 〈노동〉이라는 꼬리표가 붙지 않는 일일수록 더 매력적으로 비치지 않을까?

이렇듯 노동 개념은 무척이나 복잡하다. 『브로크하우스 *Brockhaus*』 백과사전에 따르면, 노동은 〈생계 보장 및 개인적 욕구 충족을 목적으로 하는 인간의 의식적이고 목표 지향적인 행위〉다. 게다가 한 걸음 더 나아가 〈자아실현의 본질적인 계기〉이기도 하다.[1] 그런데 이런 식으로 뭉뚱그려서 정의 내리면 이 문장들에서 맞는 것은 문법과 맞춤법뿐이다. 예를 들어, 최소한 독일 같은 나라에서는 노동을 하지 않아도 생계는 보장된다. 또한 나는 〈개인적 욕구 충족〉을 위해 〈의식적이고 목표 지향적〉으로 조깅을 하거나 여행을 하거나 연애를 할 수 있다. 모두 노동으로 간주되지 않는 행위다. 노동이 〈자아실현의 본질적인 계기〉라는 말도 나중에 보게 되겠지만, 콜센터나 페루의 광산, 방글라데시의 직물 공장에서 일하는 사람에게는 해당되지 않는, 지극히 의심스러운 기독교 이념의 유산이다.

『브로크하우스』에 확고하게 표현될 정도로 서구 산업국들에서 자명하게 여겨지는 이런 노동 개념은 사실 모순덩어리다. 어떤 정의도 충분하지 않고, 효력을 다했으며, 배타적이다. 이 기준들은 우리가 노동이라고 부르지 않는 활동에도 해당되고, 반대로 우리가 흔히 노동이라 부르는 것에는 해당되지 않을 때가 많다. 사실 무엇이 노동인지는 사회적 맥락을 통해서만 설명 가능하다. 나를 비롯해 타인들이 노동으로 느끼고 인식하는 것이 노동이라는 말이다. 그런 면에서 노동은 항상 의식적인 행위다. 우리는 아침에 일어나 씻고, 옷을 입고, 식사를 준비하는 데 들이는 노력과 수고를, 우리가 흔히 〈노동〉이라고 부르는 다른 행위들과 세심하게 구분한다. 그 이유는 단순하다. 노력과 수고가 돈으로 보상받을 때만 노동으로 여기기 때문이다. 그런 측면에서 자기 머리를 손질하는 것은 노동이 아니지만 남의 머리를 손질하고 돈을 받는다면 노동이다. 우리는 집을 관리하는 데 손이 많이 간다고 이야기하지만, 자기 집을 관리할 때는 〈노동〉이라고 칭하지 않는다. 따라서 사회적으로 인정되는 노동 개념은 주로 우리 자신에게만 의미가 있는 모든 자발적 행위를 배제한다. 작가와 철학자, 록 스타가 자신의 일을 노동으로 여기지 않는 이유도 그 때문이다. 비록 자신의 강한 내적 동기가 돈이라는 형태로 보상을 받더라도 말이다. 그렇다면 지금 필자가 이 책을 쓰는 행위도 노동이 아니라 일종의 유급 자아실현이라고 할 수 있다.

그렇다면 〈노동〉이라는 말은 상당히 부정적으로 들린다. 뒤집어 말해서 스스로에게 별 의미가 없는 비자발적인 행위만 노동으로 간주되기 때문이다. 그런데 오늘날에는 고대의 가치 체계와 달리 노동을 부정적으로 바라보는 시각이 드물다. 결코 그 자체로 자명하지도 당연하지도 않은 지극히 독특한 발전 양상 때문이다. 서구 세계에서 노동에 관한 관념에 결정적인 영향을 끼친 것은 프로테스탄트였다. 이후 노동은 전 사회적으로 단순히 생계 보장의 수단을 넘어 삶의 목적으로 정의되었고, 그로써 엄청난 가치 상승을 경험했다. 노동은 단순히 필요악이 아니라 인간은 원래 일하기 위해 태어났다는 것이다. 게다가 개인이 자신의 일상적 노동을 성공적으로 수행할수록 사회적 지위는 더 높아진다. 노동은 고대나 봉건 시대와 달리 우리를 노동과 그 노동의 결과물로 지위가 결정되는 사회적 존재로 만든다. 이로써 돈으로 보상받는 활동이 곧 자신의 정체성이 된다. 예를 들어 공증인, 열쇠공, 교사, 자동차 기술자 같은 직업이 그 사람이 누구인지를 말해 준다는 것이다. 여기서 그 사람이 정말 그 일을 좋아서 하는지는 상관없다. 〈직업〉은 원하든 원치 않든 우리에게 사회적 정체성을 부여하고, 미리 규정해 놓은 지위와 함께 촘촘하게 짜놓은 사회적 활동의 그물망 속으로 우리를 편입시킨다.

노동 개념은 인간 사회의 필요에 따라 변화하고 그와 함께 결정적으로 확장된다. 이제 노동이 사회화의 핵심적 범주가 되고, 서구 근대 사회는 노동을 중심으로 조직된다. 고대와 봉건 사회에 비하면 인류사적으로 독특한 변화다. 18세기에 서서히 자리를 잡은 부르주아 사회에서 노동은 진정한 의미의 핵심 운영 체계다. 이 체계의 확고부동한 DNA는 신이나 자연이 아닌 노동이 인간에게 각자 자리를 지정해 주는 임금 및 성과 사회라는 아이디어다. 비정규직을 제외한 정규직 일자리는 단순히 임금만 받는 직장이 아니라 사회적 지위가 닻을 내리는 곳이기도 하다.

일반적으로 〈삶의 성취〉로 여겨지고 인정받는 것은 다른 무엇보다 그 사람의 노동이다. 내 권리는 내가 노동을 통해 성취한 것에서 비롯된다. 혹은 피상속자의 경우, 즉 내가 기여한 것은 전혀 없더라도 마법처럼 물려받은 부모나 조상의 노동에서 얻어 낸 성취에서 비롯된다. 간호사보다 돈을 더 번 투기꾼을 더 성공한 사람으로 간주하는 〈성취〉라는 이 수상쩍은 용어는 현대 노동 사회의 중심적 신화이고, 항상 〈노력〉이라는 용어와 모호하게 연결된다. 열심히 노력한 사람은 무언가를 성취하고, 더불어 경제적인 보상을 받는다는 것이다. 그런데 여기서 별 노력을 기울이지 않았는데도 운 좋게 경제적 여유를 누리는 사람들을 폄하하지 않는다는 점이 희한하다. 21세기 서구 산업국의 성과 사회는 중산층이 이전 세기보다 일을 더 많이 하지 않는데도 걸핏하면 〈힘들게 일하는 중산층〉이라는 말을 즐겨 외쳐 댄다. 왜냐하면 일하는 시민들이 〈힘들게 번 돈〉으로 꼬박꼬박 세금을 내기 때문이다. 물론 갱도나 제철소에서 하루 열여섯 시간씩 뼈 빠지게 일해서 번 돈이 아니라 사무실에 여덟 시간 동안 앉아서 번 돈이지만 말이다. 어쨌든 이런 식으로 성과 사회는 스스로 신화를 만들어 낸다. 정치인들은 자신들의 정치 활동이 유권자들에게 노동으로 인정받지 못할 것을 염려하기 때문에, 이상한 미사여구로 유권자들의 비위를 맞추며 그런 분위기를 더욱 부추긴다.

그에 대한 이유는 아마도 노동이 〈수고스럽고 고된 일〉일 뿐 아니라 〈유익한 일〉이기도 해야 하기 때문이다. 일반적으로 쓸모없는 일은 노동으로 인정받기 어렵다. 정치인들의 생각은 한결같은데, 대체로 공익보다는 유권자들에게 훨씬 더 관심을 가진다. 그러나 노동 세계에서 〈유용성〉은 성과나 신산함만큼이나 신화일 때가 많다. 누구나 잘 아는 것처럼, 세계에서 가장 큰 수익 시장은 〈금융 산업〉이라는 말로 포장된 금융 투기다. 고전적인 시민 사회의 통념에 따르면 금융 요술쟁이들이 증권 거래소 안팎에서 도박판을 벌이는 것은 노동이 아니고 오히려 그 반대다. 내기를 걸고, 도박을 하고, 남을 속여 이득을 취하는 것은 놀고먹는 한량들의 전문 분야다. 식량 투기나 선물 거래 같은 판에서 이루어지는 초단타 매매가 사회적으로 유익하지 않다는 사실은 그런 도박을 하는 사람들조차 인정한다. 마틴 스코세이지Martin Scorsese의 「더 울프 오브 월 스트리트The Wolf of Wall Street」를 본 사람이라면 그 영화에서 벌어지는 파렴치한 짓을 〈노동〉이라고 부르고 싶지는 않을 것이다.

　그럼에도 거의 모든 투기 사업은 적어도 간접적으로는 노동으로 인정받는 반면에 공원에서 보수 없이 자발적으로 쓰레기를 수거하는 일은 노동으로 인정받지 못한다. 은밀하고 더러운 일조차 노동으로 여겨지지만 일부 정말 고생스러운 일은 노동으로 여겨지지 않는 이유는 분명 수익과 관련이 있는 듯하다. 우리가 아는 시민 사회의 노동 개념은 일관성이 없고, 불분명하고, 깨끗하지 않고, 모순된 해석과 이해관계로 가득 차 있다. 위에서 말한 의미에서 일할 수 있는 능력과 일하려는 의지가 우리 사회의 중심을 차지하고 우리를 사회적으로 정의 내린다는 사실을 고려하면 더더욱 이상한 일이다. 또한 서방 세계에서 시민들에게 일자리를 제공하거나 구직 과정을 지원할 책임이 국가에 있다고 보는 견해도 결코 논리적이지 않다. 노동청이나 고용 지원 사무소처럼 오늘날 노동을 중개하는 국가 기관은 노동 사회를 더욱 공고히 한다. 왜냐하면 이는 생업 노동이 우리 사회의 의심할 바 없는 토대이고, 시민들에게 일자리를 제공하는 것이 직간접적으로 국가의 의무라는 사실을 명백히 드러내기 때문이다. 같은 차원에서 국가는 실업 수당을 지급하는 사람들에게 근로 의지를 증명할 것을 꾸준히 요구한다. 심지어 근로 의지가 없는 사람들을 제재할 권리까지 갖고 있다. 노동이 시민 사회의 사회적 명령이라는 사실은 일하지 않는 사람들을 특정 측면에서 정체성 없는 인간으로 만든다. 그런 사람들은 자기만의 계층을 형성하지 못하고, 비(非)계급으로 간주된다. 어떤 사람이 쓸모없고 불필요한 존재인지, 교육이 필요한 존재인지, 혹은 가장이나 배우자로서 경멸받거나 존경받을지 결정하는 것은 오직 경제적 자산이다.

그런데 시민적 노동 사회가 생업 노동을 높이 평가한다고 해서 그 실존론적 모순이 해소되지는 않는다. 노동 사회는 한편으로 모든 성인에게 은퇴 연령에 도달하기 전에 생업 노동에 종사하고, 자기 주도성을 보이고, 자율성을 증명할 것을 요구한다. 다른 한편으로는 임금과 생업 노동을 통해 국가 주도의 사회적 안전망을 제공한다. 이 안전망은 시민을 사회적으로 분류하고 보호함으로써 시민이 자신의 삶을 자율적으로 꾸려 나가는 것을 방해한다. 〈나는 어떻게 살아야 하는가?〉 하는 물음은 애초에 임금 및 생업 노동에 대한 명령을 통해 이미 구체적인 답이 정해져 있다. 이 경로에서 이탈하는 것은 사회적으로 상당히 위험하다. 그렇다면 결국 노동 사회의 자율성은 노동 사회의 타율적인 규칙 내에서 자율적으로 결정한다는 것을 의미할 뿐이다. 그것을 따르지 않으면 사회적 배척과 노년 빈곤의 위험이 생긴다. 따라서 평생 자원봉사를 통해 사회에 기여한 사람은 그런 위험에 노출되지만 은행의 매출 상승에 도움을 준 사람은 그렇지 않다.

시민적 노동 사회는 인생의 의미를 생업 노동에서 분리하는 것을 허용하지 않는다. 부자로 태어났거나 부자와 결혼한 사람이 아니라면 말이다. 노동과 상관없는 영역에서 삶의 의미를 찾는 것은 부수적인 일이자 사치일 뿐이다. 좋은 부모가 되고자 하거나 자기 부모를 부양하는 목표조차 생업 노동을 요구하는 사회적 명령의 종속 변수다. 고전적인 부르주아 사회의 통념에 따르면, 그런 행위는 특히 남성일 경우 **부수적으로 병행하거나 추가로 할 수 있는 일**에 지나지 않는다.

이 모든 것은 서구 사회의 대다수 사람의 내면에 각인된 규범적 확신이다. 여기에는 이런 확신도 포함되어 있다. 많이 일하는 사람은 대체로 질문이 별로 없고, 특히 답이 없는 문제에 대해서는 더더욱 질문을 하지 않는다는 것이다. 이는 괴상한 일이 아니다. 곧 보게 되겠지만, 고대부터 일하는 것과 철학하는 것은 애초에 서로 모순되는 것이었기 때문이다. 의미와 목적에 관한 질문은 전통적인 부르주아 노동 사회에서는 대체로 낯설다. 둘 다 이미 확정되어 있어서 그렇다. 즉, 사람은 살기 위해 일하고 일하기 위해 은퇴할 때까지 산다는 것이다.

어쨌든 지금까지는 그랬다. 하지만 그사이 노동에 관한 우리의 생각에 다시 접합하기가 거의 불가능할 정도의 균열이 생겼다. 왜냐하면 〈일이 인생의 절반〉이라는 허울 좋은 말이 점점 더 많은 의문을 불러일으키기 때문이다. 예를 들어, 그렇다면 일 외에 다른 것은 무엇일까? 〈여가 시간〉일까, 진정한 자유일까? 노동과 대량 소비로부터의 휴식일까, 나 자신과 타인들을 위한 오롯한 시간일까? 여기서 실마리는 사실 봉건 시대의 은밀한 유산으로서 시민적 노동 사회에 늘 잠재해 왔다. 부르주아지, 즉 시민 계급은 권력을 잡자마자 봉건 시대 귀족들의 궁전과 화려한 외관을 모방하고, 제후의 저택처럼 생긴 극장과 오페라 하우스, 시청, 법원을 건설하고, 예전의 오렌지 나무 온실과 동물 정원을 흉내 내 식물원과 동물원을 지었다. 그러면서도 과거의 봉건적 삶과 불가분의 관계로 엮여 있던 한가한 삶을 배척했다. 귀족의 무조건적인 자유는 이제 시민 계급에는 매우 제한적인 여가 시간이 되었다. 일하는 시민은 항상 할 일이 있었기 때문이다. 따라서 시민 사회는 문학에서만 〈노동의 타자〉를 허용했다. 그것도 주로 여성들을 위한 여가 활동으로서 말이다. 미겔 데 세르반테스Miguel de Cervantes의 『돈키호테El Ingenioso Hidalgo Don Quixote de la Mancha』에 등장하는 무위도식 기사는 더 이상 새 시대에 맞지 않지만, 독자들은 그를 보며 유쾌하게 즐길 수는 있다. 로런스 스턴Laurence Sterne의 『트리스트럼 샌디The Life and Opinions of Tristram Shandy, Gentleman』, 루트비히 티크Ludwig Tieck의 『윌리엄 로웰William Lovell』, 귀스타브 플로베르Gustave Flaubert의 『부바르와 페퀴셰Bouvard et Pe'cuchet』부터 20세기의 걸작들, 예를 들어 마르셀 프루스트 Marcel Proust, 토마스 만Thomas Mann, 로베르트 무질Robert Musil, 기욤 아폴리네르Guillaume Apollinaire, 로베르트 발저 Robert Walser, 사뮈엘 베케트Samuel Beckett의 소설에 이르기까지 우리는 일하지 않는 주인공들을 만난다. 요한 볼프강 폰 괴테Johann Wolfgang von Goethe 역시 시민 사회적 의미에 부합하는 노동은 하지 않았다. 만약 그랬다면 우리가 아는 괴테가 될 수 없었을지 모른다.

　부르주아 세계의 노동 윤리는 겉으로는 게으름을 비난하더라도 속으로는 생업 노동이 필요 없는 혜택받은 삶을 선망한다. 봉비방,* 플레이보이, 댄디는 일에 치이지 않고 살아가는 법을 아는 사람들, 그것도 주로 남성들을 가리키는 말이었는데, 생업 노동이 필요 없는 삶에 대한 동경에서 비롯되었다. 노동을 영웅시하는 시민 계급도 살아가는 법을 아는 것과 몸이 망가질 정도로 열심히 일하는 것이 모순임을 늘 알고 있었던 것이다. 다재다능한 플레이보이이자 삶의 향락을 추구한 귄터 작스 Gunter Sachs가 노동 혐오자니, 사회적 기생충이니, 쓸모없는 인간이니 하는 낙인이 찍히지 않으면서도 시민들이 부러워하는 롤 모델이 될 수 있었던 것도 그 때문이다. 또한 사람들은 성공한 프로 축구 선수 아내로서의 삶을 성실한 슈퍼마켓 계산원의 삶보다 훨씬 더 동경한다. 축구 선수 아내가 인플루언서, 모델, 보석 디자이너, 리얼리티 스타로 일하더라도 바뀌는 것은 없다. 요점은 일을 해야 한다는 것이 아니라 일할 필요가 없는데도 일을 한다는 것이다.

　그렇다면 노동 사회의 성실성 윤리는 예나 지금이나 무조건 타당한 것이 아니다. 자기 이데올로기에 대한 불신은 늘 밑바닥에 존재해 왔다. 2차 산업 혁명 당시의 문학은 도시민의 분주한 삶과 그 바쁜 사람들 사이를 오가는 한가한 산책자의 모습을 대비시킨다. 프로테스탄트적 노동 윤리에 입각한 사회에

* bon vivant. 넓게는 삶의 쾌락을 좇는 사람이고, 좁게는 미식가를 가리킨다.

서는 목표 없이 어슬렁거리며 거리를 배회하는 행동은 죽을죄로서 불량배와 매춘부, 부랑자, 도둑이나 하는 짓이다. 이런 인간들은 일하지 않음으로써 시간을 훔친다. 그럼에도 한가한 산책자는 봉비방과 마찬가지로 노동 사회의 지식인들에게 동경의 대상이 되었다. 일하지 않는 사람들은 눈을 좀 더 크게 뜨고 세상을 바라보고, 삶의 반경을 넓히고, 삶 자체에서 스스로를 도야할 수 있다. 한가함 없이는 성찰도 없다! 반면에 제대로 잘 살아가는 법을 아는, 다양한 교육을 받은 지적인 공장 노동자는 항상 그 자체로 모순이자 현실 사회주의의 키치에 지나지 않는다.

자연을 거니는 도보 여행자와 자연이 아닌 대도시를 배회하는 산책자 사이의 차이는 분명하다. 성실한 시민은 아무 할 일이 없는 여가 시간이면 무언가를 해야 할 필요가 없는 자연 속으로 들어간다. 반면에 대도시에서는 항상 할 일이 있다. 이런 일로부터의 과시적 이탈은 한가한 산책자에게는 기쁨이겠지만 일하는 사람에게는 도발이다. 사슴이 풀을 뜯는 모습을 가만히 관찰하는 것은 공사판에서 철근을 운반하는 일꾼을 관찰하는 것과 같지 않다. 또한 숲과 들판을 거니는 노동자의 여가 시간은 대도시민의 과시적인 산책 시간과 같지 않다.

한가한 산책자가 현대성의 선구자들에게 사랑을 받은 것은 우연이 아니다. 아방가르드 예술가들은 노동하는 시민에 맞서 의식적으로 산책자를 내세웠다. 프랑스 작가 샤를 보들레르 Charles Baudelaire는 사회적 통념에 맞지 않는 일을 하는 사람만이 〈현대적 삶의 화가〉가 될 수 있다고 생각했다.[2] 그런 면에서 그는 한편으로는 현대적 삶을 있는 그대로 묘사한 화가이자, 다른 한편으로는 현대적 삶의 적절한 실존 방식이 어떤 것이어야 하는지를 미리 보여 준 선구자다. 즉, 타인에 의해 결정된 신산한 노동이 아닌 창조적 자아실현이 현대 삶의 적절한 형태라는 것이다. 창조적 삶의 기술을 생업 노동 위에 두는 사람은 시민 사회의 직업적 틀을 깨부순다. 그런 사람은 결코 사회적 분류의 틀에 편입되지 않는다. 따라서 예술가라는 직업은 대체로 직업이 아니다. 다시 말해, 시민 사회의 질서에서 벗어나는 직업이다. 이런 의미에서 아방가르드는 스스로를 자율적 인간일 뿐 아니라 더 나아가 자기 삶의 〈주권자〉로 정의한다.[3] 그들은 시민 사회를 부수고 나와 사회 저편에서 거울을 들고 사람들에게 그들 자신의 일그러진 모습을 비춰 준다. 아방가르드의 이 숭고한 구상이 오늘날 철저하게 자본화된 예술계에서는 철 지난 유행가에 불과하더라도, 이 현대적 예술가의 역할 모델은 21세기에 점점 더 중요해질 가치를 상당 부분 선취하고 있다. 즉 자아실현의 욕구, 지극히 개인적인 삶에 대한 소망, 그리고 〈직업〉으로 인간을 분류하는 사회적 시스템에 대한 거부다.

오늘날 자아실현에 대한 욕구는 〈느리게 살기〉의 욕구와 함께 나타날 때가 많다. 그 역시 아방가르드의 유산이다. 테오도어 W. 아도르노Theodor W. Adorno는 20세기 중반 『미니마 모랄리아Minima Moralia』에서 교통으로 엄청나게 속도가 빨라진 도시는 산책자들의 죽음이라고 한탄했다. 사람들은 대도시

교통 속을 어슬렁거리며 산책하는 대신 뛰거나 부산스럽게 움직인다. 한가하게 주위를 둘러볼 여유는 없다. 어디든 자동차의 위협이 목전이다. 21세기의 도시 비전에서는 쫓기듯 내몰리는 도시민들에게 다시 평화가 찾아온다. 곳곳에 자리한 녹지는 사람의 마음을 안정시키고, 자가용은 도심에서 사라지고, 자전거가 자동차를 대체하고, 보행자를 위한 공간이 점점 늘어난다. 예전부터 건축 도면 속의 인간은 일하는 사람이라기보다 산책자에 가까웠다. 그렇다면 노동 사회의 혁명은 힘들고 복잡한 도시 재구축이 시작되기 훨씬 이전부터 이미 미학적으로 표현되어 있었다.

그런데 여기서 한 가지를 놓치기 쉽다. 19세기 후반과 20세기의 전통적인 산책자는 주위의 모든 사람이 일을 하고 있기 때문에 특권적 역할을 누릴 수 있었다. 하지만 도시에서 일하는 풍경이 사라지고, 부산함과 분주함이 잦아들고, 거리에서 다른 산책자 말고는 더 이상 아무도 볼 수 없다면 산책자는 무엇을 관찰해야 할까? 아방가르드의 판타지에서 일하지 않는 사람이 돋보인 이유는 일하는 사람들 때문이었다. 그렇다면 산책자라는 모델은 미래에 그렇게 무한정 적합하지는 않는다.

현재의 기술 및 경제 혁명에 적합하고, 장차 더 많은 사람에게 좋은 삶의 기회가 주어지도록 노동 사회를 다시 구축하려면 지나치게 미적인 관점으로 노동 사회에 접근해서는 안 된다. 도시에 녹지가 늘고 자동차가 줄고, 도시와 시골에서 홈 오피스가 정착하는 것은 단지 겉모습일 뿐이다. 오늘날 우리의 노동 세계는 생계 보장과 심리적 스트레스, 자아실현 사이에서 격하게 요동친다. 그런 만큼 지난 300년 동안 구축되어 온, 미래에는 더 이상 적합하지 않는 노동 세계의 이 협소한 틀에는 점점 더 많은 요구가 제기된다. 우리는 우리의 시간을 어떻게 구성하고 삶의 리듬을 어떻게 만들어야 할까? 우리가 하는 일 속에 우리 자신은 존재하는가? 우리의 일이 우리의 삶을 개인적, 사회적 의미로 채우는가? 21세기에는 이 모든 질문이 수백 년 전과는 다르게 제기될 수밖에 없다. 이 문제를 본격적으로 다루기 전에 기존의 노동 사회를 자세히 들여다볼 필요가 있다. 그렇지 않으면 지금까지의 노동 사회를 대안적 사회 구상과 비교할 수 없을 것이며, 강점과 약점을 통해 미래에 대한 올바른 결론을 도출할 수 없을 것이다.

인간의 본래 상태는 실업이다. 19세기와 20세기 초의 인류학자들이 초기 인류를 외부 환경에 맞서 일상적으로 막대한 에너지를 쏟아야 했던 생존 투쟁으로 묘사했다면, 오늘날의 인류학자들은 그런 생각을 동화와 신화의 세계로 추방한다.[1] 인류사에서 99퍼센트가 넘는 이 시기를 미국의 유명한 인류학자 마셜 살린스Marshall Sahlins의 말처럼 ⟨최초의 풍요 사회⟩라고 표현할 수 있을지는 전문가들의 판단에 맡기도록 하자.[2] 다만 경제학자 한스베르너 볼트만Hans-Werner Wohltmann이 『가블러 경제 용어 사전Gabler Wirtschaftslexikon』에서 정의한 다음 문장은 확실히 잘못되었다. ⟨노동은 원래 인간이 자신의 직접적인 생존 보장을 위해 자연과 벌인 대결 과정이었다.⟩[3] 이 말이 잘못된 이유는 분명하다. 초기의 수렵 채집 인간들이 자신들의 생존 보장 활동을 훗날 산업 사회에서 불렀던 ⟨노동⟩으로 이해했을 리 만무하기 때문이다. 그것은 아무 근거가 없는 소급 적용일 뿐이다. 사바나 지역에 살던 초기 인류의 주된 삶은 다른 사교적 포유류들과 마찬가지로 분명 여가와 게으름, 놀이, 의사소통이었을 것이다. 아무런 목적이 없던 이 시대에 수십만 년 동안 몽둥이와 주먹

도끼만 끝없이 휘두르는 삶에서 인류 문화의 뿌리가 생성되지는 않았을 것이다.[4]

지능이란 어떻게 해야 할지 모르는 난감한 상황에서 사용하고 발달하는 정신 능력이다. 그를 위해 굳이 나무나 돌을 깎고 불을 피우는 것과 같은 특수 상황까지 들먹일 필요는 없다. 군집 생활은 무리 속에서 아이를 키우고, 짝짓기를 하고, 경쟁하고, 누군가를 속여 넘기고, 싫증을 느끼고, 함께 사냥하고 먹는 것에 대한 온갖 일상적 도전으로 가득 차 있는데, 이런 상황에서 지능은 무척 큰 도움이 된다. 삶의 결핍이 적어질수록 풍요는 늘어나고, 이 풍요로움 속에서 사회가 형성되고 새로운 것이 만들어진다.

결핍이 많은 상태로 뼈 빠지게 일하면 정신이 가난해진다는 사실은 고대 문명의 일반적인 생각이었다. 그러다 보니 고대의 노동 세계를 우리에게 알려 주는 책은 놀랄 만큼 적다. 고대 사회에서 경제 영역은 지극히 부차적이었고, 다른 문제들의 하위 요소였던 것으로 보인다. 오늘날 우리가 일반적으로 통틀어 〈노동〉이라고 부르는 것을 그리스인과 로마인들은 세심하게 여러 의미 영역으로 나누어 사용했다. 그리스인들에게 고통스러운 노고는 포노스pónos였고, 로마인들에게는 라보르labor였다. 라보라레laborare, 즉 뼈 빠지게 일하는 것은 노예의 운명이었다. 반면에 수공업자가 하루 이상 쓸모 있는 무언가를 만드는 것은 완전히 달랐다. 그의 작업은 그리스어로 에르곤ergon, 라틴어로 오푸스opus였다. 그 작업에 필요하고 습득할 수 있는 활동은 세 번째 단어 영역인데, 그리스인들은 이를 테크네techné, 로마인들은 파베르faber라고 불렀다. 파케레facere는 노예 노동이 아니라 숙련된 기술자의 일을 가리켰다. 로마인들에게 라보라레와 파케레를 하나의 개념으로 묶는 것은 상상도 못 할 일이었다. 두 활동은 너무 다를 뿐 아니라 사회적 지위도 결코 합치될 수 없었기 때문이다.

그리스와 로마의 자유민들은 **라보르**의 의미로든 아니면 판매용 물건을 만든다는 의미로든 일을 하는 경우가 거의 없었다. 그들의 자유와 자긍심, 명예는 그들이 그런 일을 할 필요가 없다는 사실에서 비롯되었다. 철학자들이 1,000년 가까이 규정한 것처럼, 그리스 로마 시민의 이상은 몹시 까다로운 정신적, 사회적 활동에 매진하고, 그 과정에서 스스로를 완성시켜 나가는 것이었다. 오직 노동하지 않는 사람만이 도시 공동체 폴리스의 일을 돌볼 시간이 있었다. 그런 사람은 본성상 독립적이고, 청렴하고, 다른 어떤 의무로부터도 구속되지 않았다.

고대의 일상이 진짜 이런 모습이었을지는 상당히 의심스럽다. 철학적 출처의 증언은 결코 중립적이지 않다. 오히려 물질적 탐욕과 부패, 사기, 권력욕, 악덕이 고대의 일상이었다는 것이 역사적 진실에 더 가깝다. 모두 철학자들이 보편적으로 저급하고 품위 없는 짓이라고 비난한 행동들이다. 그렇다고 고대 남자의 명예에 관한 규정에서 가정과 그에 딸린 농장에서의 혹독한 노동이 품위 없는 짓으로 간주되는 현실은 바뀌지 않았다. 사적 영역 — 가정 — 을 뜻하는 오이코스oíkos는 노예와 여성,

〈labour〉와 〈work〉: 노동 사회의 탄생

때로는 외국인 같은 비자유민의 영역이었다. 반면에 농부와 수공업자, 상인 세계와의 명확한 구분은 한층 어려웠다. 크세노폰 Xenophon, 플라톤Platon, 아리스토텔레스는 틈만 나면 수공업자와 상인의 〈속물적인〉 일을 질책했다. 아마도 많은 아테네 시민이 상업과 돈 버는 일에만 혈안이었기 때문으로 보인다. 아무튼 아리스토텔레스의 믿음에 따르면, 사적 이익을 생각하는 사람은 폴리스의 운명을 결정할 수도 없고 결정해서도 안 된다. 충분히 공감할 수 있는 호소다.[5] 대신에 공적 영역의 참여 동기는 신분에 대한 자긍심(플라톤)이나 공동체에 대한 진정한 염려(아리스토텔레스)여야 한다. 이런 측면에서 플라톤부터 키케로 Cicero에 이르기까지 고대의 도덕 교육자들은 시민 의식과 사업 감각이 너무 밀접하게 연결되는 것에 황급히 경고장을 보낸다. 이 둘이 너무 가까워지면 시민의 내면적, 정치적 자유는 위험에 빠지고, 폴리스는 파괴되기 때문이다.

자유민의 사회적 지위는 노예와 다른 억압받는 자들이 있기에 유지된다. 시민 계급과 노예 제도는 동전의 양면이다. 비자유민이 없으면 자유민도 존재할 수 없다. 어쨌든 기술 개발이 노예 노동을 대체할 수 있을 때까지는 비자유민이 필요하다. 이런 의미에서 아리스토텔레스는 이 책의 제사(題詞)로도 사용된, 선견지명이 있는 다음 문장을 썼다. 〈다이달로스의 발명품이 저절로 움직이는 것처럼, 혹은 헤파이스토스의 삼각대가 자가 동력으로 움직이면서 성스러운 작업을 수행하는 것처럼 모든 도구가 명령에 따라 움직이거나 맡겨진 일을 알아서 척척 수행한다면, 또는 베틀이 혼자 자동으로 베를 짜낸다면 작업장의 장인에게는 조수가, 주인에게는 하인이 필요하지 않을 것이다.〉[6]

오늘날 흔히 고대 세계의 대표자로 여겨지는 도시는 아테네와 로마다. 그러다 보니 다른 도시에는 다른 규칙들이 있었다는 사실은 간과된다. 예를 들어 스파르타는 언제든 전쟁에 나가야 했기에 시민들이 생업 노동에 전념하는 것을 허용하지 않았다면, 다른 도시 국가들은 시민들의 생업 노동에 전적으로 적대적인 태도를 보이지는 않았다. 다만 돈을 벌기 위해 일하는 것보다 충분한 재산을 갖고 있는지가 더 중요했다. 이는 근대로 가는 작은 이정표였다. 로마 역시 자신의 역사에서 수공업과 상업이 만들어 내는 새로운 부에 완강히 저항하지는 못했다.

고대에는 여성 노동, 노예 노동, 저임금 자유노동 같은 형태로 수백만 명의 노동자가 있었다. 그럼에도 현재 우리가 말하는 〈노동 사회〉의 특징은 전혀 나타나지 않았다. 교사, 의사, 변호사, 건축가처럼 보수를 받는 지성인들은 명예로운 일을 불명예스러운 돈으로 더럽힌다는 악평을 받았다. 보수를 받고 사람들을 가르치고 변호하는 〈소피스트〉에 대한 플라톤의 비난이 대표적이다. 물론 아테네에서도 공직자들은 급여나 일당을 받았다. 하지만 그렇다고 돈을 많이 버는 노동이 사회적 지위의 척도가 되지는 않았다. 또한 일하는 사람들을 사회의 합당한 일원으로 받아들이지도 않았다. 노동에 의존할수록 사회적 지위는 낮아졌다. 이는 오늘날에도 많은 지역에서 여전히 통용되는 법칙이다. 아랍 세계에서 아무런 권리도 보장받지 못하고 일하는 노예 노동자들과 미국에서 하인처럼 일하는 라틴계 사람들, 그리고 농업과 건축 현장, 양로원에서 일하는 중국인 이주 노동자들만 떠올려 보아도 알 수 있다.

따라서 고대 철학자들의 판단에서 드러나듯, 고대 사회는 **라보르**처럼 천한 노동으로 살아가는 사람들을 〈자연 상태〉의 인간으로 경멸했다.[7] 그들은 자기 결정권을 지닌 자유민이 아니라 동물에 더 가까웠고, 그들의 삶은 숙고와 성찰이 아니라 오직 현실적 필요에 따라 해야 하는 일로 이루어져 있었다. 키케로가 말하는 인간의 존엄성은 품위 있게 살아갈 때만 생겨난다. 그것은 현실적 필요성을 초연한 삶이자, 자기 인생의 주인이 되는 삶이자, 스스로를 자유롭게 만들어 나갈 수 있는 삶이다. 오직 **라보르**로부터 해방된 사람만이 스토아적 오이케이오시스oikeiosis, 즉 점진적 수양으로 자신을 완성시킬 수 있다. 반면에 〈수공업자〉는 〈더러운 일을 한다. 어떤 작업장에도 그 자체로 고결한 것은 존재하지 않기 때문이다〉.[8]

이런 배경을 안다면, 고대 철학자들이 왜 오이코노미아oikonomia, 즉 〈가계 경제론〉에 큰 의미를 부여하지 않았는지 이해가 된다. 가정에서 일어나는 일은 꼭 필요한 활동이었다. 다만 그것의 유일한 목적은 자유로운 사유를 가로막는 온갖 성가신 현실 노동으로부터 자유민 남성들을 해방시키는 것이었다. 그로써 경제는 간신히 명맥만 유지했고, 경제 활동은 공적인 삶과 상관없는 개인 가정에서만 이루어졌다. 폴리스 시민들은 자기들끼리의 평등을 자랑스러워했지만, 사회에 대한 참여는 여성과 노예, 소농의 부자유가 없었다면 불가능했다. 따라서 철학자들은 오이코스와 폴리스의 세계가 섞일까 걱정했다. 『국가 Politeia』에서 플라톤의 이상 국가 칼리폴리스는 철저하게 공적인 국가다. 아이들의 교육조차 결코 가정에 맡길 수 없었다. 여성의 물질적 탐욕이 자식을 이기적으로 만들어 올바른 시민으로의 성장을 가로막을 수 있기 때문이었다. 돈의 힘에 제한을 가한 것은 플라톤이나 아리스토텔레스나 마찬가지였다. 특히 아리스토텔레스는 이재학(理財學), 즉 금융 투기와 대부 경제를 자연에 어긋나는 것으로 낙인찍고 배격했다. 두 철학자는 돈의 과도한 축적에 맞서 절제를 미덕으로 내세웠다. 이는 거의 모든 그리스 철학자가 높이 평가한 가치였다. 따라서 플라톤이든 아리스토텔레스든 경제가 무절제하게 성장하지 않고, 폴리스가 인구 및 인구 구성 면에서 미리 정해 놓은 이상적인 수준을 벗어나지 않도록 세심하게 신경 썼다.

그런데 고대 노동이 사회적 통합을 촉진한 것이 아니라 오히려 대부분의 사람을 사회에서 배제했다는 사실이 반드시 맞지는 않다. 작지만 주목할 만한 소수 그룹이 처음부터 예외로 존재했다. 바로 기독교인들이었다. 기독교는 고대에 세계 전역으로 확산되면서 상류층과 근본적으로 상치되는 노동에 관한 입장을 들고나왔다. 이유는 분명했다. 기원후 수 세기 동안 기독교는 신분적으로 천한 사람들의 종교였기 때문이다. 따라서 신실한 어부와 목동, 목수, 농부만 고결한 존재로 추켜세운 것이 아니라 세리처럼 사람들이 싫어하는 직업도 배제하지 않았다. 게다가 복음서 저자들은 사도들의 선교 사업을 그들의 출신 직업과 마찬가지로 노동으로 묘사했다. 이를테면 〈포도원이나 추수 밭의 노동자〉처럼 스스로 〈품삯을 받을 가치가 있는〉 사람으로 여긴 것이다.[9]

사실 노동에 관한 새로운 입장이 싹틀 비옥한 토양은 이미 마련되어 있었다. 유대교에서도 노동은 부끄러운 일이 아니었다. 야훼는 아담과 하와가 낙원에서 쫓겨나기 전에도 일을 하게 했다. 에덴동산은 놀이공원이 아니라 생산적으로 일궈 내야 하는 곳이기 때문이다. 바빌론의 포로 생활과 이집트의 노예 생활에서 노동을 천형처럼 선고받은 이스라엘 민족에게 노동 없는 삶이란 상상조차 할 수 없었다. 기독교인들 역시 노예를 둘 수 없는 고대의 하층 계급이었기에 필연적으로 훨씬 더 큰 노동 미덕을 만들어 낼 수밖에 없었다. 그 이전과 이후의 다른 어떤 거대 종교보다 노동에 더 큰 가치를 부여한 것이다![10] 초기 기독교인들이 생업 노동으로 얻은 전례 없는 부를 사회에 공급하지 않았다면 고대 세계에서 기독교의 급속한 진군은 상상하기 어려웠을 것이다. 기독교 공동체는 그런 식으로 번성해서 목회자들에게 임금을 지급하고, 선교사들을 다른 지역으로 보내고, 가난한 사람들에게 음식을 제공할 수 있었다. 기독교는 다른 종교들과 비교했을 때 인격적인 신과 〈사랑의 종교〉라는 뚜렷한 장점이 있기는 했지만, 노동의 막대한 의미와 그에 호응한 거대한 고객 집단이 없었다면 결코 그렇게 빠른 속도로 성장할 수 없었다.

사회적 천대 대신 노동을 통한 사회적 수용이라는 이 공식의 전례 없는 성공은 초기에는 예측하기 어려웠다. 고대 세계의 자유민은 일할 필요가 없다는 점에서 한가하게 노니는 신들과 가까워 보였다. 반면에 기독교인은 신이 자신에게 맡긴 노동을 통해 신에 더 가까이 다가갔다. 엿새 동안 세상을 만든 다음 고단한 장인처럼 일곱째 날에 휴식을 취했던 위대한 세계 건축가는 어떤 형태로든 나태한 삶을 원하지 않았다. 고대 상류층의 공적 지위는 일하지 않아도 되는 외적 자유로 표현된 반면에 기독교인들은 오직 신과의 친밀감에 좌우되는 내적 자유와 스스로에게만 의미가 있는 개인적 지위를 고안해 냈다. 이렇듯 그들은 다른 누군가를 위해 일하는 것이 아니라 오로지 신을 위해 일했다. 그에 따른 진정한 보상은 지상에서의 형편없는 물질적 보상이 아닌 신이 주는 보상이었다. 기독교인들은 신을 위해 온갖 수고와 간난을 기꺼이 감수한다. 신의 마음에 들고 하늘의 상을 받을 전망이 있으면 어떤 노동이든 한결 견디기 쉬워진다.

기독교는 모든 노동의 가치를 격상시켰다. 심지어 저임금 일용직과 최소 생계비 마련을 위해 온갖 궂은일을 마다하지 않는 빈자들의 천한 노동까지 격상시켰다. 어떤 일을 하건 그 일의 필요성은 신 앞에서 미덕이 되었다. 반면에 초기 기독교는 일하기 싫어하는 사람들에게는 가혹했다. 데살로니가 후서에 나오는 사도 바울의 유명한 말이 그에 대한 웅변적인 증언이다. 〈일하기 싫으면 먹지도 말라!〉[11] 바울 다음으로 교회 조직 및 세계관에 지대한 영향을 끼친 교부 아우렐리우스 아우구스티누스Aurelius Augustinus는 인간의 노동을 신성한 창조의 연속으로 보았다. 신이 창조한 세계를 인간은 사용해야 할 뿐 아니라 노동으로 완성시켜야 한다는 것이다. 특히 수도사들은 명상에만 전념하는 것이 아니라 자신의 삶을 노동에 바쳐야 한다. 이는 6세기에 베네딕트 교단의 창시자가 밝힌 다음의 유명한 규칙으로 정식화되었다. 〈기도하고 일하라!〉 베네딕트 규칙서에 따르면 수도사들은 주님의 〈작업장〉에서 쉬지 않고 일해야 한다.[12] 게으름은 인간의 천적이자 영혼의 위험이다.[13] 이는 베네딕트회 수도사들의 마음속에서만 진언처럼 울려 퍼진 진리가 아니었다.

엄격한 노동 윤리는 처음에는 수도원의 담장 안쪽으로 제한되었지만, 중세에 이르러 기독교가 중심이 되자 사회 전체로 확산되었다. 수도원 조직에 속하지 않은 성직자와 기사들은 여전히 육체노동에서 해방되었지만, 기독교 문화는 다른 계층보다 월등하게 많은 농민 집단에 평생 등골 휘도록 일할 것을 요구했다. 수공업자도 포함된 제3신분은 신이 그들에게 일할 의무, 즉 수고와 간난의 의무를 미리 부과해 놓았다는 사실 하나로만 규정되었다. 중세의 위대한 철학자인 도미니크회의 토마스 아퀴나스Thomas Aquinas와 프란체스코회의 보나벤투라 Bonaventura는 틈만 나면 노동 찬가를 불렀다. 그들은 제3신분의 사람들에게 반복해서 육체적 고역을 권했다. 모든 〈직업〉은 신의 부름, 즉 소명에 다름 아니라는 것이다. 신은 마치 봉건 영주처럼 저 위 높은 곳에서 모든 사람에게 각자 맞는 일을 할당해 놓았다. 그 〈소명〉은 개인의 성향이 아니라 드높은 곳의 의지가 결정한다.

반대로 게으름은 신을 모독하는 파렴치 행위로 여겨졌다. 일할 능력이 있는 사람은 일할 의지도 있어야 했다. 기독교의 빈민 구호는 실제로 일할 수 없는 사람들만 대상으로 삼았다. 중세 후기는 일할 수 없는 사람과 그렇지 않은 사람을 구분하는 데 많은 수고와 시간을 들였다. 일할 능력이 없는 사람들을 대상으로만 구호 활동을 해야 했기 때문이다.[14] 심지어 도시에서는 일종의 거지 증명서인 구걸 허가증도 발행했다. 교회 복지사와 교육자들은 시설의 원생과 학생들에게 엄격한 노동 윤리를 가르쳤다. 이유는 분명했다. 중세 후기의 도시에서 인구가 급격히 증가했고, 도처에서 사람들이 도시로 밀려왔기 때문이다. 공공질서의 수호자들은 통제력을 잃을 위험에 처했다. 교회와 당국은 최대한 많은 사람에게 노동 규율을 가르쳤고, 그들의 활동을 감시하려고 애썼다. 고대에는 일해야 하는 사람들이 가난했다면, 중세 후기에는 교회가 나서서 가난에 빠지지 않는 최고의 수단이 노동이라고 설파했다. 부자가 천국에 가는 것보다 낙타가 바늘구멍에 들어가는 것이 더 쉽다고 말하던 기독교가 중세 말기에는 똑같은 입으로 사람들에게 가난에서 벗어나 부자의 세계로 들어가기 위해 최선을 다하라고 촉구했다.[15] 가난과 겸손의 종교였던 기독교는 부가 쌓이고 힘이 강해질수록 가난과 겸손을 불편하게 생각하기 시작했다.

그런데 교회가 아무리 노동을 인간 본연의 사명으로 정

의하려고 해도, 중세 도시의 주민들은 노동이 전부 다 똑같은 노동이 아니라는 것을 알고 있었다. 그리스와 로마 시대와 마찬가지로 중세인들도 라보라레와 파케레를 완전히 다른 두 가지 활동으로 세심하게 나누었다. 동업자 의식과 자기 직업에 대한 긍지를 갖고 있던 길드 조직의 중세 수공업자들은 기껏해야 일을 보조하는 잡역부와 임시직 노동자, 날품팔이를 자신들과 엄격히 구분했다. 이런 막일꾼들은 노동의 결과물을 생산해 내는 것이 아니라 들에서 힘겹게 일하거나, 수공업자들에게 필요한 물건을 제공하거나 준비 작업을 도왔다. 그들은 어떤 종류의 기술도 필요하지 않는 허드렛일을 했다. 게다가 장인은 동업자 조직에서 정한 고정된 보수를 받는 반면에 날품팔이는 쥐꼬리만 한 품삯을 받았다.

그 뒤에 있는 가치 질서는 확고했다. 토마스 아퀴나스가 말하지 않았던가! 어떤 일의 가치는 신이 정해 놓은 희소성과 유용성의 원칙에 따라 측정된다고 말이다. 이 규정에 따라 수공업은 귀한 일이 되었고, 일용직 노동은 가치 없는 일이 되었다. 미숙련 임시직 노동자가 아무리 장인의 성가신 작업을 덜어 주는 유익한 일을 할지라도 그들은 여러 세대에 걸쳐 상속될 수 있는 유용한 물건을 만들어 내지 못했다. 또한 그들의 노동력도 구하기 어려운 것이 아니라 거의 모든 곳에 대량으로 존재했다. 중세 시대에 숙련된 전문 인력은 부족했지만 날품팔이는 부족하지 않았다.

고된 육체노동과 연결된 일들은 신이 정해 놓은 거룩한

노동의 사명에도 불구하고 업신여겨졌다. 영어 ⟨labour(레이버)⟩로 번역되는 중세의 라보르는 저급한 일을 의미했다. 프랑스어의 ⟨travail(트라바이)⟩나 스페인어의 ⟨trabajo(트라바호)⟩도 마찬가지였다. 이 말들은 로마 시대에 사용된 나무 기둥에 양팔을 옆으로 묶는 고문 기구 ⟨tripalium(트리팔리움)⟩에서 유래했다. 중세에 트리팔리움은 말과 소의 멍에라는 뜻으로 사용되었다. 그렇다면 ⟨travail⟩와 ⟨trabajo⟩는 ⟨멍에를 지고⟩ 하는 일을 뜻했다. 이런 일은 장인의 작업과는 철저하게 구분되었다. 전문적인 기술이나 정신적으로 까다로운 노동과 아무런 상관이 없는 하찮은 일이라는 말이다.

그러나 노동이 신의 마음에 드는 삶의 표준이 되었다고 해서 모두가 일해야 하는 것은 아니었다. 고대의 상류층과 마찬가지로 중세 귀족과 고위 성직자는 육체노동에서 해방되었다. 그들의 사회적 지위는 노동 성과가 아니라 당사자의 신분이나 가문의 영향력 및 특권에 따라 결정되었다. 그렇다면 노동의 절대적 이상은 모두에게 해당되지 않았다. 그것은 오직 제3신분에게만 구속력이 있었다. 사회가 그들에게 심어 준 생각은 분명했다. 게으름은 모든 악덕의 시작이고, 노동은 모든 것을 이긴다. 다만 평생을 힘들게 일하는 것은 의무가 아니다. 이 이데올로기가 프로테스탄티즘에서 더욱 기세를 올린 것은 잘 알려져 있다. 예정설은 이렇게 말한다. 신이 원하는 삶과 나중에 찾아올 하늘의 보상은 다른 무엇보다 노동의 결실로 판가름 난다. 이상적인 삶은 오직 노동을 통해 결정된다는 말이다.

그에 비하면 토머스 모어Thomas More의 『유토피아*De optimo reipublicae statu, deque nova insula Utopia*』는 얼마나 진보적인가! 물론 여기서도 사람들은 일을 하지만 하루 종일 일하지는 않는다. 게다가 모든 유토피아가 그러하듯 처음부터 노동을 위해 예정되고 부름을 받은 계층은 존재하지 않는다. 노동은 그 자체로 목적이 아니고 신이 부여한 사명도 아니다. 그저 공정하게 분배된 만인의 부를 더욱 늘리는 합리적인 형태일 뿐이다. 사람들은 잘살기 위해 일하지, 프로테스탄티즘처럼 일하기 위해 살지는 않는다.

그런데 제3신분뿐 아니라 모든 사람이 실제로 노동을 해야 한다는 것은 부르주아지가 서서히 권력을 잡아 나가면서 비로소 사회 전체적 요구가 되었다. 17세기와 18세기의 매뉴팩처 자본주의는 경제 권력을 단순히 귀족에서 부르주아지로 이동시킨 데 그치지 않고, 노동 개념을 전면적으로 격상시키고, 노동을 모든 부의 유일한 기반으로 인식하고, 개인적인 노동 성과의 향상을 촉구하고, 완전히 다른 두 영역인 라보라레와 파케레를 〈labour〉 또는 〈travail〉라는 하나의 단어로 묶어 버렸다. 이로써 숙련된 노동과 비숙련 노동은 이제 불가분의 관계로 연결되었다. 매뉴팩처 노동자도 지극히 단조로운 노동을 통해 어쨌든 무언가를 생산해 내는 것이 가능해졌다는 말이다. 이렇게 해서 그저 고되기만 하던 육체노동과 의미로 충만한 노동 사이의 오랜 구분이 희미해졌다.

〈labour〉라는 새로운 개념을 사회적으로 정착시키는 데

막강한 공을 세운 강력한 사상가가 있었다. 그는 자아실현이나 자기 계발로서의 일과 타인의 이득만을 위한 고된 노동의 경계를 구분이 안 될 정도로 지워 버렸다. 그 주인공은 바로 존 로크John Locke다. 미천한 가정에서 태어나 탁월한 재능으로 후원자들에게 많은 지원을 받은 로크는 부르주아 시대가 동틀 무렵에 등장한 가장 중요한 철학자였다. 부르주아지의 사유 재산을 그만큼 포괄적이고 지속적으로 옹호하고 그에 대해 정당성을 부여한 철학자는 일찍이 없었다. 게다가 이보다는 큰 주목을 받지 못했지만, 노동에 관한 새로운 개념을 규정하는 면에서도 그가 부르주아 사회에 끼친 영향력은 심대했다.

『통치론Two Treatises of Government』(1689)에서 로크는 두 가지를 요구했다. 우선 북미에서 인디언을 몰아내고 영국이 식민지를 건설하는 것이 전적으로 합법적이고 심지어 신이 원하는 일이라고 옹호했다. 식민부 고위 관리였던 그는 캐롤라이나에 많은 인디언 땅을 소유하고 있었는데, 원주민을 추방하면서 막대한 개인적 이익을 챙길 수 있었다. 반면에 영국 정부에 대해서는 정반대 요구를 했다. 토지를 소유한 귀족과 자본을 소유한 부르주아에게는 이득이 되고, 가난한 사람에게는 새로운 토지의 부족으로 전혀 혜택이 돌아가지 않는 경제적 소유관계를 영원히 확립하고자 한 것이다.

로크는 사유 재산을 자기 보존과 밀접하게 연결시켰다. 설명하면 이렇다. 나의 몸과 마찬가지로 나의 재산도 내가 돌보아야 하고 자기 계발을 위해 필요하다. 이상적으로 보면, 지구를 나누어 모든 사람이 기본 재산으로서 충분한 땅을 받는 것이 합당하다. 그러나 시간이 지나면서 자연 상태는 끝났고 돈이 발명되었다. 그와 함께 타인이 손해를 보더라도 자신의 재산을 무한정 불리는 것을 허용한 가상의 계약이 체결되었다. 〈대담하게 주장하자면, 사유 재산에 관한 이 규칙, 즉 각자가 원하는 만큼 소유해야 한다는 규칙은 오늘날에도 여전히 당혹감 없이 적용될 수 있다. 왜냐하면 돈의 발명과 그 돈의 가치를 인정하는 사람들의 암묵적인 합의로 인해 더 큰 재산의 형성과 그에 대한 권리가 생겨나지 않았더라도 주민 수의 두 배를 먹여 살릴 수 있을 만큼 넉넉한 토지가 있기 때문이다.〉[16]

돈의 발명은 자연 상태에서의 게임 규칙을 무력화시켰다. 다만 로크는 이를 탓하는 것 같지는 않고, 오히려 돈에 대한 탐욕이 가져온 긍정적인 효과를 치켜세운다. 사람들이 선천적으로 자신에게 할당된 것보다 더 많은 것을 얻으려고 노력할 때 사회는 발전한다는 것이다. 그런 만큼 자연 상태에서 평등했던 사람들 사이의 불평등은 커져 나간다. 게다가 개인이 소유욕을 추구할 때 공동선의 관점에서 고려해야 할 자연스러운 한계는 더 이상 존재하지 않는다. 이 한계는 영원히 사라졌고, 그로써 많은 사람이 최저 생계의 끝자락에서 근근이 살아가는 현실은 정당화된다. 이유는 분명하다. 불평등은 경제 발전을 촉진하고, 그것이 심화될수록 결국 가난한 사람에게도 혜택이 돌아간다는 것이다.

이런 식의 논증은 새로운 것이 아니다. 영국 동인도 회사의 로비스트들은 이미 반세기 전에 같은 주장을 펼치면서 고대와 중세에 자주 비방받던 상인 그룹을 17세기의 새로운 영웅으로 떠받들었다. 1623년에 상인 에드워드 미슬든Edward Misselden은 상업의 순환에 관한 저서에 이렇게 썼다. 〈사적인 부 말고 무엇이 공공의 부를 만드는가?〉[17] 여기서 〈부wealth〉는 〈번영〉이다. 이후 큰 기업의 성공은 결국 모두에게 이익이 된다는 주장이 수없이 반복되었다. 모든 상인 또는 기업가는 오직 그가 상인 또는 기업가이기 때문에 도덕적이고 정의롭고 고결하다. 고대 시민의 미덕이 이제 현대 상인의 미덕이 된다. 상인은 선한 사람이 되려고 애쓸 필요가 없다. 이익 추구 자체가 이미 선하다. 상인의 이익 추구는 다른 모든 영국인에게 **자동으로** 번영을 가져다주기 때문이다.

이로 인한 문화적 변화와 가치 체계의 전복은 획기적이었다. 미덕의 새로운 기준은 더 이상 2,000년 전처럼 심성이 아니라 유용성이었다. 로크에 따르면, 쓸모 있는 인간과 쓸모없는 인간을 구별하는 데 노동만큼 좋은 것이 없었다. **사유 재산**과 **노동**은 확고하게 연결된 인간학적 두 기둥이자, 선하고 정의로운 사회의 토대였다. 로크가 노동과 재산을 이렇게 한 쌍으로 밀접하게 연결시킬 수 있었던 것은 재산을 수고와 근면함의 합당한 보상으로 보았기 때문이다. 그는 스토아학파나 자신이 집중적으로 연구한 키케로처럼 신이 인간에게 부여한 사명이 노동 그 자체에 있다고 생각했다. 그러면서 교묘하게 그것을 〈labour〉라는 단어로 표현했다. 그런데 스토아학파의 오이케이

오시스는 정반대 의미를 담고 있었다. 생계유지를 위해 굳이 일할 필요가 없는 사람만이 자신을 정성스럽게 보존하고 가꾸고 도야할 시간이 있었다. 그러나 로크는 생계유지를 위한 노동 〈labour〉와 그렇지 않은 일 〈work〉 사이의 심중한 차이를 가볍게 무시했다. 그에게 인간이란 자기 자신을 보존하고, 악착같이 일하고, 그로써 재산을 모으기 위해 창조된 존재였다. 여기서 사유 재산은 자기 보존의 연장된 공간이나 다름없다.

로크가 인상적으로 표현한 것은 17세기 후반의 시대정신이었다. 더 열심히 유능하게 일하는 사람은 더 많은 재산과 돈을 벌고, 이어 장사를 시작할 수 있다. 노동의 결과물인 성과는 가치 있고 보상을 받는다. 그러나 로크 또한 영국의 토지 획득 과정에서 그런 식의 공정한 경쟁이 존재하지 않는다는 사실을 잘 알고 있었다. 땅과 토지는 새로 만들어 낼 수 있는 것이 아니라 오래전에 극도로 불균등하게 분배되었다. 그렇다면 들판이나 매뉴팩처 공장에서 일하는 수백만 명의 무일푼 일용직 노동자는 어떻게 해야 할까? 그들에게는 공정 경쟁에서 자신의 능력을 입증할 기회가 전혀 없다.

로크의 대답은 속이 빤히 들여다보인다. 동시대의 많은 부자처럼 그도 영국 농촌 노동자들의 노동 윤리와 성과 의지에 의심을 표한다. 오늘날 아프리카 전역에서 농장을 운영하는 많은 백인 농장주의 생각도 이와 다르지 않다. 아무튼 로크에게 존재가 의식을 결정한다는 사실은 존재를 바꾸라는 요구가 아니었다. 농촌 노동자와 일용직 노동자가 자기 수양의 능력과 재산 획득의 능력을 갖추지 못했다면, 전적으로 그들 잘못이었다. 이것이 바로 훗날 영국의 사회 개혁가 로버트 오언Robert Owen 과, 자유주의자 제러미 벤담Jeremy Bentham, 밀이 반기를 들 수밖에 없었던 자유주의의 근본적 오류였다. 인간이 자신을 둘러싼 환경과 배경, 문화, 사회와 무관하게 살아갈 수 있다는 것은 완전히 잘못된 생각이었다. 물론 사람은 출신과 환경을 떠나 자기 행복의 자유로운 창조자이다. 하지만 영국의 일용직 노동자는 농장주나 동인도 회사의 상인과 공정한 경쟁을 벌일 수 없었다. 이미 출발선부터 큰 차이가 났다. 진정한 경쟁이 가능하려면 보편적 학교 교육과 전면적 교육 시스템이 필요했다. 이것이 바로 17세기 영국의 경건한 유토피아였다. 재산이 근본적으로 노동을 통해 번 임금이라는 단정도 잘못되었다. 17세기 영국에서는 이미 막대한 금액이 그냥 상속되었다. 한 나라의 부와 빈곤이 항상 개인적 능력을 보여 주는 믿을 만한 지표라는 사실은 골수 자유주의자조차 진지하게 주장할 수 없는 전설에 불과하다.

로크의 철학은 이중적인 얼굴을 갖고 있다. 한편으로는 만인의 천부적인 평등과 자유를 옹호하면서도 다른 한편으로는 돈이 지배하는 사회에서 인간의 불평등 및 부자유를 정당화한다. 이 철학자에게는 돈으로 모든 가치가 환산되는 불평등한 사회가 평등한 자연 상태보다 언제나 더 낫다. 그것은 여전히 자연 상태에 가깝고 개척할 수 있는 땅이 충분히 남아 있는 북미의 식민지와 영국만 비교해 보아도 알 수 있다. 영국의 번영

〈labour〉와 〈work〉: 노동 사회의 탄생

은 굳이 말할 필요조차 없다. 문명화되지 않은 아메리카에서는 왕도 영국의 일용직 노동자보다 더 잘살지 못한다. 그 때문에 평등과 자유의 철학자이자 열정적인 사유 재산 옹호자인 이 철학자는 인디언들에게 그들의 땅에 대한 어떤 권리도 인정하지 않는다. 대신에 청교도들과 같은 주장을 한다. 자기 땅을 농업적으로 사용하고 착취하지 않는 사람은 그 땅의 주인이 아니다! 왜냐하면 땅은 오직 노동을 통해서만 실질적으로 자기 것이 되기 때문이다.

로크는 아메리카 곳곳에서 〈그곳에 사는 사람들이 실제로 개간하거나 사용할 수 있는 것보다〉 훨씬 더 거대한 미개척 땅을 보았다. 아직 노동이 투입되지 않았기에 〈지금은 공동 재산〉인 땅이다.[18] 로크는 인디언들이 영국으로 건너와 그곳의 미개척 땅을 손에 넣는 것은 상상도 할 수 없는 일이라고 말한다. 많은 동시대인처럼 그도 영국인을 비롯해 오직 유럽인만이 농업에 대한 이해를 갖고 있다고 생각했다. 〈나는 이렇게 묻고 싶다. 거친 숲과 미개간 황무지가 널린 아메리카에서 …… 1,000에이커의 땅이 제대로 경작된 데번셔주의 10에이커의 땅만큼 많은 식량을 가난하고 궁핍한 주민들에게 가져다줄 수 있을까?〉[19]

일하지 않는 사람은 무언가가 자기 것이라고 요구할 권리가 없다. 또한 자연을 착취하지 않는 사람은 신이 부여한 사명을 저버린 것이다. 부르주아 시대에 심대한 영향을 미친 로크의 노동 개념은 배타적이다. 모두에게 해당되는 개념도 아니고, 그런 만큼 모두가 그에 따른 권리를 얻을 수도 없기 때문이다.

그럼에도 로크는 모든 영국인에게 그들이 원래 **일하는 동물**이라는 점을 각인시켰다. 이 교육적 임무는 그에게 아주 중요했다. 우리가 익히 알고 있듯이, 물질적으로 궁핍할 때는 노동으로 생계를 이어 가는 것과는 완전히 다른 방식으로 돈을 버는 수단이 존재하기 때문이다. 마르크스는 『자본론 *Das Kapital*』에서 이렇게 말한다. 〈무산자는 일단 자본이 정한 조건에서 일할 수밖에 없다. 가진 것이 없는 사람은 노동자가 되기보다 부랑자나 강도, 거지가 될 가능성이 더 크다. 이는 자본의 발전된 생산 방식에서는 저절로 이해가 된다.〉[20]

　이처럼 인간은 원래 임금 노동자로 태어나는 것이 아니라 임금 노동자로 만들어진다. 로크는 곧 두 권의 교육학 저서를 썼는데, 젊은이들을 비롯해 중산층과 가난한 이들에게 일하라고 권고하고 최대한 유익한 존재로 노동 사회에 편입하라고 가르친다.[21] 여기에는 로크가 고전적 권위로서 인용한 플라톤과 아리스토텔레스, 키케로의 사상과 비교하면 엄청난 간극이 존재한다. 이들의 교육학은 노동을 부추기는 것이 아니라 미덕을 함양하는 것이었다. 이 둘은 결코 합치되지 않는다. 그러나 로크에게 노동은 직관적으로는 아무리 배치되더라도 어떤 상황에서든 미덕이 된다.

〈사람〉 대신 〈노동〉:
노동의 경제적 개념

로크의 노동 이론은 왜 그렇게 큰 성공을 거두었을까? 대답은 간단하다. 그가 설명의 공백을 메워 주었기 때문이다.『통치론』 제1논고에서 로크의 정신적 스파링 파트너였던 로버트 필머 Robert Filmer는 군주제를 옹호하기 위해 이렇게 말한다. 〈세상 사물은 신이 누군가에게 주었기 때문에 누군가의 것이다.〉그러 나 로크의 설명은 다르다. 〈신이 주었다고 해서 꼭 그의 것이 되 는 것은 아니다. 예를 들어 신은 아메리카의 땅을 인디언에게 주었다. 그러나 그 땅은 농사를 짓기 위해 빼앗을 수 있고, 그것 은 합법적이다. 자본주의적으로 해석된 오이케이오시스의 의 미에서 소유하고 경작하지 않는 땅은 그것을 가진 사람의 것이 될 수 없다.〉

　　『통치론』 제2논고에서는 이런 입장이 더욱 분명해진다. 로크는 당시 존재하던 국가와는 달리 동시대 경제에 딱 들어맞 는 최상의 국가를 만들고 싶어 했다. 그의 국가 이념은 철학적 전임자인 토머스 홉스Thomas Hobbes와 제임스 해링턴James Harrington처럼 모두를 위한 정의나 평화를 약속하지 않는다. 그 가 장황한 설명과 함께 옹호한 것은 영국의 자유주의적 자본주의 경제를 위한 국가다. 이제 국가와 경제의 지위 자체가 확 뒤바뀐다. 고대와 중세의 모든 이론과는 상반되게, 경제는 이제 국가와 시민에게 봉사할 필요가 없다. 오히려 국가가 경제에 봉사하는 방식으로 설계되어야 한다. 로크가 내세운 이념은 이렇다. 정의로운 국가는 반드시 모두에게 이롭지는 않아도 번성한 경제는 필연적으로 만인에게 이롭다!

이로써 당시에는 여전히 철학의 한 분과였던 경제학이 이제부터는 신의 뜻이나 인간의 본성에 관한 신학적, 철학적 정당화보다 냉철한 합리성에 초점을 맞추며 나아갔다. 그 당시 이런 견해에 대한 조야한 옹호자가 있었는데, 바로 의사 출신의 윌리엄 페티William Petty였다. 그는 『아일랜드의 정치 해부학 *Political Anatomy of Ireland*』에서 의사의 냉정함으로 국가의 사회적, 경제적 문제를 진단하는데, 마지막에 이르러서는 모든 주민과 귀중품을 영국으로 싣고 오자고 제안했다. 그것이 다른 어떤 조치보다 비용이 적게 들고 효과적이라는 생각이었다. 페티의 이 대담한 생각에 자극받아 아일랜드 작가 조너선 스위프트 Jonathan Swift는 유명한 풍자서 『겸손한 제안*A Modest Proposal*』을 썼다. 여기서 그는 페티를 신랄하게 비꼬면서, 아일랜드의 극심한 빈곤과 인구 과잉을 해결하기 위해 경제적으로 가장 합리적인 방법이라며 다음과 같은 제안을 한다. 아일랜드의 아기들을 영국인들에게 식용으로 팔자는 것이다.

남들이 인간과 운명을 생각하는 지점에서 페티는 자원을 본다. 『정치 산술*Political Arithmetic*』에서도 그의 수학적 냉철함은 돋보인다. 그는 행정 통계의 토대를 세우고, 오직 숫자로만 말한다. 통치는 믿을 만한 숫자와 통계에 기초해서만 가능하다. 정부에 결정을 내리도록 지시하는 것은 원칙적으로 통계적 이성이다. 이는 오늘날 그 어느 때보다 수많은 경제학자와 정치인이 믿고 따르는 원칙이다. 그것이 비록 정치적 창의성을 심각하게 훼손하더라도 말이다.

페티는 아마 순수 경제적으로 가치 개념을 정립한 최초의 인물일 듯하다. 그에 따르면 한 물건의 가치는 땅과 토지의 가치에다 인간 노동력의 가치를 합친 것이다. 로크는 이를 재빨리 받아들인다. 당시의 많은 경제학자처럼 그도 가치 창출에서 노동이 차지하는 비중을 강조했다. 제품을 만드는 데 시간과 인력이 더 투입될수록 가격은 더 비싸진다. 따라서 로크는 농촌 일꾼 및 매뉴팩처 공장 노동자의 임금을 최대한 낮게 유지하자는 점에서 페티의 의견에 전적으로 동의한다. 그래야 프랑스나 네덜란드의 경쟁업체들에 비해 우위를 점할 수 있기 때문이다.

이로써 임금 덤핑의 문이 활짝 열렸다. 특히 그중에서도 네덜란드 의사 버나드 맨더빌Bernard Mandeville만큼 이 파렴치한 저가 경쟁의 이점을 명확하게 설명한 사람은 없었다. 1693년부터 런던에 살았던 그는 〈노예 제도가 금지된 나라에서 부를 축적하는 가장 확실한 방법은 무수한 빈자를 부려 먹는 데 있다〉고 단언했다.[1] 만일 〈어떤 나라에서는 노동 계급이 일주일에 엿새, 그리고 하루에 열두 시간씩 일하는 데 반해 다른 나라에서는 일주일에 나흘을 넘기지 않고 하루에 여덟 시간밖에 일하지 않는다면〉이 나라는 전자의 국가보다 훨씬 비싸게 상품을 생산할 수밖에 없다. 한 국가는 〈식량과 생필품이 …… 더 저렴해지거나, 노동자들이 더 부지런히 더 오랫동안 일하거나, 혹은 이웃 국가의 노동자들보다 더 검소한 삶을 감수할 의향이 있을〉 때에만 경쟁에서 우위를 차지할 수 있다.[2]

페티가 정의하고 나중에 스미스와 세까지 가세한 노동 개념은 구체적인 노동 현실과는 아무 관련이 없었다. 그들은 일의 종류, 노동자의 사명감이나 계급 의식, 동기, 생활 환경, 노동 조건 따위에 전혀 관심을 보이지 않았다. 노동의 실질적인 본질을 이루는 것들을 비롯해서 특정 노동이 보존할 가치가 있는지 해로운지, 비인간적인지 삶의 의미가 있는지를 결정하는 모든 요소는 철저히 배제되었다. 세에게 경제학은 자연법칙이나 다름없었다. 궤도를 따라 움직이는 행성의 순환은 자본의 순환과 구조적으로 동일하고, 물리적 에너지의 생산 및 소비는 노동력의 투입 및 소비와 동일하다. 이것들은 한 걸음 떨어져 냉철하게 관찰할 수 있고, 거기서 규칙적으로 반복되는 것은 법칙이라 부를 수 있다. 이런 식으로 경제학자들 역시 자연 과학처럼 누구도 부인하지 못하는 보편적인 자연법칙을 얻을 수 있다. 게다가 일단 〈자연법칙〉으로 인정받은 것은 바뀔 수 없다. 자연법칙은 인간의 의지에 좌우되는 것이 아니기 때문이다. 신이 원래 세상을 불평등하게 만들고 불평등하게 분배했다는 사실을 귀족들이 자기 근거로 삼은 것처럼 자본주의 경제의 옹호자들도 비슷한 논리로 자신들을 정당화했다. 유산자와 공장주들은 경제의 자연법칙을 꿰뚫고 그에 따라 생산과 분배를 최적화했기에 권력을 쥐어도 무방하다는 것이다. 이런 점에서 이들의 통치는 왕과 귀족의 통치보다 훨씬 과학적이고 객관적인 차원에서 〈자연스러운 것이었다〉.

기업 활동에 이용되는 토지와 자본, 노동력, 이 세 기둥은 1817년 세가 개념을 규정한 이후 생산성의 발생 과정을 지극히 합리적으로 설명하는 것처럼 보였다. 세 가지 요소들을 합리적으로 다룰수록 수확량은 늘어나고 부도 커지기 때문이다. 그러나 사실 이 방정식은 18세기 말과 19세기 초에 이미 맞지 않았다. 전반적으로 농민의 노동을 비롯해 매뉴팩처 공장과 초기 공장의 노동에나 꽤 정확히 적용될 뿐이었다. 물론 그때도 주교나 의사, 정치인, 작가의 노동에는 해당되지 않았다. 게다가 교사와 사법 관리, 묘지 파는 일꾼도 그런 요소들로 측정될 수 없었다. 그 개념이 맞으려면 이 직업들을 노동 세계에서 배제하거나, 아니면 〈travail〉나 〈labour〉 같은 용어가 지상의 삶에서 불변의 상수가 아니라는 점을 인정해야 했다. 18세기 말에는 여전히 전자의 길을 걸었는데, 19세기에 들자 서서히 거의 모든 서비스직이 경제적인 노동 개념에 포함되었고 사회적으로 노동으로 인정받았다. 세의 공리에 담긴 세 가지 요소들에는 전혀 의문을 제기하지 않으면서 말이다.

오늘날까지도 노동은 국민 경제에서 토지 및 자본과 같은 등급으로 〈생산의 본래 요소〉로 여겨진다. 그러나 이런 동일시에 허점이 있다는 사실은 『가블러 경제 용어 사전』에도 명시되어 있다. 〈문제는 인간과 노동자 사이의 불가분성이 전혀 고려되지 않았다는 사실이다. 그것을 고려하면 노동은 생산의 본래 요소로, 토지 및 실물 자본은 생산 수단으로 부를 수 있다.〉[3] 그러나 〈요소〉와 〈수단〉의 구분만으로 〈노동〉의 복잡하고 모순적인 의미를 충분히 담아낼 수 있다는 생각은 의심스럽다. 사실 〈노동〉도 경제적 단위로 볼 수 있지 않을까? 그렇다. 다만 토지 및 실물 자본과는 달리 노동에 관한 많은 실제적인 의미를 제거하는 막대한 추상화 작업이 이루어진다면 말이다. 경제적 관점에서만 노동을 바라보는 사람은 노동을 전혀 이해하지 못한다. 노동 시장이나 자본주의 없이도 인간은 분명 일을 할 것이기 때문이다. 우리는 지난 수십만 년 동안 시장 없이도 생계에 필요한 기본 물질을 얻기 위해 일해 왔고, 금전적 보상 없이도 일할 필요를 느꼈다.

노동 개념은 경제학 교과서의 수학 공식에서 과장의 극치에 이른다. 즉 노동은 〈노동력×노동 시간〉이라는 것이다. 이 공식에서 현실과의 접점은 보이지 않는다. 가령 이 책을 쓸 때 나의 〈노동력〉이 무엇인지는 말하기 어렵다. 집중력, 성실함, 동기, 지금까지의 교육, 지능 같은 것일까? 그렇다 하더라도 이 모든 것을 물리적인 용어인 〈힘〉으로 표현하는 것은 맞지 않아 보인다. 게다가 이 글을 쓰는 데 두 배의 시간, 즉 더 많은 〈노동 시간〉이 필요했다면 나의 노동도 실제로 두 배로 커질까? 어쨌든 그것은 내 노동의 결과물인 이 책에는 아무런 역할을 하지 않는다. 마찬가지로 이렇게 물을 수도 있다. 주식 시장 투기꾼의 〈노동력〉은 실제로 무엇으로 이루어져 있을까? 게다가 최고의 운동선수들이 하루 종일, 즉 하루에 여덟 시간씩 훈련하지 않는다면 그들의 노동 성과는 그렇게 훌륭할 수 없다.

〈노동〉에 관한 수학적 정의는 비역사적이고, 어떤 반박도 허용하지 않는다. 그러나 노동은 사실 어떤 역사적 맥락에서, 어떤 목적으로 만들어졌는지 아는 경우에만 이해할 수 있다. 상업 자본주의와 매뉴팩처는 18세기에 영국과 네덜란드, 프랑스, 독일에서 돌발적으로 자리 잡은 것이 아니라 일부 핵심 지역을 중심으로 점차적으로 뿌리내렸다. 그것들이 나타나는 곳마다 전통적인 경제와 삶의 형태는 무너졌다. 영국에서는 주로 가내 수공업과 로크의 할아버지도 생계 수단으로 삼은 도매업이 위험에 처했다. 도매업자는 가내 수공업자가 물건을 만들 수 있도록 돈을 먼저 지급했다. 또한 상품을 시장에 내놓는 일도 도매업자가 맡았다. 일을 얼마나 할지, 가내 수공업자에게 임금을 얼마나 지불할지, 도매업자는 얼마나 받을지는 일반적으로 확고하게 정해져 있었다. 그것은 무조건적인 성장이나 지속적인 수익 증대를 겨냥하지 않은, 수많은 세대에 걸친 노동 세계의 특징이었다.

반면에 자본주의적 사고는 완전히 새로운 바람을 불러일으켰다. 항상 투입한 자본에서 최대한의 이익을 뽑아내고, 그 이익금을 계속 재투자해서 다시 수익을 높이려고 애쓰는 사람은 전통이나 인간의 생활 방식에는 전혀 관심이 없다. 그들은 오직 합리적으로만 사고한다. 그러나 그들이 말하는 합리가 과연 이성적일까? 이 자본주의 격변을 자세히 설명한 보수 사회학자 막스 베버Max Weber조차 18세기 말 이후 경제를 크게 촉진하고 변화시킨 〈비합리적 요소〉에 대해 말한다. 무조건적인 이익 증대는 결코 그 자체로 자명한 것이 아니기에 비합리적이라는 것이다. 기독교 문화에서 노동의 목표가 자신을 보존하고 신을 기쁘게 하는 것이라면, 자기 보존을 훌쩍 뛰어넘을 만큼 많은 자본을 무제한적으로 축적하고 또 그것으로 더 많은 돈을 벌 목적으로 계속 투자를 해야 한다는 이야기는 어디에도 적혀 있지 않다. 물론 프로테스탄티즘이 그런 흐름에 사전 정지(整地) 작업을 했고 사람들에게 쉬지 말고 일하라고 가르치기는 했지만, 기독교에서도 돈을 불리는 것은 결코 그 자체로 자기 목적이 아닐뿐더러 합리적이지도 않고 그저 저 높은 구원 계획의 한 요소일 뿐이었다.

그런데 모든 구속을 벗어던진 자본주의적 사고는 돈의 증대를 최종 목표나 한계 없는 자기 목적으로 끌어올린다. 여기서 그 무한 확장의 연료는 노동이다. 고삐 풀린 자본주의는 어떤 믿음, 어떤 이성, 어떤 삶의 지혜, 어떤 고도의 합리성에도 구애받지 않고 돈 버는 것을 극한으로 밀어붙인다. 베버가 지적했듯이 그것이 자본가들조차 더 행복하게 만들지 않더라도 말이다. 왜냐하면 〈개인적 행복의 관점에서 볼 때〉 〈일이 인간을 위해 존재하는 것이 아니라 인간이 일을 위해 존재하는〉 그런 삶의 방식은 자연스럽지 않기 때문이다.[4]

자본주의적 사고는 그것이 실행으로 옮겨진 현실에서는

합리적이지 않지만, 이론적으로는 합리적으로 보인다. 앞서 살펴본 것처럼 세와 리카도의 막강한 경제 이론은 실생활에서 〈비합리적일 수밖에 없는 요소들〉을 자기 체계 안에서는 정확히 합리적이고 논리적인 것으로 구축한다. 토지와 자본, 노동 같은 가변적인 요소를 다루고 이윤 증가의 합리성을 비롯해 가격, 수요, 공급, 경쟁의 합리성을 자연법칙처럼 설명하는 사람은 자신의 이론이 방법론적으로 배제하는 것들에 대해서는 전혀 관심을 두지 않는다. 예를 들면 인간학, 개인 심리학과 사회 심리학, 사회학, 철학 같은 것들이다. 결국 그들에게는 모든 인간적인 것을 철저히 배제한 차가운 경제적 합리성만 남는다.

19세기에는 이런 경제적 사고의 일방성을 극복하려는 시도가 반복되었다. 그러나 이 사고를 인간화하기보다는 경제의 일방적 성격을 인간 본성으로 미화하려는 경향이 훨씬 강하게 나타났다. 예를 들어 원래는 스미스의 경제학을 생물학에 투영하기 바빴던 찰스 다윈Charles Darwin의 진화론[5]이 이제는 거꾸로 생물학을 경제학에 투영했다. 19세기 말 이후에도 일부 생물학자들은 그 길을 포기하지 않고 꿋꿋하게 밀고 나갔다. 그들은 경쟁과 도태, 생존 경쟁, 약육강식, 적자생존을 인류학적 상수로 해석했고, 인간 본성이 그것들을 통해 거의 독점적으로 결정된다고 보았다. 1970년대 이후 특히 영미권에서 점점 인기가 높아지던 진화 심리학은 지금도 그런 시도를 계속하고 있다. 물론 오늘날에는 더 이상 용납되지 않는 것들, 가령 인종주의를 비롯해 전쟁을 생존 경쟁에서 자기 보존 수단으로 정당화하는

〈사람〉 대담: 〈노동〉의 경제적 개념

이념과는 결별한 채로 말이다.

이렇게 해서 현실 인간과 아무 상관이 없는 가상의 인간이 자연스럽게 만들어졌다. 생물학적 기원이 있든 없든 호모 이코노미쿠스, 즉 경제적 인간은 한 세기 동안 실제 인간을 대신했다. 이 경제적 인간은 자신이 누구든 간에 항상 자신에게 가장 이익이 되는 것을 합리적으로 선택한다. 이는 동일한 선입견으로 투표를 하는 정치적 인간과 다르지 않다. 미국의 경제학자이자 정치학자로 합리적 선택 이론의 아버지라 불리는 앤서니 다운스Anthony Downs가 1957년에 발표해 사람들로부터 큰 호응을 얻었던 『경제 이론으로 본 민주주의Economic Theory of Democracy』에서 언급한 정치적 인간 말이다.[6] 이 주장은 현실보다는 오히려 이데올로기와 관련이 많다. 경제에서건 정치에서건 효용의 극대화가 무제한적으로 적용되지는 않는다는 사실은 오늘날 경제 심리학자들에 의해 충분히 입증되었기 때문이다. 물론 인간은 자신에게 이익이 되는 것에 관심이 많다. 다만 자신의 직접적인 이익만 노리는 것은 자기 이익 측면에서 오히려 역효과를 일으킬 수 있다. 우리는 우리 자신에게 금전적으로나 실용적으로 직접적인 이득은 되지 않지만 선하다고 여기는 행동도 한다. 예를 들어 우리 자신에게 개인적으로 해가 되지 않는 남의 잘못된 행동을 비난하거나, 아무 실익이 없는 입장에 흔쾌히 동의하기도 한다.[7]

경제적 합리성을 인간의 합리성과 동일시하는 사람은 인간에 대한 이해가 부족한 것이다. 경제적 이성의 아버지라고 할 수 있는 세와 리카도도 그런 말을 하지 않았다. 그들은 경제를 측정 가능하게 만들고, 그를 위해 의미 있는 단위를 설정하는 것을 원했다. 그런 측면에서 노동은 계량화되어야 했으므로, 현실 속에서 살아가는 실제 노동자의 모습이 이론에 반영되지 않는 것도 기꺼이 감수했다. 노동의 계량화 작업은 반드시 필요했다. 노동 성과의 측정 없이는 생산량의 발전을 정확히 가늠할 수 없었기 때문이다. 이런 이유로 노동은 다른 요소들과 함께 계량화할 수 있는 단위가 되었고, 실제 노동은 경제적 결과를 예측하는 〈비용재〉가 되었다. 또한 이 예측이 가능해지도록 노동과 기대되는 작업 성과는 수학화되었고, 작업 과정과 단위 시간 생산량은 엄격히 표준화되었다.

기계화된 이론에 발맞추어 공장은 기계화되었고, 이 기계화에 발맞추어 노동자도 기계화된 단위로 바뀌었다. 19세기 초의 공장주들은 영국 경제학자 토머스 로버트 맬서스Thomas Robert Malthus의 생각과 같았다. 인간은 〈필요에 의해 강제로 일하는 상황이 주어지지 않으면 천성적으로 게으르고 나태하고 일하기 싫어한다〉는 것이다.[8] 로크의 오이케이오시스와는 거리가 먼 생각이었다. 이제 노동자들은 빡빡한 시간에 쫓겼고, 그들의 노동은 몇 가지 간단한 수작업으로 제한되었다. 분업의 이점에 대한 스미스의 통찰은 특수 기계와 다르지 않게 돌아가는 노동자를 탄생시켰고, 작업 과정은 최소 단위로 쪼개졌다. 노동자를 완벽하게 통제하는 또 다른 이점도 있었다.[9] 노동자에게 더 많은 자유 시간을 주고 개인 성과에 따라 급여를 지급하는 것은 생각지도 못할 일이었다. 이런 상황에서 스코틀랜드 뉴 래 나크의 직물 공장장이던 오언이 노동 현장에 변화 가능성을 열 어 주었다. 그는 노동자에게 더 많은 자유 시간을 주고, 노동 시 간을 단축하고, 동기 부여를 위한 보상 시스템을 도입하면 생산 성이 훨씬 높아진다는 사실을 인상적으로 보여 주었다. 그러나 이 사회 개혁가의 성공은 어떤 수학적 공식으로도 증명할 수 없 었다. 개별 노동자를 다시 인간으로 만들었기 때문이다. 따라서 성과급 제도와 근로 시간 단축이 전면적으로 시행되기까지는 유구한 세월이 걸렸다.

마르크스와 프리드리히 엥겔스Friedrich Engels가 『공산 당 선언』에서 19세기 중반의 노동 현실을 묘사할 당시 오언의 획기적인 생각은 거의 어디서도 호응을 받지 못했다. 마르크스 의 말을 들어 보자. 〈프롤레타리아의 노동은 기계의 사용 확대 와 분업으로 독자적인 성격을 모두 잃었고, 그로써 노동자 자신 에게도 노동의 매력이 사라졌다. 노동자는 지극히 단순하고 단 조롭고 배우기 쉬운 수작업만 요구하는, 기계의 단순한 부품으 로 전락했다. 따라서 노동자에게 지출되는 비용은 노동자 자신 의 생계와 자손 번식에 필요한 생필품만 살 정도의 금액에 그친 다. 노동 가격이 포함된 한 상품의 가격은 그 생산비와 같고, 그 러므로 노동이 끔찍하게 싫어질 정도로 임금은 줄어든다.〉[10]

19세기 전반부의 공장 노동은 상상하기 어려울 만큼 잔 인했다. 빈민 구호소와 고아원은 비인간적으로 착취당했고, 섬 유 산업과 석탄 갱도에서는 비용을 아끼기 위해 아동 노동이 흔하게 투입되었다. 공장 노동자들은 하루 최대 열여섯 시간을 일했고, 평균 수명은 30세를 채 넘지 못했다. 그들은 생산비의 한 요소로밖에 취급받지 못했다. 이론적으로 토지 및 자본과 동일시된 노동 및 성과의 경제적 개념은 노동자를 오직 생산 수단으로밖에 여기지 않는 비인간적인 현실에 그대로 반영되었다.

이로써 경제적 이성의 승리는 지극히 반인본주의적 노동 개념의 확산이라는 값비싼 대가를 치러야 했다. 19세기 전반의 공장 노동자들이 일상에서 인간으로 여겨지지 않는다면 인권 선언이 무슨 의미가 있겠는가? 칸트식으로 표현하자면, 그들이 〈그 자체로 목적〉인 인간으로 대우받지 못하고 생산 및 자본 증대를 위한 의도된 〈수단〉일 뿐이라면 인간 존중의 외침이 무슨 소용이겠는가? 경제 사상가와 공장주들의 경제적 이성은 농민과 수공업자들의 삶을 파괴했고, 전통적 생활 방식과 사회적 관계를 무너뜨렸다. 공장에서 고된 노동에 시달리는 사람은 고대 세계와 미국의 목화밭에서 일하는 노예와 다름없었다. 노동을 단순히 노역이 아닌 나름의 성취와 연결된 〈자기만의 작업〉으로 만드는 자기 주도권이 없는 삶이었다. 이제 노동자들은 교체가 가능한, 기계 장치의 톱니바퀴에 지나지 않았다. 노동은 삶의 일부가 아니었고, 사람들은 그저 지쳐 죽을 때까지 다른 누군가를 위해 열심히 일해야 했다. 아리스토텔레스로 거슬러 올라가고 마르크스에 의해 유명해진 〈소외된〉 삶이라는 개념에는 중용도 절제도 자아실현도 없다. 경제적 이성에서 촉발된 이런 삶은 노동자뿐 아니라 자본가에게도 적용된다. 두 삶은 중용과 절제를 모르고, 만족과 평정의 상태도 없다. 왜냐하면 자본가는 돈으로 계속 돈을 더 버는 데만 혈안이 되어 있고, 노동자는 몸과 정신의 총체적인 착취로 어떤 형태의 자아실현도 불가능한 데다, 살인적인 생산과 생존을 위한 소비로 삶이 난도질당하기 때문이다.

1870년경부터 노동자의 생활 조건이 차츰 개선되었는데, 그 이유가 갑자기 인본주의적 통찰이 깨어났기 때문이 아니었다. 경제적 이성에는 그런 통찰이 들어설 자리가 없었다. 그렇다면 그런 식의 진보는 어디서 생겨났을까? 그것은 오늘날까지도 여전히 과소평가되고 있는 경제적 이성의 모순에서 비롯되었다. 경영학적으로 보면 경제적 이성은 국내 및 국제 경쟁에서 살아남으려면 임금 비용을 최대한 낮추라고 요구한다. 반면에 국가 경제적 측면에서 보면 구매력을 높이고 지속적인 성장을 보장하려면 대중의 소득이 높아져야 한다고 요구한다. 이 둘 사이의 간극을 메우는 조정자가 바로 모든 유럽 국가에서 시행되고 있는 〈사회 복지 정책〉이다. 점점 강력해지는 노동조합과 노동 운동의 도전에 맞서 마침내 국가가 등판했다. 각국 정부는 노동자에게 노령과 건강, 일터에서의 위험에 대해 아쉬운 대로 최소한의 안전장치를 마련했다. 예방적 복지 국가는 공공 보험 및 공공 의료 시설과 함께 시작되었다. 심지어 20세기가 지나면서 국가는 임금 및 단체 협약 과정에서도 조정자 역할을 떠맡았다. 이런 협약이 없었다면 〈모두를 위한 번영〉은 불가능했을 것이다. 그렇다면 이것이 주는 가르침은 분명하다. 자유주의자들이 아무리 한결같이 주장하더라도 정치적 이성은 개별 기업의 경제적 이성과 같은 것이 아니라 무엇보다 국민 경제적 차원의 이성을 늘 고려한다는 것이다. 이것은 개별 기업의 이익과 일치하지 않고, 때로는 그에 맞서기도 한다.

19세기 중반 이후 또 다른 생각이 자리를 잡았다. 경제적 잉여 가치만이 인간이 생산해 내는 유일한 잉여 가치가 아니라는, 그사이 거의 잊고 있던 통찰이었다. 경제적 이성을 옹호한 스미스 이후 세부터 밀까지 그의 후계자들은 〈생산적인〉 노동과 〈비생산적인〉 노동을 구분했다. 그에 따르면 하인, 관료, 음악가, 교사, 배우, 군인, 성직자, 변호사, 의사, 사상가는 어떤 경제적 잉여 가치도 창출하지 못한다. 밀이 1848년에 이런 직업들 중 일부, 예를 들어 교사나 공무원은 자신의 비생산적인 활동으로 다른 직업의 생산성을 높이는 데 기여할 수 있다고 인정했음에도 경제적 관점에서 이 직업들에는 오점의 그림자가 오랫동안 드리워져 있었다.[11] 이런 이론적 편견은 오늘날에도 공적인 문제에 입을 여는 철학자들에 대한 비판에서 여전히 드러난다. 철학하는 인간들은 살면서 한 번도 노동을 한 적이 없는 사람이라고 말이다.

21세기에는 어떤 경제학자도 서비스 부문이 한 나라의 경제 생산성에 막대한 긍정적 영향을 끼친다는 사실을 부정하지 않는다. 그렇지 않다면 20세기 후반에 서독을 비롯해 많은 나라가 빈곤의 늪에 빠졌을 것이다. 그럼에도 19세기 초 경제적 이성의 진군 이후 프롤레타리아 및 부르주아 임금 노동 사회에 더 이상 설명이 필요 없을 만큼 자명한 사고방식이 깊숙이 스며들었다. 노동 시간과 여가 시간의 엄격한 분리가 그것이었다. 이 분리는 공장 노동자에게 자신의 가혹한 삶에서 돌이킬 수 없는 지점이 되었다. 소외된 상태에서 일하는 사람들은 공장주가 노동자의 원기 회복을 위해 허락한 약간의 자유 시간을 늘 갈망했다. 행정직과 기타 사무직도 극소수에게만 자아실현의 수단일 뿐이었기에 여가 시간은 그만큼 소중했다. 반면에 성직자, 음악가, 심지어 사상가가 누리는 것은 노동자의 〈여가 시간〉이 아니라 기껏해야 기분 전환과 휴식의 시간이었다. 그러나 노동 사회는 이러한 활동조차 노동과 여가 시간으로 조직화하고, 성직자와 음악가, 사상가를 확고하게 근무 시간이 정해진 공무원이나 직원으로 만들어 버렸다. 근무 시간은 이제 그들의 실존과 행동을 결정하는, 외부에서 주입된 질서가 되었다. 1882년에 프리드리히 니체Friedrich Nietzsche는 이렇게 한탄했다. 〈노동이 점점 인간의 양심을 자기 쪽으로 끌어당기고 있다. 기쁨을 누리려는 자는 이미 스스로《휴식이 필요한 자》라고 부르며 부끄럽게 여기기 시작한다. 교외로 소풍을 갔다가 들키면 사람들은 건강 탓이라고 말한다. 그렇다. 이제 곧 묵상의 삶, 즉 사유를 즐기려고 벗들과 함께 산책하는 행동까지 자기 경멸과 양심의 가책을 받지 않고서는 할 수 없는 일이 될 것이다.〉[12]

어떤 종류의 일을 하든 〈성실함과 유능함〉에 대한 요구는 고대에서 자기완성에 대한 요구만큼이나 노동 사회 위에 군림하며 모순 가득한 노동 사회에 깊이 스며들었다. 여기서 모순은 늘 최소한으로 유지해야 하는 성가신 비용으로서의 노동과 최대한으로 완전 고용을 실현해야 하는 경제적 번영 사이의 모순이자, 노동을 백발이 될 때까지 많은 고통을 일으키는 수치스러운 것으로 인식하는 삶의 지혜와 성실함의 이상으로 보는 속물적 시각 사이의 모순이자, 베버부터 프라이부르크 학파의 공동 창시자인 뢰프케에 이르기까지 모든 보수적 사상가가 가슴에 품고 있던 모순이었다. 즉, 자본주의가 경제적으로는 좋고 대체 불가능하고 대안이 없지만, 윤리적으로는 의심스럽고 비난받아 마땅하다는 것이다. 경제적 이성은 무한할 만큼 많은 물질과 그에 따른 번영을 구축했지만, 그만큼 많은 정신적인 것을 파괴했다. 그중에서도 두드러지는 것이 자본주의의 체계적 무절제 속에서 무너져 내린 보수 기독교의 절제 윤리다. 전기화와 산업적 대량 생산을 특징으로 삼은 대중 소비 사회는 20세기에 전례 없는 부의 폭발적 성장과 번영을 불러왔다. 그러나 그것들은 더 이상 검소함과 고결한 절제, 겸양이라는 옛 도덕적 가치와 맞지 않았다. 베버를 오늘날까지 보수주의의 아이콘으로 만든 것은 바로 세계고(世界苦)였다. 이것은 〈기계적 대량 생산〉에서 유발된 문화의 〈탈영혼〉으로 인한 고통이자, 〈마지막 화석 연료가 다 탈 때까지〉 모든 이의 〈생활 방식〉을 총체적으로 결정하는 자본주의적 〈동력 장치〉로 인한 고통이었다.[13]

　　지극히 격했던 베버의 하소연은 문화적 비관주의에 물들어 있었다. 자본주의의 〈재앙〉은 〈외부 재화에 대한 걱정〉이라는 〈얇은 망토〉를 〈강철처럼 단단한 껍질〉로 바꾸었다. 〈금욕주의가 세상을 재구성하고 세상 속에서 작용함으로써 세상의 외부 재화는 역사상 유례없는 규모로 인간에게 점점 영향력을 키워 가다가 마침내 누구도 넘볼 수 없는 권력을 얻었다. 오늘날 인간 정신은 이것이 최종적인 상황인지는 알 수 없으나, 그 껍질을 깨고 달아나 버렸다. 게다가 승리한 자본주의는 기계의 기반 위에 우뚝 선 뒤로 어차피 그런 정신의 지원이 더는 필요하지 않았다.〉[14] 그렇다면 문화의 길잡이 별들 중에 남은 것은 무엇일까? 알량한 자기 과시로 위장한 기계화된 화석? 〈이 문화 발전의 마지막 인간들에게는 정신이 없는 직업인, 영혼이 없는 향락가라는 말이 어울릴지 모른다. 그럼에도 이 하찮은 것들은 과거에는 결코 도달하지 못한 인류의 수준으로 상승했다고 착각한다.〉[15]

최대한 많은 사람이 〈자유로운 자본주의적 삶의 방식〉을 누리는 것을 반기면서도 다른 한편으로는 대중 및 소비 사회를 경멸하는 베버의 양면성은 간극이 엄청나게 커 보인다. 상류 부르주아 출신인 베버는 머리로는 공장의 영혼 없는 기계로부터 노동자를 해방시키는 것이 진보라고 생각했지만, 가슴으로는 지성인과 상속받은 부자뿐 아니라 모든 사회 계층이 저마다 자기 것을 달라고 목소리를 높이는 이 세상을 가슴 아파한다. 도심의 대로를 고급차로 질주하는 이민자, 성과와 노동에 대한 모든 보수적 상상을 넘어 초 단위로 수십억 달러의 수익을 챙기는 금융 투기꾼, 루이뷔통 매장 앞에 줄을 서서 기다리는 — 더 이상 프롤레타리아라고 부를 수 없는 — 노동자, 손목에 진짜든 가짜든 명품 시계를 차고 다니는 보통 사람, 후드 티에 운동화를 신은 성공한 젊은 기업가 등, 베버가 살아서 21세기의 이 모습들을 보았더라면 얼마나 큰 혐오감으로 치를 떨었을지는 상상하기 어렵지 않다.

그러나 냉정하게 생각하면, 이런 한계 없는 문화 비관주의는 그리 설득력이 없다. 오늘날 보수적인 지식인과 상류 부르주아지가 상대적으로 더 큰 부를 차지한 하층 계급을 못마땅한 눈으로 내려다보듯이, 200년 전 귀족들도 성공한 부르주아지를 그런 눈으로 바라보았다. 게다가 당시의 부르주아지 역시 귀족의 신분 상징들을 요란하면서도 어색하고 서툴게 몸에 휘감고 다녔다. 〈우리는 표범이자 사자였다. 우리 자리를 차지하게 될 자들은 작은 자칼과 하이에나가 될 것이다. 그러나 표범이든 자칼이든 양이든, 우리 모두는 앞으로도 계속 세상의 소금으로 여겨질 것이다.〉 주세페 토마시 디 람페두사Giuseppe Tomasi di Lampedusa의 소설 『표범*Il Gattopardo*』에서 살리나 공작이 부르주아지의 의기양양한 진군을 보면서 하는 말이다.[17]

어떤 문화적 비관주의나 감상주의도 이 흐름을 바꿀 수는 없다. 서구 산업국에서 인간을 단조롭고 에너지 소모적이고 비인도적인 노동에서 해방시키려는 광범한 흐름은 인류 역사의 축복이다. 게다가 모든 계층이 존엄을 가진 인간으로, 개성을 가진 개인으로 인식되어야 한다는 요구는 그런 흐름의 논리적 표현이다. 비록 오늘날에는 개성이 주로 대중 소비 사회의 형식 언어인 과시적 소비 형태로 표현되더라도 말이다. 그러나

이 〈알량한 자기 과시〉조차 하층 계급과 상층 계급을 확고하게 구분 짓지는 못한다.

　사람을 경제적 요소로만 아는 경제 이론과 사람을 그렇게 취급하는 경제 현장은 더 이상 미래가 없다. 이는 한탄할 일이 아니다. 노동 사회의 전통적인 개념이 서구 선진국의 21세기 현실에 더는 맞지 않는다면 그것은 현실의 잘못이 아니다. 그렇다면 이렇게 묻고 싶다. 모든 사람을 저임금 노동에서 해방시키려는 마지막 단계는 왜 아직도 실현될 기미가 보이지 않을까? 이를 이해하려면 독일식 사회 민주주의의 극도로 양면적인 성격과 지극히 모순적인 노동 개념부터 알아야 한다.

노동 환멸과 노동 정체성:
사회 민주주의의 모순적 노동 개념

노동이 존재한 이래 궁극의 목표는 노동의 폐지였다. 증기 기관이 도입되었을 때 공장주와 기업들은 점점 성능이 좋아지는 기계의 도움으로 노동자에게 들어가는 비용을 최대한 줄일 수 있기를 기대했다. 반대로 노동자들도 기계 덕분에 더는 먹고살기 위해 아득바득 일하지 않아도 되는 세상을 꿈꾸었다. 임금 노동에 종사하는 대다수 사람에게 여가 시간이 노동 시간보다 훨씬 더 즐겁다는 사실은 만고의 진리다. 따라서 적게 일해도 된다는 전망은 저주가 아니라 축복이었다. 그런데 그들의 이익을 대변하는 노동조합의 구호는 좀 다르다. 노조 간부들은 어느 시대의 어느 나라건 노동 시간을 단축하기 위해 투쟁해 왔지만, 동시에 〈일할 권리〉라고 적힌 깃발을 높이 치켜들었다. 이것은 모순이다. 노동 시간이 점점 짧아지다 보면 결국에는 노동이 없어지고, 그로써 마침내 일할 의무에서 해방되지 않을까? 그렇다면 사람들이 본래 원하지 않는 노동 의무에 대한 권리는 무엇을 말하는 것일까?

〈일할 권리〉는 어디서 왔을까? 그 뿌리는 프랑스의 어느 공상적 사회주의자의 머리에 닿아 있다. 유복한 집안에서 태어났으나 집안이 망해 19세기 초 세일즈맨과 출납원으로 연명해야 했던 샤를 푸리에Charles Fourier가 처음으로 이 말을 공식화했다. 그의 주목표는 프랑스 경제와 사회를 전면적으로 재설계하는 일이었다. 산업 혁명이 만인을 위한 전반적인 번영으로 이어지지 않고, 어떻게 다수의 희생으로 소수만 부자가 되는 일이 되었을까? 프랑스 혁명 이전의 봉건적 불공정 사회는 단지 새로운 부르주아 옷만 입었을 뿐 바뀌지 않았다. 이런 인식에서 푸리에는 모든 사람에게 실제로 혜택이 돌아갈 수 있도록 노동과 산업, 즉 전 경제를 새로 조직하는 방법을 숙고했다. 푸리에는 거주 공동체 및 노동 공동체로 이루어진 미래 사회를 설계했는데, 이는 협동조합 형식으로 공유하는 공동체였다. 누구나 자신의 열정을 사회적으로 품위 있게 펼칠 수 있고, 자신이 원하고 해낼 수 있는 일을 할 수 있는 곳이다. 이런 점에서 일할 권리는 **스스로 선택하고 스스로 결정하는 노동**에 대한 권리와 같은 말로, 푸리에를 비롯해 많은 동시대인이 누리지 못한 권리다. 당시 산업화된 나라의 수많은 사람은 아무 의미가 없는 고된 노동으로 근근이 연명했다. 또한 그보다 더 불행한 상당수의 사람은 일자리가 없어 거리에서 구걸하거나, 나중에 마르크스가 명명했듯이 〈산업 예비군〉이 되었다.

　　일할 권리, 즉 노동권은 프랑스 혁명이 간과한 인권일까? 이를 시민권과 인권으로 선언하라는 요구는 멈추지 않았다. 그러나 여기서도 푸리에의 원래 아이디어는 더 이상 거의 언급되지 않았다. 1839년 프랑스 언론인 루이 블랑Louis Blanc이 『노동의 조직L'organization du travail』을 출간했을 때, 그는 이상적인 주거 및 노동 협동조합을 더는 제시하지 않았다. 이제는 사회 전체의 재조직이 아닌, 일자리를 두고 노동자들끼리 벌이는 잔혹한 경쟁의 철폐를 원했다. 일자리보다 구직자가 더 많은 상황이었기에 공장주는 임금을 최대한 낮출 수 있었다. 최저 임금을 받고 일할 사람은 언제나 널려 있었기 때문이다. 일자리 경쟁에서 탈락한 사람은 범죄자가 되었다. 블랑은 이 테제를 도표와 통계로 뒷받침했는데, 이로써 범죄 증가와 대량 빈곤, 농촌으로의 탈출이 증명되었다. 프랑스 헌법이 만인에게 〈일할 권리〉를 보장한다면 노동 시장에서의 이 참담한 경쟁과 그에 따른 비극적인 사회적 파장은 멈출 것이다. 〈현실의 폭정〉은 지금처럼 유지되어서는 안 되고, 노동자와 부르주아 사이의 엄격한 계급 장벽도 사라져야 한다.

잠깐이지만 블랑은 자신의 꿈을 실현할 기회를 얻었다. 관련 공직에 임명될 만한 자격을 갖춘 몇 안 되는 야심만만한 사회 이론가이자 개혁가였기 때문이다. 그의 시간은 1848년 2월 혁명 이후 시작되었다. 소부르주아지가 대부르주아지에 맞서 봉기를 일으켰고, 그 과정에서 블랑은 노동자 의회 의장과 노동부 장관을 맡았다. 그러나 그 시간은 짧았다. 1848년 3월부터 6월까지 불과 몇 개월만에 광산과 철도를 국유화할 수는 없었다. 또한 기본 식료품 가격을 장기적으로 안정화시킬 수도 없었고, 국가 보험 체계를 도입할 수도 없었으며, 이른바 국영 기업인 국가 작업장에 모든 구직자를 수용할 수도 없었다. 이런 상황에서 1848년 6월 봉기 이후에는 영국으로 망명을 떠나야 했다. 물론 그 뒤에도 이 〈사회 민주주의의 아버지〉는 지치지 않고 논쟁을 불러일으켰다. 그러나 1871년 프랑스 의회에 다시 입성했을 때 그는 여전히 좌파의 일원이었지만, 모든 급진적 정치 유토피아에 완전히 환멸을 느끼며 선을 그었다.

그럼에도 블랑은 유럽의 사회 민주당들이 나아가야 할 이상적인 길을 미리 그려 보여 주었다. 그것은 사회를 재조직하는 방향이 아니라 오직 노동을 새로 조직하는 길이었다. 이후 가혹한 노동으로부터의 해방과 노동 시간 단축, 한마디로 노동의 〈인간화〉가 모든 사회 민주주의자의 공통 목표가 되었다. 블랑의 모범에 따른 두 번째 목표는 국가에 책임을 지우는 것이었다. 즉, 국가는 모든 사람을 위해 최대한 많은 일자리를 만들어 내거나, 최소한 모든 사람이 일자리를 얻을 수 있도록 지원해야 하며, 일하지 않는 사람도 적어도 당분간은 사회적 안전망으로 거두어야 한다. 완전 고용의 이념은 19세기 사회 민주주의적 이상에서 비롯되었다. 오늘날까지도 그것은 사회 민주주의자들의 가슴속에 간직되어 있을 뿐 아니라 실제로 어떤 정당에 소속되어 있든지 간에 거의 모든 정치인의 상상 세계를 지배하고 있다.

노동을 사회 민주적 방식으로 인간화하려는 사람들은 사회적 유토피아주의자들이 근본적으로 의문을 제기한 수많은 게임 규칙과 일정 부분 접점을 찾았다. 예를 들어 18세기 말에 영국의 윌리엄 고드윈William Godwin은 노동을 협동조합의 형태로 조직하는 꿈을 꾸었다. 오언과 푸리에도 마찬가지였다. 다만 프랑스 철학자 앙리 드 생시몽Henri de Saint-Simon과 그의 추종자들은 다른 길을 택했다. 그들은 국가를, 일할 수 있는 모든 사람을 각자 재능에 따라 올바른 자리에 배치해서 최적의 진보를 이뤄 나가는 거대한 경제 조종자로 보았다. 19세기 전반부에는 자본주의 권력 구조에 대안을 제시하는 온갖 색깔의 유토피아주의자와 공상가가 가득했다. 이들은 자기만의 이론으로 생산성 증대와 사회 정의를 약속했다.

사회 민주주의의 길은 달랐다. 그들은 좋든 싫든 자본주의 경제의 소유 구조와 타협했다. 자본주의는 실용적 측면에서 긍정되었고, 정의로운 사회 건설을 위한 자본주의의 극복은 먼 미래로 미루어졌다. 그런데 그 미래를 향해 작은 보폭으로 수천 걸음씩 나아가던 어느 순간 자본주의의 근본적 시스템 문제는 사회 민주주의의 초점에서 완전히 벗어났다. 그 이유는 아이러니하게도 〈사회 민주주의를 통한 보상 효과〉 때문이었다. 게다가 동구권 국가들과 알바니아, 쿠바, 중국, 동남아시아에서 나타난 〈비현실적인 사회주의〉의 소름 끼치는 모습도 결정타가 되었다.

노동에서 인간을 고려하는 것, 즉 인간을 하나의 경제적 요소로만 보는 것이 아니라 인간의 욕구도 인정하는 것이 사회 민주주의의 본질이다. 그런데 이런 사회 이론적 인식은 시간이 지나면서 다른 부르주아 정당들과 구분이 안 될 정도로 뒷전으로 밀려났다. 여기에는 〈여가 시간〉을 통해 노동자의 노동력을 강화하려는 프로그램도 한몫했다. 나중에 고용주라고 불리게 될 기업주와 공장주들이 국가의 압력하에서 서서히, 그렇지만 힘겹게 여가 시간의 확대를 받아들였기 때문이다. 그런데 사회 민주주의가 노동에서 자유로운 시간을 강하게 주장할수록 일과 삶의 엄격한 분리는 선명해졌다. 목표는 그런 분리의 극복이 아니라 균형이었다. 이로써 지금껏 존재한 적이 없던 새로운 개념이 생겨났다. 워라밸, 즉 **노동과 삶의 균형**이 그것이었다.

바로 여기서 사회 민주주의와 노동 조직, 노동조합 입장에서는 하나의 모순이 생겨났다. 고된 노동을 최대한 줄여야 한다고 아무리 주장하더라도 결국 그들의 존재를 결정하는 것은 노동이다. 노동은 그들의 공통 주제다. 기업인 단체에도 마찬가지다. 다만 노동 계급에는 노동이 실존의 파토스 공식이라면 기업주에게는 부의 성공 공식이다.[1] 노동 계급의 대표자들은 노동이 아무리 에너지 소모적이고 증오스럽더라도 그것이 정체성 형성의 수단임을 받아들인다. 누구는 광부고, 누구는 기계공이고, 누구는 인쇄공이고, 누구는 선반공이고 하는 식으로, 노동자 정당과 단체들은 중세의 길드가 장인들에게 그랬듯이 힘들게 일하는 사람들에게 계급 정체성을 부여한다. 그러나 갱도에서 탄을 캐는 사람이 하는 일은 자기만족적 의미의 일work이 아니라 남을 위해 하는 노동labour이다. 19세기와 심지어 20세기의 공장 노동자도 중세 시대에 길드로 조직된 수공업자들과는 달리 자유롭지 않았다. 그들은 자기 노동의 리듬과 작업량, 가격을 스스로 결정하지 않았다. 20세기에 들어서야 쟁취했던 단체 협약도 길드에 의해 정해진 가격과는 달랐다.

노동 과정에서 노동자의 자기 결정권은 사회 민주주의와 노동조합의 우선순위 목록에서 실제로 다소 낮은 편이다. 그것은 노동자가 자본주의에 지불하는 대가다. 노동자가 〈생산 수단〉을 장악함으로써 경제의 지렛대를 쥐고 스스로 노동을 자유롭게 조직하는 것은 공산주의자들의 상상 속에서나 존재한다. 1905년 독일 사회주의자 아우구스트 베벨August Bebel은 이렇게 주장한다. 〈우리는 총파업으로 부르주아 사회를 무너뜨릴 수 있다고 믿지 않고, 노동자가 좀 더 편히 숨 쉬고 살아가고자 할 때 꼭 필요한 실질적인 권리를 위해 싸울 뿐이다.〉[2]

사회 민주주의자들의 입장에서는, 늦어도 20세기 초부터는 노동 계급이 살아가는 데 〈꼭 필요한〉 개선은 무엇보다 임금 인상을 의미했다. 노동조합이 기업주에게 더 많은 임금과 더 많은 자유 시간을 강력히 요구하는 만큼 그것은 국민 경제적 관점에서도 축복으로 입증되었다. 임금을 더 많이 받는 사람은 소비도 더 많이 하고, 그로써 기업의 매출은 증가한다. 여가 시간도 마찬가지다. 그 시간은 노동 시간과 달리 소비 시간이기 때문이다. 이 공식은 영구적인 기술 진보의 조건하에서 20세기 산업국들에 거의 보편적으로 적용된다. 즉, 노동자 또는 피고용자가 평균적으로 더 적게 일하고, 그러면서도 더 많은 임금을 받을수록 경제는 더 좋아진다는 것이다. 이러한 통찰은 19세기 전반에 거의 모든 경제학자가 믿었던 다음 공식과는 정반대다. 즉, 번영은 노동자가 더 오래 일하고 외국 경쟁자들보다 더 적

노동 환경과 노동 정체성: 사회 민주주의의 모순적 노동 개념

은 임금을 받을 때 찾아온다는 것 말이다. 경제 법칙의 유효 기간은 분명 그리 길지 않다. 안타깝지만 후자에도 해당된다. 수년간 세계 수출 챔피언인 독일 대기업들이 국내 시장에 덜 의존하고 대부분의 매출을 해외에서 거두면 어떻게 될까?

어쨌든 사회 민주주의의 길은 오랜 기간 엄청난 성공 스토리였다. 서유럽 산업국들이 부유해질수록 생계를 위해 일해야 하는 사람들의 노동 시간은 줄었다. 게다가 노동에 부과된 세금과 기여금으로 충당된 국가의 복지 및 연금 시스템은 노동자들에게 더 나은 사회 안전망을 제공했다. 이제 경제 성장을 위해서는 이전 세기처럼 충분한 상품을 생산하려고 기를 쓰는 경제가 아니라 새로운 경제가 필요했다. 이로써 상품 부족을 극복하기 위한 경제가 아닌 점점 더 과잉 생산 하는 경제가 등장했다. 예전의 욕구 충족 사회는 욕구 창출 사회로 바뀌었다. 이전에는 결코 존재하지 않던 욕구를 일깨우는 사회였다. 20세기 중반부터 서구 선진국의 노동자들은 일을 적게 하고도 생존하는 데 아무 문제가 없었다. 오히려 그들은 〈무언가를 장만하기 위해〉 일했다. 1980년대에 고르스는 이렇게 썼다. 〈의무적 노동 체제에서 물질적 충동 체제로의 전환은 결코 사소한 일이 아니다.〉 이제는 〈시장에 널린 수많은 소비재가 노동 시간의 수고에 대한 월등한 보상이자, 궁색한 운명에서 벗어나게 해주는 사사로운 행복의 틈새라고 개인들을 설득하기만 하면 되었다〉.[3]

실제로 산업국들은 물질적 충동에 기반한 욕구 창출 사회로의 도약을 훌륭하게 이루었다. 수십억 유로가 오가는 광고 산업은 생업 노동자들이 온갖 노동의 수고를 마다하지 않을 만큼 가치 있는 새로운 욕구를 수없이 만들어 냈다. 사회 민주주의적 보상, 즉 지속적으로 늘어나는 욕구를 충족시키기 위해 지속적으로 임금을 인상한 것은 지난 한 세기 동안 매우 합당한 시도로 판명되었다. 이제 노동자에게는 자신의 노동력을 〈판매할〉 동기가 매우 뚜렷해졌다. 소비 사회는 현재의 초소비 사회로 번창했다. 전후 시대의 냉장고, 타일로 마감한 욕실, 폴크스바겐 캐퍼, 1970~1980년대의 연립 주택, 폴크스바겐 골프, 해외여행, 테니스 클럽 회원권, 혹은 오늘날의 전원주택, SUV, 로빈슨 클럽, 카고 바이크, 이 모든 상품은 불티나게 팔려 나갔다.

이전에는 상상이 안 되던 규모의 소비 세계는 오늘날 욕구 충족의 수많은 자극과 가능성으로 도배되어 있다. 21세기 산업국의 대다수 사람은 광고에 잘 길들여진 소비자다. 예를 들어 연애를 위해 온라인 플랫폼에 돈을 지불하고, 소셜 네트워크에서 스스로 상품 운반자나 생산자가 되고, 자신의 내밀한 사생활을 마케팅 도구로 활용한다. 이로써 거의 모든 사람이 동일한 것을 원하는 세상이 생겨났다. 특별한 대중 상품으로 남들과 달라 보이고 싶어 하지만 다들 그렇게 함으로써 오히려 모두가 그만저만하게 똑같아지는 세상이다. 소비 종교는 오늘날 모든 것을 하나로 묶는 신앙이고, 모든 욕구를 돈으로 환산하는 발전 과정의 잠정적 종착점이다. 이러한 승리의 진군은 밝은 색깔로 그릴 수도, 어두운 색깔로 그릴 수도 있다. 즉, 이전의 어떤 문화도 알지 못하던 자유와 개성의 발전으로 볼 수도 있고, 돈의 〈문

화적 변이〉(고르스)로 볼 수도 있다. 물론 두 관점을 그냥 제쳐
두는 방법도 있다.

고르스 타입의 네오마르크스주의적 비판은 소비를 통해
개인화된 사회에서 나타나는 〈연대감의 해체〉도 지적한다. 그
에 대한 원인으로는 사회 민주주의적 보상이 지목된다.[4] 물질적
과시 경쟁과 차별화 경쟁으로 자신을 남들과 구분하고, 자기 집
을 성으로 만들고, 임대 아파트의 세계에서 한사코 도망치려는
사람은 더 이상 연대를 기반으로 한 공동체에 살지 않는다. 또
한 노동의 〈공동 상황〉을 〈공동의 행동으로 극복하는 것〉을 거
부한다.[5] 예전에는 상부상조 정신과 가족적 책임감이 소셜 네트
워크를 이루고 있었다면 이제는 부득이 국가가 나서서 사회적
공존의 상실을 사회 안전망으로 보전한다. 이런 식으로 복지 국
가는 연대감의 상실과 함께 성장해 온 소비 시스템을 성공적으
로 지원하고 유지시켜 왔다. 그러나 복지 국가에 대한 이런 해
석은 하나의 전제 조건하에서만 설득력이 있다. 복지 국가를 통
한 사회적 보상이 이루어지기 전에는 산업국들에 오늘날보다
훨씬 더 공고한 연대를 지닌 사회가 있었다는 전제다. 그렇다면
네오마르크스주의자들이 낭만적인 생각을 버리고 냉정하게 답
해야 하는 질문은 이것이다. 과연 그런 사회가 언제 있었던가?

반면에 사회 민주주의적 과정에 대한 다른 비판은 꽤 적
확하다. 고르스는 노조와 노동 정당이 고용주에게 지속적인 임
금 인상은 강하게 요구하면서도 노동 시간의 획기적 단축은 그
리 강하게 요구하지 않는다고 비난한다. 사실 임금 인상과 노동

시간 단축은 시장 경제 운영 시스템과 전반적으로 모순된다. 경제적으로 막대한 성공을 거둔 독일 연방 공화국의 70년 역사에서 주당 평균 노동 시간이 48시간에서 38시간으로 줄어든 것은 그리 큰 규모의 단축이 아니다. 왜냐하면 고용주뿐 아니라 노동조합도 노동 시간이 대폭 단축되면 수백만 명이 일자리를 잃을 거라고 늘 염려했기 때문이다.

하필 사회 민주당과 노동조합이 오늘날까지도 완전 고용을 풍요 사회의 가장 큰 목표로 삼은 것에 대해서는 설명이 필요하다. 블랑이 〈일할 권리〉를 요구할 당시는 아직 결핍 경제가 지배하고 있었다. 결핍 경제 내에서의 완전 고용은 풍요 사회와는 완전히 다른 문제였다. 전자의 경우 완전 고용은 일자리가 없으면 굶어 죽을 수도 있는 수백만 명의 생계를 보장한다. 반면에 후자의 경우는 그렇지 않다. 이러한 배경에서 보면, 서독 총리 빌리 브란트Willy Brandt가 1972년 〈모두가 직업을 가질 수는 없지만 누구나 일자리를 얻을 수 있도록〉 노력하겠다고 했던 그 유명한 발언도 다르게 이해된다. 핵심 문제는 노동이고, 가능한 한 많은 고용이라는 것이다. 왜 그럴까? 노동자의 이익을 대변하기 위해 존재하는 정당의 경우, 많은 사람의 삶에서 생업 노동이 의미를 잃는 것은 상상도 할 수 없고 바람직하지도 않기 때문이다. 브란트 시대에는 이미 고도의 생산 능력을 갖춘 독일의 풍요 사회 덕분에 많은 사람이 기본 욕구를 충족하기 위해 반드시 일할 필요는 없었는데도 말이다.

이런 식의 사고는 고전적 사회 민주주의자와 노동자 조

직에는 낯설었다. 대신에 노동조합은 지금껏 〈점점 더 많이〉를 외치는 자본주의 논리와 손잡고 한 걸음 한 걸음 걸어왔고 지금도 걸어가고 있다. 어떤 과잉도, 어떤 한계도, 어떤 대안도 모르는 논리와 함께 말이다. 1980년대 초 이후에는 대다수의 사회 민주주의자와 노동조합원이 환경 운동, 특히 지속 가능성과 자원 보존을 요구하는 운동에 대해 편협한 입장을 취했다. 녹색당에 대한 노조 지도자들의 조롱은 고용주의 이익을 대변하는 기민당과 자민당의 조롱에 결코 뒤지지 않았다. 노동자 조직들은 지금까지의 경제 성장으로 늘 많은 혜택을 입은 경험이 있기에 어떤 대가를 치르더라도 그것만큼은 반드시 지켜 내야 한다고 생각했다.

노동이 유익할 뿐 아니라 해로울 수도 있다는 것, 그것도 광산이나 중공업처럼 노조의 전통적 핵심 영역에서 그럴 수 있다는 것은 노동을 자신의 정체성으로 알고 있던 사람들에게는 큰 충격이었다. 200년 동안 좋고 유익했던 것이 어째서 지금은 나빠질 수 있을까? 비장하게 부풀려진 노동 개념에 곧 균열이 생겼다. 전통적인 핵심 노동 세계는 21세기에 경제적 유용성보다 생태학적 해악이 한층 더 큰 것으로 나타났다. 그로써 경제적 해악도 커졌다. 게다가 다른 중요한 노동 세계에서는 노동자와 직원이 필요 없어졌다. 그것도 다른 곳에서 〈labour〉가 그만큼 더 생긴 것이 아니라 노동조합 입장에서는 별로 중요하지 않은 〈work〉만 더 생기면서 말이다.

사민당이든 노동조합이든 둘 다 인간을 기본적으로 노동

자로 보았고, 기업가 진영에서 그랬듯이 노동을 통해 인간의 삶을 정의 내렸다. 사회 민주주의자들에게는 노동이 더 이상 중심에 서지 않는 사회는 지금까지도 상상하기 어렵다. 21세기 들어 사민당이 역사적으로 쇠퇴한 원인은 인사 문제나 선거 전술이 아니라 바로 여기에 있다. 사회 민주주의자들은 교육에 관해 이야기할 때면 늘 노동 시장에 필요한 인재를 먼저 떠올리고, 삶의 질을 이야기할 때면 더 많은 임금을 받아 더 많은 물건을 사는 것을 떠올리고, 디지털화를 이야기할 때면 일단 일자리 상실을 떠올리고, 여가 시간은 노동 시간의 논리적 보충물로 생각하고, 미래에 대해서는 여전히 완전 고용만 강조한다.

오늘날 소위 부르주아 진영에서 생각하는 노동 개념과 별반 다르지 않은 사회 민주주의의 노동 개념은 다른 시대의 잔재다. 21세기까지 용케 숨이 붙어 있지만 여기서는 더 이상 자신에게 적합한 삶의 조건이 없음을 깨달을 수밖에 없는 살아 있는 화석이다. 노동으로만 자신의 정체성을 규정하는 노동 계급은 더 이상 존재하지 않는다. 노동을 통한 자기 신분의 정의는 우리가 ⟨labour⟩라고 말하는 영역이 아니라 기껏해야 ⟨work⟩라고 말하는 영역에만 해당될 뿐이다. 예를 들면 일부 의사와 작가, 음악가처럼 노동 계급에 속하지 않는 사람들이 하는 일이다. 21세기의 보일러공, 지붕 수리공, 은행원은 더 이상 자신의 직업에서만 정체성을 찾지 않고, 그 직업으로 자신을 이해하지도 않는다. 오늘날 제빵사의 자존감은 예전에 사회적으로 획일화된 그 직업에 대한 규정에서 생겨나지 않는다. 그의 옷차림은 작업복이나 제복이 아니고, 그의 노래는 노동요가 아니며, 그가 투표하는 정당도 노동자 정당이 아니다. 또한 그는 〈계급 이익〉을 모르고, 자신의 정체성을 주로 직업과 관계없는 다른 가치 있는 활동에서 찾는다.

21세기에는 사람들의 주요 욕구가 달라졌다. 많은 경우에 노동에서 자유로운 시간에 이런 욕구가 실현된다. 틀에 박힌 협소한 직업 세계나 노동에서 삶의 의미를 찾는 사람은 소수에 불과하다. 노동 세계 바깥에서 대부분의 욕구가 충족된다. 그렇다면 노동조합과 사회 민주주의자들이 지속적으로 선전하는 직장 내 사회 공동체는 어떨까? 우선 그런 공동체는 어디든 존재하는 것이 아니고, 둘째, 대개 업무 시간이 아닌 휴식 시간이나 커피 타임, 혹은 구내식당이나 사무실에서의 사적 대화에서 형성된다. 노동을 삶의 중심으로 보지 않는 시각은 두 가지 측면에 타격을 가한다. 첫째, 노동하는 사람의 가치를 노동 성과로 환원시키는 경제적 합리성에 타격을 입히고, 둘째, 노동자의 이익을 대변하는 것이 존재 이유인 모든 조직을 불안에 떨게 한다. 노동의 중요성이 떨어질수록 그런 조직의 중요성도 위협받기 때문이다. 이런 경향은 이미 오래전부터 본격화되고 있다.

사회 민주주의의 모순들, 그리고 노동과의 묘한 역설적 관계는 오늘날 선명하게 드러난다. 노동자를 해방시키려는 사람은 한편으로는 노동자에게 더 많은 임금을 보장해 주려고 하고, 다른 한편으로는 되도록 그들의 삶을 〈labour〉에서 벗어나게 해주려고 한다. 그렇다면 노동조합의 원래 목표는 자신의 존립 기반을 스스로 무너뜨리고 있다. 그러니까 현실 사회주의 권력자들이 계급 없는 사회를 위해 자신의 정당을 고사시킨 것처럼 노조 간부들 역시 자신의 조직을 와해시키는 요구를 하는 셈이다.

초기에 이미 드러난 사회 민주주의자와 노동자 대표들의 상상력 부족은 오늘날 그 대가를 톡톡히 치르고 있다. 20세기에 걸쳐 큰 성공을 거둔 베벨을 시작으로 헬무트 슈미트Helmut Schmidt, 한스요헨 포겔Hans-Jochen Vogels, 프란츠 뮌테페링 Franz Müntefering, 페어 슈타인브뤼크Peer Steinbrück, 지그마어 가브리엘Sigmar Gabriel, 올라프 숄츠Olaf Scholz가 차례로 사민당을 이끌었지만, 마치 각본에 써 있기라도 하듯 하나같이 모든 사회적 판타지를 배척했다. 그로써 사민당은 21세기에 맞는 획기적인 아이디어를 개발하지 못한 정당이 되었다. 〈새 시대〉는 이미 오래전에 사민당과의 동행을 거부했고, 사민당 후보가 4분의 1이 채 안 되는 득표율로 연방 총리로 지명되었음에도 〈시대 흐름〉은 그들을 외면했다. 유토피아는 늘 유토피아로 남을 거라는 유토피아 자체의 권리를 옹호하는 사람은 노동 사회를 직시하지 못할 뿐 아니라 무엇보다 더는 노동 사회를 넘어서는 관점에서 생각할 수 없다. 사민당은 과거의 성공 비법에 너무 집착한 나머지 시대 흐름을 따라가지 못한 기업 노키아와 비슷한 정당으로 기억될 것이다. 그들이 설령 지금이라도 달리는 시대 기차에 뛰어오르더라도 별 소용이 없어 보인다. 그들의 진보적 아이디어를 그들 자신의 성과로 받아들이는 사람은 없는 듯하기 때문이다. 과거는 분명 사회 민주주의에 많은 빚을 졌지만, 미래는 친위 쿠데타만 일어나지 않는다면 아마 사회 민주주의 없이도 잘 지낼 것이다.

노동 세계의 해방:
자유주의적 노동 개념

노동의 목표는 무엇일까? 상품 생산일까? 아닌 듯하다. 일하는
모든 사람이 상품을 생산하는 것도 아니고, 상품을 생산하는 모
든 사람이 노동을 하는 것도 아니다. 그럼 생계 보장일까? 이도
아니다. 예를 들어 독일만 해도 오직 먹고살기 위해 노동하는
사람은 거의 없다. 생계는 사회 보장법이 책임진다. 그렇다면
사람들의 기율을 잡기 위해서일까? 이도 아닐 듯하다. 인간이
열심히 일하지 않으면 타락할 거라고 믿을 만큼 우리는 그렇게
한심한 인간상을 갖고 있지 않다. 그렇다면 다음 제안은 어떤
가? 노동의 목표는 자유다! 한편으로는 뿌듯한 성취를 이뤄 낸
노동 뒤의 자유이고, 다른 한편으로는 **노동 중의 자유**다. 우리
는 좋아하는 일을 자발적으로 할 때 자유를 느끼고, 최상의 경
우에는 노동 중 몰입 상태, 즉 일에 푹 빠져 자신을 잊기도 한다.

  무언가에 푹 빠져서 일해 본 사람이라면 대부분 이 상태
를 알고 있고, 그것이 행복을 느끼게 해주는 매우 긍정적인 감
정임을 부정하지 못한다. 그렇다면 왜 이 상태는 우리 사회의
중심에 서지 못할까? 노조는 왜 이 상태를 요구하지 못할까?

  퍼뜩 떠오르는 대답은 이렇다. 인생은 꿈의 콘서트가 아

니라는 것이다. 그러나 오늘의 상황은 독일뿐 아니라 전 지구를 돌아보아도 과거 어느 때보다 많은 사람에게 꿈의 콘서트에 가깝다. 숨 가쁜 기술 발전으로 촉발된, 의무적 노동에서 꿈의 콘서트로의 전환은 적어도 서구 산업국에서는 점점 빠르게 진전되고 있다. 그렇다면 우리는 고대 아테네 같은 사회로 빠르게 접근하고 있는 것이 아닐까? 당시에는 여성과 노예, 외국인이 노동을 담당했다면, 오늘날은 전자동화된 기계가 우리 대신 노동하는 것만 다를 뿐이다. 사회의 목표는 **충만한 삶**이지, 완전 고용처럼 취약한 것이 아니다.

산업 사회의 모든 사람을 고대의 특권층 수준으로 끌어올릴 수는 없을까? 오늘날에는 거의 잊혔지만 이 생각은 사실 오래되었다. 영국인 고드윈은 푸리에보다 수십 년 전에 그런 꿈을 꾸었다. 고드윈은 당시 막 등장한 1차 산업 혁명의 축복이 더욱 포괄적이고 공정하게 사회에 내려져야 한다고 생각했다. 그는 다방면으로 학식이 뛰어난 인물이었고, 1793년에 출간된 두 권짜리 저서『정치적 정의와 그것이 일반 미덕과 행복에 미치는 영향에 관한 고찰An Inquiry Political Justice, and Its Influence on General Virtue and Happiness』은 무척 지적인 작품이었다. 모든 경제를 협동조합 형태로 조직하려는 아이디어는 고드윈에게로 거슬러 올라간다. 높은 생산성의 기계가 소수의 이익이 아닌 만인의 이익을 위해 사용된다면 인류의 미래는 밝을 것이다. 그는 기계가 인간의 모든 천한 노동을 점차적으로 떠맡을 미래를 마음의 눈으로 바라본다. 기계는 일방적인 노동과 천편

일률적인 노동 일상으로부터 인간을 해방시킨다. 산업 혁명은 처음에는 인간을 매우 단조로운 일만 하는 기계의 잡역부로 만들었지만, 언젠가는 그런 일로부터 다시 해방시킬 것이다. 18세기 말에 산업 혁명이 우리에게서 앗아 간 시간은 나중에 우리에게 돌려줄 것이다. 먼 미래의 어느 시점에서는 모든 사람이 하루에 30분만 일하면 된다. 이것이 성공할지, 그리고 고드윈이 이것을 위해 열정적으로 옹호한 민주주의가 그만큼 발전할지는 교육에 달려 있다. 인간에게 인간의 가치를 의식적으로 심어 줄 수 있는 것은 당시 새로 건국된 미국에만 존재하던 민주주의뿐이다. 사회적으로 스스로 가치가 있다고 느끼는 사람만이 성숙해질 수 있다. 고드윈은 이렇게 묻는다. 이상적인 공존과 좋은 교육이 미래에 어떤 사람을 만들어 낼지 누가 알겠는가? 자존감의 세례를 받은 인간은 18세기 말의 인간보다 훨씬 나을 수 있다. 〈지금 인간의 모습을 보고 미래 인간의 모습을 유추해 내는 것만큼 비이성적인 생각은 없어 보인다.〉[1]

고드윈은 1836년 80세의 나이로 세상을 떠났을 때 거의 잊힌 사람이었다. 그럼에도 그가 언급한 문제는 그때까지도 해결되지 않았다. 기술 진보로 실제로 혜택을 받은 사람은 극소수에 불과했고, 대다수 인간의 욕구는 충족되지 못했다. 하물며 그들의 삶을 좀 더 인간적으로 만드는 것은 꿈도 꾸지 못할 일이었다. 노동 조건은 살인적이었고, 수백만 명의 공장 노동자는 끔찍한 환경에서 등골 휘게 일했다. 이 무자비한 〈착취〉를 어떻게 끝장내고 프롤레타리아의 〈소외된〉 노동을 제거할 수 있을까? 이것은 1840년대 두 젊은 혁명가 마르크스와 엥겔스의 머릿속을 맴돌던 질문이었다. 그들에게 당시의 공장 노동은 〈자본의 산물〉에 지나지 않았다. 본래적인 환경에서 벗어나 단조로운 작업만 하도록 강요받는 노동자는 더 이상 인간이 아니라 그저 기계적으로 돌아가는 하나의 소외된 부품에 지나지 않았다. 노동자들이 〈생산력 및 자기 실존과 맺고 있는〉 유일한 관련성, 즉 〈노동은 자발성의 외양을 모두 잃어버렸고, 노동자는 자신의 생명력을 소진함으로써만 생명을 유지할 수 있었다〉.[2] 노동은 품위가 없어졌고, 그와 함께 노동자는 존엄 없는 노동자가 되었다. 그렇다면 어떻게 노동과 노동자가 자신의 존엄을 회복할 수 있을까?

1844년의 『경제학 철학 수고 Ökonomisch-philosophische Manuskripte』— 일명 『파리 수고』— 의 많은 구절이 이 질문을 다루고 있다. 여기서 마르크스와 엥겔스는 노동을 다시 인간과 자연 사이의 〈물질대사〉로 보고자 한다. 즉, 노동을 최대의 이윤을 내기 위해 외부에서 주어지는 명령이 아니라 자연스러운 삶의 토대를 만들어 내는 행위로 보았다. 그들의 이상은 자본주의적 생산이 아닌, 이전의 고드윈이나 푸리에와 마찬가지로 재화의 협동조합이다. 여기서는 강제 대신 자발적 협력 작업이, 착취 대신 공동 이익이 추구된다. 소외가 제거되면 미래에는 누구나 세분화된 수작업이나 제한된 단순 작업만 하는 것이 아니라 모든 일을 할 수 있다. 『독일 이데올로기 Die Deutsche Ideologie』의 가장 유명한 대목은 다음과 같다. 〈노동이 분배되기 시작하면서 각자는 특정 배타적 직업군에 속하게 되고, 거기서 빠져나올 수 없다. 직업이 일단 사냥꾼, 어부, 목동, 비평가로 정해지면 각자 그 일에 매여 살아야 한다. 생계 수단을 포기할 마음이 없다면 말이다. 반면에 공산 사회에서는 각자가 특정 배타적 직업군에 속하지 않은 상태에서 여러 가지 일을 자유롭게 할 수 있다. 사회가 생산을 전반적으로 조절하는 대신 개인은 마음 내키는 대로 오늘은 이 일을, 내일은 저 일을 할 수 있고, 아침에는 사냥을 하고, 오후에는 고기를 잡고, 저녁에는 가축을 돌보고, 식사 후에는 비평하는 것이 가능하다. 사냥꾼, 어부, 목동, 비평가라는 전문 직업을 갖지 않은 채로.〉[3]

야심만만한 비전이다. 그에 따르면 소외된 노동은 사라지고, 경제적으로 성공한 분업도 다시 폐지된다. 이제 새로운 번영은 공동 작업과 상호 보완, 협동에서 생겨난다. 삶과 노동은 더 이상 자본주의 체제처럼 분리되지 않고 하나의 통일체를 형성한다. 경제적 이성과 일상적 욕구도 예전처럼 양립할 수 없을 만큼 대립하지 않는다. 자연을 지배한다는 것도 모든 것을 경제적 논리에 따라 판단한다는 뜻이 아니다. 대신에 경제적 논리는 그저 이성의 한 형태로서 적절한 위치에 배치된다. 이제는 누구도 생산성을 높이기 위해 이용되거나 착취당하지 않는다. 타율적 동기가 아니라 자율적 동기가 사회를 지배하게 된다. 경제적 합리성을 통한 잘못된 현대화 대신 더 나은 현대화가 시작된다. 인간을 〈요소〉나 〈자본〉이 아닌 인간으로 보는 현대화다.

미래 사회와 관련해서 마르크스와 엥겔스가 산업 사회의

직업이 아닌 사냥과 낚시, 목축 같은 고대의 활동을 떠올린 것은 퍽 놀랍다. 사실 이 직업들은 전적으로 푸리에로부터 물려받은 것으로, 18세기 사고에 깊이 뿌리내리고 있었다. 그렇다면 직조공과 광부, 보일러공, 주물공의 자기 규정적 노동 세계는 실제로 어떤 모습일까? 〈사회가 생산을 전반적으로 조절〉한다는 것은 정확히 무슨 뜻일까? 게다가 그런 자기 규정적 노동 세계는 어떤 방법으로 실현될 수 있을까? 많은 파리 혁명가의 판타지처럼 전복과 폭력, 혁명을 통해서일까? 아니면 고드윈이나 푸리에처럼 이성의 승리나 교육과 진화를 통해서일까?

『경제학 철학 수고』는 혁명적 경쟁자들을 비판하려고 작성한 이념 모음집이다. 마르크스는 게오르크 빌헬름 프리드리히 헤겔Georg Wilhelm Friedrich Hegel에게서 차용한 역사관과 씨름한다. 즉 모든 테제는 변증법적 과정 속에서 안티테제를 만들어 내고, 이어 진테제 속에서 모순을 지양한다. 이를 역사에 적용하면 다음과 같다. 귀족정이 고대 노예제 사회를 폐지하고, 이어 자본주의적 경제의 〈부르주아지〉가 귀족정을 지양한 것처럼 프롤레타리아트는 자본주의의 모순에서 권력을 쟁취함으로써 역사의 종착점, 즉 계급 없는 사회로 가는 길을 닦는다.

이 아이디어는 마르크스의 비장의 카드였다. 당시 그보다 훨씬 유명했던 프랑스 사회적 유토피아주의자들의 코를 납작하게 해준 그만의 발상이었다. 그런데 자본주의의 대들보가 마치 자연법칙처럼 어느 지점에서 무너질지에 대해서는 평생 동안 확신하지 못했다. 〈대량 빈곤〉일까? 아니면 리카도가 언급했고 마르크스의 경쟁자 피에르 조제프 프루동Pierre Joseph Proudhon이 혁명적 잠재력으로 지목한, 기술 진보로 해고된 수백만 명의 노동자일까? 그러나 마르크스와 엥겔스가 아무리 애타게 기다려도 1848년 이후에 서유럽에서는 혁명이 일어나지 않았다. 대신에 〈사회 민주주의적 보상〉은 매우 느리지만 확실하게 효과를 내고 있었다.

그렇다면 마르크스가 파리에서 폭풍 같은 젊은 시절을 보낼 때 내놓은 역사 철학적 예언에는 무엇이 문제였을까? 그는 평생 이 문제를 곱씹었다. 자본주의의 종말은 주식 시장의 붕괴로 찾아올까? 그런데 아무리 주식 시장이 붕괴하고 판매 위기가 찾아와도 자본주의는 그 위기를 벗어나면서 항상 더 강해졌다. 그렇다면 공산주의가 자본주의를 대체하지 못하는 것은 결국 인간의 본성 때문일까? 그러나 로크 이후 자유주의자들이 알고 있다고 믿어 온 〈인간 본성〉이 대체 무엇이란 말인가? 마르크스가 보기에, 인간의 순수한 본성 같은 것은 없었다. 인간은 사회적 존재이며, 인간을 〈제2의 본성〉처럼 에워싸고 있는 것은 바로 문화였다. 문화 없이는 인간을 생각할 수 없을 정도로 말이다. 마르크스와 엥겔스에 따르면, 인간을 다른 모든 동물과 구별하는 것도 이 문화였다. 그렇기에 인간의 진정한 본성은 따로 떼어 내거나 생물학적으로 규정할 수가 없었다.

인간의 감정과 생각, 행동에서 생물학적인 것이 사회적인 것보다 우위에 있지는 않지만, 둘은 불가분의 관계로 연결되어 있다. 마르크스는 인간에게 충동과 본능, 동물적 성향이 있다는 사실을 부정하지 않는다. 다만 이것들이 우리의 결정을 지배한다는 것은 인정하지 않는다. 왜냐하면 우리의 욕구는 그때그때 주어진 조건하에서 우리에게 격려와 사랑, 존중, 인정을 가져다주는 데 크게 의존하기 때문이다. 〈인간 본성〉을 입에 올리는 이는 군주제든 귀족정이든, 부르주아지 체제든, 대개 그것으로 자신들의 지배 관계를 명확히 하려는 사람들이다. 〈인간 본성〉을 들이미는 사람은 〈인간〉이 원래 그렇게 생겨 먹었기 때문에 이런 지배 체제가 생겨날 수밖에 없고, 다른 대안 사회는 만들어질 수 없다고 강변한다. 그러나 역사를 돌아보면 문화와 사회는 지속적으로 변해 왔다. 고대 그리스에서 부는 그저 유익한 수단일 뿐 삶의 궁극적인 목표가 아니었다. 반면에 부르주아 사회에서는 부와 이윤이 그렇게 높이 평가되지 않는다면 누구도 그렇게 필사적으로 그것을 탐하지 않을 것이다. 마르크스에 따르면, 〈인간 본성〉은 〈시대마다 수정된다〉.[4] 다만 〈인간〉에 대해 확실하게 말할 수 있는 유일한 것은, 인간은 자기 개성을 충분히 펼치고 싶어 하는 족속이라는 것이다. 거기에는 〈자신의 활동을 단순히 생계 수단으로만 삼지 않는〉 노동이 포함된다. 좋은 노동은 스스로 선택한 목표이자 자기 규정적 목적이어야 한다.[5]

타율적 규정에 따라 노동하는 사람의 해방은 저절로 이루어지지 않는다. 여기서 도덕적 진보와 이성은 별로 믿을 것이 못 된다. 그 때문에 마르크스는 궁극적으로 모든 사람을 해방시킬 수 있는, 흡사 자연법칙과도 같은 메커니즘을 평생 찾아 나선다.

그 와중에 1857년에서 1858년으로 넘어가는 어느 기나긴 겨울 밤, 문득 답에 매우 가까워졌다고 느낀 듯하다. 그는 『매뉴팩처의 철학: 또는 영국 공장 시스템의 과학, 도덕, 상업 경제에 관한 설명*Philosophy of Manufactures: Or, an Exposition of the Science, Moral and Commercial Economy of the Factory System of Great-Britain*』을 읽었다. 경제학자가 아닌 영국의 의사이자 화학자가 쓴 것으로, 출간된 지 20년이 넘은 책이었다. 그 이상한 책의 저자 앤드루 유어Andrew Ure는 저명한 과학자이자, 전기 충격으로 죽은 자를 되살리는 실험으로 악명이 높은 인물이었다. 실험 대상은 고드윈의 딸로서 『프랑켄슈타인*Frankenstein*』을 쓴 메리 셸리Mary Shelley로 추정된다. 유어는 과학만큼이나 경제학에도 관심이 많았다. 그는 공장을 마치 생물학적 존재처럼 묘사했다. 공장은 〈지능을 갖춘 수많은 기계적 기관으로 이루어진 거대한 자동 장치로서, 이 기관들은 서로 조화를 이루며 중단 없이 작동하는데 전체적으로 보면 저절로 움직이는 하나의 추진력에 종속되어 있다〉.[6]

　　마르크스는 유어의 책에 나오는 인상 깊은 대목들을 메모장에 적어 둔 뒤 유어의 생각을 자신의 말로 바꾸어 자기 사유 체계에 공급한다. 공장을 하나의 유기체로 보고, 게다가 지속적인 기술 발전까지 나날이 덧붙여진다는 점을 감안하면 언젠가는 기계와 협업을 위해 더는 노동자가 필요하지 않는 날이 올 것이다. 그러면 노동자는 〈기계를 모니터링하고 오작동으로부터 보호하는〉 일만 하면 된다.[7] 이제는 기계 자체가 〈자기만의 영혼을 갖고 있고, 그 영혼 속에서 작동하는 기계 법칙과 쉼 없는 자기 운동 속에서〉 에너지를 소비하는 하나의 위대한 장인이다.[8] 〈살아 있는 노동〉은 〈사물의 노동〉으로 바뀐다. 〈과학은 기계의 생명 없는 사지로서 …… 노동자의 의식 속에 존재하는 것이 아니라 기계를 통해 낯선 힘으로서, 즉 기계 자체의 힘으로서 노동자에게 작용한다.〉[9]

마르크스의 비전은 이렇다. 완전 자동화된 기계를 갖춘 미래 공장은 노동 세계 전체를 탈바꿈시킨다. 〈생산 과정은 더 이상 노동 과정이 …… 아니다.〉[10] 왜냐하면 〈살아 있는 노동자〉의 중요성이 점점 감소하기 때문이다. 노동자는 〈인간의 하찮은 개별 작업에 비하면 하나의 거대한 유기체처럼 보이는 살아 있는 (활동적인) 기계 장치〉로 대체된다.[11] 이것이 뜻하는 바가 무엇일까? 점점 더 많은 노동자가 점점 더 완벽해지는 기계 덕분에 소외된 노동에서 해방되는 것을 한탄해야 할까? 말도 안 되는 소리다! 상황은 오히려 정반대다. 마르크스는 이렇게 환호한다. 〈이 과정을 통해 특정 물건의 생산에 필요한 노동량은 사실상 최소한으로 줄어든다. …… 이것이 중요한 이유는 그를 통해 자본이 의도치 않게 인간의 노동, 즉 비용 지출을 최소한으로 줄일 수 있기 때문이다. 이는 노동 해방의 조건이자 해방된 노동에도 좋은 일이다.〉[12] 달리 표현하자면, 완전 자동화된 기계 속에는 무한한 노동력이 응축되어 있기 때문에 노동자는 예전보다 훨씬 더 적게 일해도 되고, 그로써 〈해방된 노동 시간〉을 이용해 자신이 정말 하고 싶은 일을 할 수 있다는 것이다.

완전 자동화된 자본주의는 〈의도치 않게〉 노동자를 해방
시킨다. 여기서 포인트는 〈의도치 않게〉다. 최대한 자동화된 시
스템으로 공장을 가동하기 위해 꾸준히 기술에 투자하는 사람
은 뜻하지 않게 자본주의 경제의 고전적인 규칙을 바꾼다. 이제
노동자는 더 이상 착취당할 필요가 없고, 경제는 아리스토텔레
스가 꿈꾸었던 저절로 움직이는 삼각대와 베틀에 점점 가까워
진다. 그런데 생산 과정을 지속하기 위해 더 이상 많은 인원이
필요 없다면 자본주의는 왜 필요할까? 기계가 지능화될수록 노
동력의 착취도 줄어들 수밖에 없다. 노동자는 이제 〈생산의 주
행위자가 아니라 생산 과정을 거들 뿐이다〉.[13] 마지막에는 누구
도 착취당하지 않는 세상이 찾아올 것이다. 이로써 자동화에는
다음의 역설적인 약속이 담겨 있지 않을까? 자본주의가 더 이
상 필요 없게 되리라는 약속 말이다.

마르크스는 자신의 아이디어에 한동안 도취되어 있었을
지 모른다. 왜냐하면 공산주의가 자본주의에 **맞섬으로써** 실현
된다고 믿은 다른 혁명가들과는 달리 오히려 자본주의를 **통해**
실현되는 메커니즘을 스스로 발명했다고 생각했기 때문이다.
다시 말해, 그는 계급 없는 사회가 흡사 자연법칙처럼 자본주
의적으로 진전된 자동화 자체에서 생성된다고 믿었다. 이것은 논
리적으로 끝까지 밀고 나가 보면 알 수 있다. 임금 노동 없는 자
본주의는 어떻게 될까? 착취당하는 사람이 없는 상태에서 어떻
게 착취가 이루어질 수 있을까? 〈직접적인 형태의 노동이 더는
부의 주요 원천이 되지 않으면 노동 시간이 부의 척도가 되는

것도 즉각 중단되고 중단될 수밖에 없다. …… 또한 **대중의 과잉 노동**도 사회 전반적인 부의 축적을 위한 조건이 되지 못한다.〉[14] 노동 의무에서 해방된 노동자는 이제 〈당장은 생산적이지 않은 일〉에 남는 시간을 쓸 수 있다. 이는 곧 〈모든 사람에게 사용할 **여가 시간**이 늘어난다는 뜻이다. 왜냐하면 진정한 부는 모든 개인의 발전된 생산력이기 때문이다. 이렇게 보자면 부의 척도는 더 이상 노동 시간이 아니라 여가 시간이다.〉[15]

마르크스에 따르면, 덜 일해도 될 만큼 여유가 있는 사회일수록 더 좋은 사회다. 자아실현의 실체가 무엇이든 간에 기계에 응집된 노동력은 인간에게 자아실현의 기회를 열어 준다. 착취와 소외된 노동은 혁명으로 종식되는 것이 아니라 기술과 경제의 진화로 종식될 것이다. 이 모든 것은 초지일관 계급 없는 사회로 나아간다. 더 이상 누구도 노동력을 착취할 필요가 없기 때문이다. 인간을 해방시키는 것은 노동이 아니라 노동의 불필요성이다. 젊은 마르크스가 『경제학 철학 수고』에서 내리지 못한 답이 이제 나온다. 〈사회가 생산을 전반적으로 조절〉한다는 것은 더 이상 안갯속에 있지 않다. 그것은 완전 자동화된 공장의 완전 자동화된 생산을 가리킨다. 금속 노동자와 광부가 어떻게 사냥꾼, 목동, 어부 또는 비평가로 살 수 있을까 하는 문제도 이제 새로운 답을 얻는다. 생업 노동이 아니라 충분한 **여가 시간** 속에 그 답이 있다.

오늘날 〈기계 단편〉이라 이름 붙여진 이 텍스트의 영향은 역사적으로 제로에 가깝다. 현실 사회주의에서는 정통 교리건 실천 강령에서건 지금껏 어떤 역할도 하지 못했다. 『정치 경제학 비판 요강 Grundrissen zur Kritik der politischen Ökonomie』에 〈고정 자본 및 사회 생산력의 발전〉이라는 어려운 제목으로 잘 숨겨져 있어서 그냥 읽지 않고 건너뛰기 쉽다. 그런데 마르크스 본인도 완전 자동화된 생산에 대한 이 아이디어를 일관되게 추구하지 않았다. 그에게 그것은 많은 아이디어 중 하나에 불과했다. 말년에 그는 자본주의가 완전히 다른 것, 즉 이윤율의 점진적 하락으로 무너질 거라고 보았다. 점점 더 완벽해지는 생산 시스템으로 물건이 무한대로 생산됨으로써 가격과 이윤이 급격한 타격을 받게 되리라는 것이다. 그러나 이 발전 과정 역시 지금까지도 그의 예상대로 되지 않고 있다.

이렇게 해서 동유럽과 동남아시아의 자칭 사회주의 및 공산주의 국가들은 노동자 해방을 마르크스와 완전히 다르게 정의했다. 자동화가 〈노동자와 농민〉을 노동 소외로부터 구해 주는 것이 아니라 기업들이 실질적으로 국가 소유, 그러니까 원칙적으로 모두의 소유라서 그렇다는 것이다. 만일 노동자를 착취하는 자본가가 없다면 노동자는 자신의 노동을 의미 있고 품위 있는 것으로서 경험한다. 그들은 자신의 일뿐 아니라 자기 회사와도 일체감을 느끼고, 각자가 자신을 실현하기 위해 사회주의 건설에 즐겁게 동참한다. 이런 식으로 현실 사회주의에서도 〈노동〉은 실존의 파토스 공식이 되었다. 그러나 그런 방법으로 삶의 숭고한 의미를 성취한 사람은 아무도 없다. 회사가 인민의 소유라고 해도 목재소 및 탄광 노동자는 여전히 목재소 및 탄광 노동자로 일했고 노동도 바뀌지 않았다. 톱질을 하거나 우라늄을 채굴하는 것으로 자아를 실현할 수 없을 뿐 아니라 자칫 냉소를 부르기 십상이다. 1960년대 말에 〈마오쩌둥 답사 여행〉을 떠났거나 기업체 침투를 목적으로 위장 취업에 나선 서유럽 대학생들의 경험도 별반 다르지 않았다. 주물공이나 버스 기사로 일하는 것과 인생의 의미는 아무런 상관이 없었다. 설사 기업과 버스 회사가 인민의 것, 즉 국가 소유라고 하더라도 말이다. 의미 있는 삶을 영위하는 것과 평생 특정 직업에 종사하는 것은 같지 않다. 이 둘은 거룩한 〈당의 과업〉으로도 결코 해소될 수 없는 모순에 빠진다.

현실 사회주의는 노동자를 마르크스와 엥겔스가 꿈꾸던, 스스로 자기 삶을 결정하는 사냥꾼, 목동, 어부, 비평가로 만들지 않았다. 20세기의 복잡한 산업 생산 시스템은 그런 생각을 마르크스 생전보다 훨씬 더 시대에 뒤떨어지는 것으로 여겼다. 마르크스 자신도 〈기계 단편〉과 『자본론』 제3권에서 입장을 수정했다. 〈사실 자유의 제국은 필요와 외적 강제성에 의해 규정된 노동이 중단된 뒤에야 시작된다.〉[17] 자유는 오직 〈생산 영역 저편에서〉만 존재한다.[17] 현실 〈노동자 농민 국가〉는 이 통찰을 난감해했지만, 마르크스는 그것을 완전히 포기할 생각이 없었다.

노동 **속에서** 노동자를 해방시키는 것은 무척 야심만만한 프로젝트다. 그것은 가혹한 생계 노동labour이 아닌 자기 규정적 일work을 할 때만 가능하다. 그에 반해 전통적인 생계 노동을 하는 직업에서는 삶의 의미를 채우는 경험을 할 수 없다. 설령 사회적 소유관계가 바뀌더라도 말이다. 따라서 기계와 건설 현장, 섬유 공장에서 일하는 현실 사회주의 국가의 노동자들은 단지 기계 장치의 톱니바퀴에 불과하다. 그들은 전체 생산 과정을 숙지하는 대신 자신에게 맡겨진 일부 영역만 파악한다. 그로써 경쟁 압박과 실직에 대한 불안은 떨쳐 냈지만 자신의 일에서는 여전히 자유롭지 못하다. 그들은 자기 책임하에 일하는 대신 〈계획 목표〉를 달성해야 하는 거대한 관료 기구의 부품에 지나지 않는다. 그들의 노동은 대체로 자유롭게 선택된 것도, 자유롭게 계획된 것도 아니고, 노동자가 독자적으로 작업 과정을 바꾸거나 작업을 다른 식으로 구성할 수도 없다. 이런 상황에서 사회주의적 의식 혹은 심지어 사회주의적 인간이 나타날 수 있을지는 의문이다. 마르크스가 젊을 때든 나이 들었을 때든 사회주의 및 공산주의와 동일시한 자기 결정권은 거의 어디서도 존재하지 않았다. 따라서 타율적 노동이 시행되는 곳에서는 어디든 스스로를 기만하는 체제가 존속했다. 그것은 자유의 체제와 아무 상관 없는 관료주의와 당의 체제였고, 통제와 강압의 체제였으며, 일부 자기 규정적 직업도 갖추고 있는 새장이었다.

그렇다면 현실 사회주의의 계획 경제는 청년기든 노년기든 마르크스의 사상과 일치하지 않는다. 동구권이나 중국의 노동자들은 이른바 〈꼭대기에 앉아 있는 사람들〉만 달라졌을 뿐, 그러니까 회사 사장이나 대기업 회장에서 공산당 간부로만 바뀌었을 뿐 자본주의 체제의 노동자들에 못지않게 〈소외감〉을 느낀다. 타율적 노동을 하는 노동자의 실질적인 해방은 노동 **밖에서만** 이루어질 수 있다. 그러려면 노동은 더 이상 실존의 파토스 공식이 되어서는 안 되고, 인간을 정의하거나 인간의 삶을 강제로 지배해서도 안 된다. 이것이 바로 마르크스가 〈기계 단편〉에서 하고자 했던 말이다.

그러나 기술 진보가 사람들을 소외된 노동이나 고된 노동에서 해방시키리라는 비전은 좌파의 이념사에서 한 번도 중심에 선 적이 없고, 늘 주변부로 밀려나 있었다. 이 문제는 1880년 마르크스의 사위이자 사회 혁명가인 폴 라파르그Paul Lafargue가 다시 끄집어냈을 때 잠시 부활했다. 그는 2차 산업 혁명 직전에 『게으를 권리Le droit a la paresse』를 출간했다. 1891년 2쇄를 찍은 뒤로 1966년까지 완전히 잊혔던 이 책은 사회주의자와 사회 민주주의자들의 자기기만을 통렬하게 꾸짖는다. 그들은 왜 순진하게 일할 권리만 요구하는가? 부유한 부르주아지를 보라! 그들은 여가 시간에 한가하게 예술과 다른 취미를 즐기지 않는가? 아침부터 저녁까지 비인간적인 조건에서 힘들게 일하고, 그 과정에서 심신이 소진되는 것이 뭐가 그리 바람직한가?

마르크스처럼 라파르그도 더욱 완벽한 기계로 나아가는 진보에 희망을 걸었다. 기술은 말년의 리카도가 생각한 것처럼 노동자를 실업자로 만드는 것이 아니라 오히려 노동에서 해방시켜 준다. 그러다 언젠가는 하루에 세 시간만 일해도 충분히 먹고살 수 있는 날이 올 것이다. 따라서 그때는 한 주에 스물한 시간만 일하면 되고, 주말을 특별히 〈자유 시간〉으로 정할 필요도 없다. 세 시간의 노동으로 녹초가 되는 사람은 없다. 인간이 노는 사이 기계는 〈뜨거운 숨결로, 강철처럼 단단하고 지칠 줄 모르는 사지로, 고갈되지 않는 놀라운 생산력으로 꾀도 부리지 않고 알아서 성실하게 일한다〉. 라파르그에게 〈기계는 인류의 구원자이자, 인간을 …… 임금 노동으로부터 구해 주고 인간에게 여가와 자유를 가져다줄 신〉이다.[18]

　　서유럽의 사회주의 정당들은 라파르그의 생각을 극도로 배척했다. 노동과 노동 세계를 중심으로 돌아가는 이데올로기에서 그런 생각은 이단이나 다름없었다. 어차피 사위를 대단하게 여기지 않았던 만년의 마르크스조차 이 책에 대한 논평을 자제했다. 그러나 라파르그는 마르크스가 〈기계 단편〉에서 주장했던 것과 동일한 내용을 더 쉽고 활기차게 표현했다. 적어도 런던의 페이비언 협회에서는 라파르그의 생각을 두고 열띤 토론이 벌어졌다. 1884년 조지 버나드 쇼George Bernard Shaw, H. G. 웰스H. G. Wells 같은 유명한 작가 그룹과 비어트리스 웨브Beatrice Webb, 에멀라인 팽크허스트Emmeline Pankhurst 같은 여성 인권 운동가들이 설립한 페이비언 협회의 목표는 더 공정하고 행복한 사회로 발전하는 것이었다. 아일랜드의 멋쟁이 작가 오스카 와일드Oscar Wilde도 라파르그의 생각에 자극을 받아 1891년 『사회주의하에서의 인간 영혼The Soul of Man under Socialism』을 썼다. 와일드의 생각은 라파르그의 생각과 방향이 같았다. 인간에게 타율적 노동을 강요하는 한 해방과 개성에 관한 이야기는 모두 거짓말이자 천박한 속임수라는 것이다. 그 때문에 와일드는 이렇게 주장한다. 〈모든 순수 기계적인 작업과 모든 단조롭고 지루한 작업, 더럽고 역겨운 것과 연결되어 있고 인간을 역겨운 상황으로 내모는 모든 작업은 …… 기계에 의해 수행되어야 한다.〉[19]

인간의 유일하고도 진정한 해방으로서의 기술 진보, 와일드도 이것으로 자기 시대뿐 아니라 대다수 사회주의와 충돌했다. 이때 그가 바라본 것은 머나먼 미래, 즉 21세기였다. **〈이제 기계가 사람을 노동 현장에서 몰아낸다. 적절한 상황이 주어지면 기계는 인간을 섬길 것이다.** 이것이 기계의 미래라는 점에는 의심의 여지가 없다. 농부가 잠든 사이 나무가 자라는 것처럼 기계도 인간이 기쁨이나 고귀한 여가에 몰두하거나(사실 삶의 목표는 노동이 아니라 여가다), 아름다운 것을 창조하거나 아름다운 것을 읽거나, 아니면 세상을 그냥 감탄하고 즐거운 시선으로 바라보는 동안 모든 필요하고 불쾌한 노동을 인간 대신 수행한다.〉[20]

사회의 목표는 인간이 자신의 개성을 자유롭게 펼칠 수 있는 삶의 조건이어야 한다. 그것도 모든 사람이 말이다! 와일드가 상상한 이런 사회에는 더 이상 사회 민주주의적 보상이 필요 없다. 또한 사람들이 돈과 소비의 유혹에 빠져 내키지 않은 노동을 할 필요도 없다. 에리히 프롬Erich Fromm의 『소유냐 존재냐To Have or To Be』가 출간되기 수십 년 전에 와일드는 이미 다음과 같은 문장을 썼다. 〈중요한 것은 소유〉가 아니다. 〈정말 중요한 것은 존재〉이기 때문이다. 〈인간의 진정한 완성은 자신

이 소유한 것에 있는 것이 아니라 자신이 누구인지에 달려 있다.)[21]

와일드의 생각을 더 들어 보자. 각자가 진정으로 스스로 원하는 사람이 될 수 있는 그런 자유로운 사회는 오직 점점 똑똑해지는 기계들의 노동 수행을 통해서만 가능하다. 그런 사회에 혁명가는 필요 없다. 생산성 향상으로 생겨난 사회적 부를 적절하게 분배해서 모두가 물질적으로 부족하지 않도록 설계할 줄 아는 사람이 필요할 뿐이다. 그에 반해 와일드는 폭력 혁명과 관련해서는 나중에 러시아와 중국에서 실제로 일어날 일을 정확히 예상한다. 〈사회주의가 권위에 빠진다면, 사회주의 체제 속에 지금의 정치적 폭압처럼 경제적 폭압으로 무장한 정부가 들어선다면, 한마디로 우리가 산업적 폭정의 지배 아래 놓인다면 인간의 마지막 단계는 첫 단계보다 더 나쁠 것이다.)[22]

와일드의 생각에 따르면, 국가가 기업을 국유화해서 노동을 분배해서는 안 된다. 심지어 100년 전에 이미 고드윈이 주장한 것처럼 국가는 되도록 사멸되어야 한다. 상습적 선동가이자 풍자가인 와일드가 이 모든 것을 정말 진지하게 말했을까? 그의 친구 쇼만 그에 대해 의심한 것은 아니었다. 완전 자동화에서 계급 없는 사회, 그리고 국가가 필요 없는 상태로 나아가는 길은 빠르게 진행되고, 너무 성급하게 그려진다. 〈기계 단편〉 텍스트도 다르지 않지만, 마르크스에게는 그럴 만한 이유가 있었다. 그는 완전 자동화된 공장과 완전 자동화된 농업이 노동자를 비롯해 모든 사람을 해방시킬 거라고 믿었다. 그 이유는

19세기 중반 서유럽의 대다수 사람이 실제로 이 두 영역에서 일하고 있었기 때문이다. 반면에 와일드는 아직 자동화가 요원해 보이는 사무직 사회의 시작점에 서 있었다. 그렇다면 프리랜서를 비롯해, 의사와 변호사, 건축가, 지능형 기계를 다루는 엔지니어, 학자, 연구원처럼 까다로운 서비스업에 종사하는 사람들은 무슨 일을 해야 할까? 이들 모두를 주 21시간 근무의 완전 자동화된 공장으로 보내야 할까? 현재 독일의 전체 취업자 가운데 농업에 종사하는 인구는 1.4퍼센트이다. 한편 생산직은 4분의 1인 반면 나머지 4분의 3은 전문적인 서비스직이다. 타율적 노동의 전체 양이 급격하게 감소하는 현상은 자율적 노동의 세계에는 해당되지 않는다. 역사를 돌아보면, 자율적 노동은 지금껏 줄어든 것이 아니라 계속 힘차게 증가하고 있다. 그렇다면 완전 자동화와 함께 자본주의가 필연적으로 멸망하는 것도 아니고, 마르크스와 라파르그, 와일드가 꿈꾸던 계급 없는 사회가 시작되는 것도 아니다.

하지만 생업 노동, 즉 타율적 노동이 점점 줄어드는 삶의 비전은 그 자체로 의미가 있지 않을까? 20세기에도 이 비전에 많은 비판적 진보 지식인이 관심을 보인 것은 이상한 일이 아니다. 예를 들어, 영국의 철학자이자 노벨상 수상자인 버트런드 러셀Bertrand Russell은 1935년 에세이 『게으름에 대한 찬양In Praise of Idleness』에 이렇게 썼다. 〈나는 오늘날 노동 자체의 드높은 가치에 대한 믿음에서 불행이 비롯되었고, 노동을 체계적으로 줄이는 것 속에 행복과 번영으로 가는 길이 있다고 진심으로 말하고 싶다. 오늘날에는 현대 기술 덕분에 자유 시간과 여유가 일정 한도 내에서 필요하다. 이는 더 이상 소수 계층의 특권이 되어서는 안 되고, 사회 구성원 모두가 동등하게 누릴 수 있어야 한다. 노동 윤리는 노예 윤리다. 근대 사회에는 더 이상 노예 제도가 필요하지 않다.)[23]

마르크스가 죽은 지 3년 뒤인 1896년에 엥겔스는 자신의 에세이 『원숭이가 인간이 되는 과정에서 노동의 역할*Anteil der Arbeit an der Menschwerdung des Affen*』에서 노동에 관한 생각을 정리했다. 그는 여기서 노동 세계의 자유와 자기 결정권으로 나아가는 대안적 길을 보여 준다. 엥겔스에 따르면, 인간은 일하는 유일한 동물이다. 인간은 자신의 환경을 만들어 나가고, 특정 발달 단계에 이르면 스스로 먹을 식량까지 만들어 낸다. 이런 점에서 인간을 규정하는 것은 노동이다. 노동을 빼면 인간은 없고 동물만 남는다. 그런데 엥겔스에게 노동 개념은 어쩔 수 없이 해야 하는 고된 노동이 아니라 늘 자기실현과 자기 계발을 의미했다. 로크가 전체 노동 세계를 타율적 노동labour으로 균일화했다면 엥겔스는 노동을 자율적 일work로 보았다. 타율적 노동은 비정상적이고 전도되고 소외된 노동이다. 이로써 사회주의의 목표가 언급된다. 소외된 노동을 없애고, 사람들에게 각자 천성에 맞는 자기실현의 노동을 하게 하자는 것이다.

그렇다면 문제는 하나다. 이것을 어떻게 실현할 것인가? 다들 자율적 일만 하려 하고 타율적 일은 하지 않으려 한다면, 불쾌하고 더럽고 천한 일은 누가 해야 할까? 그런 일은 모조리 기계의 몫이 될까? 부를 공정하게 분배하려는 사회에 〈점점 더 많이〉만 외치고 무조건 성장만 부르짖는 이데올로기에서 벗어나는 것도 필요하지 않을까? 고르스 같은 영리한 사상가는 이런 질문들을 해결하기 위해 평생을 바쳤다. 마르크스 사상을 20세기에 맞게 어떻게 고칠 수 있을까? 노동자들에게 어떻게 최대한 많은 여유 시간을 가져다줄 수 있을까? 경제 논리가 지배하는 사회에서 어떻게 경제적 이성보다 더 높은 차원의 지혜가 있다는 사실을 가르쳐 줄 수 있을까?

이 대목에서 자유주의적 노동 개념의 강점과 설득력뿐 아니라 여러 오류까지 염두에 두고 앞서 〈노동 세계의 혁명〉의 말미에서 제기했던 질문들을 분명히 해둘 필요가 있다. 첫째, 고전적 임금 사회는 앞으로 얼마나 더 살아남을까? 둘째, 그중 여전히 바람직한 것은 무엇일까? 셋째, 사회의 진정한 재설계를 가능케 하는 아이디어는 무엇이고, 암 환자의 성형 수술처럼 아무짝에도 쓸데없는 아이디어는 무엇일까? 이런 질문에 답하려면 현재의 노동 세계에 관해 다른 식으로 질문을 던져야 한다. 그것도 〈최대한 많이 일하는 것이 좋고, 많이 일할수록 더 많은 번영이 찾아온다〉는 자유주의적 원칙들에 의문을 제기하면서 말이다. 이에 상응하는 질문은 다음과 같다. 오늘날 우리는 실제로 **무엇을 위해** 일하는가? 21세기에 **번영**이란 무엇을 의미하는가? 노동에 대한 요구가 아닌 **삶의 의미**가 사회 중심에 선다는 것은 무엇을 뜻하는가?

오늘날의 노동과 사회

우리의 노동 사회는 왜 미래가 없는가? 이것이 왜 재앙이 아니라 진보일까?

함께하는 것만으로 충분하다:
오늘날 우리는 무엇을 위해 일하는가?

1957년 에르하르트가 『모두를 위한 번영』을 출간했을 때 불과 1년 뒤 이 책의 성공을 국제적으로 훨씬 뛰어넘을 또 다른 세계적 베스트셀러가 나올 거라고는 그 역시 전혀 예상하지 못했다. 미국과 서유럽 사회는 에르하르트의 책과 제목이 살짝 비슷한 『풍요로운 사회The Affluent Society』를 두고 열띤 토론을 벌였다. 에르하르트가 무한에 가까운 경제 성장의 축복을 예찬했다면 이 책의 저자 존 K. 갤브레이스John K. Galbraith는 한 걸음 더 나아갔다. 당시 50세의 하버드 경제학자이자 나중에 대통령 경제고문에 임명된 그는 『풍요로운 사회』에서 모순에 빠진 사회를 묘사했다. 고도의 생산성 향상으로 더 이상 부족한 것이 없음에도 여전히 많은 사람이 빈곤과 실업, 교육 기회의 상실에 시달리고 사회적 불평등이 만연한 사회 말이다. 미국과 서유럽은 극도로 부유해졌지만, 부의 분배는 극도로 열악해졌다. 〈풍요로운 사회〉는 주로 소수의 개인적인 부를 촉진할 뿐 모두에게 그와 동등한 부를 안겨다 주지는 않았다.

　　왜 그럴까? 갤브레이스에 따르면, 주된 이유는 20세기 후반의 경제학자와 정치인들이 여전히 19세기의 사고방식에

젖어 있기 때문이다. 즉, 최대한 많이 생산하면 나머지 문제는 저절로 웬만큼 해결된다고 믿었다. 그러나 이는 표면적으로만 그럴 따름이다. 정치인들은 점점 더 저렴해지는 소비재로 전체 중 3분의 1에 해당하는 하위 저소득층의 마음을 사로잡아 사회적 평화를 유지하려 한다. 그렇다면 이런 풍요로운 사회는 어디로 가게 될까? 누구나 별 필요 없는 두 번째 차를 장만하고, 언젠가는 정말 불필요한 세 번째 차를 구입하는 사회가 될까? 소비를 위한 소비 사회가 될까? 갤브레이스는 1958년에 이미 끝 모를 생산 증대의 대가는 누가 지불하느냐고 물었다. 시민의 욕구를 충족시킨다는 명분 아래 항상 새로운 소비를 부채질하고, 그로써 자연과 지구 전체를 야금야금 파괴하고 있다는 사실을 생각조차 하지 않는 사회는 과연 어떻게 될까?

　　독일은 갤브레이스가 던진 화두를 손쉽게 처리했다. 자신들의 사회적 시장 경제가 어쨌든 미국의 자본주의보다는 생산 증대의 축복을 시민들에게 한결 공정하고 폭넓게 나누어 주었다고 위안하면서 말이다. 독일의 경제적 기적을 이룬 세대는 이 번영의 구간에 치러야 하는 대가에 대해서는 어차피 관심이 없었다. 풍요로운 생산이 장기적으로 노동자의 삶과 노동 사회에 어떤 영향을 끼칠지도 관심의 대상이 아니었다. 풍요로운 생산은 왜 모두가 부를 누리는 상태로 이어지지 못할까? 경제적 관점에서 노동이 기본적인 물질 욕구의 충족을 위해 더는 반드시 필요한 것이 아니라면 인생의 많은 시간 동안 계속 일해야 할 이유가 있을까?

영국의 위대한 경제학자 존 메이너드 케인스John Maynard Keynes는 1930년에 이미 부의 증대와 시민의 욕구 충족이 동반되는 것이 아님을 예감했다. 그는 『우리 손자 세대를 위한 경제적 가능성Economic Possibilities for our Grandchildren』에서 이렇게 주장했다. 순수 경제학적으로 보면, 100년 후의 세대는 평일에 세 시간만 일해도 충분할 것이다. 이것은 전에 라파르그의 예측과 거의 비슷한 수준이다.[1] 케인스는 세계 경제 위기 중에도 놀라운 선견지명으로 선진국의 경제 생산량이 엄청나게 증가하고 부가 상당히 불어날 거라고 내다보았다. 그와 함께 사람들의 모든 〈경제적 걱정〉은 과거의 일이 된다. 2030년에 사람들이 관심을 보일 문제는 지금과 다르다. 미래에는 노동 시간이 아니라 여가 시간을 어떻게 채울지를 생각할 것이다.

　매우 영특한 두뇌의 소유자였던 케인스는 노동의 미래에 대한 문제가 단순히 경제적 성과나 이성의 문제가 아님을 잘 알고 있었다. 얼마나 많은 사람이 만족을 모르는가? 얼마나 많은 사람이 돈과 물질적 재화로 우월감을 과시하려고 하는가? 장차 〈우월감에 대한 욕구〉나 〈돈에 대한 사랑〉이 얼마나 부질없는지 배우고 가르치는 문화적 진보가 없다면 밝고 평화로운 미래는 없을지 모른다. 케인스는 수사적 표현으로 문화적 변화에 대한 소망을 교묘하게 드러낸다. 언젠가는 〈돈에 대한 사랑이 …… 정말 무엇인지 깨닫게 될 것이다. 그것은 상당히 역겹고 병적인 고통이자, 몸서리치며 정신 질환 전문가에게 맡겨야 하는 어느 정도 병리적 현상에 가깝다〉.[2]

함께하는 것만으로 충분하다: 오늘날 우리는 무엇을 위해 일하는가?

케인스는 아마 오늘날, 그러니까 2020년대 초에 우리가 그런 밝은 미래 사회로부터 이렇게 멀리 떨어져 있음을 보고도 그리 놀라지 않을 것이다. 그를 성급하게 비난하고 조롱했던 사람들은 그의 다음 말에 귀를 기울일 필요가 있다. 탐욕의 사회에서 행복하고 만족스러운 사회로의 거대한 변화는 점차적으로 이루어지지 않는다. 아마 100년 뒤, 그러니까 2030년쯤에야 그런 변화는 시작될 것이다. 그때야 사람들은 〈새로 발견된 자연의 선물을 온전히 다른 방식으로 사용하고〉 오랫동안 내려온 〈전통적인 지혜와 종교의 믿을 만한 원칙으로 돌아갈 것이다. 탐욕은 악덕이고, 고리대금은 범죄이고, 돈에 대한 욕망은 가증스럽다고 여기는 원칙으로 말이다〉.[3]

케인스가 비록 자신의 소망을 예언의 형태로 위장했다고 하더라도, 생업 노동의 축소를 미래 사회의 특징으로 묘사한 것은 일반적인 경제 예측과는 완전히 달랐다. 그것은 오히려 인류에 대한 호소에 가까웠다. 좋은 미래란 단순히 〈더 큰 풍요〉 속에 있는 것이 아니라 경제의 완전한 재편 속에 있다는 호소였다. 이는 경제적 이성이 아닌 〈가치〉와 〈전통적 지혜〉가 지배하는 경제 질서이자, 저급한 욕심과 이기적 충동이 아닌 도덕과 이성이 규정하는 사회다. 이런 사회에서 행복은 경제를 새롭게 조직하고 부를 공정하게 분배하는 문제와 직결되어 있으며, 단순히 무조건적인 풍요와 동일시되지 않는다.

노동 시간을 단축하자는 아이디어는 몇 가지 매력을 갖고 있다. 1930년대 초에 뚜렷이 적게 일하는 미래를 상상한 사람은 케인스뿐이 아니었다. 20세기 내내 진보적인 경제학자와 사회 개혁가들은 적게 일하고 많은 여가를 누리는 사회를 꿈꾸었다. 예를 들어 뉴욕의 경제학자이자 경제사학자 로버트 하일브로너Robert Heilbroner는 1965년 이렇게 썼다. 〈기계가 지속적으로 사회에 투입되어 점점 더 많은 사회적 업무를 수행한다면 우리가 일반적으로 노동이라고 이해하는 인간의 모든 일은 점진적으로 불필요해질 것이다.〉[4] 또한 미래에는 서비스 업종이 크게 성장할 것이고 〈정신과 의사, 예술가 같은 직업〉이 대폭 생겨날 거라고 예상했다. 물론 서비스 시장도 무한하지는 않다고 전제하면서 말이다.

1960년대는 회의론자와 공상가들의 시간이었다. 일례로 미국의 사이버네틱스 학자이자 미래학자 허먼 칸Herman Kahn은 1967년 자신의 동포들에게, 2000년이 되면 일주일에 4일만 일하고 13주의 휴가를 쓸 수 있을 거라고 예언했다.[5] 그는 케인스나 하일브로너와 달리 자유주의적 좌파가 아니라 수구 보수주의자로서, 미국이 핵전쟁에서 승리하는 방법을 아무 두려움 없이 냉정하게 설명한 것으로 악명이 높았다. 그런 점에서 스탠리 큐브릭Stanley Kubrick의 영화 「닥터 스트레인지러브Dr. Strangelove Or: How I Learned To Stop Worrying And Love The Bomb」에 나오는 폭탄을 사랑하는 주인공과 비슷하다. 아무튼 칸이 그린 미래 노동 세계의 비전에는 인본주의적 동기나 해방적 동기가 전혀 없었다. 그는 딱 한 가지만 원했다. 바로 미국의 경제 성과가 얼마나 엄청나고, 현실 사회주의보다 얼마나 우월한지를 보여 주고자 했다.

경제적으로 실패한 동구권 공산주의자들이 꿈꾸던 노동자의 번영은 자본주의에서만 실현될 수 있다고 믿었기 때문이다.

사회주의를 사회적으로 멀리 따돌리려는 계획은 수십 년 동안 자유세계의 강력한 동기였다. 그런데 그 중요성이 소련 붕괴 및 체제 경쟁의 종식과 함께 하루아침에 무너져 내렸다. 공교롭게도 그와 동시에 독일에서는 노동 시간을 단축하기 위한 노동조합의 투쟁도 급격히 약화되었다. 그 요구가 정점에 이른 때는 1984년이었다. 그러다 1990년대 초에 이르면 주 35시간 노동제의 전면적 도입에 관한 이야기는 거의 들을 수 없게 되었다. 그나마 아이들을 키우거나 친척을 돌보기 위해서 가끔 주 28시간 노동을 허락해 달라는 요구만 들릴 뿐이었다.[6] 생산량이 증가할수록 노동량은 줄어들어야 한다는 옛 이념은 노동계와 사회 민주당의 레퍼토리에서 빠져 버렸다.

원인은 어디에 있을까? 생산과 부의 엄청난 증대에도 불구하고 최근 수십 년 동안 서구 선진국에서 노동 시간이 현저히 줄지 않은 이유는 무엇일까? 순수 양적인 측면에서 보면, 결핍의 경제는 이미 오래전에 끝났다. 그러나 생산성이 아무리 늘어나고 물질적 축복이 아무리 커져도 오늘날 충족되지 않은 물질적 욕망의 가짓수는 예전보다 결코 적지 않다. 수요 촉진 사회는 역사적으로 유례가 없을 만큼 풍요로운 사회다. 그러나 그런 엄청난 과잉 생산에도 불구하고 많은 사람이 여전히 이 사회를 갤브레이스가 1958년에 묘사한 〈풍요 사회〉처럼 느끼지 못한다. 스위스 경제사가 지겐탈러는 묻는다. 이제 실질적인 결핍은 사라졌음에도 우리는 왜 다른 결핍, 그러니까 〈문화적 결핍〉 속에서 살고 있을까?[7] 여기서 말하는 다른 결핍이란 생산의 진보가 우리에게 선사한 것, 즉 자유롭게 사용할 수 있는 시간의 결핍이다.

이 질문에 대한 가장 간단하고 흔한 대답은 이렇다. 인간은 원래 그렇게 생겨 먹었다는 것이다. 인간은 무언가에 지속적으로 만족하는 경우가 드물다. 특히 자신의 생활 수준에 대해서는 만족하지 못하고 더 많은 것을 원한다. 케인스의 비전 같은 경우는 이성을 지나치게 과대평가하고, 인간의 탐욕을 지나치게 과소평가한다. 동구권의 현실 사회주의처럼 물질적 풍요의 희망이 거의 없는 사회가 우리에게 보여 주는 것은 분명하다. 물질적 인센티브 없이는 생산의 커다란 진전은 없고, 생산의 진전 없이는 열심히 일하려는 노동자도 없다는 것이다. 결론적으로 말하자면, 욕구 충족 사회는 욕구 촉진 사회보다 더 불행하다. 후자의 사람들은 자신이 원하는 것을 모두 가질 경제적 여유가 없어서 불행하다면, 전자의 사람들은 마땅히 추구할 권리가 있는 새로운 물질적 목표가 눈앞에 없어서 훨씬 더 불행하다.

언뜻 보기에 탐욕에 관한 이런 인간학적 설명은 그럴듯해 보인다. 잘 알려져 있는 것처럼 케인스도 인간의 탐욕을 염두에 두고 있었다. 물론 **인간학적 차원**이 아니라, 인센티브가 낮으면 인간의 의욕도 낮아지고 보상도 줄어들 수밖에 없다는 **문화의 결과**로서 말이다. 둘 중 어느 것이 맞을까? 물질적 탐욕

함께하는 것만으로 충분하다: 오늘날 우리는 무엇을 위해 일하는가?

은 원래 인간의 내면에 깊숙이 뿌리내린 것일까, 아니면 문화적으로 주입되고 배양된 것일까? 일단 〈탐욕〉이 상당히 모호한 개념이라는 사실을 분명히 해야 한다. 우리는 사랑이나 섹스, 음식, 지식, 재미, 인정, 권력, 마약을 탐할 수 있다. 그런데 탐욕의 인간학적 관점에 따르면, 경제적으로 의미가 있는 것은 돈과 소비재에 대한 탐욕뿐이다. 또한 그것이 **인간의 본질**이라고 본다.

이것이 명확한 사실이라면 다음과 같은 의문이 든다. 물질적 탐욕은 왜 인류 역사에 그대로 반영되지 않았을까? 그것이 인간 본성이라면 왜 고대부터 중세를 훌쩍 넘어서까지도 그토록 금기시되고 경멸받았을까? 왜 거의 모든 극동아시아의 종교와 지혜는 물질적 탐욕을 그리 경원시했을까? 분명히 자족의 경제는 존재했고, 인류 역사에서 탐욕의 경제보다 수천 년 더 깊은 뿌리를 갖고 있다. 그에 비하면 탐욕의 경제는 이제 겨우 200년밖에 되지 않은 것이다. 게다가 지난 수십 년 사이 그 덩치는 공룡이 되어 버렸다. 그럼에도 오늘날에는 우리 문화권뿐 아니라 다른 문화권에서도 현재의 경제 시스템을 무절제하고 탐욕스럽게 여기며 거리를 두는 사람이 여전히 많다.

어떤 사람은 더 많은 부와 자산을 추구하는 데 본능적으로 거부감을 보인다. 그렇다면 그것은 만인의 본성이 아니고, 실제로 모든 문화와 문명권에서 예나 지금이나 늘 환영받는 것도 아니다. 부에 대한 추구는 인간 욕구와 행동 방식의 많은 스펙트럼 가운데 **한 가지** 측면일 뿐이다. 〈인간 일반〉에 대해 말하는 것은 어차피 대부분 헛소리이고, 그로써 많은 사람에게 가하는 정신적 폭력이다. 인류는 그 일원이 되려면 반드시 특정 방식으로 행동해야 하는 공동체가 아니다.

전반적인 풍요에도 불구하고, 물질적 탐욕이 우리 사회를 물질적 불만이 구조화되고 문화적 결핍이 지배하는 사회로 만드는 데 한몫했다면, 그것은 그저 많은 요소 가운데 하나일 뿐이고 유일한 결정적인 지점도 아니다. 우리는 반드시 탐욕적이어서 단독 주택이나 해외여행, 고급차를 원하는 것이 아니다. 〈사람들〉이 일을 덜 하기보다 더 하고 싶어 하는 것을 인간의 물질적 탐욕 탓으로 돌리는 것은 너무 단순한 설명이다. 주 15시간 노동에 대한 케인스의 소망이 만인의 물질적 탐욕 때문에 이루어지지 않았다는 주장은 조심스럽게 표현해서 과장이자 책임 전가에 가깝다.

케인스의 주장에 반기를 드는 다른 논거도 있다. 이 논거는 점점 더 많은 것을 원하는 우리 행동의 책임을 개인 및 개인의 욕망으로 보지 않는 대신에 시스템에 의한 강요를 주범으로 지목한다. 자본주의 경제는 끊임없이 성장해야 하고 그런 성장 동력으로 굴러간다. 그 때문에 어떤 형태로든 상품과 서비스에 대한 궁극적 만족은 생기지 않는다. 포만감을 느끼지 못하는 사회라면 사람들은 필요한 모든 것을 생산하기 위해 일을 많이 할 수밖에 없다. 이 견해가 사실이라면 케인스가 상상한 2030년의 전환은 불가능하다. 왜냐하면 절제와 자기만족으로의 복귀를 가로막는 것은 잘못 인도된 사람들의 〈역겹고 병적인 욕망〉이 아니라, 늘 새롭게 만들어지는 가짜 욕구에 끊임없이 불을 지피고 인위적으로 연료를 공급하는 것 외에는 할 줄 아는 것이 없는 자본주의 자체의 〈역겹고 병적인〉 시스템이기 때문이다.

이 주장은 자유주의자와 좌파 모두에게 인기가 있다. 여기에는 두 가지 강력한 전제가 있다. 첫째, 자본주의는 일정 한계 이상 변화할 수 없다. 둘째, 앞서 보상 이론에서 상세히 설명한 것처럼, 노동의 양은 생산성 증가와 함께 점진적으로 증가해 왔다. 첫 번째 가정에는 당연히 이렇게 물을 수 있다. 자본주의가 극복할 수 없다는 한계는 정확히 어디까지인가? 역사적으로 볼 때 자본주의는 엄청난 학습 능력과 무한에 가까운 유연성을 보여 주었는데, 그런 시스템의 한계를 대체 어떻게 백사장에 말뚝 박듯이 명확하게 그을 수 있을까? 사실 새로운 조건과 도전에 카멜레온처럼 유연하게 적응하는 능력만큼 자본주의 경제의 역사를 잘 특징짓는 것은 없다. 섬유 공장과 광산에서 아이들을 마치 노동 동물처럼 학대한 19세기 전반기의 맨체스터 자본주의 역시 오늘날 독일의 사회적 시장 경제와 같은 자본주의다. 하지만 둘 사이에는 유사점을 찾아보기 힘들 정도로 차이가 크다. 그렇다면 무엇이 자본주의라는 〈시스템에 의한 강제〉이고, 무엇인지 아닌지를 명확히 말하기는 쉽지 않다. 어떤 때는 경쟁력을 갖추기 위해 노동자의 임금을 최대한 낮추는 것이 시스템의 요구였다면, 어떤 때는 내수 시장을 살리기 위해 임금을 높여야 한다는 것이 시스템의 강제였다.

근거가 허약하기는 두 번째 전제도 마찬가지다. 생산 증대와 함께 부가 증가하고, 부의 증대와 함께 생업 노동에 대한 수요도 증가한다는 전제 말이다. 오늘날 독일의 부는 19세기의 국내 총생산에 비하면 1인당 스무 배가 늘어났다. 1870년에 2,000달러이던 것이 현재는 약 4만 유로다.[8] 그런데 이 통계에서 인플레이션 요소를 감안하더라도 노동력에 대한 수요는 분명 국내 총생산만큼 그렇게 급격하게 증가하지 않았다. 게다가 서구 선진국에서는 모든 유급 노동이 경제적으로 반드시 필요하거나 유익한 것도 아니었다. 그중 결코 무시할 수 없는 규모의 노동이 미국 인류학자 데이비드 그레이버David Graeber가 **불 헷 잡**Bullshit Job이라고 명명한, 쓸데없거나 시간 낭비로 여겨지는 직업들이다.[9] 그중에는 정말 하는 일도 별로 없이 꽤 두둑한 보수를 챙기는 직업도 수두룩하다. 이런 일은 대우가 좋은 〈거짓 직업〉이고, 그 일에 종사하는 사람들조차 자기 직업의 무의미성을 뼈저리게 느낀다. 오늘날의 정보 사회는 원래는 필요 없는 상당수 직원을 비롯해 기업 변호사, 로비스트, 마케팅 전문가, 전략 컨설턴트, 홍보 전문가로 이루어진 거대한 함대를 거느리고 있다. 그레이버는 자신의 상사에게만 중요한 척 구는 〈부하 직원들〉에 대해 분명한 어조로 이야기한다. 또한 불필요한 보험에 들거나 투자를 하도록 남들을 꾀거나, 기업 변호사와 홍보 전문가로서 어떻게든 경쟁자들의 뒤통수를 치려는 〈무뢰배들〉에 대해 이야기한다. 그 밖에 사장의 실수를 은밀하게 해결해 주거나 문제를 다른 곳으로 떠넘기는 〈개인 비서〉, 실제로 하는 일이라고는 남의 작업을 문서화하고 정리하는 것밖에 없으면서도 무척 바쁜 척하는 〈책상머리 직원〉, 단순히 지시 사항을 하달하는 일만 함으로써 모든 기업과 기관이 아쉬움 없이 정리할 수 있는 중간 관리자급의 〈작업 할당자〉도 언급한다. 그레이버에 따르면, 이런 직업들은 경영 효율성이라는 이름의 빨간 펜이 거의 적용되지 않는 지점에 존재하기 때문에 유지될 수 있다.

그레이버는 서방 국가의 모든 사무직 직원 중 약 40퍼센트가 자신의 업무를 무의미하게 여긴다는 연구 결과를 인용한다. 심리적인 무의미성을 반드시 경제적 무용론으로 해석할 필요는 없다고 해도, 이 도발적인 테제가 우리 노동 사회의 자아상에 강력한 도전장을 날리는 것은 사실이다. 오늘날 우리는 상당 부분 단순히 일을 해야 하기 때문에 일하는 것일까? 쓰레기 수거부터 경찰관, 요양 시설 간병인까지 사회적으로 유용하고 실제로 많은 사람에게 도움이 되는 **돌봄 직업**은 **하찮은 일**로 간주되는 반면에, 그럴듯한 평판에 좋은 보수를 받는 직업은 상당히 혹은 전적으로 불필요한데도 **불싯 잡**으로 인정해 주는 것은 우리가 원한 것일까? 산업국에서 사회적으로 중요하고 의미 있는 일을 하는데도 저임금을 받는 노동자의 희생으로 좋은 보수를 챙기는 사람은 자기 일을 지루해할까? 그레이버의 말대로, 그것이 모두 오늘날 우리 세계를 지배하는 금융 자본주의가 의도적으로 〈전리품〉을 불공정하게 분배하기 때문일까?

금융 자본주의가 특정 의도를 갖고 전략적 목표를 추구하는 주체적 존재가 아니라는 사실은 그레이버에게 중요하지 않은 모양이다. 그가 관심을 보인 것은 결과뿐이다. 그러니까 과거에 귀족이 농민을 수탈하고 그들의 희생으로 살아갔듯이, 오늘날에는 무익한 직업에 종사하는 사람들이 유익하고 꼭 필요한 직업에 종사하는 사람들의 노동 성과를 간접적으로 착취하고 있다는 것이다. 그레이버처럼 시스템이 나쁜 의도를 가지고 있다고 가정하지 않더라도 이렇게는 말할 수 있다. 우리 사회에서는 유용성으로 측정된 노동 성과와 돈으로 측정된 보수 사이에는 아무 관련성이 없다. 예를 들어 주로 여성이 담당하는 가사 노동이나 육아, 돌봄 같은 유익한 노동은 전혀 보수를 받지 않거나, 아니면 도우미나 간병인처럼 그 직업군이 완전히 붕괴되지 않을 만큼만 임금을 주며 계속 일을 시킨다. 다른 한편 우리의 노동 세계는 실질적으로 중요한 욕구를 충족시키지 못하는 직업으로 가득 차 있다. 나흐트바이의 지적처럼, 이런 상황은 상당 부분 사회적 규정의 준수 및 확장 때문에 발생한다.[10] 절차에 맞는 진행, 산정 및 평가에 대한 집착, 무수한 회의 및 위원회, 그리고 품질 보증이나 환경 및 노동 보호 영역에서 점점 복잡한 방식으로 확장되는 관료적 행정주의 때문에 규정을 지키는 것만이 자신들의 사회적 유용성을 입증하는 길이라고 생각하는 사무직 노동자 군단이 생겨난다.

그레이버의 생각을 좀 더 따라가 보자. 산업화된 사회에서는 실업 상태를 피하기 위해 의미 없는 노동이라도 창출해 내는 것이 늘 중요했는지는 알 수 없다. 또한 관료주의가 비대해지고 자본주의의 〈전리품〉이 간병인이나 소방관에게까지 도달하지 않는 현상에 굳이 선견지명과 용의주도함까지 갖춘 금융 자본주의를 끌어들일 필요는 없다. 모든 영역을 아우르는 관료화로 인해 과거에는 불필요했거나 제한적으로만 유용했던 일까지 노동 시장에 편입되었다고 말하는 정도로 충분하다. 게다가 그런 일이 일어나지 않았다면 수백만 명의 독일인이 생업을 찾지 못했을 수도 있다. 실업 수당을 지급하느니 피라미드를 건설하는 편이 낫다는 케인스의 말은 사회에 깊이 각인되었다. 그의 손자 세대들이 아직도 이렇게 열심히 일해야 하는 이유가 거기에 있을지도 모른다. 그렇다면 우리 경제가 별로 필요 없는 일을 많이 창출해서 계속 불려 나가고, 우리가 50년 전과 큰 차이 없게 열심히 일하는 것도 전적으로 의도적이라고 말할 수 있다. 어쩌면 케인스의 주장에 대한 반론으로, 대다수 사람은 사실 덜 일하고 싶은 마음이 없다고 말할 수 있지 않을까?

사회 전체로 보면 일리가 있는 말처럼 들린다. 그러나 개인 심리로 보면 분명 아니다. 딱히 필요하지도 않으면서 대량으로 증가한 일은 전반적으로 그 일을 하는 사람들에게 특별한 재미를 주지 못하고, 깊은 의미도 안기지 못한다. 행정직에서 일하는 사람은 대개 스트레스에 찌들고 녹초가 된 채 퇴근하고, 성취감을 느끼며 느긋하게 집으로 돌아가는 경우는 드물다. 독일인이 직장에서 얼마나 행복감을 느끼는지에 관한 조사는 지속적으로 실시되고 연구된다. 결과는 대체로 비슷하다. 수천 명의 사람에게 자기 직업에 대한 행복감을 반복적으로 묻는 설문 조사도 오래전부터 유행이다. 노동조합에서도 매년 설문 조사를 실시하는데, 2020년에는 독일의 전체 근로자 가운데 15퍼센트만이 자신의 직업에 만족한다고 답했다. 39퍼센트는 자기 노동의 만족도를 〈중상〉으로, 31퍼센트는 〈중하〉로 판단했고, 15퍼센트는 〈나쁘다〉고 평가했다.[11] 갤럽의 직업 만족도 조사도 비슷한 결과가 나왔다. 독일 임금 근로자 세 명 중 한 명은 자신의 직업이 무의미하다고 생각한 것이다. 16퍼센트만이 자신의 일을 좋아했으며, 68퍼센트는 웬만큼 습관적으로 업무를 수행했고, 16퍼센트는 심적으로 이미 직장을 떠났다고 말했다.[12] 불만의 원인은 〈너무 낮은 급여〉에서부터 〈유연성 부족〉, 〈과도한 업무〉에 이르기까지 다양했다.

그렇다면 오늘날 우리가 일을 좋아해서 일을 한다는 주장은 전반적으로 근거 없는 소문에 지나지 않는다. 오히려 선진국의 많은 사람은 일을 **덜 하고자** 하고, **다른 일**을 하고자 하고, **다르게** 일하고 싶어 한다. 일이 그 자체로 자기 목적인 사람은 극소수에 불과하다. 대신에 점점 많은 사람이 스스로에게 이렇게 묻는다. 〈나는 대체 이 일을 왜 하는가?〉 뒤집어 생각하면, 직업이 있어 기쁘다는 말도 내가 하는 일이 반드시 내게 행복을 안겨 준다는 뜻은 아니다.

이로써 모든 것이 좀 더 선명해졌다. 우리 노동 사회가 왜 생산 증대에 적절하게 적응하지 못했고 노동 시간을 뚜렷이 단축시키지 못했는지에 대한 질문을 바라보는 시각은 더욱 예리해졌다. 일부 경제학자, 정치인, 경제 담당 기자가 그러는 것처럼 놀랍도록 단순한 답에 안주하는 대신 시장과 국가, 사회, 문화의 상호 작용에 주목해야 한다. 현재의 노동 사회는 인간

함께하는 것만으로 충분하다: 오늘날 우리는 무엇을 위해 일하는가?

탐욕이나 모두에게 동일한 인간 욕구의 반영도 아니고, 수상쩍은 시장의 요구를 그대로 받아들인 결과도 아니다. 사회학자이자 경제학자 칼 폴라니Karl Polanyi가 1940년대에 인상적으로 보여 주었듯이, 시장만으로는 결코 어떤 형태의 사회 전체적인 발전을 이뤄 내지 못한다. 19세기의 시장 경제와 현대 민족 국가를 탄생시킨 〈대전환〉은 국가 기관과 국가의 개입이 없었다면 생각조차 할 수 없을 것이다. 규제 정책으로 조종되는 시장 경제는 〈시장 법칙〉에 맞서 항상 사회적 목표를 제시하고, 그로써 전체 국민 경제의 발전을 유도해 왔다. 국가는 속도를 조정하고, 프로세스를 늦추거나 가속화하고, 세제 및 예산안을 결정하고, 특정 영역에 보조금을 지급하고, 교육 정책에 개입하고, 예방 및 돌봄 정책으로 경제적 변혁의 결과를 사회화한다. 이 모든 조치의 배경에는 사회 정책적 신념과 문화적 가치가 자리하고 있다. 이것들은 결코 시장의 이익과 일치하지 않는 데다 시장의 축복에만 맡겨서도 안 된다.

폴라니는 대다수 사람의 인생에서 가장 중요한 가치가 돈이나 물질적 자산이 아니라 사회적 관계로부터의 인정이라는 점을 이미 분명히 깨닫고 있었다. 그렇지 않다면 아마 세계 어디에도 노인이나 병자를 돌보는 사람은 없을 것이다. 그런 사람은 누구나 짐작하듯이 세계 어느 나라에서도 소득 피라미드의 최상위층에 속해 있지 않다. 또한 주위의 평판을 완전히 잃는 조건으로 부정한 돈을 선뜻 받을 사람이 있을지도 의문이다. 그것이 태국의 아동 성매매나 소말리아의 대인 지뢰로 번 돈이라는 사실을 다들 알고 있다면 말이다.

　돈은 그 자체로 목적이 아니다. 다만 물질적 욕구를 충족시키는 데 그치지 않고, 최대한 많은 사회적 인정과 지위를 얻는 데 필요한 매우 효과적인 수단이다. 만일 포르셰가 사회 보조금을 받는 사람들조차 일반적으로 타고 다닐 만큼 저렴하다면 돈 많은 사람은 더 이상 문화적으로 아무런 매력이 없는 그 차를 구입하지 않을 것이다. 경제적 성공이 사회적 지위를 결정하는 사회에서 많은 사람이 부의 상징으로 여겨지는 상품을 장만하려고 애쓰는 것은 당연하다. 더구나 부는 저절로 드러나는 것이 아니기에 사람들은 더더욱 핸드백이나 시계, 차량, 주택 같은 상품들로 자신을 과시하려 든다. 다른 한편으로, 신분 사회에 동참하려는 소비 욕구가 모든 생업 노동의 주요 동기가 아닌 것도 분명하다. 이제 부는 전통적인 노동 사회와 상관없이 주식이나 부동산 같은 것으로 더 많이 창출된다. 기존의 고전적 직업으로는 과시적인 신분과 지위를 얻을 수 없다.

　따라서 오늘날의 주요한 노동 동기는 예전과 다른데, 이는 노동을 **당연시하는** 사회적 분위기와 연관되어 있다. 이런 사회에서는 돈이 없고 부양해야 할 아이가 있는데도 일하지 않으면 무책임한 사람으로 낙인찍힌다. 그만큼 생업 노동에 종사하는 것은 지극히 당연한 일이다. 가진 것이 없는데도 일을 하지 않으면 부를 포기한 사람이자, 수많은 값비싼 상품을 전시해 놓고 자기만의 라이프 스타일을 꾸미라며 끊임없이 소비를 권장하는 문화에 동참하는 것을 포기한 사람이다. 그렇다면 우리가 일하는 이유는 시장 논리와 주도 문화, 사회 심리학의 상호 작용에서 찾아야 한다. 노동 방식과 노동 시간은 경제 발전에만 달려 있는 것이 아니라 노동 사회의 성격을 규정하고 연금 제도 등을 통해 그런 사회를 지원하는 국가 이념에도 좌우된다.

이런 측면에서 현재의 노동 시스템은 도덕과 무척 관련이 깊다. 일하는 사람은 국가로부터 존중받는 반면에 일할 능력이 있는데도 노동 사회에서 이탈한 사람은 배척된다. 다만 한 가정의 어머니이거나(아버지는 여전히 상황이 좀 다르다) 경제적으로 여유가 있는 사람은 예외다. 성공한 분데스리가 선수에게 선수 생활이 끝난 뒤에도 일하라고 요구하는 사람은 아무도 없다. 하지만 실업 수당을 받는 사람은 국가에서 지정한 노동을 수락해야 한다. 그렇지 않으면 수당이 삭감될 수 있다. 그렇다면 사회적으로 배척되는 것은 일을 하지 않는 행위 자체가 아니라, 상응하는 노력 없이 국가로부터 보조금을 받는 행위다. 이것이 사실이라면 파장은 상당하다. 경제적 사정이 좋지 않은데도 일 없이 살아가는 모든 사람이 언젠가 더는 생업 노동자의 노동으로부터 생활비를 지원받지 못하는 상황만 상상해 보아도 알 수 있다. 만일 실제로 그런 일이 벌어진다면 일하지 않는 사람을 배척할 이유는 더 이상 논리적으로 존재하지 않는다. 가까운 미래든 먼 미래든 우리는 그런 사회에 이르게 될까? 어떻게 그 길로 나아갈 수 있을까? 현명한 통찰력이 필요할까, 아니면 낡은 시스템의 붕괴만으로 충분할까?

〈labour〉는 〈work〉가 아니다:
낡은 노동 사회는 무엇으로 무너지는가?

오늘날 독일처럼 풍요로운 사회에서는 사람들이 생계유지나 자기 보존을 위해 일하지는 않는다. 노동을 〈인간 일반의 생존 보장〉이나 〈일부 생업 종사자에게는 자기 보존의 잠재력〉으로 이해하는 『가블러 경제 용어 사전』의 규정은 시대착오적이다.[1] 〈생존〉과 〈자기 보존〉을 경제적으로가 아니라 실존론적으로 정의 내린다면 이야기가 달라진다. 실존론적으로 정의할 경우에는 인정과 공감, 사랑, 사회 참여, 수많은 사회 활동도 생존과 자기 보존에 포함되기 때문이다. 그러나 『가블러 경제 용어 사전』의 저자가 이런 것들을 염두에 두고 그 항목을 썼을 가능성은 제로에 가깝다.

　　이러한 이유로 미래 사회와 관련해서 가장 중요한 질문은 〈나는 어떻게 하면 가능한 한 많은 일자리를 얻을 수 있을까?〉가 아니다. 선진국에서 노동의 의미는 더 이상 인간의 생존 보장이 아니기 때문이다. 21세기에 훨씬 더 중요한 질문은 권력과 자원의 분배 문제다. 다시 말해, 기술 진보의 성과를 어떻게 공정하게 분배해서 최대한 많은 사람이 혜택을 누릴 수 있는지다. 평범한 능력을 가진 사람들의 대대적인 임금 노동이 아니라 기계에 의해 더 많은 부가 창출될수록 일과 소득 사이의 상관성은 더 의미를 잃게 된다.

1964년에 이미 한 권위 있는 과학자 그룹이 당시로서는 시대를 너무 앞서 나갔다는 느낌이 들 정도로 멀리 미래를 내다보며, 미국 정부에 「세 가지 혁명The Triple Revolution」이라는 제목의 보고서를 제출했다. 화학자 라이너스 폴링Linus Pauling, 교육자이자 철학자 프레데릭 메이어Frederick Mayer, 하일브로너, 노벨 경제학상 수상자 군나르 뮈르달Gunnar Myrdal이 장차 세상을 뒤엎을 세 가지 혁명을 예견한 내용이었다. 진척되는 자동화로 인한 **인공두뇌 혁명**, 치명적으로 변하는 대량 살상용 **무기 혁명**, 그리고 여성 및 아프리카계 미국인의 시민권을 강화하는 **인권 혁명**이 그것이다.

보고서의 초점은 인공두뇌 혁명과 노동 사회의 미래에 맞추어진다. 고도로 자동화된 기계의 무한에 가까운 생산성 덕분에 장차 인간 노동력은 필요가 없어지고, 생산 과정에서 인간에게 남은 소수의 작업은 일반인이 처리할 수 없을 정도로 까다로워진다. 그와 함께 노동과 소득 사이의 긴밀한 연결 고리는 끊어진다. 한마디로 인간 세상에 일찍이 없었던 획기적인 도약이다! 과학자들은 이렇게 쓴다. 〈풍요 사회는 모든 시민에게 부와 경제적 안전장치를 마련해 줄 수 있다. 그것도 일반적으로 노동이라고 불리는 일에 종사하는 시민이든 아니든 상관없이.〉[2] 이것의 성공 여부는 전적으로 국가에 달려 있다. 이제부터 국가는 모든 개인과 가정이 적절한 소득을 받을 수 있도록 조치해야 한다. 사회 복지 차원이 아니라 기본 인권의 차원에서 말이다.

린든 존슨 정부는 당연히 그들의 아이디어에 크게 귀를 기울이지 않았다. 성공적인 자본주의의 논리적 결과로서 나타난 이 사회주의를 좋아할 자본주의 국가는 없기 때문이다. 다만 미래의 실업자들을 위해 더 나은 지원책을 강구해야 한다는 점만 논의되었다. 그렇다면 기계 노동으로 점점 커지는 부가 소수에게 갈지, 아니면 다수나 모두에게 나누어질지는 자연스러운 진화의 문제가 아니라 정치적 의지의 문제다. 그리고 엄청난 생산성을 고려할 때 많은 사람이 더는 잘살기 위해 일할 필요가 없다는 사실은 일단 의문을 남긴다. 실제로 그런 결과가 나타날지는 논리적 과정이 아니라 권력관계의 문제다.

실제로 1960년대 이후 산업 사회는 막대한 생산 이윤을 모든 시민의 기본권을 보장하는 데 활용하는 길로 나아가지 않았다. 대신에 실업 수당과 구직 지원금, 사회 보조금 같은 복지 시스템을 확대해 나가면서도, 모든 성인 남성(여성은 해당되지 않았다)은 생계를 위해 일해야 한다고 주장했다. 노동과 소득 사이의 경제적 연결 고리는 여전히 사회적으로 이전 시대와 마찬가지로 강력하고 대안이 없는 것처럼 여겨지고 강조되었다. 점점 자동화되는 새로운 경제의 승자들은 부유해졌고, 노조는 줄기차게 〈일할 권리〉만 고집했으며, 정치인은 10년마다 한 번씩 미래의 밤하늘에 〈완전 고용〉이라는 단어를 그려 넣었다.

그중 어느 것도 예나 지금이나 자명하지 않다. 『가블러 경제 용어 사전』조차 이렇게 말한다. 〈미래 노동에 핵심적인 측면은 여가 시간의 증가다. 그를 통해 인간 삶의 맥락에서 노동의 중심적 위상과 사회적 관계에서 노동의 중요성이 부각된다.〉[3] 그렇다면 증가한 여가 시간은 대체 어디에 있는가? 여가 시간은 왜 전반적으로 증가하지 못했는가? 방금 인용한 문장 바로 뒤에 그에 대한 답이 있다. 〈근로자들은 경우에 따라 직장이나 직업을 여러 번 바꾸어야 하고, 기술 변화의 진전에 발맞추어 자신의 인적 자본을 향상시켜야 한다는 요구도 **점점 강해지기에** 노동의 의미 변화가 생길 가능성은 매우 높다.〉[4] 요점은 분명하다. 원칙적으로 보면, 점점 완벽해지는 노동의 자동화로 인해 여가 시간은 많아진다. 그러나 노동 환경은 불안정해지고, 그로 인해 사람들은 자신의 〈인적 자본〉을 향상시키는 데 부단히 몰두하느라 잠재적인 여가 시간을 누릴 여유가 없다. 자본은 향상될 수 없고 그저 지출되거나 증가될 뿐이기에 위의 문장이 맞지 않는다는 점을 차치하더라도, 『가블러 경제 용어 사전』에서 그런 발전을 불가피하고 필연적인 과정으로 정의한 것은 망상에 가깝다.

잘 알려져 있듯이, 서구 사회를 한 걸음 더 발전시킬 잠재력을 지닌 인공두뇌 혁명에 대한 아이디어는 역사적으로 실행되지 않았다. 산업국의 경제 단체 및 다수 정당은 사회적으로 모든 것이 예전과 동일하게 유지되어야 한다고 고집했다. 기술 낙관주의가 강해질수록 인간과 사회를 바라보는 시각은 점점 더 보수적으로 변해 갔다. 1차 산업 혁명 때도 사람들은 못지않게 생각이 빈약했고 미래에 무지했다. 공장주든 경제학자든 미래 지향적인 사회적 시장 경제를 전혀 예상하지 못했다. 하물며 미리 계획하는 것은 꿈도 꾸지 못할 일이었다. 제명에 죽지 못할 정도로 착취당하던 공장 노동자들은 그저 불가피한 부수적 피해 정도로 여겨졌다. 다른 방법이 없었다. 지난 수십 년 동안 동일한 패턴이 반복되었다. 기술은 현기증이 날 정도로 높은 수준에 도달했지만, 사회적 측면에서 인간의 공존 방식은 더 높은 단계로 올라서지 못했다. 인간은 20세기의 산업 자본주의 수준에 머물러야 하는 숙명에 처했다. 부자는 더 부자가 되고, 가난한 사람은 상대적으로 더 가난해졌다. 그럼에도 세상은 손을 놓고 있었다. 아무것도 하지 않는 것이 순리라는 듯이.

기술은 우리의 삶과 공존 방식, 그러니까 우리가 일하고 소통하고 생각하는 방식에 혁명을 일으킨 데 반해, 경제 및 사회 시스템은 여전히 다음의 확고한 원칙에 사로잡혀 있었다. 〈실험은 안 돼!〉 혁신하고 새로운 것에 적응하고 일상의 변화를 이끌라는 요구는 항상 새로운 상품 생산에만 적용될 뿐, 인간 공존의 총체적인 개선에는 해당되지 않았다. 스타트업들은 매일 세상을 새롭게 창조해야 하고, 필요한 경우에는 묻지 않은 질문에 수천 가지의 답과 알지 못하는 문제에 수천 가지의 해결책을 제시해도 되지만, 사회를 공정하게 만들고 사회적 긴장과 갈등을 줄이고 우리 삶을 충만하게 하는 일에 관여해서는 안 된다는 것이다.

이러한 무지가 가져온 나쁜 결과는 이미 간과할 수 없는 수준이다. 산업국들의 현실은 겉보기와는 완전히 다르다. 예를

〈labour〉는 〈work〉가 아니다: 닮은 노동 사회는 무엇으로 무너지는가?

들어 독일의 고용률은 취업자 수가 약 4500만 명에 이를 정도로 높지만, 현실은 그렇지 않다. 실제로 연방 노동청 추산에 따르면 2019년 12월 코로나 팬데믹 이전에 〈생산 가능 인구〉로 분류되어 실업 수당 2등급을 받는 사람은 약 446만 2,000명에 달했다. 그런데 여기에는 직장이 없는 생산 가능 인구가 모두 포함되지 않았다. 고용 센터가 63세에 강제로 퇴직시킨 사람이나, 팬데믹 이후 단기 근로 수당을 받거나 단기 병가를 신청한 사람도 포함되어야 한다.

현재 독일 내 생산 가능 인구의 10분의 1이 생업 노동에 종사하지 않는다. 아직은 사회적으로 충분히 감당할 수 있는 수치로 보인다. 그런데 이보다 훨씬 더 걱정스러운 것은 고용 관계의 변화다. 독일의 경우 2021년 4월 기준으로 사회 보험 가입 의무가 있는 회사에 고용된 사람은 총 3360만 명이다.[5] 반면에 1000만 명이 넘는 사람이 사회 보험 가입 의무가 없는 불안정한 노동 조건에서 일하고 있다. 거의 4명 중 1명이 그런 셈이다. 좋은 직업에서 나쁜 직업으로 급격하게 변화된 상황을 이해하려면 과거를 돌아볼 필요가 있다. 1993년에는 독일에서 사회 보험 가입 의무가 없는 직장에 종사한 사람은 440만 명에 불과했지만 2013년에는 760만 명으로 증가했고 지금은 그보다 훨씬 더 많다. 게다가 연방 통계청 자료에 따르면, 전체 취업자의 21퍼센트가 시간당 11유로 또는 그 이하를 받는 저임금 부문에서 일하고 있다.[6] 어림잡아 800만 개의 일자리에 해당하는 수치다. 또한 〈임시직〉의 수도 1990년대 중반에 약 20만 명이던 데

비해 지난 몇 년 사이 약 100만 명으로 급격히 늘었다.[7] 독일에서 비어 있는 일자리의 약 3분의 1이 임시직이다.

이런 양상은 1970년대 말부터 시작되었다. 가장 먼저 영국에서 불안정한 고용 관계가 급속히 증가했다. 마거릿 대처 Margaret Thatcher가 당시 노동당을 조롱하기 위해 사용한 보수당의 선거 슬로건을 아직 기억하는 사람이 있을지 모르겠다. 〈노동당이 일을 하지 않고 있다Labour isn't working.〉 선거 포스터에는 실업자로 추정되는 사람들이 고용 사무소 앞에 길게 줄을 선 모습이 담겨 있었다(이들은 사실 보수당원이었다). 유권자들은 대처가 높은 실업률을 지적한 이유를 알아차렸고, 그로써 그녀는 큰 격차로 권력을 잡을 수 있었다. 그러나 그들은 이 문장 속에 보수당의 강령과도 같은 또 다른 의미가 숨어 있음을 알지 못했다. **Labour**(미숙련 고된 일)는 **working**(가치 있는 일)이 아니라는 말이다. 이런 뜻에 맞게 보수당이 창출한 새로운 일자리는 장기적으로 안정된 일자리가 아니라 주로 임시직과 저임금 일자리였다.

이후 고전적인 노동 사회가 수십 년 전과 상당히 달라졌다는 사실은 간과할 수가 없다. 오늘날에도 긱 경제 체제에서 꾸준히 증가하는 임시직이나 계약직 노동자, 피자 배달원, 우버 택시 기사, 사회 보험 혜택을 받지 못하는 청소 인력 들을 생각하면 상황은 전혀 바뀌지 않고 있다. 맞벌이 가정이 늘어날수록 청소 인력에 대한 수요는 커져 간다. 보안 서비스직에 종사하든, 아니면 레스토랑의 웨이터나 보조 요리사로 일하든 사회적 안전망의 혜택을 받지 못하는 저임금 노동은 어디든 존재한다. 사회학자 레크비츠는 오늘날 사회적 신분 상승의 기회 없이 지속적으로 늘어나기만 하는 **서비스 계급**[8]에 대해 말한다. 물론 이것은 새로운 인식이 아니다. 1980년대에 이미 고르스가 〈새로운 하인 계급〉의 출현을 예견한 바 있다. 눈에 보이기 전에 풀이 자라는 소리만 듣고도 그것을 알아맞힌 것이다.[9]

    사람들이 토니 블레어Tony Blair 전 영국 총리에 대한 냉소적인 조롱을 담아 이름 붙인 **신노동**은 실제로 통계에 긍정적으로 영향을 끼칠 뿐 아니라 고소득자들이 직접 하기 힘든 일을 처리해 준다. 하지만 이 새로운 노동 상황은 우리가 아는 노동 사회의 연장이 아니다. 오히려 신흥 공업국과 구조적으로 유사해 보인다. 이 경향은 많은 근로자를 생산이라는 중심 현장에서 서비스 하인직이라는 변두리 영역으로 내몬다. 그들은 사회적 안정망이 갖추어진 기업 문화 속에서 사는 것이 아니라, 담배는 충분하지만 말과 초원이 없는 말버러 맨*처럼 외롭고 자유롭게 살아간다.

    그렇다면 아날로그 그림자 경제든 디지털 그림자 경제든 산업 사회가 분열되는 것을 막지 못한다. 아니, 산업 사회 자체가 그런 분열의 증상이다. 게다가 폴라니가 하나의 이데올로기로 지목한, 시장의 자기 치유력에 대한 무비판적인 맹신은 분열을 더욱 조장했다. 그에 대한 가장 함축적인 표현은 2000년대 초부터 보수와 진보 정치인들이 수없이 반복해 온 다음 문장이

* marlboro man. 말버러 광고에 나오는, 입에 담배를 문 카우보이.

다. 〈일자리를 창출하는 것이 사회적이다!〉 노동은 유익하므로 항상 사회적이라는 이 공리주의적 방정식에 어두운 역사가 드리워져 있다는 사실에 대해서는 아무도 신경을 쓰지 않는다. 바이마르 공화국의 국수주의적 언론 황제이자 히틀러의 부상을 도운 알프레트 후겐베르크Alfred Hugenberg는 1932년 7월 세계 경제 위기 와중에 라디오 연설에서 다음과 같이 말했다. 「우리 역사의 교훈에 따르면 깨끗하고 강력하고 정의로운 국가를 위한 가장 확실한 보장은 독일 제국주의 사상에 있습니다. 건강한 국가는 건강한 경제를 만듭니다. 오늘날 건강한 경제란 무엇보다 실업의 제거를 의미합니다. **일자리를 창출하는 사람만이 진실로 사회적입니다.** 어떤 민족도 거역할 수 없는 영원한 경제 법칙이 그렇습니다.」[10] 후겐베르크가 〈건강한 국가〉를 입에 올리면서 국가 사회주의자들을 염두에 두고 있었다는 사실은 그가 곧 히틀러 정부에서 경제 장관직을 맡았다는 데서도 드러난다.

금속·전기 산업 경제인 연합회가 설립한 신사회적 시장 경제 이니셔티브Initiative Neue Soziale Marktwirtschaft가 후겐베르크의 사상을 집어 든 것은 좋은 아이디어는 아니었지만 효과는 강력했다. 2000년 이후 그들은 이 금언을 수없이 되뇌었고, 결국 그것은 자유당과 보수당의 당 강령에까지 스며들었다. 반면에 유럽 연합 집행 위원회는 2017년 독일의 잘못된 노동 및 사회 정책을 질책했다. 그들의 진단은 냉정했다. 〈그런 식의 정치 흐름으로 인해 2008년부터 2014년까지 독일에서 빈곤이 크게 확대되었다〉는 것이다. 심지어 2018년에는 유엔 경제 사회 이사회도 독일이 〈사회적 인권〉 면에서 노골적인 결함을 드러내고 있다고 지적했다.[11] 그렇다면 〈일자리를 창출하는 것이 사회적이다〉라는 공리는 우리에게 익숙한 노동 사회의 지속이 아니라 오히려 사회의 공동화로 이끈다. 저임금 노동, 계약직 또는 아르바이트로 생계를 유지하는 수백만 명의 실상은 생산성의 막대한 증가, 상위 3분의 1에서 나타나는 부의 증가, 상장 기업 임원이나 고소득자의 급여 급등과 명백한 불일치를 보인다. 이런 실태를 경제적으로 대안이 없는 불가피한 양상으로 설명하려면 뻔뻔함과 속임수가 없으면 안 된다.

독일 경제 연구소에 따르면, 독일인의 1퍼센트가 개인 순자산의 약 35퍼센트를, 상위 10퍼센트가 약 59퍼센트를 갖고 있다. 그렇다면 독일을 중산층 국가로 떠올리기는 어려울 듯하다.[12] 게다가 부의 불평등한 분배는 심화되고 있다. 노동을 자기 이해의 중심축으로 삼고 있는 사회에는 매우 우려되는 추세다. 상위 1퍼센트의 부가 순전히 그들의 노동 성과 덕분이라고 주장할 수 있는 사람은 아무도 없기 때문이다.

이는 스스로 성과 사회라 여기는 사회에 굉장히 중요한 문제가 된다. 독일 같은 나라에서 성과 사회의 이념은 자신의 정체성을 표현하는 고정 목록의 일부다. 성과는 가치가 있고, 땀과 노력은 보상받는다는 사실, 그러니까 인간의 존엄은 노동 성과와 전반적으로 일치한다는 사실은 경제 기적 시절부터 오늘날까지 확고한 레퍼토리다. 실제로 독일은 1950년대부터 1980년대까지 다른 어떤 나라보다 능력을 중시하는 성과 사회의 이념과 친숙했다. 한 세대 전체가 교육을 통해 하층과 중하위층에서 중간층과 중상층으로 폭넓게 신분 상승을 이뤄 낸 것은 결코 간과할 수 없는 업적이다. 힘들게 일해도 먹고살기 힘들었던 노동자 사회에서 누구나 어느 정도 부를 누리는 엔지니어와 교사, 팀장, 변호사의 사회로 변모한 나라라면 성과 개념을 치켜세울 이유는 충분하다. 그러나 이미 오래전에 은퇴 연령에 도달한 이 경제 기적 세대가 잊어서는 안 될 것이 있다. 그들의 성공은 사회적으로 강력한 지원을 받았고, 그것이 아니었으면 대대적인 성공은 불가능했으리라는 사실이다. 개인적 노력 외에 그 세대에 태어났다는 행운도 작용했다. 과거에 비해 교육의 기회가 보편적으로 확대되고 질 좋은 교육을 받은 운 좋은 세대라는 말이다. 그런 교육을 바탕으로, 점점 까다로워지는 생산 및 서비스 사회는 적절한 자격을 갖춘 노동력을 공급받을 수 있었다.

하지만 노력은 보상을 받기 마련이라는 말이 예전에도 항상 맞는 것은 아니었다. 예를 들어 병원과 요양원에서 일하는 간호 인력은 많은 수고를 하지만 그에 상응하는 보상을 받았다고 할 수 없다. 성과와 보수 사이의 불균형은 임금 노동의 역사만큼이나 오래되었다. 이 불균형은 사실 성과와 보상이 적절한 균형을 이루고 있을 때만 눈에 띈다. 성과를 더 낼수록 돈을 더 벌 수 있다는, 너무나도 투명한 자유주의적 성과 개념은 현실에서 빠르게 흐려지고 있다. 게다가 오늘날에는 더 이상 어떤 기준도 없는 듯하다. 기업 경영자가 일반 직원보다 10배, 100배,

심지어 1,000배나 많은 돈을 받는 것이 과연 성과에 따른 격차라고 할 수 있을까? 여기에는 내부 기준, 즉 노동의 〈가치〉에 대한 판단 기준도 없다. 결국 성과와 보수의 차이는 수요와 공급, 자의성, 그리고 권력이 전적으로 결정한다.

수요로만 성과를 정의 내리는 것은 〈일을 많이 한 사람이 더 많은 보상을 받는다〉는 원칙과 너무 동떨어져 있다. 일단 두 경우에서 성과라는 개념 자체가 완전히 다르다. 그렇다면 〈성과〉라는 동일한 딱지를 붙이는 것은 말이 안 된다. 첫 번째 성과 개념, 즉 수요와 공급에 따른 성과는 〈성공〉이라는 단어로 대체되고, 그런 사회를 〈성공 사회〉라고 부르는 편이 훨씬 더 이치에 맞다. 이는 또한 그와 연결된 인정 문화와도 부응한다. 예를 들어 오디션 프로그램에서 톱 모델로 뽑힌 여성은 부러움의 대상이 된다. 반면에 야근까지 마다하지 않고 최선을 다해 일하는 평범한 직장인은 그렇지 않다. 오늘날 개인의 사회적 지위를 결정하는 것은 오직 성공뿐이다. 그렇지 않다면 〈이주 노동자〉의 손자들이 번쩍거리는 스포츠카를 타고 굉음을 내며 대도시 대로를 달리는 모습은 상상할 수 없을 것이다. 그 누구도 이들의 성공을 노동 성과와 연결 지어 생각하지 않는다. 노력과 근면이 과시적인 경제적 성공의 뿌리라고 생각하는 사람은 거의 없다. 이 장면에서 남들의 인정을 받고 싶다면 되도록 여유를 보이면서 노동의 냄새에서 해방된 듯한 인상을 풍기면 된다. 축구 선수건, 성공한 마약 경제의 기업가건, 아니면 재벌 아들이건, 그들은 새로운 봉건 계급의 일원으로서 노동에서 해방된 사람들이다.

방금 언급한 예는 당연히 일부 미미한 사례에 불과하다. 그런데 그들을 바라보는 사람들의 감정은 부러움과 자괴감, 조롱 사이를 오간다. 그럼에도 그들의 모습이 사람들에게 먹힌다는 사실은 성과 사회가 그사이 어떻게 변했는지를 보여 준다. 오늘날 젊은 사람들에게 리얼리티 쇼의 스타나 인플루언서는 일반 사무원이나 보일러 기술자보다 훨씬 더 인기가 높은 선망의 직업이다. 성공 사회는 옛 성과 사회를 야금야금 새롭게 변화시키고 있다. 스타트업을 통해서건 주식 투자를 통해서건, 아니면 지능형 사기꾼이나 소셜 미디어 스타로서건, 빠른 성공은 매력적으로 변하고 있다. 어쨌든 느리고 고단한 노동으로 성공을 기대하는 것보다는 말이다.

불안정한 노동관계가 급속히 증가하고, 하위 계층 3분의 1이 사실상 하인으로 전락하고, 국가가 부자와 빈자로 분열되고, 경영진의 보수가 계속 천정부지로 치솟고, 성과와 상관없이 오직 성공만이 높이 평가받고, 게다가 앞서 설명했듯이 단순 반복 위주의 직업에서 대규모 실업이 발생할 가능성이 크다는 사실, 이 모든 것은 우리가 알고 있던 노동 및 성과 사회가 더 이상 이대로 지속되지는 않으리라는 명확한 징후다. 언론인 마티아스 그레프라트Mathias Grefrath는 지금의 시대를 〈현재 실존하는 자본주의의 브레즈네프 시대〉라고까지 말한다.[13] 사실 두 상황은 공통점이 많다. 실리콘 밸리가 미래의 테크노 유토피아와 관련해서 온갖 장밋빛 전망을 내놓는 동안에도 사회적 환경은 침식되고 있다. 부르주아 성과 사회의 시대는 제대로 토의되지 못

〈labour〉는 〈work〉가 아니다: 낡은 노동 사회는 무엇으로 무너지는가?

하고, 또 선거 슬로건으로 제기되는 일도 없이 서서히 저물어 가고 있다. 풍요로운 독일 땅에서 수백만 명이 성공한 이들의 뒤치다꺼리나 시간 절약을 위해 일하는 것으로 삶을 흘려보내고 있다는 사실은 분명 위험한 사회 발전의 양상이다. 이런 양상은 경제적으로 필요한 일이 아닐뿐더러 에르하르트 이후 최대한 많은 사람이 함께 번영을 누리는 것을 목표로 삼은 이 나라의 자기 이해에도 맞지 않는다.

그런데 발전 추세뿐만 아니라 오늘날 부에 대한 인식도 근본적으로 바뀌었다. 시간과 공간은 단순히 임금 노동의 결실에 그치지 않고 오늘날의 산업국에서 가장 중요하게 느껴지는 부의 상징이다. 특히 풍요 사회에서 시간은 영구적으로 부족한 자원으로 여겨진다. 노동 시간의 지극히 불균등한 분배가 현재 시급한 문제가 된 이유도 그 때문이다. 사회를 시간과 공간이 많은 상층과 곳곳에서 하인으로 일하는 하층으로 나눈 신봉건주의적 경향은 사실 모든 정당에는 경고 신호이고, 노동조합에는 더더욱 심각한 경보음이다. 콜센터나 피자 배달원으로 일하는 사람들은 정말 그런 단순직 말고는 다른 일이 없을까? 실리콘 밸리가 좋아하는 말이 있다. 인간은 단순 반복 작업을 하기에는 너무 귀하고 아까운 존재이기에 그런 일은 로봇에 맡겨야 한다는 것이다. 그러나 실상은 다르다. 실리콘 밸리 전체의 일상이 음식 배달원과 보안 요원, 청소부, 육아 도우미, 그리고 그런 일을 하기에는 〈너무 귀하고 아깝다〉는 다른 하인들 덕분에 돌아간다. 유토피아적 자본주의는 항상 3분의 1의 상위 계층만

염두에 두고 있을 뿐, 이들에게 아름다운 삶의 환경을 만들어 주기 위해 노동력을 제공하는 사람들은 머릿속에 없다.

디지털 시대에서 마법의 단어로 여겨지는 창의성은 특정 사회 계층만을 위한 것인 듯하다. 컴퓨터 공학자는 하루 종일 창의적으로 일하지만, 우버 운전자는 창의적인 일과는 아무 상관이 없다고 생각한다. 농부라는 이유만으로 농부를 믿지 않은 봉건 영주들에 대한 기억이 되살아나는 것 같다. 그렇다면 이런 의문이 든다. 특정 계층의 정신적 휴식을 위해 대규모 하인이 필요하다고 여기는 사회가 과연 모든 이에게 자아 성취의 기회를 부여할 교육 제도와 노동 시장의 정비에 최선을 다할까?

사실 레크비츠가 이름 붙인 후기 모더니즘은 〈새로운 양극화와 역설〉이 특징이다. 이런 사회에서 모두를 위한 진보와 번영이라는 오랜 내러티브는 허구에 가깝다.[14] 설상가상으로 1990년대부터 오늘날까지 정치는 경제 및 사회 발전의 이런 폭발력을 하찮은 것으로 폄하하고 있다. 금융 시장에 대한 규제 완화, 저임금 부문의 확장, 사회 정책 등의 국가적 조치는 나중에 되돌아보면 휘발유로 불을 끄려는 시도에 지나지 않을 듯하다. 새로 작성된 노동 시장 통계의 수치적 성공은 노동 사회의 장기적 침식보다 항상 더 눈부시게 빛난다. 그러나 선택된 길이 잘못된 방향으로 나아가고 있다는 사실을 인정하는 것이야말로 지속적인 사회 발전을 이루는 데 필요한 대안 의식을 더욱 날카롭게 벼리는 지름길일지 모른다. 하지만 안타깝게도 동구권의 붕괴와 함께 체제 경쟁이 끝나면서 서방 사회에 전반적으로 사라진 것이 바로 이런 대안 의식이다.

헛돌고 있는 현재의 노동 사회에 대한 대안을 얼마나 신속하게 찾을 수 있을지는 오늘날 우리 모두의 운명이 되었다. 우리는 레크비츠가 진단한 〈환상의 종말〉 속에서 살아가야 할까? 아니면 끊임없이 증가하는 부의 내러티브를 21세기의 도전과 기대에 맞게 새롭게 바꾸어 속행할 수 있을까? 그렇다면 우리는 장차 경제 시스템의 재정적 수익을 어떻게 처리할 것인지만 물을 것이 아니라 그것이 노동 세계의 근본적 변화에 직면한 사람들에게 어떤 영향을 미칠지도 숙고해야 한다. 그들에게 삶의 기반을 빼앗는 것은 무엇이고, 그들을 자유롭게 하는 것은 무엇일까?

견고한 난간:
노동은 우리에게 무엇인가?

독일인은 평생 얼마나 많은 시간을 생업 노동으로 보낼까? 결과는 놀랍다. 일생의 10분의 1이자, 깨어 있는 시간의 7분의 1에 지나지 않는다.[1] 그러니까 주 5일 근무에 하루 평균 8시간 일하고, 1년에 24일 휴가를 즐기고, 약 80세까지 살고, 그중 40년을 직업 활동에 종사한다고 했을 때, 우리가 실제로 이 사회에서 일반적으로 〈노동〉이라고 부르는 일에 소비하는 시간은 생각보다 그리 길지 않다.

그런데도 정말 신기하다. 사람들은 평생 10분의 1만 할애하는 〈일〉을 어떻게 자기 자신과 동일시할 수 있을까? 우리의 자아상을 어떻게 일에서 끌어낼 수 있을까? 심지어 인간의 품위가 우리가 종사했거나 종사하는 특정한 일에 담겨 있다고 어찌 그리 자신 있게 말할 수 있을까? 사민당 소속의 전 노동부 장관 숄츠는 거의 불변의 사실처럼 단언한다. 〈인간의 정체성, 자존감, 소속감은 생업 노동에 달려 있다.〉[2] 많은 사람이 자신의 직업을 안전한 난간처럼 꽉 붙들고 있는 것은 명백한 사실이다. 걸음을 제대로 뗄 수 있게 하고, 허공으로 추락하지 않도록 보호해 주는 난간 말이다. 실제로 이 난간은 그들에게 사회적 지위를 보장해 주고, 사회에서 그들의 위치를 할당해 주고, 그로써 그들을 〈노동 사회〉의 질서 있는 우주 속에 편입시켜 거대한 기계 장치의 의미 있는 일부로 느끼게 해준다.

이 난간이 인류만큼 오래된 것이 아니라 상당히 최근에 만들어졌다는 사실은 거의 잊힌 듯하다. 이것은 과거 수천 년 동안 인간들이 매달려 온 다른 난간을 대체했다. 대가족 문화의 난간, 가문과 직업적 전통의 난간, 사회적 환경 및 종교 공동체 내에서 각자의 위치를 지정해 주던 난간 말이다. 오늘날의 노동 사회는 옛 난간을 대부분 헐고 정역학적 분업을 통해 새 난간을 만들었다. 이제 가치와 명성은 주로 앞서 논의된 성과 원칙, 즉 위계질서와 보수에 따라 결정된다. 이는 성과가 얼마나 자의적으로 정의되든 상관없다.

독일과 같은 나라에서 이 새로운 난간은 오랫동안, 그것도 20세기 후반에 특히 유익하게 잘 사용되었다. 오늘날에도 많은 사람 — 시청 과장, 기업체 사장, 판검사, 건축가 등 — 이 자신의 직업을 말하면서 뿌듯함을 느낀다. 반면에 허술한 난간을 어쩔 수 없이 붙들고 살아야 하는 다른 사람들 — 임시직 노동자, 청소부, 도살장의 비정규직 노동자 — 은 그것을 저주로 여긴다. 어떤 이에게는 정체성을 형성하는 일이 어떤 이에게는 낙인이 된다.

좋든 싫든 우리의 사회적 운영 체제는 임금 노동을 기반으로 한다. 일하려는 의지는 중요한 미덕으로 장려되고, 나태함은 사회적 악덕으로 배척된다. 노동은 문법적으로는 여성이지만* 문화적으로는 남성이다. 21세기에도 임금 노동을 하지 않는 여성을 바라보는 시선은 남성보다 훨씬 관대하다. 노동은 존재감을 향상시킨다. 또한 노동은 정말 내가 바라던 일이고, 남을 위로하는 일이고, 타인들의 관계에 도움을 주는 일이라고 생각하며 자부심을 느끼기도 한다.[3] 독일 시민은 기본적으로 노동 시민이다.[4] 그들의 삶은 주로 노동 이전의 교육 과정과 직업 생활, 은퇴 후의 시기로 형성된다. 돈을 위해 일하는 사람은 돈을 위해 일하지 않는 사람이라면 요구할 수 없는 권리를 얻는다. 즉, 더 오래 일할수록 더 많은 연금을 받는다. 은퇴 전에 더 많은 소득을 받은 사람도 마찬가지다. 이전의 노동청이든 오늘날의 노동 센터든 일자리는 국가 기관을 통해 중개되곤 한다. 많은 사람에게 〈일자리와 빵〉을 제공하면 성공적인 정치인으로 간주되고, 반면에 실업률이 증가하면 마치 그 정치인이 직접 사람을 고용하거나 해고한 것처럼 그에게 책임을 묻는다.

어쨌든 지금까지는 그랬다. 하지만 상당히 바뀌리라는 데 모두가 동의한다. 노동 시장 연구자든, 경제학자든, 사회학자든, 고용자 단체든, 실리콘 밸리의 자유주의 유토피아주의자든, 좌파 유토피아주의자든 말이다. 사회학자 하인츠 부데Heinz Bude는 25년 전에 벌써 다음과 같이 썼다. 〈오늘날 노동을 통해 자신을 정의 내리려는 사람은 그것이 잠정적이고 지엽적이거나, 아니면 결정론적이고 전체주의적인 방식으로만 가능하다는 사실을 즉시 알아차린다.〉[5] 달리 말해서, 자신이 하는 일로

* 독일어 명사는 모두 문법적으로 성(性)이 있는데, 노동Arbeit은 여성이다.

자신의 정체성을 규정하는 것은 불완전하고 인위적이거나, 아니면 이데올로기적인 과장이라는 것이다. 새로운 노동 세계의 슬로건은 〈유연성〉이다. 그러니까 피고용자는 직업보다 자신의 노동 능력으로, 하버드 경제학자이자 사회학자인 로자베스 모스 캔터Rosabeth Moss Kanter의 표현을 빌리자면 **고용 가능성**으로 정의되어야 한다.[6] 즉, 미래의 직업에서 요구되는 것은 오늘은 여기서, 내일은 저기서 일할 수 있는 다재다능한 인격과 마찬가지로 최대한 다양한 〈능력〉이다.

이런 식으로 고정된 경계가 없는 직업 세계를 마냥 반길 수 없는 이가 많다는 것은 놀랄 일이 아니다. 이들에게는 삶의 기반이 될 지역적, 사회적 연결 고리만 끊길 뿐 그것을 대신할 새로운 사회적 뿌리나 공동체는 쉽게 주어지지 않는다. 누군가에게는 그것이 흥미롭고 매력적일 수 있지만, 누군가에게는 부담스러운 일이다. 효율성과 경쟁의 원칙이 나이가 들어서도 취업을 위해 계속 자기 계발을 하라고 요구한다면 직업적 정체성은 당연히 흔들린다. 노동 세계가 유연해지면 평생 똑같은 일을 하지 않아도 되는 자유를 얻게 되지만, 과도한 업무 스트레스나 번아웃에서 벗어나는 것은 아니다. **work**의 세계가 난간을 잃든, **labour**의 세계가 난간을 잃든 사실 별 차이가 없다. 처음에는 새로운 기회와 자유가 위험과 획일화의 단점보다 훨씬 빛나 보이지만, 〈labour〉의 세계에서 **고용 가능성**이 이득으로 작용하는 경우는 거의 없다. 그저 노동과 임금의 불안정한 상황을 의미할 뿐이다.

2000년대 초에 이미 미국 사회학자 리처드 세넷Richard Sennett은 〈나락으로 추락할 현재의 위협〉[7]을 이야기했고, 폴란드계 영국 철학자 지그문트 바우만Zygmunt Bauman은 〈현대의 배제된 사람들〉에 대해 안타까움을 토로했다.[8] 두 사람 다 많은 사람에게 일자리를 제공하고 노동과 관련해서 안전장치를 마련해 준 것을 현대 산업화의 큰 업적으로 보았다. 그런 안전장치의 해체는 우리에게 어떤 이득을 안겨 주고, 심지어 어떤 해방을 가져다줄까? 세넷이 보기에, 〈MP3 자본주의〉*는 늘 덮어 놓고 옛것보다 새것만을 선호하는 시대적 강박과 냉혹한 이데올로기에 사로잡혀 많은 사람의 삶을 파괴하고 있다. 과거에 사랑받던 전통에 대한 존중은 어디에 있는가? 변화는 왜 항상 지속성보다 나아야 할까? 가속화가 신중함과 사려 깊음보다 우선시되어야 할 이유는 무엇인가?

많은 사람이 디지털 경제와 문화에 우울한 불쾌감을 드러낸다. 모든 진보가 실은 또 다른 퇴보이기도 하고, 모든 최적화가 반드시 더 나은 세상으로 이어지지는 않고, 급격한 변화는 그 자체로 파괴적이기에 마냥 좋지만은 않다는 것이다. 그렇다면 거꾸로 뒤집어 판단하자면, 고전적인 노동 사회가 정말 모든 면에서 새로운 사회보다 나을까? 세넷처럼 우울한 마르크스주의자들은 각각의 자본주의적 미래를 퇴행으로 평가하고 그로

* 산업 자본주의가 사람을 기계 부품으로 만들었다면 오늘날의 자본주의는 언제든 선곡해서 들을 수 있는 MP3처럼 사람을 마음대로 뽑아 쓰다가 버린다는 의미다.

써 과거를 미화하는 경향을 보인다. 그들은 과거가 현재였던 시점에는 그 과거도 비판했다. 불행히도 세넷은 임금 노동이 원칙적으로 정체성을 만들어 낸다는 좌파 낭만주의적 생각에 집착한다. 고도로 분업화된 산업 사회에서는 임금 노동으로 어떤 형태의 정체성도 생기지 않는다고 본 마르크스와는 정반대다. 마르크스는 공장 노동자에게 자기 규정적인 삶이란 〈생산 영역 저편에서〉만 가능하다고 생각했다.

사실 좌파와 자유주의 사상가들의 입에서 쉽게 흘러나오는, 정체성 형성에 유리한 노동에 관한 이야기는 어지럽게 뒤엉킨 모순덩어리다. 왜냐하면 노동이 성취감을 주고 정체성을 안길지 여부는 여러 요인에 달려 있기 때문이다. **작업 내용으로만 보면**, 컨베이어 벨트에서 일하는 것은 성취감을 거의 주지 못한다. 콜센터도 마찬가지다. 그렇다면 노동에서 가장 큰 성취감을 느낄 때는 내가 작업 과정에서 전반적으로 독립적으로 움직이면서도 동시에 상당히 안정된 상황에서 일할 수 있을 경우다. 두 번째 요소는 직장에서 동료들과 일정한 관계를 맺고 다양한 인정을 경험할 수 있는 **사회적 공동체로의 편입**을 뜻한다. 세 번째 요소는 사회의 **주도 문화**다. 우리 사회를 이끄는 문화는 내가 하는 일을 정말 가치 있는 일로 여길까? 직장 생활에서 정체성 형성에 도움이 되는 이 세 가지 요소를 모두 충족시키는 사람은 과연 얼마나 될까? 반대로 이런 질문도 던지고 싶다. 일을 하는 것이 재미있고, 남들과의 협력 작업이 자신에게 자극과 공감을 주고, 나의 작업이 가치 있는 것으로 인정받는 그런 노동이 왜 반드시 **생업 노동**이어야 할까?

의심할 바 없이 세넷은 과거와 현재의 노동 세계를 매우 세밀하게 설명하고, 그 사회 구조를 세심하게 분석한다. 하지만 왜 굳이 생업 노동만을 〈노동〉으로 간주해야 할까? 유감스럽게도 이는 미래 가능성에 대한 시각을 흐리게 한다. 좋은 아이디어와 슬기로운 구상으로 새롭게 설계할 수 있다면, 기존의 직업관을 깨뜨리는 것이 미래 노동 세계의 큰 기회가 되지 않을까? 디지털 경제를 통한 노동 세계의 **거대한 변화**가 잘못된 것이라면 그것을 올바른 길로 인도하지 못할 이유가 있을까?

오늘날 생업 노동은 사람들에게 사회적 환경을 제공하고, 사람들이 사회에 편입되고 소속감을 느끼게 하는 사회적 기능도 수행한다. 그러나 이 모든 것이 반드시 생업 노동과 연결되어 있다고 믿는 것은 역사를 모르는 맹목적 오류가 아닐까? 우리 세기의 가장 시급한 과제 중 하나는 장차 모두에게 동일한 양의 생업 노동을 요구하지 않으면서 모든 중요한 사회적 장점을 보장하는 것이 아닐까? 노동 사회, 국가 제도, 시민의 자의식으로 뭉쳐진 이 통일체는 21세기 말까지 지속되어야 할 만큼 정상적인 것이 아니고, 4차 산업 혁명으로 해체될 가능성이 무척 높다. 그 개별 구성 요소들을 미래의 요구와 기대에 맞게 새롭게 조합할 기회는 실제로 존재하고, 우리는 그 기회를 반드시 잡아야 한다.

그렇다면 과제는 노동 사회가 완전히 모순되는 두 세력에 이리저리 끌려다니는 현재의 역설적 상황을 해소하는 데 있을 듯하다. 한쪽에서는 기계를 통한 효율성 증가에 환호하며 미래에는 지금보다 훨씬 적은 노동력이 필요하다는 사실에 기뻐한다. 반면에 다른 쪽에서는 그로 인한 일자리 손실을 하소연한다. 자, 이제 어떻게 해야 할까? 단순 반복 일자리가 줄어드는 것은 좋은 일인가, 나쁜 일인가? 사람들이 적게 일하고 더 많은 시간을 누리는 것은 어떠한가? 노동조합은 당연히 환영해야 한다. 틀에 박힌 일의 감소와 자유 시간 및 여가의 증가는 노동조합이 존재한 이래 최고의 목표가 아니던가? 실제로 독일 노동조합 총연맹은 1956년에 〈토요일에 아빠는 내 것!〉이라고 적힌 포스터를 붙이지 않았던가! 어쩌면 머지않아 목요일과 금요일에도 그렇게 될지 모른다.

그러나 현실은 다르다. 생업 노동의 소멸을 큰 진전으로 보는 사람은 여전히 거의 없다. 사실 생업 노동으로부터 자유로운 상태를 의미하는 실직은 수십 년과 마찬가지로 오늘날에도 결함과 낙인으로 여겨진다. 실업이 인간의 자연스러운 상태이고, 고대 그리스인들은 일하지 않는 것을 자랑스러워했으며, 마르크스조차 말년에는 생업 노동 저편에서만 보편적인 자아실현이 가능할 것으로 믿었다고 아무리 말해도 직장을 잃은 사람에게는 위로가 되지 않는다. 현재 우리 사회에서 실직은 소득 감소를 의미한다. 아울러 사회적 인정의 상실과 그에 따른 자존감 하락을 의미한다. 은퇴 뒤에 받는 연금은 〈충분히 그럴 자격이 있는 것〉으로 여겨지는 반면에 노동이 가능한 나이에 일을 하지 않거나 잠시 직장을 떠나는 것조차 그렇게 여겨지지 않는다.

오랜 시간 일한 후 실업자가 된 사람은 스스로를 패배자라고 느낀다. 창의적으로 사는 것이 인간의 본래적 욕구라는 인간학적 설득도 먹히지 않는다. 직장이라는 익숙한 난간이 사라지는 순간 다른 생업 노동자들과 자신을 하나로 연결시키던 익숙한 리듬이 사라진다. 고정된 시간과 삶의 구조가 해체되면서 사람들은 두 가지 측면에서 정상 궤도에서 벗어난다. 하나는 자신의 생활 패턴과 관련해서고, 다른 하나는 사회의 기대 심리와 관련해서다. 실직자는 자신이 갑자기 한순간에 사람들 속에 있는 것이 아니라 사람들 밖에 있다고 느낀다. 왜냐하면 노동 사회의 관점에서 보면 노동 능력이 있는 사람은 생업 노동 저편의 세계를 미리 계획하지는 않기 때문이다. 생업 노동을 하지 않는 사람은 잠깐씩 간헐적으로만 일하거나, 일례로 자녀 양육처럼 생업 노동과 비슷한 수준의 일을 한다. 물론 요즘은 이조차 노동의 대안으로 거의 인정받지 못한다. 〈전업주부〉나, 더 나쁘게는 〈전업 남편〉인 사람은 이제 자기 활동의 정당성을 증명하라는 간접적인 사회적 압력에 직면한다. 독일 연방 공화국이 설립된 이후 수십 년 동안 남성 말고 여성에게는 없었던 일이다. 어머니로서의 역할이 생업 노동에 대한 대안적 모델로 인정받는 일도 드물어지고 있다. 오히려 여성에게는(남성은 더 그렇다) 두 가지 요구가 동시에 제기된다. 가정과 직장 생활 모두에서 웬만큼 자아를 실현하라는 것이다.

1990년대 말에 사회학자 카를 오토 혼드리히Karl Otto Hondrich는 한 사회에서 생업 노동의 가치가 높을수록 실업의 해악은 더욱 커진다고 주장했다.[9] 생업 노동과 실업은 경제적인 측면뿐 아니라 사회적인 측면에서도 상관성이 높다. 생업 노동을 하찮게 여기던 고대 사회와 토착민 사회, 귀족 사회 같은 곳에서 실업은 듣지도 보지도 못한 문제다. 또한 일하지 않는 사람들이 느끼는 개인적이고 사회적인 무용성의 감정도 알지 못한다. 그것은 일반적으로 노동 사회에서만 나타나는 현상이다. 게다가 비(非)노동 사회의 시간 구조는 노동이 아니라 하루해의 진행이나 종교적, 사회적 제식 및 회합에 따라 결정되었다. 경험이 이루어지는 범주도 완전히 달랐고, 가치 기준도 마찬가지였다. 사회적 관계는 일터에서 이루어지는 것이 아니어서 일터를 잃어도 사회적 관계는 잃지 않았다. 지위와 정체성도 규칙적으로 행하는 특정 일과 연결된 것이 아니라 전혀 다른 기준들과 관련되어 있었다.

　노동을 할 수 있는데도 생업 노동에 종사하지 않는 사람이 개인적으로나 사회적으로 문제가 된다는 사실은 주로 문화에 그 원인이 있다. 그런 만큼, 마치 인간 존재를 결정하는 문제인듯 노동 ─ 생업 노동 ─ 의 가치에 그렇게 집요하게 매달리는 문화는 놀랍기 그지없다. 흐로닝언 대학교의 철학자이자 사회학자인 리자 헤어초크Lisa Herzog가 그런 문화의 대변자다. 〈노동은 단순히 성가신 악도 아니고 단순히 돈을 벌기 위한 수단도 아니다. 그것은 더없이 인간적인 사안이다. 다시 말해, 설령 사회적 상황이 완전히 새롭게 조직되더라도 여전히 존재할 만큼 우리 본성에 깊이 뿌리내려 있다. 사람들은 무언가를 창조

하려고 하고, 세계를 디자인하려고 한다. 노동은 그런 충동이 드러내는 핵심 형식이다.〉[10]

　이 인용문은 시쳇말로 대박이다. 노동 사회에 관한 담론을 여전히 지배하는 이데올로기적 편견을 이렇게 압축된 형태로 보여 주는 말이 또 있을까? 일단 근본적인 오류는 헤어초크가 〈노동〉을 손바닥 뒤집듯 쉽게 〈생업 노동〉과 일치시켰다는 점이다. 그녀의 인식과 달리 생업 노동이 인간의 본성과 상관없다는 사실은 앞서 충분히 설명했다. 어쨌든 노동은 〈더없이 인간적인 사안〉이 아니다. 그럼에도 이를 믿는 사람은 자연사와 문화사 대부분에서 드러난 인간적인 요소를 인정하지 않는 셈이다. 개인의 본질적 성향을 규정하는 면에서도 동일한 실수가 반복된다. 〈사람들은 무언가를 창조하려고 하고, 세상을 디자인하려고 한다.〉 정말 그럴까? 개인이 세상을 얼마나 디자인하고 싶어 하는지 확인하기 위해 실시한 독일의 한 설문 조사만 보아도 그런 열정적인 세계 디자이너가 우리 사회에서조차 다수가 아니라는 점은 분명히 드러난다. 〈세계 디자인〉이 개인 위생이나 인테리어, 자녀 양육, 물질적 충족 같은 개인적 기본 욕구로 환원되지 않는다면 세계를 바꾸거나 새롭게 설계하려는 개인은 거의 없다. 많은 사람은 위대한 행위를 강요받기보다 그냥 조용히 살기를 원한다. 게다가 우리 문화권의 사람들은 대개 창조적으로 일하는 것보다 소비하는 것을 더 좋아한다. 〈인간〉이 어떤 존재인지에 대한 진술은 항상 문제가 있다. 인간학과 문화적 속성을 쉽게 혼동하는 것은 일반적으로 이데올로기적 편견의 고정 레퍼토리다.

　인간이 수천 년 동안 농부로 일했고 약 200년 전부터는 산업 현장에서 대규모로 일한 것이 세계를 창조하고 디자인하려는 〈충동〉에 따른 것은 결코 아니다. 생존과 공존이 편안하게 보장된다면 밭에서 힘겹게 쟁기질을 하거나 제철소 용광로에서 땀을 뻘뻘 흘리며 일하고 싶은 사람은 거의 없다. 어떤 식으로 삶을 즐기든 무언가를 하는 것은 인간의 본성이지만, 생업 노동에 종사하는 것은 그렇지 않다. 헤어초크가 노동 개념에 두 가지 의미를 동시에 담은 것은 헤겔 연구에서 비롯된 듯하다. 실제로 헤겔은 노동 속에서 인간의 자아실현 가능성을 보았다. 물론 그가 말한 것은 고대 전통에서 유래한 **정신노동**이었다. 육체노동 중에서 그가 사회적으로 용인할 수 있는 것은 중세 전통의 〈조합〉 형태로 일하는 기술직뿐이었다. 반면에 당시 영국처럼, 비참한 조건에서 단조롭고 기계적으로 일하는 공장 노동은 헤겔의 부르주아적인 노동 개념에조차 맞지 않았다. 오늘날 헤어초크가 〈labour〉와 〈work〉를 동일시하면서 〈노동〉에 대해 경솔하고도 비장하게 이야기하고 있는 것은 노동 사회에 대한 면밀한 연구에서 항상 염두에 두어야 할, 두 개념 사이의 차이를 무시하는 것이다.

　그렇다면 많은 사람이 삶의 확고한 난간을 원한다는 사실과 이 난간이 기본적으로 생업 노동이어야 한다는 사실은 결코 같지 않다. 이 둘을 동일시하면 욕구와 그 충족 사이는 더욱 벌어진다. 생업 노동이 〈더없이 인간적인 사안〉으로 해석될수록 어떤 이유에서든 생업 노동을 통해 자신의 삶에서 의미를 찾지 못하거나 자기를 실현하지 못한 사람은 실패자로 낙인찍힐 수밖에 없다. 헤겔의 바람과 달리, 자아실현의 요구는 생업 노동의 역사와는 별 관련이 없다. 19세기의 공장 노동자나 20세기의 대다수 노동자에게는 낯설기 그지없는 요구다. 자신의 재능을 마음껏 펼치고, 창의적으로 살고, 심지어 자기 자신을 실현하라는 것은 모두 이상적 철학자들의 요구일 뿐이다. 그런 요구들은 오랫동안 망상이자 기만이었다. 그러다 고도로 현대화된 오늘날에 이르러서야 처음으로 보편적 화두가 되었고, 그와 함께 생업 노동을 통해 자아실현의 목표를 달성하지 못한 사람은 시원찮은 인간으로 여겨졌다. 그러나 어떤 형태의 임금 노동도 인간이 자신의 가능성을 창의적이고 다양하게 펼치기에는 적합하지 않다. 그렇다면 자아실현의 요구를 계속 생업 노동과 밀접하게 연결시켜야 할까? 직업이나 직장 밖에서 자신을 더 훌륭하게 실현할 수는 없을까? 그렇다면 노동이 〈우리의 삶을 몇 배는 더 풍요롭게 만들 사회적 환경 속으로 우리를〉 배치시킨다는 헤어초크의 총평은 허울 좋은 과장이 아닐까?[11]

현실을 들여다보면, 2021년 독일에서는 임금 노동과 인정이 동일하지 않다. 또한 밤에 건물을 지키는 경비원의 사회적 환경이 그가 축구 팬클럽 회원으로 활동하거나 가족과 함께 시간을 보낼 때보다 훨씬 풍요롭지 못한 것도 사실이다. 노동이 풍요로운 사회적 환경을 제공한다는 말은 불안정한 일자리 수가 점점 늘어나는 현실과 맞지 않을 뿐 아니라 디지털화로 인해 많은 근로자가 직업을 바꾸어야 한다는 강요를 받고 있는 상황과도 맞지 않는다. 앞서 살펴보았듯이 직업을 바꾸는 것은 적어도 미국에서는 주로 사회적, 경제적 상황의 악화를 동반한다. 그렇다면 우리의 노동 사회를 근본적으로 재편해서 사람들의 욕구에 더 충실한 방향으로 바꾸는 대신 기존의 노동 사회를 복원해야 할 이유가 있을까? 혹은 헤어초크의 표현을 빌리자면, 〈노동을 구할〉 이유가 있을까?

구해야 할까, 교체해야 할까?:
노동의 인간화

우리가 아는 노동 사회는 슬기롭게 유지될 수 있을까? 대대적인 구조 조정이 필요 없고 모든 위험과 심각한 부작용으로부터 사람들을 보호할 수 있도록 노동을 〈인간화하거나〉 〈개화하는〉 것이 가능할까? 상당수의 경제학자와 사회학자, 철학자가 지금껏 사회 치료사를 자처하며 이 과제에 매진했다. 이제 우리는 노동 사회를 구조적으로 어떻게 유지할 것인지, 그와 동시에 어떻게 좀 더 건강하고 아름답고 행복한 모습으로 바꿀 수 있을 것인지 그 방법과 처방전을 찾아야 한다.

이것은 임금 노동 사회의 역사만큼이나 오래된 사안이다. 1차 산업 혁명 이후 정치적 유토피아주의자와 정당, 노동조합은 최악의 착취로부터 노동자들을 해방시키고, 그들에게 더 나은 삶과 더 많은 권리를 보장하는 좀 더 인간적인 노동 사회를 위해 싸웠다. 특히 1960년대 후반부터 〈노동의 인간화〉라는 구호 아래 쟁취한 성과들은 아직도 우리 기억 속에 생생하게 남아 있다. 계기는 충분히 설득력이 있었다. 자동화의 대폭적인 증대에도 불구하고 서구 선진국에서 대다수 노동자의 노동 조건은 예전과 비교했을 때 변한 것이 거의 없었다. 하일브로너와 그 동료들이 언급한 **인공두뇌 혁명**은 산업 노동자들이 간절히 원하는 과실을 나누어 주지 못했다. 그 바람에 노동자 대표들은 끈질긴 협상과 파업, 정치 투쟁을 통해 그중 일부라도 돌려 달라고 요구할 수밖에 없었다.

이 요구들은 세 가지 혁명을 예견한 전문가 그룹의 생각과는 달리 대대적인 새출발을 목표로 삼지 않았다. 오히려 점진적 개혁과 자잘한 개선으로 나아가는 사회 민주주의적 길에 가까웠다. 1960년대와 1970년대에 생활 수준이 급격히 향상될수록 사회는 노동 조건 문제에 더욱더 민감해졌다. 19세기 말부터 미국 노동계를 〈과학화한〉 프레더릭 윈즐로 테일러Frederick Winslow Taylor의 이름을 따서 생긴 테일러식 노동 관리 시스템은 20세기 후반에 노동자에 대한 부당한 요구로 낙인찍혔다. 노동을 세밀한 단계로 쪼개고, 노동 시간을 아주 작은 부분까지 시간 단위로 측정하고, 노동자를 컨베이어 벨트 앞에 세운 이 관리 시스템은 번성하는 소비 사회에서 자신에게 좋은 것이 무엇인지를 스스로 결정하도록 길러진 현대 노동자들의 성향과는 맞지 않았다. 개인적으로 어떤 차가 좋은지, 어떤 스타일이 맞는지 스스로 결정하는 사람은 인생에서 거의 아무것도 스스로 결정할 수 없었던 19세기의 임금 노예처럼 기계 장치의 톱니바퀴가 되는 것을 받아들이지 않았다.

자유로운 소비자이면서 동시에 자유롭지 않은 생산자인 상태는 강력한 모순이었다. 바로 그 모순이 이후에 많은 긍정적 변화를 이끌었다. 욕구 촉진 사회는 노동 세계라고 봐주지 않았다. 직장 협의회, 노동자 경영 참여, 작업 규정, 근로 기준법을 통해 이제 노동자들은 현장에서 더 많은 안전과 발언권을 얻었다. 또한 스웨덴과 노르웨이의 일부 기업처럼 개별 노동자 그룹이 기획 및 생산 과정에서 자율적으로 결정하고 행동할 수 있는 방안도 논의되었다. 심지어 독일에서는 1974년부터 〈직장 생활의 인간화〉라는 국가적 프로그램도 가동되었다. 육체적으로나 사회적으로 노동 세계를 좀 더 안락한 곳으로 만들고 노동 현장에서 건강상의 위험을 줄이는 프로그램이었다.

생업 노동이 되도록 경직되거나 획일적이지 않아야 하고, 유연해야 하며, 또 스스로 결정하고 조직할 수 있어야 하고, 수직 구조가 아닌 최대한 수평 구조 내에서 이루어져야 한다는 요구는 그사이 20년 넘게 제기되어 왔다. 그 뒤에 무슨 일이 일어났을까? 이 추세는 하급 및 중간 관리직에서 혁명을 일으켰고, 무수한 프로젝트 그룹과 팀, 태스크 포스를 탄생시켰다. 그러나 콜센터와 도살장, 아스파라거스 농장에서의 노동은 개선되지 않았다. 산업계의 비판도 흘려들을 수 없다. 왜냐하면 노동의 인간화는 은행 직원을 스마트한 문제 해결자로 재교육하지 못했고, 방만한 기업과 은행, 보험 회사를 디지털 세계에 맞게 날씬하고 유연하고 고객 지향적으로 만들지 못했기 때문이다. 오늘날 개인 노동의 개선과 제2차 기계 시대의 요구 사이에는 큰 격차가 있다.

작금의 상황에서 〈노동의 인간화〉는 단순히 노동자의 발언권 증대나 건강권 보장으로 제한되어서는 안 된다. 관건은 다음의 문제다. 노동 세계를 어떻게 디지털 시대의 요구에 맞게 인간적으로 적응시킬까? 이 논의에는 과거에 비해 완전히 새로운 요구가 스며들어 있다. 나의 노동은 의미가 있을까? 나의 노동에는 단순히 마케팅 슬로건 이상의 목적이 담겨 있을까? 노동을 통한 자아실현의 요구는 기존의 많은 노동 조직에 큰 도전을 제기한다. 경영 컨설팅업체 A.T. 커니의 주문으로 여론 조사 기관인 Gfk가 실시한 연구에 따르면, 2015년 일류 대학에 재학 중인 학생들 가운데 직장을 선택할 때 사회적 효용성이 중요하다고 꼽은 사람은 거의 둘 중 하나였고, 급여가 중요하다고 답한 사람은 14퍼센트에 그쳤다.[1] 생업 노동이 신뢰할 만한 환경에서 이루어져야 하고, 회사는 믿을 수 있어야 하며, 게다가 지속 가능한 경제와 미래의 사회 문제, 환경 문제에서 문제 유발자가 아닌 문제 해결사가 되어야 한다는 요구는 오늘날 경제적 여유가 있는 사람들 사이에서 폭넓게 퍼져 있다.

의미와 성취에 대한 중요한 지표는 전반적으로 다음과 같다. 나의 시간을 통제하고 결정하는 사람은 누구인가? 언제 어디서 일할지 나 스스로 결정할 수 있는가? 이런 관점에서 보면, 코로나 시대에 충분히 검증된 재택근무는 단순히 우리 일상 문화의 아름다운 현상이라는 의미를 훌쩍 뛰어넘는다. 더는 지속적으로 물리적인 감시의 대상이 되지 않는 사람은 신뢰를 바탕으로 자유 공간과 자유 시간을 얻는다. 물론 고용주는 스마트폰과 기업 내 특수 IT 프로그램으로 직원들의 활동을 계속 통제하기는 하지만, 이따금 자신의 시간 계획 내에서 회사의 통제망에서 벗어날 기회는 얼마든지 있다. 회사에 출근해서 퇴근할 시간까지 앉아 있는다고 해서, 그 시간 내내 업무만 보는 것이 아니라는 사실은 직장인이라면 누구나 안다. 반면에 재택근무는 몇 시간 동안 앉아 있는지가 아니라 업무에만 열중하는 순수 근무 시간에 초점을 맞춘다. 팬데믹 이후 온전히 재택근무로만 유지되는 기업은 별로 없지만, 대부분 〈하이브리드〉 형태로 운영하고 있다. 시간과 공간을 노동자 개인이 직접 통제하고 결정하는 추세는 이미 돌이킬 수 없어 보인다.

재택근무의 약진은 직업 종말의 시작점이 될 수도 있다. 평생 같은 일을 하고, 똑같은 환경에 적응하고, 자신이 하는 일을 자기 정체성으로 여기는 그런 사고에서 벗어나는 시작점 말이다. 이는 우리 사회에 오랫동안 중대한 파장을 남겼던 한 발전의 종식을 의미한다. 그 시작점에는 그 옛날 프랑스 건축가 클로드니콜라 르두Claude-Nicolas Ledoux의 건축 유토피아가 서 있다. 19세기 초 그는 미래의 부르주아 시대를 위한 건축물을 설계했다. 주로 노동과 직업을 위한 건물이었다. 예를 들어 그는 냉철한 이성의 건축 언어인 기하학 형태들을 조합해서 루아르강 감독관들을 위한 원통형 건물을 지었다. 130년 뒤 프랭크 로이드 라이트Frank Lloyd Wright의 폴링워터Falling Water, 일명 폭포 위의 집처럼 물이 흐르는 거대한 수관 형태의 집이었다. 또한 타이어 제조업자들을 위해서는 여러 개의 아치로 이루어진 우뚝 솟은 집을 구상했다. 메시지는 분명했다. 네가 하는 일이 바로 너이고, 너는 그것과 스스로를 완전히 동일시해야 하며, 다들 그것을 깨닫고 사회의 정적인 기하학에 편입되어야 한다는 것이다.

르두의 건축은 성공하지 못했지만, 당시 새로 등장한 성과 및 임금 사회의 노동 기능주의는 확고하게 자리를 잡았다. 그러나 오늘날 그것은 점점 퇴색하고 있다. 물론 직장을 여러 차례 바꾸는 일이 산업국에서는 여전히 빈번하지 않고 구직할 때 좋은 점수도 받지 못하지만, 그럼에도 많은 부문에서 자신의 직장 이력과 구직 과정을 설득력 있게 이야기하는 것 자체가 이미 하나의 스토리텔링 전략으로 활용된다. 심지어 필요하다면 때때로 없는 이야기를 만들어 내기도 한다. 2015년 직업 네트워크 XING이 실시한 조사에 따르면, 설문에 참여한 근로자 중 절반은 〈직업을 변경한 이력〉이 더는 구직에 걸림돌이 되지 않는다고 답했다.[2]

〈work〉로 분류될 수 있는 상당수의 생업 노동에서는 노동이 실제로 인간화의 방향으로 뚜렷이 발전하고 있다. 즉, 내가 하고 싶은 일이 내가 하는 일과 일치하는 상태로 나아가고 있다. 이는 마르크스와 엥겔스가 혼란스러웠던 파리 시절에 꿈꾼 것과 다르지 않다. 사실 오늘날에는 창의적인 유급 노동이 그 당시보다 훨씬 더 많다. 아니, 생업 노동의 역사를 통틀어 가장 많다. 그렇다면 창의적인 유급 노동은 지금껏 노동에 부여된 개념, 즉 중세 시절의 〈고생스러운 일〉에 속할까? 내가 하는 일이 창의적이고 재미있다면 그것은 사실 신산한 노동이 아니다. 노동이 〈labour〉의 의미에서 계속 남아 있는 분야는 여전히 창의성이나 자아실현과는 아무 관련이 없다. 그런 노동은 오늘날에도 육체적으로 몹시 힘들고 건강에 위험하다. 심지어 영국과 네덜란드에서 현재 수백만 명이 체결한 제로 아워 계약이 보여 주듯 노동의 상황은 더욱 악화되고 있다. 여기서 제로 아워 계약이란, 정해진 노동 시간 없이 상시적으로 대기하면서 고용주가 부를 때만 일하는 계약이다.[3] 오늘날 택배 회사의 물류 창고 직원이나 운전기사, 혹은 임시직으로 일하는 사람은 착취가 무엇인지 여전히 잘 안다.

우리는 항상 두 가지 발전을 염두에 두어야 한다. 그렇지 않으면 현재의 생업 노동 사회를 제대로 이해할 수 없다. 사람들이 말하는 노동의 인간화와 노동의 구제는 무엇을 말하는 것일까? 기존의 생업 노동 사회를 구하겠다는 근거는 무엇일까? 치료 방법과 그 성공 전망은 어떻게 될까? **모두에게** 의미 있고 성취감을 주는 일은 어떤 일일까?

헤어초크는 노동을 구하기 위한 노력의 일환으로 두 가지 입장에 반대하는 글을 쓴다. 첫 부류는 어떤 대가를 치르더라도 디지털화를 진척시키고, 그 과정에서 노동자의 운명은 물론이고 노동의 사회적 측면에는 전혀 신경을 안 쓰는 사람들이다. 이런 급진적 자유주의는 이따금 눈길을 끌기는 하지만, 독일에서는 특별히 중요한 입장이 아니다. 훨씬 더 비현실적인 부류는 두 번째 그룹이다. 즉 〈**노동의 종말**을 부르짖으면서〉 노동을 철폐하고자 하거나 노동의 소멸을 믿는 사람들이다.[4] 헤어초크가 자신의 〈정치적 입장문〉에서 〈labour〉와 〈work〉를 결코 구분하지 않았다는 사실을 감안하면 그녀가 말하는 이 사람들이 누구인지 궁금해진다. 대체 노동을 총체적으로 없애 버리려는 사람들은 누구일까? 의사와 검사, 경찰관, 건축가 모두를 없애겠다고 생각하는 진지한 사상가가 있을까? 혹은 〈미래에 좋은 노동은 …… 전통적인 임금 노동의 형태로는 불가능하다〉[5]고 사람들을 설득하려는 사람이 있을까? 만년의 마르크스라면 몰라도, 20세기와 21세기의 어떤 무정부주의적 노동 개념의 신봉자조차 그것을 옹호하지 않는다. 노동 속에서의 해방이 아니라 노동으로부터의 해방은 ─ 실제로 그것이 요구된다면 ─ 〈labour〉의 세계에만 해당되지, 〈work〉의 세계에는 해당되지 않는다. 그렇다면 무정부주의적 노동 개념의 대변자들이 디지털화의 결과로 모든 노동이 사라질 거라고 실제로 믿는 것은 터무니없다. 그런데도 헤어초크는 이 입장을 깨부수기 위해 혼자 머릿속으로 그것을 만들어 냈다.[6]

　　헤어초크는 스스로 만들어 낸 두 개의 인형 중간에 서서 노동의 사회적 중요성을 인식하고, 시장에 유일한 통제권을 맡기지 않고, 노동 시장의 책임과 의무를 더 긴밀하게 연결하기 위해 싸운다. 또한 노동자의 강력한 경영 참여를 통해 경제 영역을 민주화하고, 그 과정에서 〈사회 통합에 대한 노동 세계의 역할을 부각시키고자〉 한다.[7] 이로써 헤어초크의 입장은 처음부터 분명하다. 〈연대와 사회 보장의 원칙은 노동 시장의 환경 변화 속에서도 지킬 수 있다〉는 것이다.[8] 다만 그것이 **왜** 그렇게 될 수밖에 없는지에 대한 현실적인 설명은 없다. 노동 시장도 완전히 다른 방식으로 변함으로써 〈노동과 자본에 대한 세금 부담 비율〉이 그녀의 예상보다 훨씬 더 획기적으로 바뀔 여지는 없을까?[9]

따라서 노동의 인간화에 대한 헤어초크의 제안은 허술하다. 〈나중에도 직업을 변경할 수 있도록 해주는 평생 교육 시스템〉은 좋은 일이지만, 앞서 살펴보았듯이 미래 도전들을 감안했을 때 이 역시 더는 만병통치약이 아니다. 〈직업 변경 지원금〉도 장기적으로 볼 때 썩 도움이 되지 않을 듯하다. 또한 〈기술이 없는 여성 근로자의 고용 할당제〉[10]나 그것을 지키지 못할 경우 벌금을 거두어 재교육 시스템의 재원으로 활용하겠다는 대안 역시 빛 좋은 개살구로 보인다. 왜냐하면 기술이 없는 인력은 써먹지 못할 때가 많고, 모든 회사가 벌금을 내고 그런 의무에서 벗어날 만큼 넉넉하지도 않기 때문이다. 헤어초크는 〈기술 변화에 대비하기 위해〉 어디서나 통용되는 글로벌한 규범을 꿈꾼다.[11] 꿈이야 자유지만, 가까운 미래에 그 꿈이 실현될 것 같지는 않다. 중국과 미국을 비롯해 다른 나라들과의 경쟁이 치열해지고, 경쟁력이 생존의 강력한 기준이 되어 가는 현실에서 전 세계 노동자를 보호하기 위한 글로벌한 규범을 누가 만들 수 있을까? 마찬가지로 직장에서 위계질서가 허물어짐으로써 노동 세계가 더욱 인간화될 거라는 그녀의 예상도 그저 바람에 지나지 않는다. 물론 지금껏 실리콘 밸리를 위시해서 많은 기업이 사내의 위계질서를 무너뜨렸지만, 임금 불평등은 증가까지는 아니더라도 여전히 유지되고 있다. 헤어초크가 기존의 사회 보장 시스템을 왜 그렇게 강화하려고 하는지는 정말 알다가도 모를 일이다. 왜 한사코 죽은 말을 타고 결승점으로 달려가려 할까? 사회 보험의 재원 조달 시스템은 인구 통계학적 추세로 인해 엄청나게 약화되고 있고, 디지털 혁명을 통해 거의 숨이 끊어지고 있지 않은가?

마지막으로 헤어초크는 노동을 구제함으로써 실업자들도 혜택을 받기를 원한다. 그것도 〈노동과 실업을 다른 눈으로 보는 문화적 변화〉를 통해서 말이다.[12] 그러나 노동 사회가 강화되고, 그와 함께 노동의 정체성 부여 효과까지 강화된다면 무엇을 통해 그런 문화적 변화가 가능할지는 지극히 모호하다. 주로 노동이 사회로의 편입을 담보한다면 디지털화로 직업을 잃은 사람들은 헤어초크에게서 어떤 형태의 사회 편입을 기대할 수 있을까? 혼드리히의 분석에 따르면, 노동의 가치가 높아질수록 실업자들의 사회적 추락은 더 깊어지지 않는가?

이는 헤어초크가 자신의 주장으로 일깨우고 강화하고자 했던 사회 민주주의에 도움이 되지 않는다. 오히려 그를 통해 사회 민주주의는 사회 주변부로 밀려난다. 정의, 연대, 책임, 공정성, 참여, 사회적 통합은 의심의 여지없이 숭고한 가치다. 다만 이것들이 21세기에도 살아남으려면 기존 시스템을 얼기설기 짜맞추는 것 이상의 아이디어와 노력이 필요하다. 제2차 기계 시대라는 획기적인 변혁의 시대에 우리가 제1차 기계 시대의 낡은 처방전으로는 노동을 쉽게 인간화할 수 없다는 사실을 깨달아야만 지금의 상황을 이해할 수 있다.

헤어초크의 경우처럼 사회 민주주의의 왕진 가방에서 꺼낸 검증된 도구로는 〈노동〉을 구제할 수 없다면, 이 개념을 생업 노동이라는 편협한 틀에서 해방시키고 사람들이 하는 모든 일을 어느 정도 노동으로 간주하고 존중하는 것은 어떨까? 이는 헤어초크와는 완전히 다른 방식으로 노동을 인간화하고 구제하려는 〈제3섹터〉*를 추구하는 사람들의 프로그램이다.

이에 대한 청사진은 훗날 프랑스 경제부 장관 및 재정부 장관에 오른 자크 들로르Jacques Delors가 1980년에 발표한 선언문 『스스로 선택한 시간의 혁명La révolution du temps choisi』에서 제시되었다. 이 책의 저자들은 40여 년 전에 벌써 이렇게 썼다. 기술 진보는 어느 시점에 이르면 생업 노동을 획기적으로 줄이고, 그와 함께 대다수 사람에게 창의적으로 사용할 수 있는 시간을 지금보다 훨씬 더 많이 선사할 것이다. 〈자유 시간은 강요의 시간에 승리를 거두고, 여가는 노동에 승리를 거둘 것이다. …… 여가는 이제 에너지 충전이나 보상만을 위해 사용되는 것이 아니라 충만한 삶의 본질적인 시간이 될 것이고, 반면에 노동은 단순히 수단의 지위로 축소될〉 것이다. 〈이 자유 시간은 공동체적 가치를 촉진한다. 창의성과 기쁨, 놀이가 노동과 관련된 효율성 및 성과의 가치보다 더 중요해지면 우리 사회에 어떤

---

* 제1섹터인 공공 부문과 제2섹터인 민간 부문의 공통 영역을 지칭하는 개념. 한편으로는 공공 부문과 민간 부문 양측에서 외면당한 문제들을 해결하기 위해 제도화된 조직이기도 하고, 다른 한편으로는 민간 부문의 전문성과 효율성을 공공 부문의 공익이나 책임성과 결합시키려는 메커니즘이기도 하다.

구해야 할까, 교체해야 할까: 노동의 인간화

변혁이 찾아올지 생각해 보라. …… 관건은 하나다. 사회적 창의성의 새로운 형태 및 삶의 기술을 다시 발명하는 것이다.〉[13]

　　사회 민주주의의 길과 달리, 이 선언문의 저자들은 노동의 인간화를 생업 노동의 개혁 속에서 본 것이 아니라 노동의 본래 모습, 즉 인간 재능의 창조적 발현에서 찾았다. 그 발현 가능성은 무한대에 가깝다. 〈이로써 지방 자치 및 상호 부조의 과제는 수혜자 스스로 자연스럽게 떠맡게 된다. 게다가 개인 또는 사회 재산에 대한 관리 및 유지 작업은 새로운 가치를 띠고, 누구나 다양한 클럽에 가입해서 활동하는 것이 가능해지고, 문외한들도 예술적, 문화적 활동에 참여해 스스로 소규모 문화를 창조할 수 있다. …… 직접적인 생활 환경에서의 이런 문화적 변화는 공동체 삶을 자극하고, 그로써 세계를 다시 매혹적인 곳으로 바꾸고 감정을 재탄생시키는 데 기여할 것이다. …… 또한 이러한 사회적 역동성은 현대 노동으로 우리가 잊은, 자기 창조나 자기실현적 활동이라는 아름다운 길로 우리를 안내할 것이다. 우리는 이것이 사회를 더 쾌활하게 만들고 모두를 자신의 환경에 더 적극적으로 참여하게 만들 거라고 기대한다.〉[14]

　　『스스로 선택한 시간의 혁명』에 가장 먼저 공감하고 그에 맞는 구상을 발전시키려 애쓴 사람은 고르스였다. 그는 기술 진보가 그 자체로 의미가 있는 것이 아니라 노동 세계에 미친 영향이 대다수 사람에게 이익으로 돌아갈 때만 의미가 있다고 분명히 밝혔다. 뒤집어 말해, 이는 〈절약된 노동 시간이 자유 시간의 증가로 이어지지 않고, 이 해방된 시간이 개인의 자유로운

발전을 위한 시간이 아니라면 노동 시간의 절약은 무의미하다〉
는 것이다.[15] 생업 노동의 시간이 줄어들수록 〈자기 일〉, 즉 시
장이나 국가를 위해 하는 노동이 아니라 〈제3섹터〉에서 하는 일
에 투자하는 시간은 늘어난다.

　　고르스 모델에서 적어도 생업 노동과 동급으로 여겨지는
이 섹터는 충만한 삶을 보장한다. 이를 위해 그는 라파르그와
와일드의 정신에 맞게 프랑스에서 경제적으로 필요한 노동 시
간이 연간 평균 1,600시간에서 향후 20년 안에 1,000시간으로
줄어들 거라고 예상한다. 그것도 임금 변동 없이 말이다. 게다
가 근로자들은 노동 시간을 최대한 자유롭게 스스로 조직할 수
있어야 한다. 그런데 현실에서 구체적으로 어떤 모습을 띨지에
대한 이야기는 없다. 경찰관, 의료 보조원, 관리자 모두가 일을
덜 하도록 국가가 노동 시간의 전반적인 단축을 법으로 지시해
야 할까? 그러려면 얼마나 많은 경찰관을 추가로 고용해야 하
고, 그런 사람들은 어디서 구할 수 있을까? 또한 얼마나 많은 의
사가 이 상황에서 살아남을 것이며, 관리자들 중에 국가가 노동
시간을 제한하기를 원하는 사람은 얼마나 될까? 이제부터는 기
관차 운전사와 군인, 소방관도 언제 일할지 스스로 결정해도 될
까? 이쯤 되면 선의에서 출발한 생각이 현실성 없는 사회주의
적 환상으로 넘어간다. 고르스가 결국 이런 환상에서 벗어나,
자신이 1980년에 치열하게 맞서 싸웠던 무조건적인 기본 소득
의 대열에 합류한 것은 놀라운 일이 아니다.

　　하지만 그로써 〈자기 일〉에 대한 이념이 세상에서 사라

진 것은 아니었다. 1990년대에도 노동 사회가 지금껏 무시하거나 경시해 온 제3섹터, 즉 필요하고 유용하고 성취감을 주는 일을 무보수로 수행하는 이 섹터에 많은 사람이 참여했다. 제3섹터와 관련한 논쟁은 1998년 로마 클럽에 제출된 신규 보고서 「우리는 어떻게 일할 것인가?Wie wir arbeiten werden, einem」에서 정점에 이르렀다.[16] 당시 OECD 국가들의 실업자 수는 3600만 명으로 늘었고, 동시에 많은 나라의 신자유주의적 정책으로 사회 보장 제도는 축소되었다. 이런 상황에서 보고서를 작성한 오리오 기아리니Orio Giarini와 파트릭 M. 리트케Patrick M. Liedtke는 〈새로운 완전 고용 정책〉에 대해 이야기했다. 이를 달성하려면 생업 노동 사회는 〈다층적 노동 모델〉로 전환되어야 한다. 정규 생업 노동과 자원봉사 외에 세 번째 층, 즉 〈기본 노동 단위〉가 추가되어야 한다는 것이다.

이전의 고르스처럼 기아리니와 리트케도 엄격한 규제로 노동 사회를 재편하는 국가를 상정한다. 이제 모든 근로자에게는 최저 임금을 받으면서 주당 약 20시간만 노동할 권리가 주어진다. 이에 적합한 부문은 교육, 의료, 사회 복지 분야다. 노동 사회에 유급 일자리가 부족해지면 국가가 공공 기금을 투입해서 새 일자리를 창출해야 한다. 이 사회 모델에는 일할 의지가 없거나 전문 자격증이 없는 사람은 없는 듯하다. 만일 실제로 현실에 적용된다면 스스로를 유익한 존재로 느끼는 행복한 사람들이 있을 것이고, 그와 동시에 일을 하기 싫은데도 국고 지원이 끊기지 않도록 어쩔 수 없이 자신에게 맞지도 일을 하는 수백만 명의 시간제 근로자가 생길 것이다. 이런 사람들로부터 교육이나 사회적 돌봄을 받는 것이 과연 마음 편하고 만족스러운 일인지는 개인 판단에 따라 다르겠지만, 어쨌든 이를 시대착오적 방향이 아닌 미래 지향적 해법으로 보기는 어렵다.

1990년대 중반에 독일에서도 〈자기 일〉과 제3섹터에 대한 논의가 탄력을 받기 시작했다. 특히 뮌헨 대학교의 교수이자 사회학자인 울리히 베크Ulrich Beck가 이에 대해 적극적이었다. 베크는 1996~1997년 사이에 작센 주지사 쿠르트 비덴코프 Kurt Biedenkopf와 그의 동료 마인하르트 미겔Meinhard Miegel이 이끄는 바이에른-작센 미래 위원회에서 〈시민 노동〉의 개념을 설계했다. 「우리는 어떻게 일할 것인가?」를 작성한 저자들처럼 베크도 자동화로 인해 유급 노동의 공급이 장기적으로 크게 감소할 거라고 가정했다. 그럼에도 자유주의적 노동 개념이 아닌 사회 민주주의적 노동 개념의 지지자였던 베크는 대량 생업 노동이라는 포기할 수 없는 자산을 지키고 싶었다. 따라서 생업 노동의 섹터를 제3섹터로 확대하고 그에 상응해 〈시민 노동〉으로 업그레이드할 것을 제안했다. 그에게 시민 노동이란 프로젝트에 기반한 〈자발적인 사회 참여〉를 의미했다. 그것도 〈공익적 기업의 연출하에 협력적이고 자기 주도적인 노동 형태 속에서 실행되고, 지역 시민 노동 위원회와의 조율 속에서 대중에 공시되고 상호 협의를 거쳐 수행되는 참여 활동이다〉.[17]

베크에 따르면, 시민 노동이 생업 노동과 같은 차원의 노동으로 인정된다면 이 섹터에서 일하는 사람들은 생업 노동에 종사하는 사람들만큼 〈재미〉를 느끼고 〈인정〉을 받게 된다. 1990년대 노동 시장에서 안정적인 직장을 구하기 어려웠던 젊은 대졸자들이 이 센터의 혜택을 누릴 수 있다. 시민 노동은 이들에게 미래에 요구되는 평생 학습을 준비시키고, 미래를 바라보는 시각을 한껏 넓히고, 일시적 대안 노동 및 장기적 시간제 일자리를 제공한다. 이로써 실업자와 노동이 가능한 상태임에도 사회 보조금을 받는 사람, 새로운 도전을 찾아 나서는 전업 주부와 전업 남편은 만족스러운 일자리를 얻을 수 있다. 아직 일할 기력이 남아 있는 연금 수급자나 잠시 직장을 떠나고 싶어 하는 사람도 마찬가지다. 이런 식으로 모든 비노동 인구는 사회에서 배제되거나 사회 변두리로 내몰리는 대신 사회에 통합된다. 〈비물질적으로는〉 인정이라는 보상을 받고, 〈물질적으로는〉 사회 보장 금고에서 나오는 〈시민 수당〉*으로 보상을 받으면서 말이다.

베크는 〈이중 고용 사회〉에 무척 귀중한 장점이 있다고 생각한다. 노동을 통한 〈의미〉가 생업 노동의 좁은 틀에서 벗어나 사회 깊숙이 스며든다. 그와 함께 사회 전체적으로 〈창의성의 문화〉가 생겨나고, 실업자 수는 대폭 감소하고, 생업 노동 사회는 〈다양한 활동 사회〉로 변모한다. 또한 〈사람들이 공익적인 활동을 통해 노동의 아름다운 측면을 경험한다〉.[18] 베크는 이것이 사회적으로 받아들여질 거라고 믿는다. 사회 보조금을 받는

---

* 실업자나 저소득 인구의 기초 생계 보장을 위해 국가에서 지급하는 사회 보조금.

사람들이라면 사회적 인정을 간절하게 원할 거라고 생각하기 때문이다.

그런데 베크의 이중 고용 사회 구상은 생각만큼 간단하지 않다. 일단 사회 복지 수급자들이 사회적 인정을 무엇보다 중시한다는 것은 뜬소문에 지나지 않는다. 실제로 현재의 노동 사회에서 자원봉사나 공익 활동에 참여하는 이들은 생업 노동에 종사하지 않는다는 이유로 사회적 인정을 받지 못하는 사람들이 아니다. 오히려 정규직으로 일하고 여유가 있는 사람들이 실업자보다 그런 활동에 참여하는 경우가 훨씬 더 많다. 이런 경향은 앞으로도 크게 바뀌지 않을 것이다. 왜냐하면 사람들이 시민 노동을 이류 노동 정도로 간주한다면 어떻게 그것을 강화할 수 있겠는가? 또한 사회 복지 수급자들은 온갖 수사학적 상찬에도 불구하고 단순히 대체 노동 정도로만 여겨지는 활동에서, 어차피 받게 될 돈을 위해 그렇게 열심히 일할 이유가 없을 것이다. 생업 노동이 기준이 되는 사회에서 다른 노동은 여전히 부차적인 역할밖에 하지 못한다. 어쨌든 베크는 이렇게 주장한다. 당국과 시민 노동 프로젝트 담당자는 〈시민 노동의 참여를 통해 정규적인 생업 노동 및 사회 보조금으로 유지되는 활동에 대한 의욕이 꺾이지 않도록 신경 써야 한다〉.[19]

베크의 이중 고용 사회는 탁상공론의 산물이자 종이호랑이에 지나지 않는다. 그렇기에 현실 삶에서 어떤 자리도 찾지 못한 것은 놀라운 일이 아니다. 사회 노동 개념만 추가된 낡은 생업 노동 사회에 대한 사회 민주주의적인 집착은 구린내가 나는 타협이다. 그것을 실현하려는 노력의 중심에는 관료주의적 괴물이 우뚝 서 있다. 실업자가 실업 상태로 사는 꼴을 보지 못하고, 생업 노동 대신 어떤 일을 할 생각이냐고 끊임없이 캐묻는 국가 위원회나 지방 행정 기관 같은 곳 말이다. 퇴색해 가는 노동 사회의 그림자는 그것이 완전히 소멸되기 직전에 다시 한 번 무한히 커져서 생업 노동을 할 수 있는 모든 사람의 어깨 위에 과거 어느 때보다 무겁게 드리워졌다.

베크는 당연하게도 이 생각을 빨리 접었다. 얼마간 게르하르트 슈뢰더Gerhard Schröder 총리의 〈어젠다 2010〉에 관심을 보였지만, 나중에는 이조차 노동 세계의 〈브라질화〉로 낙인찍었다. 그가 처음에 관심을 보이며 예찬했던 것이 얼마 안 가 〈완전 고용이라는 서구의 요새에 불안정성과 불연속성, 거품, 비공식성이 침투하는 것〉으로 비쳤다. 그가 보기에 〈어젠다 2010〉은 한마디로 〈혼돈과 잡다함, 불확실성이 깃든 얼치기 사회 구조 변화〉에 불과했다.[20] 우여곡절 끝에 런던 경제 정치 대학의 교수로 임명된 베크는 마침내 무조건적인 기본 소득의 이념에 도달했다.

고전적인 노동 사회는 다층 모델이나 이중 고용 모델로는 구할 수 없다. 세계적인 경제학자이자 성공적인 미국 저술가 제러미 리프킨Jeremy Rifkin도 1996년에 이미 이 테제를 내세웠다. 그의 국제적인 베스트셀러 『노동의 종말*The End of Work*』은 제목부터 아주 거창했다.[21] 리프킨은 자신의 예상이 틀려 체면을 구길 걱정은 전혀 하지 않고 이렇게 담대하게 주장했다.

2010년이면 모든 생업 노동자 가운데 12퍼센트만이 산업 노동을 할 것이고, 2020년에는 그 비율이 2퍼센트로 쪼그라들 것이다. 자동화와 상관없이 살아남는 노동은 주로 제3섹터 노동이다. 지금껏 사람들이 자신과 타인, 그리고 환경을 위해 활동해 온 무급 노동 말이다. 그렇다면 이제 자동화된 생산에서 얻은 이익을 제3섹터로 유입시켜 이 부문의 성장에 비옥한 토양이 되어 줄 세제 개혁이 필요하다.

이 예측이 너무 과격하고 성급했다는 사실은 리프킨 자신도 빠르게 알아차렸을 것이다. 예를 들어 독일에서는 여전히 800만 명이 넘는 사람이 제조업 분야에서 일하고 있는데, 이는 2008년과 거의 비슷한 수준이다.[22] 그보다 규모가 훨씬 더 큰 유급 서비스직 분야도 지금까지는 별로 유의미하게 줄어들지 않았다. 그러나 새로움의 열렬한 사도인 리프킨은 좋은 아이디어가 너무 심한 과장으로도 피해를 입을 수 있다는 점에는 별로 신경을 쓰지 않는 듯하다. 2014년에 출간된 그의 저서 『한계 비용 제로 사회: 사물 인터넷과 공유 경제의 부상*The Zero Marginal Cost Society: The Internet of Things, the Collaborative Commons, and the Eclipse of Capitalism*』이 그것을 보여 준다.[23] 여기서 그는 이렇게 말한다. 제2차 기계 시대에는 세계가 거의 공짜로 연결되고, 모든 사람이 거의 무제한으로 통신 채널을 사용하고, 개인이 무한한 지식에 접근할 수 있다는 점을 고려하면 노동 사회뿐 아니라 자본주의 자체도 곧 깊이 파열될 것이다. 리프킨은 여기서 마르크스의 〈기계 단편〉에 나오는 테제를 정확히 대변한다. 완전 자동화된 생산과 일반적으로 사용 가능한 **일반 지성** 때문에 착취와 지식 독점에 기반한 자본주의 시스템은 휘청거리게 되리라는 것이다. 효율성의 기하급수적 성장에 따른 급격한 비용 하락은 마르크스의 표현을 빌리면 자본주의를 그냥 〈공중분해시킨다〉. 리프킨는 그 자리에 **공유 경제**를 갖다 놓는다. 즉 상호 금전적으로 부자로 만들지는 않으면서 함께 이익을 얻는 협력 시스템이다.

　따라서 리프킨에게 노동 세계의 인간화는 자본주의의 필연적인 철폐를 의미한다. 파괴된 자본주의의 잔해는 〈제3의 혁명〉을 통해 마저 깨끗이 정리되어야 한다. 그렇다면 제3섹터는 『노동의 종말』에서 주장한 것처럼 단순히 확장되는 것이 아니라 리프킨의 말에 따르면, 모든 권력을 떠안고 미래의 노동 세계에서 살아남을 유일한 영역이다. 대기업은 더 이상 존재하지 않고 필요도 없다. 생활에 필요한 집이나, 아니면 자동차나 도구, 지식 등은 모두 공유된다.

　이처럼 거침없는 상상이 있을까? 마르크스의 예언이 삐걱거린 이유도 제조업과 서비스업 분야 전체가 오로지 자본주의적 방식으로만 돌아가지 않는다는 점을 간과했기 때문이었다. 제2차 기계 시대에 은행은 망할 수 있어도 서비스 분야 전체가 마르크스와 리프킨의 예측처럼 그렇게 빨리 공중분해되는 일은 일어나지 않는다. 게다가 공유 경제가 어디서 특히 두드러지는지도 자세히 살펴보아야 한다. 특히 눈에 띄는 영역은 〈labour〉가 아닌 〈work〉가 지배하는 영역이다. 또한 공유 경제는 주로 도시 환경과 상대적으로 젊은 고소득자 사이에서 이루어지지, 임시직이나 계약직 노동자를 비롯해 디지털 혁명의 패배자들 사이에서 발생하지는 않는다. 그렇다면 모든 산업국에서 서로 공유하는 시스템은 대기업의 붕괴만큼이나 현실과 동떨어진 이야기다. 저소득자가 에어비앤비로 집을 빌려 산다면 그것은 공동선 경제의 차원이 아니라 그저 씁쓸한 필요에 따른 일일 뿐이다.

효율성 증가, 비용 하락, 그리고 일반 지성의 형태로 보편화된 지식이 반드시 공동선 경제로 이어지는 것은 아니다. 따라서 〈제3의 혁명〉은 일단 민주적 다수의 동의를 받아 강력한 권력의 이해관계에 맞서 추진되어야 한다. 왜냐하면 일반 지성은 자유롭거나 독립적이지 않은 데다, 현 세상을 광범하게 지배하는 것은 그런 일반 지성이 아니라 구글이나 페이스북 같은 민간 기업이기 때문이다. 디지털 소비재의 가격 하락은 끝없이 지속되지는 않을 것이고, 지금 이 순간도 디지털 세계의 새로운 수익 모델을 가능케 하는 요소로 기능하고 있다. 그렇다면 그런 혁명이 언젠가 찾아올 거라는 상상은 얼마든지 할 수 있지만, 현실에서는 저 밤하늘의 별처럼 아득할 뿐이다. 리프킨의 운명은 평생 자신의 예언이 실현되기를 초조하게 기다렸지만 결국에는 실현되는 것을 보지 못한 마르크스의 운명과 다르지 않을지 모른다.

리프킨과 달리 오스트리아계 미국인 사회 철학자 프리트요프 베르크만Frithjof Bergmann은 어떤 형태의 예언도 포기했다. 물론 그도 스스로 〈새로운 노동new work〉이라 불렀던 인간화된 노동 세계의 열렬한 사도이기는 했지만, 2021년에 숨을 거둘 때까지 미래를 예측하는 대신 자신의 믿음을 전파하는 데만 집중했다. 모든 것은 1980년대의 플린트에서 시작되었는데, 디트로이트에서 북서쪽으로 100킬로미터쯤 떨어진 그 도시에는 제너럴 모터스의 최대 생산 기지가 있었다. 베르크만은 이곳에 〈새로운 노동 센터〉를 설립했다. 미시간 대학교의 교수였던 그는 어려움을 겪고 있던 이 거대 자동차 기업에 계획대로 직원 절반을 해고하는 대신 직원들에게 1년 중 6개월만 고용을 보장하고 나머지 시간은 자신의 센터에서 〈그들이 정말 원하고 또 원하는 것〉이 무엇인지 찾게 해야 한다고 조언했다. 이후 베르크만이 수없이 반복한 이 말은 그의 진언(眞言)이 되었다. 풍문에 따르면 그때부터 그는 서른 개가 넘는 새로운 노동 센터를 설립하거나 그 설립에 영감을 주었다고 한다. 하지만 실제로 확인된 것은 제너럴 모터스가 한동안 그의 센터에 자금을 지원했다는 사실뿐이다. 다만 이 기업은 노동 시간을 통해 〈수평적인 구조 조정〉을 하라는 그의 제안을 따르지 않았다.

베르크만은 평생 큰 주목을 받지 못했다. 그러다 만년에 들어서야 비로소 그의 시대가 열렸다. 그는 세미나와 의회에서 인기 있는 초빙 연사가 되었다. 연단에서 그가 쏟아 낸 말들은 아름다웠다. 노동은 우리에게 더 많은 힘과 에너지를 주어야 하고 우리를 〈생기 있고 완전한 인간〉으로 만들어야 한다니, 이 얼마나 아름다운가? 나쁜 일은 〈질병〉과 같고, 좋은 일은 적어도 섹스만큼 즐겁다. 심지어 그는 진정한 설교자 스타일에 맞게 좋은 일을 〈구원〉으로까지 승격시켰다. 그런 측면에서 그의 주저 『새로운 노동과 새로운 문화*New Work New Culture*』가 선행자들의 사상이나 대안적 이념, 다른 주석 없이 마치 한 권의 경전처럼 쓰인 것은 별로 놀랍지 않다.[24]

　　미래 노동 세계에 대한 베르크만의 아름다운 말들은 디지털 변혁의 시대에 잘 맞는다. 젊은 고급 인력에 대한 무한대로 증가하는 시장의 요구를 잘 반영하고 있을 뿐 아니라 CEO와 경영 컨설턴트에게는 생업 노동이 앞으로 어떤 방향으로 나아갈지를 보여 주는 듯하다. 동시에 이 기지에 찬 말들은 매혹적일 정도로 무해한 방식으로 비정치적이다. 베르크만 역시 우리가 장차 평균적으로 훨씬 적게 일할 것이고, 생업 노동이 우리 일상의 3분의 1만 차지해야 한다는 주장에 동의하지만, 그럼에도 그 과정에서 〈임금 노동 시스템〉이 〈사멸할 것이고 이제 차기 시스템, 즉 새로운 노동 시스템〉이 구축될 수밖에 없다고 대담하게 예측한다. 그것도 다른 목적에 이용되지 않고 그 자체로 목적이 되는 노동이 말이다.[25] 아무리 근사하게 들리더라도 베르크만은 연단에서건 책에서건 이것이 어떻게 구체적으로 실현될지에 대한 설명은 내놓지 않는다.

　　생업 노동 시간을 과감히 줄이고, 대신에 자기 주도적 노동(하이테크 자급자족)과 자신이 정말 원하는 일에 균형 있게 시간을 투자하고, 삶에 중요한 물건들을 협력적 자급 체제 속에서 생산하는 이 **새로운 노동** 형태가 정말 장차 전 세계로 확산

될 수 있을까? 그것도 아무런 정치적 투쟁 없이, 그의 구상이 그 자체로 너무나 설득력이 있다는 이유만으로 말이다. 베르크만은 미국 청소부와 베트남 농민, 인도 잡역부의 노동이 지금부터 그 종사자들에게 어떻게 〈더 많은 힘과 에너지를〉 선사하고 〈섹스만큼〉 즐거움을 줄 수 있을지에 대해서는 언급하지 않았다.[26] 멀리 갈 것도 없다. 독일 세무서, 콜센터 혹은 중환자실에서 〈독립과 자유, 참여〉로 빛나는 노동은 구체적으로 어떤 모습일까? 미래의 인력 부족으로 그런 곳들이 문을 닫아야 한다면 그 자리에 무엇이 들어서게 될까?

베르크만은 회사의 승인하에 플린트 공장의 조립 라인 노동자들에게, 정말 지금부터 자신이 원하는 완전히 다른 일을 해야 한다고 말했을까? 쉽게 믿기지 않는다. 직장을 바꾸려는 노동자가 나중에 요가 강사가 되었다는 베르크만의 일화는 거의 외딴 풍경처럼 보인다. 게다가 플린트의 노동자들이 그의 말을 듣고 전체적으로 삶을 바꾸었다는 이야기는 별로 알려진 것이 없다. 만일 그의 말대로 되었다면 경영진이 직원들의 의사에 반해 사람들을 해고시키는 일은 없었을 것이고, 플린트 역시 2012년 당시 미국에서 범죄율이 가장 높은 도시로 꼽히는 대신 일과 삶이 조화를 이룬 아름다운 자아실현의 도시로 거듭났을 것이다.

지구상의 모든 사람이 〈정말 원하고 또 원하는〉 일을 하라는 요구를 따르고자 한다면 누구도 방글라데시의 푹푹 찌는 직물 공장에서 일하려고 하지 않을 것이고, 어떤 노동자도 중앙

아프리카 광산에서 전기 자동차를 생산하기 위해 콜탄이나 코발트를 캐지 않을 것이다. 또한 수억 명이 아프리카의 굶주리는 나라들에서 부유한 산업국들로 떼 지어 몰려갈 것이고, 전 세계에서 착취가 멈출 것이고, 그로써 세계의 부는 공정하게 분배될 것이다. 한마디로 말해, 자본주의적으로 조직된 세계 경제는 완벽하게 무너진다. 그러나 착취의 종말과 함께 역설적으로 상품 가격이 급등할 것이다. 게다가 경제적 권력 공백은 다시 메워지고, 대량 이주와 내전, 혁명, 대학살이 뒤를 잇게 될 수도 있다.

사람들이 〈정말 원하고 또 원하는〉 일을 해야 한다는 것은 아름다운 모토다. 그러나 현실적인 사회 구상과 정치적 의제가 없다면, 또한 비용을 어떻게 조달하고, 미래에는 누가 〈질병〉과도 같은 덜 아름다운 일을 할지에 대한 철저한 전략이 없다면, 그것은 그저 비밀스러운 종교에 그치고 만다.

이제 중간 결산을 내려 보자. 노동의 인간화는 영예롭고 가치 있는 목표이자, 엄청나게 복잡한 인류의 과제다. 그러나 1990년대의 헤어초크나 베크처럼 예전의 생업 노동 시스템을 어떻게든 그대로 보존하려는 시도는 공기 펌프로 바람의 방향을 바꾸려는 것만큼 부질없어 보인다. 고르스, 리프킨, 베르크만, 헤어초크가 쌍수를 들고 환영한 노동 시간의 단축 같은 일부 아이디어는 비록 모든 곳에서 가능하지는 않더라도 무척 바람직하다. 그런데 예를 들어 공공 부문에서 노동 시간을 단축하고 더 많은 사람을 고용하는 것은 왜 안 될까? 단순한 호소보다 여기서 더 중요한 것은 제안을 현실적으로 감당할 수 있게 만드는 현명한 구상이다. 반면에 다른 많은 아이디어는 멀리서 볼 때만 그럴싸하다. 생업 노동의 제3섹터를 다른 섹터와 동등하게 지원하는 것은 기존 노동 사회의 DNA에 맞지 않는다. 리프킨처럼 자본주의가 머지않아 공동선을 위한 경제로 전환되리라고 믿는 사람은 주관적 희망 사항과 과학적 예측을 혼동하고 있다. 또한 베르크만처럼 노동자 스스로 자신의 진실한 욕망을 깨달음으로써 글로벌 노동 세계를 연착륙 속에서 혁명하려는 시도도 끝없는 희망으로 남을 수밖에 없다.

제2차 기계 시대를 실제로 더 나은 세상을 향한 기회로 보기 위해서는 먼저 몇 가지 허상에서 벗어나야 한다. 첫 번째 허상은 집요한 숙명론이다. 노동이 가능한 나이임에도 일하지 않는 사람은 그 시대의 문화적 이유에서가 아니라 흡사 인간학적 이유에서 자존감과 삶의 의미를 잃을 거라는 공고한 선입견이 그것이다. 이를 실제로 믿는 사람은 당대의 유한한 정신을 영원히 지키고자 했던 고대 파라오처럼 〈노동의 본질〉에 대한 작금의 규정을 영원 속에 새기려는 시도를 하는 것과 다름없다. 두 번째 허상은 제3섹터이다. 이 섹터는 노동 외에 어떤 인간적 활동도 남지 않을 때까지 집요하게 현실적 노동 사회 옆에 또 다른 준(準)생업 노동 사회를 정착시킴으로써 기존의 생업 노동 사회를 더욱 공고히 한다. 세 번째 허상은 점점 더 많은 사람이 〈정말 원하고 또 원하는 일〉을 하게 되면 노동 세계 전체가 저절로 더 공정하고 더 인간적으로 변하리라는 희망이다.

다음 사실은 분명 옳다. 21세기 디지털 현대의 거대한 인간화 프로젝트는 우리의 욕구와 상관없이 어떻게든 사람을 노동 사회에 맞추려 하는 것이 아니라 노동 사회를 최대한 사람과 사람의 노동 욕구에 맞추려고 한다. 생업 노동이 더 이상 성공한 삶의 가장 중요한 기준일 필요는 없지만, 그럼에도 지금까지보다 더 적극적으로 충만한 삶에 기여할 수 있어야 한다. 생업 노동은 모두에게 열려 있어야 하고, 최대한 많은 사람이 스스로 좋아하는 일을 하고 있다고 느끼고 그로써 노동을 자신과 동일시할 수 있도록 해야 한다. 하지만 머나먼 여정이다. 로봇이 향후 수십 년 안에 인간의 모든 불쾌하고 고된 노동을 모두 떠맡을 수는 없다. 게다가 그런 과도기는 단순히 말로만 단축시킬수 없고, 그렇다고 모든 인기 없는 단순 반복 노동이 완전 자동화될 때까지 마냥 기다릴 수도 없다. 또한 노동 세계의 새로운 조직화는 단순히 수백만 명의 시민으로 구성된 사회가 심리적으로 성숙해 나가는 과정도 아니다. 패러다임 전환을 실질적으로 가능하게 만들고 재정적으로도 충분히 현실성 있는 구체적인 구상이 필요하다.

그렇다면 시간이 부의 상징이 되고, 완전 자동화된 기계로 인해 생산과 서비스 부문에서 점점 더 많은 시간을 절약할 수 있는 그런 사회가 정말 가능할까? 우리는 장차 일이 줄어드는 것을 패배로 느끼지 않고 고된 노동에 대한 인류의 승리로 보게 될까? 아니면 기계에 일을 빼앗기는 것을 삶의 안정적 토대를 잃는 것으로 경계하게 될까? 사무실, 작업실, 의제, 시간표 없이는 혼자서 무엇을 해야 할지 더 이상 모르게 될까? 혹은 아프리카나 라틴 아메리카의 많은 사람처럼 매일 돈을 위해 일할 필요가 없는 상태를 오히려 삶을 풍요롭게 하는 기회로 보게 될까?

올바른 방향으로 나아가자:
의미 사회

인간은 수천 년 넘게 강을 따라 터를 잡았고, 강을 중심으로 경제 활동을 하면서 마을과 도시를 세웠다. 당시의 경제는 결핍 경제였다. 궁핍도 없고 물건도 부족하지 않고 굶주림도 없는 세상은 상상으로만 가능했다. 21세기 선진 사회에 이르러서 그 상상은 현실이 되었다. 작금의 경제는 데이터 흐름을 중심으로 형성되었고, 결핍 대신 물질적 풍요가 지천에 넘친다. 그것도 인류 역사상 전례가 없을 만큼 거대한 물질적 풍요다.

데이터 흐름 중심의 경제 재편은 떼려야 뗄 수 없는 기술과 문화의 결합으로 경제를 진전시키고 사회를 끊임없이 변화시켜 온 발전 과정의 가장 최신 버전이다. 이 과정, 즉 다른 말로 표현하자면 19세기 미국 인류학자 루이스 헨리 모건Lewis Henry Morgan이 인상적으로 묘사한 이 **문화 진화**는 오늘날 더는 논쟁의 여지가 없을 정도로 명백하다. 미국 사회학자 게르하르트 렌스키Gerhard Lenski는 20세기에 이를 생태 진화론적 사회 이론으로 확장시켰는데, 그 핵심 개념은 〈소통〉이다. 렌스키에 따르면, 사람들이 서로 소통하고 정보를 생성하고 전달하고 재생산하는 방식만큼 사회를 변화시키는 요소는 없다. 정보는 재화가 조달되고 분배되는 방식을 변화시킨다. 이는 다시 요구와 기대를 낳고, 정의에 대한 질문을 던지고, 그와 함께 사회 전체를 바꾼다.

필자는 이 새로운 사회를 〈의미 사회〉라 부르려고 한다. 18세기와 19세기에 생산 기계의 혁명으로 노동 사회가 탄생한 것처럼 1970년대 이후에는 정보 기계의 혁명으로 의미 사회가 탄생했다. 이런 사회는 예전의 노동 사회가 임금 노동을 중심으로 편성되어 있었던 것처럼 오늘날에는 의미를 중심으로 정신적, 경제적, 문화적으로 나누어져 있다. 제2차 기계 시대를 단순히 노동 사회의 연장이 아니라 실제로 완전히 새로운 사회로 만든 것이 바로 이 경제적, 사회적 운영 체제의 변경이다. 앞서 상세히 분석한 노동 시장의 결과들, 예를 들어 단순 반복 노동의 쇠퇴와 창의성에 대한 기대의 증가 외에 새 시대는 또 다른 것을 가능케 한다. 거의 모든 사람이 디지털 기술의 도움으로 스스로 생산자가 되는 것이다. 예전의 노동 사회에서는 생산하는 사람이 생산 수단을 소유하는 것은 꿈도 꾸지 못할 일이었다. 광산, 직물 공장, 제철소 같은 생산 시설이 일하는 사람의 소유였던 적은 없었다. 그것들은 소유주, 동업자, 투자자의 소유였거나, 아니면 비현실적 사회주의 체제처럼 모든 협동조합과 생산 공동체를 관료적 방식으로 틀어쥔 국가의 소유였다. 모든 생산자가 조합 형태로 동등하게 지분을 나누어 갖는 아이디어는 언제나 머나먼 꿈으로 남아 있었다.

그에 반해 의미 사회에서 의미와 무의미를 생산하는 데

필요한 매우 강력한 수단은 노트북과 스마트폰이다. 마르크스가 꿈꾸었던 〈생산 수단에 대한 지배권〉은 원칙적으로 잘못된 방향이 아니다. 다만 리프킨처럼 그것이 필연적으로 지배 없는 협동조합의 세계와 공동선 경제로 이어질 거라는 믿음은 비현실적이다. 그러려면 먼저 디지털 경제에서 독점적으로 돈을 버는 사람들의 재산을 몰수하고 권력을 박탈해야 한다. 전 세계적으로 수익성 높은 사업 영역을 구축한 다음 정보라는 황금을 축적해서 최고 입찰자에게 판매하는 기업들 말이다. 그러나 그들의 재산을 몰수하는 것은 현재 어떤 법적 근거도 없을 뿐 아니라 자연법 변경을 넘어 폭력 행위가 수반되어야 한다. 따라서 모두에게 주어진 의미 생산의 강력한 수단은 공산주의를 의미하는 것이 아니다. 우리가 아는 노동 사회가 그 필연성을 상실하고 있다는 뜻이다. 원칙적으로 점점 더 많은 사람이 여가 시간과 자기 노동력의 분배를 통해 자유롭게 의미를 생산할 수 있다. 광산이나 공장의 생산 라인에서는 상상할 수도 없는 일이다.

그렇다면 의미 사회에는 양극이 존재한다. 한편에는 디지털 진보를 통한 대량 실업이 있고, 다른 한편에는 각 개인의 디지털 자기 역량 강화가 있다. 이로써 프랑스 사회학자 알랭 투렌Alain Touraine은 1969년부터, 그의 미국 동료 다니엘 벨Daniel Bell은 1973년부터 이야기해 온 〈후기 산업 사회〉는 더욱 강한 추진력을 얻는다.[1] 이런 사회에는 분명 무수한 장점이 있다. 그러나 잘못된 발전 방향과 정치의 방관으로 인해 현재 이 사회는 두 계급 사회로 명확하게 분열될 위기에 처해 있다. 점점 더 높은 급여를 받는 계급과 점점 더 사회 변두리로 내몰리는 계급이다. 이런 위험에 효과적으로 대응하기 위해 의미 사회는 파괴적 혁신, 즉 우리 노동 사회의 DNA에 개입해야 한다. 소득과 노동 사이의 확고한 연결 고리를 끊어야 한다는 말이다. 이 책에서 자세히 다룰 내용도 그것이다. 하지만 그 전에 우리가 창의적으로 만들고자 하는 의미 사회로부터 잠재적으로 기대하는 것이 무엇인지부터 그려 볼 필요가 있다.

앞서 살펴보았듯이, 여가 및 자아실현 사회에 대한 상상은 산업화만큼 오래되었다. 그러나 고드윈, 푸리에, 마르크스, 라파르그, 와일드 그 누구도 그런 사회를 완벽하게 그리지는 못했다. 이 사상가들은 당시 초창기의 생업 노동 사회나 아직 모두에게 완전히 당연시되지는 않던 생업 노동 사회에 살았기 때문에 그 과제는 몹시 어려울 수밖에 없었다. 또한 그들은 오늘날 교착 상태에 빠진 우리의 낡은 노동 사회에서 노동 시간을 줄이고 여가 시간을 늘리자는 이야기가 나올 때마다 거의 매번 등장하는 반론에 직면하지도 않았다. 이 반론들 가운데 가장 유명한 것이 1958년, 그러니까 경제 기적 시대에 아직 너무나 선명한 〈모두를 위한 번영〉에 대한 전망이었다. 완전 자동화를 목표로 나아가는 산업의 자동화 과정을 보면서 철학자 해나 아렌트Hannah Arendt는 당시 이런 분위기에 초를 치는 불길한 말을 남겼다. 〈이 땅에서 인류의 모든 세대가 꿈만 꾸었을 뿐 감히 실행에 옮기지 못하던 것이 기술 진보를 통해 실현되는 것처럼 보일 수는 있다. 하지만 겉으로 보이는 이 모습은 기만이다. 근대는 17세기에 노동의 이론적 예찬으로 시작해서, 사회가 전체적으로 노동 사회로 변모해 간 금세기 초에 끝났다. 오래된 꿈의 실현은 마치 동화 속 소원의 성취처럼 꿈꾸던 축복이 저주로 바뀌는 상태에 이른다. 왜냐하면 도달할 세상은 노동의 족쇄에서 해방되어야 함에도 불구하고 해방의 가치를 드높여 줄 좀 더 숭고하고 의미 있는 활동에 대해서는 거의 아는 것이 없는 노동 사회이기 때문이다. …… 지금 우리 앞에 놓인 것은 진정한 노동이 고갈된, 그러니까 **이 사회가 아직 할 줄 아는 유일한 활동**이 고갈된 노동 사회의 전망이다. 이보다 더 참담한 일이 있을까?〉[2]

1950년대 후반의 서구 사회가 노동 말고는 할 줄 아는 것이 전혀 없다고 단정하는 오만함만 걷어 낸다면 아렌트가 묘사한 딜레마는 전적으로 타당하다. 무수한 루틴과 삶의 이력, 사회적 호소와 구호, 법률에 깊숙이 새겨진 생업 노동 사회는 손바닥 뒤집듯이 완전히 다른 것으로 바뀔 수 없다. 게다가 많은 사람의 마음속에 오랫동안 자신의 정체성을 형성해 왔던 옛것을 그냥 포기하자는 말에 반기를 드는 무언가가 있다는 예상도 충분히 가능하다. 아렌트가 사람들에게 〈상기시키고자〉 했던 〈활동 사회〉, 즉 자유 의지로 자신이 원하는 것을 할 수 있는 사회는 오늘날까지도 많은 사람에게 여전히 낯설다. 물론 1950년대 말보다 더 낯설지는 않더라도 말이다.

생업 노동 사회가 인간의 본래적인 사회가 아니고 활동 사회가 인간 본성에 훨씬 더 가깝다고 생각한 사람은 당연히 아렌트만이 아니었다. 정신 분석학자이자 철학자인 프롬, 철학자이자 사회학자인 허버트 마르쿠제Herbert Marcuse, 신학자이자 철학자인 이반 일리히Ivan Illich도 자기 주도적 활동의 세계를 꿈꾸었다. 그 밖에 물리학자이자 철학자 카를 프리드리히 폰 바이츠체커Carl Friedrich von Weizsäcker, 그의 아들이자 환경 과학자 에른스트 울리히 폰 바이츠체커Ernst Ulrich von Weizsäcker, 그의 아내 크리스티네 폰 바이츠체커Christine von Weizsäcker, 그리고 오랫동안 런던 정치 경제 대학교의 학장을 지낸 사회학자 랄프 다렌도르프Ralf Dahrendorf도 같은 방향으로 생각했다. 마르쿠제는 1967년에 기술과 예술, 일과 놀이가 서로 완벽하게 넘나드는 자유 사회를 꿈꾸며 생업 노동 사회의 종말을 기대했다.[3] 일리히는 1980년에 생업 노동 사회가 〈그림자 노동〉으로부터 막대한 이익을 갈취하고 있다고 비판했다. 그가 이름 붙인 그림자 노동은 자신의 성과를 전혀 또는 충분히 인정받지 못하는 사람들의 노동을 가리킨다.[4] 일리히는 묻는다. 그런 일을 할 수밖에 없는 사람들의 고되고 단조로운 노동에 누가 주목하겠는가? 어머니와 할머니가 가족을 보살피고 챙기는 활동에 누가 신경이나 쓰겠는가? 두 번째 물음은 가사 노동을 처음으로 〈자기 일〉로 묘사하면서 유급 노동과 동등한 반열에 올린 크리스티네 폰 바이체커도 던진 것이었다. 만일 스스로 〈활동 사회〉라고 이해하는 사회라면 불공정하고 맹목적인 것으로 낙인찍힌 생업 노동 사회의 위계질서는 사라질 것이다.

그렇다면 활동 사회의 개념에는 두 가지 얼굴이 있다. 한편으로는 모든 노동이 동등한 지위의 노동으로 인정받기를 원한다. 그 때문에 1980년대 이후에는 자녀 양육이나 부모 부양 같은 가사 노동에 대가를 지불하라는 요구가 드물지 않았다. 다른 한편으로 활동 사회는 아렌트와 마르쿠제처럼 생업 노동이 아닌 자신이 하고 싶은 일이 중심에 서는 삶에 사람들을 다시 적응시키려 한다. 이 두 번째 의미에서 보자면, 아렌트의 이념에는 고대 귀족제의 정신이 어른거린다. 즉, 공공의 문제를 돌볼 수 있도록 한가함을 유지하고 시간을 주체적으로 쓸 수 있는 삶, 그리고 공동체의 틀 안에서 자신을 개인적으로나 사회적으로 완성시켜 나가는 능력에 대한 기억이다.

그런데 적절한 임금을 받는 것과 강제성에서 전반적으로 벗어나는 것은 결코 동일한 사안이 아니다. 이것 아니면 저것이라는 양자택일의 문제다. 물론 하나가 다른 하나와 어떻게든 조합을 이룰 수는 있지만, 그렇다고 상이하기 그지없는 각각의 정신이 그 두 사안에 깃들어 있다는 사실은 바뀌지 않는다. 첫 번째 것은 생업 노동 사회를 무한대로 확장하고, 두 번째 것은 생업 노동의 의미를 제한한다. 이러한 양가성과 개념의 모호함을 고려하면 의미 사회, 즉 노동의 필요성에 대한 문제보다 의미 문제에 더 많은 가중치를 두는 사회에 대해 말하는 편이 더 합리적이다. 이런 의미 사회에서는 사람들이 무슨 일을 하건, 예를 들어 요리를 더 많이 하든, 비디오를 더 많이 제작하든, 그림을 더 많이 그리든, 정치에 더 열심히 참여하든, 혹은 사회적 교류에 더 집중하든, 공예나 문학에서 자신의 잠재력을 실현하든,

올바른 방향으로 나아가는 의미 사회

음악을 하든, 컴퓨터 프로그램을 만들든, 아니면 그냥 아무 일도 하지 않든, 현재 그것이 어떤 식으로든 의미 있어 보인다면 모두가 타당하다. 비타 악티바Vita activa와 비타 콘템플라티바 Vita contemplativa, 즉 활동적 삶과 관조적 삶은 고대 그리스 때와 마찬가지로 더 이상 모순되지 않는다. 따라서 그것들은 서로 비교 평가할 필요가 없다.

그런데 사람들이 무엇에 의미가 있다고 느낄지는 단순히 개인 차원의 문제가 아니다. 그것은 어떤 문화에 살고 있느냐에 따라 크게 좌우된다. 자신의 삶을 한 교단에 바칠 생각으로 수도원에 들어가는 것은 기독교 중심의 서양 역사에서는 1,000년 넘게 의미 있고 사회적으로 높이 평가받는 삶의 설계로 여겨졌다. 반면에 콩고의 이투리 정글이나 파푸아 뉴기니에서는 당연히 그렇지 않다. 샤먼, 미라 기술자, 사무라이로 평생을 보내는 것은 서유럽에서는 결코 사회적으로 가치 있는 직업으로 간주되지 않았다. 결국 욕구를 결정하는 것은 문화다. 삶의 지혜와 깨달음의 획득을 최고의 목표로 삼는 문화는 고대 아테네처럼 항상 철학자를 배출했고, 용맹과 전쟁 기술을 최고의 자산으로 치는 문화는 고대 스파르타처럼 죽음을 두려워하지 않는 용감한 군인을 길러 냈으며, 냉담함, 우월감, 인종 차별을 선호하는 문화는 〈제3제국〉처럼 수천 명의 나치 친위대 병사를 찾는 데 아무런 문제가 없었고, 미국처럼 사업을 성공시키는 것을 무엇보다 중시하는 문화는 그런 캐릭터의 인간을 수백만 명 양산했다. 따라서 열대 우림의 원주민에게는 수도원의 삶이, 고대 철학자에게는 최대한 많은 재산의 추구가, 스파르타인에게는 비겁함이, 인종 차별주의자에게는 모든 민족에 대한 동등한 존중이, 과격한 자본가에게는 분배 정의에 대한 가치가 〈부자연스러운〉일이다. 또한 이익에 눈먼 사업가는 지혜보다 영악함을 중시하고, 정신을 추구하는 부자가 아닌 인간을 비웃는다. 반대로 지식인들 사이에서 돈에 대한 집착은 성격적 결함으로 여겨진다.

이것이 의미 사회에 의미하는 바는 무엇일까? 우선 평생 생업 노동 사회에 길들여진 많은 사람은 다른 가능한 사회 형태를 믿지 않고, 그에 대해 별 기대도 하지 않는다. 그 이유는 풍요 사회에서 의미가 점점 더 중요해지고 있다는 사실을 공감하지 못해서가 아니라 생업 노동에서의 의미와 자기실현이 의사나 건축가, 작가, 기업가, 정치인, 성직자 같은 소수에게만 해당된다고 가르친 문화에 너무 깊이 길들여져 있기 때문이다. 그에 반해 다른 모든 이에게 의미란 주로 노동 밖에서 구하고 찾아야 하는 어떤 것이었다. 경험에 따르면 인생은 꿈의 콘서트가 아니고 노동은 신산한 일이다. 그런데 앞으로 점점 더 많은 상품과 서비스만 스스로 선택할 수 있는 것이 아니라 자기 삶에 대해서도 거의 무한대의 가능성을 자유롭게 선택할 수 있다면 어떻게 될까? 여기서도 생업 노동이 중요한 선택이기는 하지만 충만한 삶을 위한 대안이 없는 것이 아니라면 어떻게 될까?

의미 사회에 대한 두 번째 반론은 이렇다. 생업 노동에 길들여진 사람은 의미 사회가 미래에 중요해지고 심지어 실현 가능성도 무척 높다는 점에 대해서는 의심하지 않지만, 그런 사회가 딱히 바람직하거나 행복을 증진시킬지에 대해서는 머리를 갸웃거린다. 〈시간 주권〉을 되찾는다는 것은 좋은 말이지만, 그것이 과연 큰 의미가 있을까? 경험이 가르치는 바에 따르면, 우리는 대개 할 일이 있을 때에만 아무 할 일이 없다는 것을 감사하게 느낀다. 생업 노동자는 여가 시간을 즐기지만, 실업자는 남아도는 시간을 즐기지 못하는 것도 그 때문이다. 이 시간을 내가 일해서 벌었고, 그것이 내 고된 노동의 보상이라는 느낌이 들어야 여가 시간을 즐길 수 있다. 지금까지의 노동 사회의 운영 체제에서는 대개 그랬다. 하지만 이것도 바뀔 수 있지 않을까? 예를 들어 자원봉사로 아이들의 놀이터를 만드는 일에 동참하거나 청소년 축구 클럽 코치로 일한 사람도 주말에 한가하게 맥주 한잔하는 시간을 자신이 일해서 벌었다고 느낄 수 있다. 부모들은 아이들이 하루 종일 열심히 뛰놀고 침대에 누우면 안도의 한숨을 내쉬고, 등산객들은 고된 산행을 마치고 달콤한 휴식을 즐기며 스스로 충분히 자격이 있다고 생각한다.

그렇다면 무언가를 자기 노력으로 얻었다는 느낌이 반드시 생업 노동에 달려 있는 것은 아니다. 하지만 이제 여기서 의미 사회에 대해 세 번째 반론이 제기된다. 많은 사람에게 기존의 생업 노동이 갖고 있던 중요성이 감소한다면 선진국 사람들은 앞으로 하루를 어떻게 보낼지 충분히 좋은 계획을 갖고 있을까? 사회학자 아르민 나세히Armin Nassehi는 필자의 책『사냥꾼, 목동, 비평가』에 대한 평론에서 다음과 같이 묻는다. 〈가치 창조의 사슬이 우리 삶의 시간 구조에서 떨어져 나오면 우리는 하루 종일 무엇을 하게 될까?)[5] 글쎄, 어쩌면 더 많은 사람이 나세히처럼 책과 논문, 평론을 쓸 수도 있지 않을까? 어쨌든 이 질문은 그럼에도 당연히 일리가 있다. 프롬을 비롯한 하버드 사회학자 데이비드 리스먼David Riesman 같은 지성인들도 이 문제를 다루었다. 특히 리스먼은 1964년 자신의 책에서 이렇게 묻는다. 〈무엇을 위한 번영인가?〉[6] 그러고는 이렇게 답한다. 선진국 사람들은 실제로 자신의 가치관과 삶의 태도를 바꾸려는 준비가 되어 있어야만 생업 노동의 뚜렷한 축소로 행복을 누릴 수 있을 것이다. 미국 내무부 직원들은 그보다 더 걱정이 많고 비관적이다. 그들은 1974년에 이렇게 경고한 바 있다. 〈여가 시간은 많은 사람에게 낙원의 상징처럼 비치지만 사실 어쩌면 미래의 가장 당혹스러운 문제가 될 수도 있다.〉[7]

의미 사회는 〈선수와 관중〉으로 이루어진 무의미 사회로 변질되지 않으려면 창의성을 전제해야 한다. 아울러 미래의 생업 노동에서 창의성이 가장 중요한 능력이 되어야 한다는 데 모두가 동의해야 한다. 그렇다면 우리는 얼마나 폭넓게 창의적일 수 있을까? 그것은 아마 얼마나 많은 사람이 경제적 이성, 즉 생업 노동 사회에서 늘 확실하게 작동하던 나침반을 뛰어넘어서 생각할 수 있느냐에 달려 있다. 돈과 재산, 지위가 아니라면 장기적으로 나를 행복하게 해주는 것은 무엇일까? 무척 까다로운 질문이다. 그에 대한 답을 찾기 위해 이미 수많은 사람이 인간의 정신세계로 구불구불한 여행을 떠났고, 인간 심리와 요가의 환상 섬으로 항해했으며, 자아 발견을 다룬 책들의 어두운 정글을 무수히 지났다. 그런데 여기에서도 경제적 이성이 기준이 된다. 어떤 휴식이 나에게 가장 맞을까? 어떤 조언이 나에게 가장 도움이 될까? 어떤 삶의 철학이 나에게 가장 큰 이익을 줄까? 어떤 명상이 내 직업에 가장 적합할까?

미래의 의미 사회가 많은 사람에게 생업 노동 저편에서 보내는 시간을 늘려 준다면 이런 의문이 든다. 지금까지 스스로 자본가로 길러진 사람들은 모두 무엇을 하게 될까? 국제적인 싱크 탱크인 밀레니엄 프로젝트의 델포이 보고서도 그에 대한 적절한 답을 제시하지 못한다. 전문가 289명의 의견을 종합하면, 중장기적으로 기술을 통해 대체될 수 있는 것은 모두 언젠가는 사라진다. 주로 공감이 필요한 직업만 살아남는다. 예를 들어 무언가를 돌보고, 누군가를 육체적으로나 심적으로 보살피고 교육하고 코치하고, 개인적 어려움과 걱정을 완화해 주고, 문제 해결에 도움을 주는 그런 직업 말이다. 이는 이미 상세히 설명한 바 있다. 어쨌든 대다수 사람이 생업 노동 저편에서 무엇을 하게 될지에 대한 물음에 관해서 델포이 보고서는 고대 신탁소라는 이름에 걸맞게 이렇게 말한다. 〈모든 사람이 무언가를 하겠지만, 그중 많은 것이 더는 생업 노동의 틀 안에서 일어나는 일이 아니다. 다만 다들 무언가를 생산할 것이다. 즐거움이든 소음이든.〉[8]

그 무언가가 무엇일지 골똘히 고민하다가 절망할 필요는 없다. 의미 사회의 미래를 즐거움과 소음 생산보다 훨씬 더 다채롭고 친근하게 상상할 수 있는 시나리오는 부족하지 않다. 그

것은 자연과 인류에게 해를 끼치지 않는 공동선 경제의 시나리
오이자, 각자가 어느 정도씩 갖고 있는 창의성을 발견한 뒤 물
질적인 보상 없이 무언가를 창조하려는 데서 즐거움을 느끼는
시나리오이자, 많은 비용이 들지도 않고 배타적이지도 않은 섬
세한 향유의 기쁨이자, 시간을 아끼거나 얻는 대신 자신과 주변
사람들에게 시간을 아낌없이 나누어 주는 삶이다. 이 모든 것이
웬만큼 교육을 잘 받고 수준이 높은 중산층 자녀들에게 현실이
될 수 있다는 사실은 베를린의 프렌츠라우어 베르크나 뒤셀도
르프의 플링게른, 혹은 독일의 다른 트렌디한 지역으로 잠깐만
시선을 돌려보아도 알 수 있다. 이런 곳에서는 벌써 부모 세대
의 적극적인 지원 속에서 그런 생활 방식이 흔쾌히 시도되고 있
다. 관건은 그런 삶이 사회 특권층 3분의 1에게만 허용되는 것
이 아니라 모두에게 얼마만큼 가능한가 하는 것이다. 그러려면
많은 조건이 충족되어야 하는데, 그중에서도 특권층이 가능한
한 많은 사람이 자신들과 비슷한 삶을 누릴 수 있도록 하는 데
얼마나 관심을 가지는지가 특히 중요하다.

　19세기 후반에 마르크스, 라파르그, 와일드는 찢어지게
가난하고 교육받지 못한 임금 노예들이 자기 삶의 자유로운 예
술가가 될 수 있는 머나먼 길에 대해서는 전혀 고민하지 않았
다. 그러니까 그들 자신과 같은 인간이 되는 길 말이다. 그들은
또한 자동화로 인해 일자리를 잃은 사람들이 이제 정말 자신이
좋아하는 일을 할 수 있도록 사회적, 재정적으로 어떻게 지원할
수 있을지도 설계하지 않았다. 솔직히 말해 이 문제는 오늘날까

지도 해결되지 않고 있다. 다만 확실한 것은 있다. 제2차 기계 시대에도 일자리를 잃은 전철 기관사나 보험 회사 직원이 반드시 창의적이지는 않으리라는 사실이다. 누군가는 공격적이거나 파괴적으로 변할 수도 있고, 누군가는 우울증에 빠질 수도 있다. 은행과 보험 회사, 그리고 제조업 분야에서 일어나는 거대한 해고의 물결은 전반적인 문화 변화보다 분명 한참 앞서 찾아온다. 그 때문에 여전히 돈이 성과에 대한 확고한 보상이라는 문화가 지배하는 한 실업은 모든 당사자에게 심각한 타격을 줄 수밖에 없다. 사회적으로 보면, 보상이 주어지지 않는 성과는 결코 높은 평가를 받을 수 없다. 능력을 갖춘 고소득자는 생업 노동과의 관계를 바꾸고 유연하고 새로운 방식으로 자신의 삶과 연결시키겠지만, 디지털 시대의 많은 낙오자는 더 이상 자기 자신에게로 이르는 길을 떠올리지 못한다. 이런 사회를 의미 사회라고 부르는 것은 빛 좋은 개살구다. 의미 사회에서 스스로에게 적합한 의미를 찾지 못하는 것은 결국 노동 사회에서 일자리를 찾지 못하는 것보다 심리적으로 훨씬 더 파괴적일 수 있다.

이런 내용은 노동 시간이 전체적으로 감소하고 여가 시간이 증가하는 사회를 조명하려는 미래 연구자들의 모임에서 거의 언급되지 않는다. 경제적 목적 없이 시간을 보내는 것은 주로 돈이 많고 사회적 인정이 보장될 때만 유혹적이다. 그럴 때는 경제적 합리성 말고 다른 이성이 나타난다. 삶의 가장 큰 가치가 단순히 경제적 목적을 위한 수단이 아닌 활동에 있다는 사실을 아는 이성이다. 내면의 동기는 인정의 상실과 자존감 부족을 통해 위협받지 않을 때만 번성하는 연약한 식물이다. 아도르노는 『미니마 모랄리아』에서 이 상태를 근사하게 묘사하기도 했다. 그 뒤에야 우리는 〈잘못된 강박하에서 낯선 별들로 돌진하는 대신 여러 가능성을 자신의 의지로 사용하지 않은 채 남겨 둘 수 있다〉.[9]

활동 사회와 달리 의미 사회는 반드시 게으름을 배척하지는 않는다. 이 사회는 자기 최적화 자본주의처럼 활동의 부족만 아는 것이 아니라 활동의 과잉도 안다. 또한 인류가, 그중에서도 특히 부유한 산업국의 인간들이 자기 발전을 위해 자연을 착취한 대가도 예민하게 인지한다. 의미 사회는 아도르노의 인식과 마찬가지로, 〈자제력을 모르는 사람들이 결코 유쾌하지도 않고 가장 자유로운 인간도 아니며〉[10] 지속적으로 일하라는 명령이 그저 산업적인 생업 노동 사회의 슬로건일 뿐 그 사회의 퇴색과 함께 엄격성을 잃고 있다는 사실도 꿰뚫어 본다. 따라서 의미 사회는 무언가를 만들어 내고 어떤 대가를 치르든 생산하는 것만 아는 것이 아니라 아낌의 미덕과 지속 가능성의 중요성도 안다.

우리가 아는 생업 노동 사회가 반세기가 넘도록 우리 시대의 엄청난 생태적 도전에 대응하지 못했다는 사실은 이제 길게 설명할 필요가 없다. 1960년대 이후 지속적으로 양적 성장만 지향해 온 산업 사회가 어떤 결과를 낳았는지 명백하다. 치명적인 해양 오염, 무차별적인 산림 벌채, 엄청난 규모의 생물종 멸종이 그것이다. 심지어 북극 얼음에 구멍을 뚫은 1980년대 중반부터는 온 세계가 오랫동안 추측만 하던, 이산화탄소 농도와 지구 온난화 사이의 연관성이 밝혀졌다. 이후로도 이산화탄소 배출량은 꾸준히 증가했고, 세계 해양 오염과 삼림 벌채, 생물종 멸종은 지속되었다. 어떤 맹세도, 어떤 회의도, 어떤 국제 협약도 근본적인 사고 전환을 이뤄 내지는 못했다.

가장 중요한 삶의 의미, 즉 자신과 후손의 생존이 근본적으로 위협받는 상황이라면 의미 사회는 어떻게 순조롭게 돌아갈 수 있을까? 우리의 일상적 생활 방식 때문에 중요한 삶의 지평이 점점 좁아진다면 어떻게 해야 할까? 〈잘못된 삶 속에는 올바른 삶이 없다.〉『미니마 모랄리아』에 나오는 가장 유명한 문장이다. 달리 말해서, 삶의 모든 전망이 점점 파괴되는 상황에서는 올바른 삶의 의미란 없다. 따라서 의미 사회가 사회 민주주의적 보상을 배척하고 극복해야 하는 것은 당연하다. 양적 성장에 대한 무한한 강요는 더 이상 좋은 것이 아니라 막대한 문제를 일으킨다. 직장에서 찾을 수 없는 삶의 기쁨을 끊임없이 물질적인 보상에서 찾으려는 사람은 수십억 인류의 관에 못을 박는 이들이다.

앞서 상세히 살펴보았듯이, 더 많이 가지려는 욕망은 불변의 인간 본성이 아니라 문화적 영향 탓이다. 사실 산업국 사람들은 가구당 평균 1만 개의 물건이 있는데 수천 개의 물건을 더 장만하려고 일하지는 않는다.[11] 통계로 보면 유럽에서는 250만 가구가 자동차를 3대 이상 보유하고 있고, 독일에서는 100가구당 텔레비전을 156대 소유하고 있으며, 미국 어린이들은 평균 6,500달러어치의 장난감을 갖고 있다. 도저히 끝을 모르는 소비다. 소비 증가로 인한 행복 증진과 생물권 파괴로 인한 미래 고통 사이에는 어떤 형태의 의미 있는 상관성도 없다. 오히려 행복보다 고통이 월등히 앞선다. 그럼에도 여전히 많은 사람이 이 흐름에 동참하고 있는 이유는 앞서 이야기한 대로 소속감에 대한 욕망 때문이다. 생태적으로 너무 무책임한 이 광기를 멈추고자 한다면 인간 본성이 아니라 사회적 보상 시스템을 바꾸어야 한다.

이와 관련한 성찰은 이미 오래전부터 폭넓게 존재했다. 그런 생각을 하는 사람들은 자연을 더 이상 〈물건〉으로 보지 않는다. 다시 말해 사유 재산으로 여기지 않는다. 또한 그들은 생산자와 소비자의 구분이 점점 모호해지는 탓에 더는 자본가가 필요 없는 사회를 꿈꾼다. 이런 세상에서는 대기업이 아닌 소규모 생산자들이 사람들에게 정말 필요하고 유익하며, 내구성이 뛰어나고 지속 가능한 물건을 만들어 낸다. 더 큰 규모의 구매는 공동으로 이루어지고 공동선에 복무한다. 이런 세상에서는 지위나 신분 의식은 줄어들고, 성장에 대한 압박도 깨질 수 있다.

의미 사회가 어디까지 발전할지는 가늠하기 어렵다. 일단 대기업이 스스로 알아서 그룹을 해체하는 일은 일어나지 않을 것이다. 게다가 자동차를 개인이 직접 제작하거나 소규모 협동조합에서 생산하는 것도 당연히 불가능할 것이다. 자동차는 어차피 21세기에는 살아남지 못할 가능성이 농후하지만, 그럼에도 향후 수십 년 동안에는 분명 중요한 교통수단이다. 그런데 이보다 더 중요한 것은 재생 에너지 생산에서 협력 체제를 구축하고, 그것의 에너지 효율성을 어떻게 높이느냐는 문제다. 태양전지와 풍력으로 집집마다 필요한 에너지를 생산하는 데는 대기업이 필요 없다. 공장식 가구 생산이나 가축의 대량 사육, 군수 산업 같은 분야도 미래가 없기는 마찬가지다. 특히 탱크나 전투기 같은 군수품은 그 어마어마한 에너지 소비량을 생각하면 더더욱 그렇다.

현재 서구 사회는 미래의 이런 모습과는 아직 몇 광년이나 떨어져 있다. 이 모든 것은 민주적 절차에 따라 다수로 결정되고 합법화되어야 한다. 그런데 디지털 및 생태 정치적 격변의 위기 속에서 모두에게 동등한 기회만 제공할 뿐 아니라 모든 중요한 자원에 대한 동등한 접근까지도 허용하는 사회는 여러 가능성 가운데 하나에 지나지 않는다. 작금의 산업 사회는 모든 환경 문제가 기술 진보를 통해 해결될 수 있으리라는 필사적인 믿음을 적어도 가까운 시간 안에는 포기하지 않을 듯하다. 격변의 시기가 연대의 시간이었던 적은 별로 없고, 오히려 사회적 균열을 더 크게 벌렸던 적이 훨씬 더 많다.

지속 가능한 경제의 관점에서 무엇이 성공하고 무엇이 성공할 수 없을지는 그 엄청난 폭발성과 긴박성에도 불구하고 의미 사회의 한 가지 실존적 측면일 뿐이다. 생업 노동의 위상이 전체적으로 추락하면서 노동 세계의 변화는 한눈에 조망하기가 한결 쉬워졌다. 해결책은 유연성이다. 그것도 한 직업 안에서나 구직 과정에서의 유연성뿐 아니라 생업 노동을 할지 말지의 선택에서 훨씬 더 큰 유연성이다. 생업 노동 사회에서는 하나의 오점이자 정치권에는 최대의 걱정거리인 실업은 일단 그 실존적 공포부터 벗어던져야 한다. 무엇보다 지속 가능성으로의 전환 기간 동안 실업으로부터 끊임없이 위협과 압박을 당하지 않으려면 더더욱 그래야 한다. 스위스 자유주의 경제학자 토마스 슈트라우바르Thomas Straubhaar는 이렇게 정확하게 짚는다. 〈지금까지는 실업이 미시 경제적 실패의 신호였다면 미래에는 거시 경제적 성공의 신호가 될 것이다.〉[12] 그러나 미래 경제가 우리를 생업 노동에서 광범하게 해방시킨다면 우리의 사회 분담금 시스템은 어떻게 될까? 이 시스템은 기본적으로 취업자가 비취업자에게 돈을 대는 구조로 이루어져 있지 않은가?

후기 산업 사회의 생계 보장:
연금 제도의 종말

사회는 언제 큰 변화를 위한 용기를 내게 될까? 프랑스 언론인
이자 정치인 알렉시 드 토크빌Alexis de Tocqueville이 19세기에
그에 대한 훌륭한 답을 내놓았다. 사회 스스로 자신에 대한 믿
음이 사라졌을 때다! 강력하고 반항적인 시스템은 아무리 많은
불의를 저지르고 어떤 모순을 내포하고 있더라도 웬만해서는
무너지지 않는다. 예전 방식으로는 더 이상 계속될 수 없음을
스스로 깨닫는 시스템만이 스스로 혁명을 일으킨다.

　이러한 〈토크빌 효과〉는 오래전부터 낡은 생업 노동 사
회에 영향을 미쳤다. **노동의 미래**를 주제로 삼은 무수한 세미나
와 회의, 시민운동이 이를 보여 준다. 하지만 그런 만큼 낡은 생
업 노동 사회가 여전히 사회 분담금 제도 — 연금 제도 — 와 세
대 간 계약, 즉 취업자가 미래 세대의 비취업자를 먹여 살려야
한다는 계약에 끈질기게 집착하는 것은 더더욱 놀랍다.

　언뜻 보기에도 의미 사회가 노동을 중심으로 사람들의
삶과 생계를 보장하는 사회가 될 수 없음은 분명하다. 대다수
사람이 프리랜서처럼 유연하게 일하는 방식과 거의 전적으로
생업 노동에만 의지하는 생계 보장은 합치될 수 없는 근본적인

모순이다. 그렇다면 이전 세대에게 연금을 주기 위해 우리의 연금 금고에 시급하게 필요한 정기적 수입은 어디서 생기는 것일까? 1957년 아데나워 정부가 사회 분담금 시스템을 도입한 이후 이루어진 것이 바로 이 사회적 거래였다. 본 대학교의 강사였다가 나중에 쾰른 대학교의 경제학 교수로 자리를 옮긴 빌프리트 슈라이버Wilfrid Schreiber가 생각해 낸 이 새로운 제도는 1889년에 오토 폰 비스마르크Otto von Bismarck가 도입한 적립식 연금보다 더 위기에 강해야 했다. 적립식 연금 제도에서 가입자는 이전에 자신이 연금 보험에 불입한 돈을 나중에 연금으로 돌려받는다. 그런데 두 번에 걸친 큰 폭의 통화 평가 절하, 즉 제1차 세계 대전 이후의 초인플레이션과 1948년의 화폐 개혁을 통한 10 대 1의 화폐 교환은 적립식 연금 제도의 구조적 취약성을 여실히 드러냈다. 전에 불입한 돈이 통화 평가 절하로 인해 거의 휴지 조각이 된 것이다.

슈라이버가 이 문제에 관심을 갖고 1955년에 『산업 사회의 생계 보장Existenzsicherheit in der Industriellen Gesellschaft』을 발표했을 때 많은 사람이 적립식 연금 제도가 연방 공화국의 포괄적인 해결책이 될 수 없음을 깨달았다.[1] 엄청난 숫자의 상이용사와 전쟁으로 남편을 잃은 아내, 그리고 이전의 독일 동부 영토에서 밀려온 고령의 난민들만 생각해 보아도 알 수 있었다. 이들이 어떻게 연금 청구권을 획득할 수 있을까? 슈라이버는 모든 노동 세대가 부유한 개인처럼 스스로 자신의 노년을 준비할 수는 없다고 생각했다. 일리 있는 의구심이자, 앞날을 내다

보는 똑똑한 인식이었다. 그렇다면 기존의 적립식 연금 제도로는 부족했다. 연방 공화국의 설립 이후 어차피 일부 사회 분담금 시스템의 지원을 받았다면 당장 이 시스템을 실시하지 못할 이유가 있을까?

연금과 사회 지원금을 수급자의 저축이 아니라 지속적인 소득으로 조달해야 한다는 신념은 원래 사회학자 게르하르트 마켄로트Gerhard Mackenroth의 아이디어였다. 그는 슈라이버와 마찬가지로 1933년부터 나치당원이 되었고, 1934년부터는 나치 돌격대에 가입한 인물이었다. 그런데 1955년 마켄로트의 갑작스런 죽음으로 연방 공화국의 사회 분담금 시스템의 기획은 전적으로 슈라이버에게 맡겨졌다. 미래의 연금 시스템이 동적이어야 한다는 것이 관건이었다. 즉, 연금은 경제 생산량 및 임금에 비례해서 증가해야 한다. 경제 생산량이 늘수록 피고용자의 급여뿐 아니라 연금 수급자가 받는 금액도 높아져야 한다. 왜냐하면 경제가 성장하면 일반적으로 물가도 같이 상승하기 때문이다. 또 가능한 한 모든 취업자가 연금에 가입해서 돈을 불입하는 것이 중요했다. 특히 모든 피고용자와 고용주가 같은 지분으로 기여하는 것이 연금의 위험을 줄이는 데 중요하다. 〈독일 국민〉 전체가 취업 중에 연금을 불입하는 것만큼 좋은 것은 없다. 이것이 〈경제계의 모든 구조적 변화와 직업 및 고용 형태의 변화〉에도 불구하고 연금 보험의 안정성을 보장할 수 있는 유일한 방식이다.[2] 무척 야심만만했고, 정치적으로는 모험에 가까운 요청이었다. 왜냐하면 1955년에 이미 수요와 상황에 따라 조성된 연기금이 여럿 존재했기 때문이다.

당시 독일에서 완전히 새로운 연금 보험 시스템을 도입하고, 재정 조달 방식을 완전히 다르게 바꾸고, 산재 보험이나 광부 조합 기금 같은 기존의 연금 모델을 해체하고 통합하려는 시도가 얼마나 과감하고 힘든 일이었는지는 상상이 안 될 수 있다. 노동 인구가 비노동 인구를 먹여 살리게 하자는 이 야심 찬 목표는 노후 연금 제도뿐 아니라 어린이와 청소년을 위한 기금의 근간이 되었다. 슈라이버에게 의무 보험은 전통적인 가족 구조의 연장이나 다름없었다. 부모가 먼저 자녀를 돌보고 나이가 들면 자녀 세대가 부모 세대를 부양하는 식이다. 물론 자녀가 없는 사람에게도 동일한 연금 청구권이 주어져야 했다. 다만 그들은 좀 더 높은 금액을 불입해야 했다. 그에 대한 이유는 너무나 신랄해서 그대로 인용해 보겠다. 〈자녀가 없거나 남들보다 적은 사람이 은퇴할 나이에 접어들어 이기적인 마음에서 동일한 기여금으로 동일한 연금을 요구하고 수령하는 것은 기본적으로 자녀가 많은 사람의 더 큰 기여를 기생충처럼 갉아먹는 것이나 다름없다. 비웃는 사람도 있을 수 있지만, 사회가 살아남고 노년층을 부양할 수 있으려면 개인이 낳아야 하는 자녀의 수는 1.2명이고, 이는 사회적 책무이자 당위다.〉[3]

슈라이버의 국가 중심주의적 정치 성향을 고려하면 이런 권위주의적 생각도 결코 낯설지 않다. 게다가 그는 오늘날 우리의 연금 시스템이 안고 있는 두 자지 약점 중 하나를 뚜렷이 노출시킨다. 사회 분담금 시스템은 인구 증가와 밀접하게 연결되

어 있고, 인구 및 미래의 생업 노동자 수가 줄면 연금 제도도 유
지될 수 없다는 것이다. 이로써 독일 연금 제도의 그 혁명가는
인구 생물학자로 전락하고 만다. 준엄한 표정으로 기금 조달의
위험성을 강조하면서 시민들에게 결혼의 의무를 상기시켰다.
더구나 처음에는 연대 계약이라 부르던 것이 생물학적인 느낌
의 〈세대 간 계약〉으로 바뀐 것도 눈길을 끈다. 그러나 사실 이
계약은 두 세대의 대표자들이 서로 합의해서 체결한 것이 아
니다.

　　아데나워 정부는 슈라이버의 제안을 전적으로 받아들이
지는 않았다. 경제장관 에르하르트는 세대 간 계약이 아동과 생
업 노동자, 연금 수령자 전부를 아우르는 계약으로 확대되기를
원치 않았다. 그가 볼 때, 아이들이 부모를 통해 의무 보험금을
받고, 아이들의 양육이 세대 간 고용 계약의 일부로 간주되는
것은 너무 과했다. 게다가 자녀만 키우는 사람이 직장을 다니는
근로자와 동등하게 연금을 받을 수는 없었다. 이로써 사회 분담
금 제도에서는 연금만 받아들여졌고, 아동 수당은 받아들여지
지 않았다. 다만 아동 수당은 1955년에 셋째 자녀부터 지급되
었고, 1961년 이후에는 제3제국의 아동 보조금 모델에 따라 모
든 아이에게 지급되었다. 그와 함께, 일하지 않는 어머니들은
노동 사회의 일원이 아니라는 사실이 재차 확인되었다.

　　또한 생업 활동에 참여하는 사람은 누구나 의무 보험에
가입해야 한다는 조항도 시행되지 않았다. 슈라이버는 자영업
에 종사하거나 돈이 많아서 연금에 가입할 필요가 없는 사람일

지라도 〈국민 연대적〉 차원에서 반드시 연금에 가입해야 하고, 다만 불입금에는 상한선을 마련해야 한다고 주장했다. 하지만 그의 제안은 극도로 분열된 반향을 불러일으켰고 결국 자민당의 반대로 좌절되고 말았다. 또한 〈자녀 출산의 사회적 책무〉[4]를 다하지 못한 아이 없는 부부에게 추가 납입금을 부과하는 방안도 배척되었다. 전후 세대는 미래의 인구 문제에 대해서는 전혀 걱정을 하지 않았다. 아데나워의 말처럼 〈사람들은 어차피 아이를 낳는다〉고 생각했기 때문이다.

이렇게 해서 자영업자의 의무 가입과 마찬가지로 아동 연금도 삭제되었다. 1957년에 슈라이버의 기획안이 실시되었다. 이때 연금 수령액은 총소득의 50퍼센트가 아닌 70퍼센트 수준으로 책정되었다. 게다가 많은 사람이 회사로부터 노령 연금도 받았다. 세대 간 계약은 연금 재정을 가입자들의 개인 저축으로 마련하지 않는다는 미래 지향적인 생각 외에 다른 변수들도 공고히 했고, 이 변수들은 당시의 여러 우려에도 불구하고 1957년에 상수로 자리 잡았다. 그런 변수들을 소개하면 이렇다. 첫째, 연방 공화국이 영원히 산업을 기반으로 움직이는 생업 노동 사회로 남을 것이다. 둘째, 평균 노동 시간은 일정하게 유지되고 획기적으로 감소하는 일은 없을 것이다. 아니, 그런 일은 절대 벌어져서는 안 된다. 셋째, 미래에는 누구도 일반 퇴직 연령인 65세에 도달하기 전에 은퇴하지 않을 것이다. 넷째, 경제 생산량은 기대 수명 증가와 함께 꾸준히 상승할 것이기에 수명의 뚜렷한 증가가 연금 재정에 문제를 일으키지는 않을 것이다.

다섯째, 인구의 통계학적 발전은 기여자에게 심각하게 해를 끼치는 양상으로 전개되지는 않을 것이고, 실제로 그런 일이 벌어지더라도 경제 생산량의 증가를 통해 상쇄될 것이다. 여섯째, 연금 재정에 큰 구멍을 내는 대량 실업 사태는 장기적으로 발생하지 않을 것이다. 일곱째, 가능한 한 모든 사람이 사회 보험 가입 의무가 있는 회사에서 일하게 될 것이고, 그 때문에 노년에 사회적으로 적절한 부양을 받지 못하는 사람은 없을 것이다. 여덟째, 경제 생산량은 연금 재정에 별 도움이 안 되는 금융 부문이 아니라 주로 실물 경제에서 증가할 것이다.

독일 연방 공화국의 사회 분담금 시스템은 분명 성공했다. 세대 간 계약은 경제적으로 지혜로웠을 뿐 아니라 국가의 근간이 되는 사회 복지 시스템을 안착시켰다. 어쨌든 평생 오랫동안 일하는 것이 당연시되는 고전적인 생업 노동 사회가 유지되는 한 말이다. 그러나 산업 사회가 서비스 사회로 변하고, 의료 기술이 획기적으로 발전하고, 출산율 저하처럼 번영에 따른 온갖 문화적 변화가 밀어닥치면서 1950년대의 가정들은 야금야금 잠식되기 시작했다. 슈라이버는 연금 공단에 대한 국가의 보조금 지급을 엄격하게 금지했다. 그의 이야기를 들어 보자. 추가 지원은 〈철저하게 억제되어야〉 한다. 왜냐하면 〈납세자의 소득 중 일부를 먼저 세금으로 뗀 다음 나중에 다시 선심을 쓰듯 납세자에게 돌려주는 것은 말이 안 되기 때문이다. 국가의 잘못된 전능함만 믿게 만드는 이 사기극은 일어나서는 안 된다〉. 그 때문에 〈연금 공단이 법인이나 자연인, 혹은 재단으로부

후기 산업 사회의 생계 보장: 연금 제도의 종말

터 기부금이든 보조금이든 어떤 형태의 자산을 수령하거나 위탁 관리하는 것은 원칙적으로 금지된다〉.[5]

슈라이버는 많은 것을 예상했다. 국가는 사회 분담금 제도를 임의적으로 조종하려 들 수 있고, 노동조합은 조기 퇴직을 요구할 수 있고, 경우에 따라서는 퇴직 연령을 높여야 할 수 있음을 감지한 것이다. 그러나 정작 중요한 것은 보지 못했다. 어쩌면 보고 싶지 않았을지도 모른다. 예를 들어, 1950년대의 산업 사회는 영구적으로 확정된 것이 아니다. 사람들은 물질적 풍요가 늘어날수록 사회를 다르게 정의 내리고 새로운 욕구를 개발한다. 또한 사회에서 생업 노동의 지위는 변하고, 대부분의 사람이 전적으로 생업 노동에만 의지하는 노후 보장은 치명적인 결과로 이어질 수 있다. 세대 간 계약이 이행될 수 없는 요구들이 속출할 것이기 때문이다. 그러다 보면 이 계약은 언젠가 사회 발전에 걸림돌이 될 수밖에 없다.

슈라이버가 이런 발전을 예측할 수 없었을 거라고 쉽게 주장할 수 없다. 그가 자신의 계획을 세운 1955년 무렵에 프롬 역시 큰 성공을 거둔 『현대인과 미래Der moderne Mensch und seine Zukunft』를 출간했다. 이 책은 나중에 『병든 사회에서 탈출하는 길Wege aus einer kranken Gesellschaft』로 제목이 바뀌었다. 프롬은 여기서 1957년 아렌트가 『인간의 조건The Human Condition』을 통해 주장한 것처럼 고전적인 생업 노동 사회를 혹독하게 비판했는데, 슈라이버와 달리 프롬은 그런 사회의 영속성을 믿지 않고 오히려 가능하면 빨리 극복하고자 했다. 프롬과 슈라이버가 보는 두 세계는 모든 측면에서 이보다 더 다를 수는 없는 듯하다. 한쪽에는 나치를 피해 망명을 떠날 수밖에 없었던 섬세한 감각의 유대계 독일인이자 정신 분석가이자 사회 심리학자의 세계가 있고, 반대편에는 전 나치 돌격대원이자 나중에 가톨릭 기업가 연합의 고문으로 일한 사람의 세계가 있다. 무한대에서나 교차될 수 있을까 싶을 정도로 서로 너무 다른 세계다.

사회 분담금 시스템의 운명은 결정되었다. 1957년에 시행된 이후 2020년까지 독일 근로자의 연간 노동 시간은 3분의 1 넘게 단축되었다. 케인스, 프롬, 하일브로너, 일리히, 고르스 등이 원했던 수준보다는 훨씬 적었지만, 그런 변화를 전혀 예상하지 못한 사회 분담금 시스템의 입장에서는 너무 많았다. 게다가 너무 대담해서 잘 알려지지 않은 예측이지만, 독일 연방 통계청은 취업자 수가 향후 수십 년 동안 지속적으로 감소할 것으로 추정했다. 구체적으로 보면 현재에는 그 수가 4500만 명이지만 2060년에 이르면 3330만 명으로 줄어든다는 것이다.[6]

그와 함께 1960년대 말에 피임약이 대중적으로 보급되면서 출생률 역시 지속적으로 감소했다. 게다가 평균 기대 수명은 급격히 상승했고, 조기 퇴직 가능성으로 인해 평균 퇴직 연령도 오늘날 62세 정도로 낮아졌다. 삶의 질과 관련해서 보자면 이 모든 것은 놀라운 발전이지만 사회 분담금 시스템으로 보자면 그렇지 않다. 연금 납입금은 계속 증가했음에도 연금 공단은 1965년 초에 이미 국가로부터 30억 마르크를 지원받아야 했다.

그러던 것이 30년 후인 1995년에는 300억 독일 마르크로, 또 2020년에는 720억 유로로 급속히 늘어났다. 이로써 연금 재정을 세금으로 메꾸어서는 안 된다는 슈라이버의 철칙은 헌신짝처럼 버려졌다.

점점 더 많은 세금이 연금 금고로 흘러들자 독일 정부는 1990년부터 생업 노동자들에게 개인 연금으로 노후를 준비하라고 촉구하기 시작했다. 젊은 세대가 받게 될 공적 연금이 줄어들 것으로 예상되었기 때문이다. 이렇게 해서 온 나라가 리스터 연금이나 뤼루프 연금 같은 별로 수익성이 높지 않은 적립식 개인 연금에만 매달림으로써, 공적 연금의 문제점을 근본적으로 따져 볼 기회는 사라졌다. 오로지 노년의 안정적인 생계 보장을 위해 만들어진 시스템이 더 이상 그 기능을 수행할 수 없다면 그것이 계속 유지될 이유는 없다.

이와 관련해서 좋은 비유를 찾는다면, 바이킹의 그린란드 정착 과정이 적절할 듯하다. 바이킹은 986년부터 아이슬란드에서 그린란드로 건너갔을 때, 이전과 마찬가지로 소와 양을 키우는 일을 했다. 기후 조건도 가축 사육에 유리했다. 그린란드에도 짧지만 따뜻한 시기가 존재했기 때문이다. 그런데 기후 환경이 바뀌었다. 1400년경에 소빙하기가 시작되면서, 평균 기온이 크게 낮아지고 극심한 북극 겨울이 찾아왔다. 사람뿐 아니라 소와 양에게도 너무나 혹독한 추위였다. 사망률이 급격히 증가했지만, 정착민들은 변화된 환경에 적응하지 않고 치명적인 실수를 저질렀다. 식량 공급원을 확보하려고 예전 방식 그대로 가축 사육에만 사력을 다한 것이다. 여름에는 그나마 초원에서 가축을 방목할 수 있었지만 겨울에는 동물들이 죽어 나갔다. 정착민들 역시 점점 죽어 갔고, 살아남은 사람들은 몸집이 작아졌으며, 자식들도 더는 먹여 살릴 수 없게 되었다. 그들이 살아남고 싶었다면 전통적인 목축 방식을 버리고 에스키모에게서 물개와 고래를 사냥하는 법을 배워야 했을 것이다. 그러나 그들의 자의식과 전통, 자부심, 거부감이 그 길을 가로막았다. 그들의 식민지는 서서히 퇴락하면서 거의 흔적도 없이 사라졌다.[7]

바이킹에게 소빙하기와 같은 환경 변화를 우리의 연금 제도에 대입하면 인구 구조의 변화, 노동 시간의 단축, 기대 수명의 대폭 증가, 조기 은퇴, 실물 경제에서 금융 경제로의 성장 동력 전환을 꼽을 수 있다. 모두 바이킹의 경우와 달리 기후 변화가 아니라 사회 문화적 변화다. 이런 환경 조건은 불가역적으로 급속하게 변해 왔고, 지금까지 성공적으로 검증되어 온 것들의 지속적인 유지를 방해하고 있다. 상황의 심각성을 깨닫고 싶다면 이런 상상을 해보라. 만일 현재, 독일에 국가 연금 제도가 없다고 한다면 어떤 형태의 연금 제도를 새로 만들고 싶은가? 다양한 선택지가 있을 텐데, 분명 1957년에 도입된 연금 시스템과 비슷한 제도는 아닐 것이다. 그럼에도 지금 우리에게 존재하고, 누구도 부인하지 못할 성과도 있었으며, 또 어떤 정치인도 신성한 소를 도살할 용기가 없기 때문에 우리는 과거의 제도를 평생 간직해 온 낡은 양복처럼 계속 수선해서 쓰고 있다. 그러나 작금의 연금 제도는 현재 큰 변혁을 겪고 있는 생업 노동 사회에 적절하지 않을 뿐 아니라 미래의 의미 사회에는 전적으로 무의미하다.

웬만큼이라도 감당할 수 있는 연금 제도에 대해 이야기하려면 1960년대부터 2000년까지의 경우처럼 국민 소득과 더불어 경제 생산량도 지속적으로 강력히 성장해야 할 것이다. 따라서 세대 간 계약은 경제의 무조건적인 양적 성장을 강요하고 있고, 이는 생태 혁명 시대의 재앙이다! 점점 더 많은 것을 갈망하는 국민 경제들로 뒤덮인 이 유한한 행성에서 무한 성장은 있을 수 없다. 모든 자원의 과도한 사용과 모든 지하자원의 생태학적 과잉 착취를 보고 있으면 무한 성장의 필연성에서 벗어나는 것은 시급해 보인다.

그러나 2000년대 초에 사민당은 이런 도전에 맞서기는커녕 오히려 퇴직 연령을 67세로 높였다. 논리적으로 보면 이는 노령 연금을 수령하는 시기를 늦추는 과정의 첫 단계였다. 경제부 산하의 과학 자문단은 실제로 〈2025년 이후 법정 연금 보험에서 충격적으로 상승하는 재정 적자 문제〉를 해결하기 위해 연금 수령 시기를 68세로 늦출 것을 권고하고 있다.[8] 이미 오래전부터 잘 알려진 이 문제를 전문가라는 사람들이 〈충격적〉이라고 표현한 이유는 알다가도 모를 일이다. 경제부 자문 위원들만 그런 주장을 하는 것은 아니다. 독일 중앙은행과 Ifo 경제 연구소도 빨라야 69세에 연금을 받도록 법 규정을 바꿀 것을 권장하고, 심지어 독일 경제 연구소는 은퇴 연령으로 73세를 제안한다.[9] 이들의 입장에서는 80세에 연금을 받는 것이 좋고, 아니면 아예 연금을 받지 않는 것이 더 좋을 것이다.

기술 변화와 노동 시장의 새로운 요구로 인해 대부분 쓸모가 없어진 수백만 명의 노인이 정말 장차 청년들의 취업을 가로막을까? 경제 연구소에 노동 시장 전문가로 취직하려면 이렇게 세상 물정에 어두워야 할까? 그들은 어깨를 으쓱하며 인구 통계학적 발전을 지켜보면 다른 해결책은 없다고 단언한다. 그 말은 곧, 자동화 진척과 경제 성장으로 인한 자유로운 삶이 어떤 경우에도 근로자들에게 돌아가서는 안 된다는 뜻이다. 대신에 그들은 과거 수십 년 동안 이어져 온 상황에 아무런 변화가 일어나지 않도록 은퇴 연령을 기대 수명에 연동시키는 원칙을 내세운다. 그것도 21세기의 부유한 독일에 꼭 필요해서가 아니라 1950년대에 발명되어 한때 합리적으로 작동했던 옛 시스템을 구하기 위해서 말이다. 75년 전에는 커다란 진보였던 사회 분담금 시스템이 오늘날에는 가장 큰 걸림돌이고, 근본적으로 대안이 없다고 주장하는 것은 속이 빤히 들여다보이는 이데올로기다. 경제부 자문 위원들이 말하는 〈연금 수령 시기를 기대 수명에 맞추어 자동으로 조정하는 것〉은 자연법칙이 아니라 시대에 뒤떨어진 구상의 치명적인 체제 강압이다.

생업 노동의 영역에서 거대한 혁명이 일어나고 있다면 왜 노동 시간과 은퇴 시기의 비례 관계는 지속적으로 일정하게 유지되어야 할까? 과거의 모든 산업 혁명에서는 늘 노동 시간과 은퇴 시기의 관계에 대대적인 변화가 일어났는데 이번에는 왜 달라야 할까? 150년 전부터 생업 노동에 평생을 바치게 한 사회적 강제로부터 사람들을 서서히 해방시켜 온 진보의 곡선이 어째서 노동 자동화가 계속 증가하는 이 시점에 갑자기 급격하게 꺾여야 할까? 막스 플랑크 연구소의 사회법 및 사회 정책 부문 팀장이자 경제부 자문 위원회의 위원장인 악셀 뵈르슈주판Axel Börsch-Supan이 〈기대 수명이 감소하면 은퇴 시기도 빨라질 것〉이라고 전망한다면 여기에는 어떤 숙명론이 깃들어 있을까?[10]

의학의 치료 가능성이 거의 무한대에 이르는 시대에 사람들이 언젠가 다시 더 빨리 죽을 수도 있다는 데 냉소적인 희망을 걸어야 한다면 이미 최악의 상황에 도달한 셈이다. 〈현실 자본주의의 브레즈네프 시대〉라고 말해도 무방하다. 게다가 경제적으로 번성한 독일 연방 공화국에서 장차 〈더 높은 기여금과 더 낮은 연금액〉이 예상된다면 수레가 얼마나 깊은 수렁에 빠져 있는지 분명히 알 수 있다.[11] 경제부 자문 위원들은 다음과 같이 단호하게 결론 내린다. 〈국가 예산에서 연금 보조금의 증가는 예를 들어 교육, 인프라, 기후 보호 같은 미래 투자〉에 부정적인 영향을 미치고, 〈우리 사회 복지 시스템의 지속 가능성을 무너뜨릴 것이다〉.[12] 이렇듯 병든 시스템을 더 나은 시스템으로 대체하려는 아이디어는 그들의 머릿속에 떠오르지 않는 모양이다.

우리 연금 시스템의 미래에 관한 모든 논의에는 우려와 암울한 전망, 흘려들을 수 없는 숙명론이 가득 차 있다. 가령 이전 소득의 95퍼센트를 연금으로 지급하는 네덜란드와 달리 독일은 벌써 평균 50퍼센트만 연금으로 받고 있다.[13] 그렇다면 앞으로의 추세는 어떻게 될까? 계속 더 떨어질 전망이다. 이대로 가면 독일에서는 수백만 명의 연금 수급자가 가난에 빠질 것이고, 그럼에도 젊은이들은 1960년대 초처럼 여섯 명이 아닌 두 명이 연금 수급자 한 명을 부양해야 하는 부담을 안을 것이다. 노조도 별 도움이 안 된다. 물론 그들은 정년 연장을 거부하고, 연금 재정에도 도움이 될 임금 인상을 요구하고, 사회 보험 가입 의무가 없는 고용 관계를 혹독하게 비판한다. 그러나 그들은 낡은 세계의 자식으로서 연금 제도의 틀 안에서만 소규모 전투를 벌일 뿐이다. 아무리 싸워도 연금 제도의 몰락을 막을 수 없음을 잘 알고 있으면서 말이다. 이런 상황에서 어떻게 자기모순에 빠지지 않고 노동 시간 단축을 위해 싸울 수 있을까?

　　노동조합이 생업 노동자들의 광범한 해방을 가로막는 연금 시스템에 동조하는 것은 결코 자명한 일이 아니다. 물론 성장의 열매를 분배하는 복지 국가의 개념에는 사회 민주주의적 연대 원칙이 담겨 있다. 하지만 사회 국가주의, 즉 재분배 국가는 반드시 노동의 결실만 재분배하는 것이 아니라 훨씬 더 풍요로운 비노동의 결실도 재분배할 수 있다. 또한 이 국가는 사회 민주주의적 낭만주의가 바라듯이, 모든 계층과 세대를 하나로 묶는 거대한 연대의 형태로 이루어질 필요가 없다. 기여자와 수혜자가 스스로를 연대 공동체로 인식하게 될지는 지극히 의심스럽다. 왜냐하면 세대 간 계약에 규정된 연대 모델은 흔히 주장하는 것과는 달리 공동선에 기여하지 않고, 오히려 국가에 대한 환멸을 조장하기 때문이다. 더구나 연금 시스템은 시장 저편에서 사람들을 하나로 묶고 결속력을 강화하는 것으로 알려진 어떤 힘도 방출하지 않는다.

1990년대 이후 공적 연금과 병행해서 개인들에게 사적 연금을 장만하라는 압력에 대한 가장 중요한 반박은 그것이 별로 공감이 안 되는 연대 공동체의 내실을 훼손해서가 아니다. 1957년 때와 같은 이유인데, 즉, 거대한 정치적 변수들, 가늠할 수 없는 경제 발전, 자본 시장의 침체로 인해 적립식 노후 연금 보험에는 항상 매우 큰 위험이 따르기 때문이다. 예를 들어 코로나 시기의 제로 금리 정책은 1990년대와 2000년대에는 예측할 수 있었던 자본 형성을 거의 완벽하게 차단한다. 이때 개인 연금에 가입한 근로자들이 향후 수십 년 뒤 몇 배의 수익을 기대한다면 어떤 일이 벌어질까? 그 결과는 상상하고 싶지 않다.

따라서 국가가 개인 연금 보험에 지원한 돈의 극히 일부를 자본 시장에 투자하는 것은 별 소용이 없다. 그에 대한 모델은 스웨덴으로, 그들은 법정 연금 기여금의 2.5퍼센트만 의무적으로 주식과 채권에 투자하게 한다. 이런 조치가 2025년에 독일에서 1000억 유로가 넘는 세금이 투입될 법정 연금 보험에 도움이 될 거라고는, 연정 협약서에 이 아이디어를 집어넣은 자유주의자들조차 믿지 않을 것이다.

그렇다면 적립식 노령 보험이라는 전근대적인 형태로의 복귀는 공적 연금 제도의 대안이 될 수 없다. 그것은 디지털 및 생태적 혁명을 고려하면 미친 짓이나 다름없다. 슈라이버의 기획안에 빗대어 오늘날의 상황을 설명하면, 후기 산업 사회에서의 생계 보장은 완전히 새롭고 다른 아이디어를 요구한다. 게다가 1950년대에는 분명히 존재했지만 놀랍게도 오늘날의 정치에는 존재하지 않는 용기가 필요하다. 사회 심리학자 하랄트 벨처Harald Welzer의 말처럼 우리 사회에는 더 이상 〈중단의 문화〉가 없기 때문이다.[14] 우리는 생태적으로 위험한 산업주의를 저지하지 못하고 있고, 양적 성장의 덫에서 빠져나오지 못하고 있으며, 사회적으로나 생태적으로 무책임한 지속적인 재무장의 골에서 벗어나지 못하고 있다. 게다가 산업 사회의 거의 모든 책임 있는 정치인에게는 사회 보장 시스템을 21세기의 요구에 맞게 조정하는 것은 너무 버거워 보인다. 그들은 항상 새로운 분투로 현재의 부질없는 상태만 유지하려 애쓴다. 용기도 없고, 필요한 인식도 없고, 그저 대중에 대한 두려움 속에서 그 옛날 바이킹처럼 줄곧 잘못된 것만 극대화시키고 있다.

　이러한 고집스러운 행동은 사회적으로뿐 아니라 경제적으로도 잘못되었다. 경제학에서는 1894년부터 〈기회비용〉이라는 개념을 사용해 왔다. 비용에는 특정 가능성을 현실화하는 과정에서 발생하는 비용만 있는 것이 아니라 다른 가능성을 **선택하지 않아서** 발생하는 비용도 있다. 그린란드에 정착한 바이킹의 예를 들자면, 그들이 가축 사육만 계속 고집하지 않고 에스키모의 자급자족 형태로 삶의 방식을 바꾸었더라면 비용은 훨씬 적게 들었을 것이다. 다시 말해 살아남았을 것이다. 안타깝게도 기회비용은 대개 예측하기 어렵다. 선택하지 않아서 취하지 못한 이득의 가상 가격은 대체로 나중이 되어서야 정량화할 수 있다. 1조 달러가 넘는 돈을 실패한 아프가니스탄 전쟁이 아니라 다른 데 투자했더라면 훨씬 더 큰 이익을 얻지 않았을까? 수많은 아프리카 국가가 기후 중립을 달성하거나 다른 많은 좋은 것을 실현할 수 있지 않았을까?

 같은 맥락에서 이렇게 물어볼 수 있다. 이미 반쯤 죽은 독일 연금 제도의 연명을 위해 계속 막대한 보조금을 투입함으로써 우리가 잃고 있는 기회비용은 얼마나 될까? 그것도 자유로운 〈work〉 사회가 아니라 자유롭지 못한 〈labour〉 사회의 존속을 위해 그렇게 많은 돈을 쏟아부어야 할까? 우리가 정말 제2차 기계 시대로부터 얻을 수 있는 자유를 최대한 많은 사람의 자유로 만들고 싶다면, 그러니까 21세기형 사회적 자유주의 국가를 만들고 싶다면 기존의 노동 및 경제 시스템과 사회 보장 시스템을 근본적으로 재설계해야 한다. 우리의 자존감과 사회적 유용성은 더 이상 생업 노동의 낡은 기준으로 측정되어서는 안 된다. 이런 사회에서 노동의 의미와 물질적 자유는 오직 소수의 특권일 뿐이다. 국가 재정을 통한 기초 생계 보장도 마찬가지다. 만일 우리가 전통적인 생업 노동의 열매를 나누어 주는 기존의 케케묵은 방식으로 모두를 먹여 살리는 데만 집착한다면, 생업 노동 사회에서 21세기형 의미 사회로의 대전환은 공허한 꿈에 그칠 것이다. 다만 좋은 소식을 전하자면 이제 그럴 필요가 없다는 것이다!

무조건적 기본 소득

의미 사회는 왜 생계 보장을 노동에서 떼어 내야 하고, 이는 왜
무조건적인 기본 소득으로 귀결될 수밖에 없을까?

낙원에서의 굶주림:
진보의 역설

〈지난 200년에 걸친 기술 진보의 역사는 근본적으로 인간종이 서서히, 그러나 확실하게 낙원으로 다시 돌아가고자 하는 역사다. 만일 이것이 성공한다면 어떤 일이 벌어질까? 사람들은 노동을 하지 않고도 모든 재화와 서비스를 이용할 수 있으며, 생업 노동에 종사하는 사람도 사라지게 될 것이다. 그런데 일을 하지 않는다는 것은 곧 임금을 받지 않는다는 뜻이기도 하다. 만일 테크놀로지가 부른 새로운 상황에 대해 새로운 소득 분배 정책으로 대응하지 못한다면 인간들은 낙원에서 굶주리게 될 것이다.〉[1]

낙원에서의 굶주림을 예견한 사람은 경제학자 레온티예 프였다. 그는 1980년대 초 수학적 냉철함으로 낙원의 역설을 제기했다. 완전 자동화가 진척될수록(이제 이것을 의심하는 사람은 없다) 노동 시장에서 필요한 인원은 줄어든다. 그런데 임금을 받는 사람이 적어질수록 완전 자동화로 생산된 상품을 소비할 수 있는 사람도 적어진다. 따라서 정치인들은 경기 순환을 유지하기 위해 새로운 것, 즉 〈새로운 소득 분배 정책〉을 내놓아야 한다. 그렇지 않으면 둘 다에게 재앙이 닥친다. 기업은 더 이상 이익을 내지 못하고 실업자는 굶어 죽는다는 말이다.

레온티예프의 이 말은 오스트리아의 작가 야코프 로르버 Jakob Lorber가 19세기 중반에 내놓은 예언과 정확히 일치한다. 〈결국에는 사람들이 사물의 원리를 영리하게 꿰뚫고 사물을 능숙하게 다루고, 그를 바탕으로 살아 있는 이성적인 사람이나 동물처럼 일을 할 줄 아는 온갖 종류의 기계를 만들어 내는 시대가 올 것이다. 하지만 그 결과 많은 사람이 일자리를 잃고, 가진 것이 없는 실업자는 배를 곯고, 궁핍은 믿기 어려운 수준으로 커질 것이다.〉[2]

레온티예프는 소득이 새롭게 재분배되어야 할 시점을 제시하지 않았다. 케인스나 다른 사람들과 달리 그는 시간표에 기반한 유토피아주의자가 아니었고, 완전 자동화된 경제의 논리적 귀결에만 관심이 있었다. 완전 자동화를 향해 달려가는 기차는 실제로 레온티예프가 설명한 방향으로 움직이고 있는 것으로 나타났다. 그러나 기차는 상당히 구불구불한 길로 많은 지방과 나라에 잠시 기착하면서 상이한 속도로 나아간다. 완전 자동화를 향한 여정에서 일부 열차는 정거장에 영원히 정지할 수도 있고, 일부는 속도를 줄이며 달릴 수 있다. 그런데 낡은 생업 노동 사회를 구하기 위해 열차를 완전히 멈춰 세운다면, 경제는 중장기적으로 현실 사회주의와 비슷한 상황으로 내몰릴 것이다. 서구처럼 기술적 발전을 추진하지 않고, 반항적으로 모두에게 지속적으로 일자리를 제공하는 정책만 펼치면, 그다음에는 우리가 잘 아는 경제 파멸의 재앙이 찾아온다. 고용을 위해 일자리를 구하는 것은 몰락이라는 대가를 치를 수밖에 없는 선택이다. 역사의 교훈은 틀림없다.

이런 상황에서 결핍 경제에 깊이 뿌리를 두고 있지만 오늘날 서구 산업국의 풍요 경제에서만 실현될 수 있는 아이디어, 바로 노동과 소득을 철저하게 분리하자는 아이디어가 필요한 시기가 찾아온다. 만일 실현된다면 노동을 통해 성과를 제시하지 않아도 안정적인 생계가 보장된다. 이 아이디어는 지난 250년 동안 〈시민 수당〉, 〈최저 생계비 보장〉, 〈토지 배당〉, 〈사회 배당〉이라는 이름으로 떠돌다가, 오늘날에야 무조건적 기본 소득, 기본 소득 보장, 보편적 기본 소득이라는 이름으로 자리를 잡았다.

경제적으로 가능하다면 한 국가의 모든 시민이 생계 보장용 소득을 받지 못할 이유가 있을까? 이것이야말로 물질적 제약을 훌훌 털어 버리고 각자에게 자기 자신을 실현할 기회를 제공하는, 좀 더 자유로운 사회로 나아가는 첫걸음이 아닐까? 혹은 이것이야말로 한때 결핍의 경제에서 자유주의와 함께 시작했고, 이제는 풍요의 경제에서 자유롭고 품위 있는 삶으로 나아가는 자유주의적인 꿈의 논리적 최종 목표가 아닐까? 그를 위해 뛰어넘어야 할 사고 장벽은 앞서 살펴보았듯이 그 생성 과정에서 자유주의와 불가분의 관계로 엮여 있던 낡은 생업 노동 사회의 잔재들이다. 만일 자유주의가 21세기에 생업 노동 사회와 함께 몰락하고 싶지 않다면 자유로 성큼 나아갈 수 있는 다음 걸음이 필요하다. **의미 사회의 자유주의**가 그것이다. 인류 역사에서 이것의 사명은 레온티예프가 제기한 진보의 역설을 해결하는 것이다. 풍요의 경제에서 여전히 시민의 생존을 생업 노동에만 묶고 있던 의무의 실타래에서 마지막 실을 풀어 버림으로써 말이다.

사실 무조건적 기본 소득의 이념에는 자유주의적 측면뿐 아니라 다른 많은 측면이 존재한다. 예를 들어 사회주의적 환상을 비롯해 사회 기술적 환상 및 인지학적 환상이 그와 결부되어 있다. 혹자는 이것으로 자본주의를 선진적이고 인간적인 차원으로 끌어올리기를 원한다면, 혹자는 이것을 자본주의의 극복을 위한 좋은 수단으로 본다. 또한 어떤 이는 이것으로 기존의 사회 질서를 지탱하기를 바라고, 어떤 이는 그것의 전복을 원한다. 그 밖에 누군가는 무조건적 기본 소득을 산업국들의 역사에서 새출발과 연결시키고, 누군가는 자본주의 운영 체제의 최신 업데이트로 여긴다. 기본 소득의 반대자와 비판가의 상황도 다르지 않다. 피아 구분은 각각 얼마나 감정적 반응과 고정 관념, 객관적 지식에 근거하느냐에 따라 상당한 혼란을 보인다.

기대와 꿈으로 가득한 무조건적 기본 소득이 여러 우려를 불러일으키는 것은 당연하다. 누군가에게 그것은 문제 해결을 위한 수단이고, 누군가에게는 완전히 변화된 사회를 목표로 하는 세계관의 일부다. 보수 자유주의 진영에서는 기본 소득을 주게 되면 근로 의지가 완전히 꺾일 거라는 주장이 벌써부터 반사적으로 튀어나온다. 사회 민주주의 진영도 무조건적 기본 소득이 더 나은 사회적 숲을 조성하지 못하고 오히려 복지 국가를 말살하는 결과로 이어질 거라는 마찬가지로 반사적인 불안을 내비친다. 모두 상세히 조명할 필요가 있는 주장들이다. 다른 한편 무조건적 기본 소득을 옹호하는 진영의 입장은 낯설고 심지어 당혹스럽기까지 한 이 이념을 얼마나 자세히 연구했는지에 따라 달라진다. 반면에 회의론자들은 대개 무조건적 기본 소득의 **특정 버전** 및 그와 연결된 의도와 희망에 반기를 들고, 특히 재원 확보 같은 **실질적인 실현 가능성**에 초점을 맞춘다.

그렇다면 무조건적 기본 소득은 기성 사회의 틀에 맞지 않는다. 지금까지 이것은 그저 자유주의나 사회주의의 이념적 토양에서 낯선 생물종 정도로만 취급받아 오다가 최근 몇 년 사이 부쩍 인기를 끌고 있다. 고전적 생업 노동 사회에서 의미 사회로의 변화가 주원인이지만, 제1차 기계 시대에 만들어졌다가 현재 제2차 기계 시대에는 더 이상 동일한 형태로 필요하지 않게 된 세계관들의 요새가 무너지고 있는 것도 한 요인이다. 보수적 이념, 기독교적 이념, 사회주의적 이념을 아직도 간판에 달고 있는 〈대중 정당들〉이 유럽 전역에서 차츰 쇠퇴해 가고 있는 흐름이 그것을 웅변적으로 보여 주는 증거다. 달리 표현하자면, 무조건적 기본 소득을 자신의 이념 틀에 끼워 넣을 수 없는 모든 사상은 그사이 우리 시대에 맞지 않게 되었다.

그럼에도 노동과 생계, 권리와 성과의 연결 고리를 과감하게 끊으려는 생각은 서유럽의 대다수 사람에게 유례없는 성공 사례로 받아들여지는 임금 노동 및 성과 사회의 DNA에 깊은 상처를 내는 것이나 다름없다. 따라서 레크비츠가 〈환상의 종말〉이라고 진단한 바 있는, 그런 사회의 점진적인 몰락을 믿고 싶어 하지 않는 심정은 충분히 이해가 된다. 그들의 생각은 이렇다. 우리 사회의 번영과 자유가 본질적으로 노동 성과와 노동 윤리에 기반을 두고 있다면 무조건적 기본 소득은 결국 우리가 편안히 앉아 있는 나뭇가지를 잘라 내는 것이 아닐까?

이 나뭇가지는 개인의 자기 책임을 우선시하고 임금 노동에 종사하고자 하는 의지를 중시하는 사회적 의식을 가리킨다. 앞서 살펴보았듯이 서구 산업국의 사회 보장 시스템은 이를 토대로 구축되었다. 사회 민주주의자와 노동조합, 사회적 시장 경제의 대부들이 시민을 위해 어떤 사회적 안전장치를 고안하고 관철했든지 간에 그들 모두에게 〈사회적 위험〉은 한결같이 일자리 상실을 뜻했다. 연금 수급자는 나이가 많아서, 환자는 몸이 아파서 일을 할 수 없기에 사회 안전망이 필요하다. 또한 본인의 잘못 없이, 다시 말해 〈본인의 책임 없이〉 실직한 사람과 산업 재해로 일을 할 수 없게 된 사람도 지원을 받아야 한다. 직장 생활로 병든 사람도 경제적 도움이 필요하다. 특히 〈장애〉를 입어 더는 노동 시장에 참여할 수 없는 사람은 더더욱 그러하다. 그것은 아이를 가졌거나 어린 자녀를 돌보아야 하는 여성 및 남성 직장인도 마찬가지다. 그들에게 출산과 육아는 한동안 노동 시장을 떠나 있어도 되는 정당한 변명거리다.

이처럼 산업국에서 일을 하지 않는 사람은 타당한 이유, 즉 가부장적인 국가의 면밀한 조사와 판단을 받아야 하는 변명거리가 필요하다. 단 국가로부터 지원을 받을 필요가 없을 만큼 돈이 많은 사람은 예외다. 사실 21세기의 자유주의자라면 모든 개인에게 생업 노동에 종사하지 않는 이유가 충분한지 캐묻는 그런 국가에 분개해야 한다. 시민이 일하지 않는 이유를 국가가 자기 기준에 따라 옳고 그르다고 판단하는 것은 월권이 아닐까? 누가 국가에 그런 권리를 주었는가? 풍요 사회에서는 경험을 쌓고 스스로를 도야하기 위해 한동안 세상을 여행하는 것도 일을 하지 않을 합당한 동기가 아닐까? 자신의 삶을 돌아보고 숙고하기 위해 얼마간 일을 중단하는 것도 충분한 이유이지 않을까? 혹은 책을 쓰거나 집을 수리하거나 부모를 돌보기 위해 임금 노동을 포기할 수도 있지 않을까?

그러나 생업 노동 사회에 일단 진입한 뒤에 이런 행동을 하면 여전히 임금 노동을 중심으로 돌아가는 사회 복지 시스템에서 빠르게 탈락해 버린다. 우리의 사회 복지 시스템은 임금에서 기여금이 자동으로 빠지는 보험 형태로만 존재하기 때문이다. 이 등급의 가장 낮은 단계에는 실업 수당 2급 — 하르츠 4 — 이 존재하는데, 이는 더 이상 〈사회 보조금〉이라 불러서는 안 되고 하르츠법 시행 이후에는 노동과 직접적으로 연결된다. 실업 수당 2급을 받는 사람에게는 헌법 제12조에 명시된 직업 선택의 자유에 관한 기본권에 반해 특정 노동으로 유도하는 것이 허용된다. 반면에 그 사람이 장기간 거주지를 떠나는 것은 허용되지 않는다. 거주 이동의 자유를 제한하는 규정은 하르츠법 제11조 1항 2절에 명시되어 있다. 〈거주 이동의 권리는 법률을 통하거나 법률에 의거해서, 그리고 충분한 생활 기반이 존재하지 않아 일반에 특별한 부담을 줄 수 있는 경우 제한할 수 있다.)[3] 달리 말해서, 연령과 건강을 고려하면 충분히 일할 수 있는데도 국가에서 나오는 돈으로 생활하는 사람은 기본권을 온전히 누릴 자격이 없다.

그렇다면 복지 국가의 국가적 지원은 **보장되는 것이 아니라** 일차적으로 노동 의무가 이행되지 않을 경우 부차적으로 **하사되는 것**일 뿐이다. 신생 연방 공화국 시절이나 재건 시대, 그리고 이후의 〈경제 기적〉 시대에는 이런 정신이 쉽게 통했다. 국가 전체가 성실함을 지상 최대의 과제로 삼았기 때문이다. 그러나 이후에도 이것이 금과옥조처럼 받아들여져야 할까? 이것이 정말 자기실현을 최고의 가치로 여기는 의미 사회에 적합한 청사진이고, 수많은 일상 노동의 대체를 목표로 삼는 기술 진보에 타당한 정신일까?

진보가 더는 지금까지처럼 노동을 삶의 중심에 두어서는 안 된다는 생각은 세대 간 계약의 정신적 아버지인 마켄로트와 슈라이버의 생각만큼이나 작금의 복지 국가와는 동떨어져 있다. 사회 보조금은 비노동 인구에게 국가가 제공하는 혜택이지 기본권이 아니다. 실업 수당 2급의 수령액이 일종의 긴급 구제에 해당하는 액수, 즉 독일에서 최소한으로 한 달 동안 살아갈 수 있는 〈장바구니 금액〉으로 책정된 이유도 바로 그 때문이다. 일부 다른 유럽 국가들과는 달리 이 기준율은 전체적인 임금 증가에 연동되지 않고 생존에 필요한 최소한의 소비 금액에 맞추어져 있다. 남들의 노동 성과가 일하지 않는 사람들이 가만히 앉아서 이득을 보는 쪽으로 흘러가서는 안 된다는 것이다. 이처럼 실업 수당 2급의 수혜자는 생업 노동 사회에서 의도적으로 배제되고 사회에 동참하지 못한 채 어두운 그림자처럼 사회 변두리로 내몰린다.

이런 상황이 장기적으로 유지될 수 없고, 21세기의 기술적, 사회적 발전과 맞지 않는다는 사실은 이제 좌파들만 깨달은 것이 아니다. 오늘날 논쟁의 핵심은 이전 논쟁들에서처럼 사람들에게 특정 노동을 강요하거나 생계 보장용 지원비를 삭감하는 것이 심리적으로 부당하다는 인식만이 아니다. 다시 말해, 국가에 대한 환멸, 억울함, 우울증, 공격성 같은 사회적 배제의 결과만 문제가 아니라 어떤 복지 시스템이 의미 사회에 적합하고 진보의 역설을 제거할지도 중요한 문제로 부각되고 있다. 특히 지금까지 우리 사회에서 중심축 노릇을 했던 노동과 비노동에 대한 재평가가 필요하다. 군수 산업에서 일하는 것이 일을 하지 않는 것보다 정말 더 가치 있고 의미가 있을까? 자연에 대한 과도한 착취는 얼마나 가치가 있고, 가난한 사람들의 혹사에 기반을 둔 일자리는 얼마나 바람직할까? 혹은 탄소 배출량이 문제가 되는 산업에서 일하는 것은 어떠한가? 인류를 위해서는 그런 일을 하지 않는 편이 오히려 더 낫지 않을까?

의미 사회는 고전적인 생업 노동 사회와 가치 기준이 다르다. 노동이 모두 바람직하지는 않다. 이 생각은 새로운 사고축을 만든다. 의미 있는 일을 하는 것과 하지 않는 것, 의미 없는 일을 하는 것과 하지 않는 것의 축이다. 고전적인 노동 사회에

나원에서의 꿈주림: 진보의 역설

길들여진 사람은 여전히 기본 소득의 무조건성을 받아들이는 데 어려움을 겪는다. 프롬이 옳게 지적했다. 〈소득 보장과 같은 새로운 이념을 이해하기 어려워하는 사람이 많다. 전통적인 이념에는 보통 이전 사회에 뿌리를 둔 감정들이 깊이 스며들어 있기 때문이다.〉[4] 기본 소득의 문제만 그런 것이 아니라 과거의 모든 기본권적 요구도 마찬가지였다. 여성의 권리에서부터 아동의 권리, 노예제 폐지, 복지 국가 확립 같은 것들까지 말이다. 상당수의 동시대인은 항상 그런 생각들이 미쳤거나 말도 안 되거나, 아니면 완전히 실현 불가능하다고 여겼다. 기존의 상황에 크게 영향 받을 수밖에 없는 그들의 직관과 깊이 모순되었기 때문이다. 사람들은 늘 익숙한 것을 현실적이라고 생각하고, 그것에서 심하게 벗어나는 것을 비현실적이라고 일축한다. 우리 속의 보수성은 예나 지금이나 원대한 사회적 목표보다 일단 그런 아이디어에 거부감을 보이는 이유를 찾기 바쁘다. 그리하여 애초에 진지하게 고민할 생각을 하지 않는다.

사회 보조금으로 단순히 수입의 부족분만 **메꾸어 주는** 것이 아니라 국가가 아예 생계를 **보장하자는** 아이디어는 여전히 도발로 여겨진다. 그러나 실제로 조사된 결과는 이런 여론과 별로 일치하지 않는다. 무조건적 기본 소득에 대한 설문 조사에 따르면, 이것을 처음 들어 본다는 사람들 가운데 절반이 긍정적으로 평가하는 것으로 나타났다. 기본 소득에 대해 이미 알고 있다고 답한 사람들 중에는 심지어 3분의 2가 찬성했다.[5] 결코 의외의 결과가 아니다. 노동이 자아실현과 의미 창출의 장이 되어야 한다는 주장(이건 노동조합뿐 아니라 **새로운 노동**에 관한 여러 콘퍼런스에서 당연하다는 듯이 제기되는 주장이다)을 인정하는 사회가 어떻게 자기모순에 빠지지 않고 무조건적 기본 소득의 아이디어를 거부할 수 있겠는가? 앞서 언급했듯이 그것은 자유주의자들도 마찬가지다. 성과를 기준으로 삼으려면 높은 수준의 기회 균등이 보장되어야 하지 않을까? 누군가는 좋은 집에서 태어나 가족의 전폭적인 지원을 받고, 누군가는 먹고 살기 위해 결코 자발적으로는 하지 않을 일을 강요받는다면 모두에게 자기 주도적인 삶을 살 기회가 공정하게 주어져 있다고 할 수 있을까?

이런 관점에서 무조건적 기본 소득은 사회 발전 사다리의 상위 단계다. 또한 스스로 자유주의자나 좌파라고 여기는 사람들보다 자유주의와 좌파의 본래적 신념에 한층 더 가깝다. 사실 적지 않은 자유주의자나 좌파들은 신념보다 자신들의 고객, 즉 로비 단체나 노동조합의 비위를 맞추기에 바쁘다. 레온티예프에 따르면 생산성을 계속 높일 뿐 아니라 많은 사람을 풀타임 생업 노동의 강제성에서 해방시킬 잠재력이 있는 미래 사회에서 노인들이 계속 일하는 것은 단순히 정체에 그치지 않는다. 레크비츠가 보여 주었듯이 이는 퇴보다.[6] 여기다 생태적 관점에서 무조건적인 완전 고용이 끔찍한 공포라는 사실이 더해지면 기존 사회 시스템의 덧없음은 더욱 절실히 느껴진다. 노동력을 최대한 활용해서 상품을 원하는 대로 생산해 내는 시스템은 조만간 지옥으로 이어질 것이다. 벨기에 철학자이자 경제학자 필리프 판 파레이스Philippe Van Parijs의 말처럼, 일하지 않는 서퍼가 공공의 이익에 미치는 해악은 아마 고소득자의 사치스러운 생활 방식보다 훨씬 적지 않을까?[7]

따라서 제2차 기계 시대로 인한 사회적 격변을 고려할 때 오늘날 무수한 사상가와 지도자, 유력자가 무조건적 기본 소득을 지지하는 것은 놀랍지 않다. 그중 일부만 거론하면, 빌 클린턴 정부의 전 노동부 장관 로버트 라이시Robert Reich, 노벨 경제학상을 받은 런던 정치 경제 대학교의 교수 크리스토퍼 피사리데스Christopher Pissarides, 인도 태생의 미국 AI 연구원 딜립 조지Dileep George, 실리콘 밸리의 주요 투자자 조 쇼언도프Joe Schoendorf, 마크 앤드리슨Marc Andreessen, 티머시 드레이퍼 Timothy Draper, 독일 기업인 괴츠 베르너Götz Werner와 크리스 보스Chris Boos, 최고 경영자 티모테우스 회트게스Timotheus Höttges, 그리고 전 그리스 재무 장관 야니스 바루파키스Yanis Varoufakis 등 다양하기 그지없다. 하지만 이들의 동기는 똑같지 않고, 적정한 기본 소득에 대한 생각도 천차만별이다. 예를 들어 실리콘 밸리는 주로 한 가지를 걱정한다. 가난한 사람들의 데이터는 아무 가치가 없다는 것 말이다! 그들이 정보를 빼낸 사람들이 상품을 구매할 경제적 여유가 없다면 대체 어디서 수익을 올리겠는가? 데이터 경제는 그것을 이용하는 사람들의 경제적 부와 밀접하게 연결되어 있다. 따라서 폭넓은 계층의 집단 빈곤은 그들의 사업 모델에 지극히 부정적일 수밖에 없다. 반면에 다른 사람들은 현재와 미래 세대의 상당수가 노년의 빈곤에 빠지는 것을 우려한다. 그들은 산업국에서 수백만 명의 사람이 사회 보조금을 받아야 할 만큼 추락하면 시위가 증가하고, 사회적 소요, 혹은 내전과 유사한 상황이 발생할 것을 두려워한다. 그 밖에 바루파키스 같은 사람들은 기본 소득을 근본적인 재분배의 수단, 혹은 시스템 변화의 도구로 본다. 따라서 이런 다양한 사람이 어떤 논리를 따르는지, 무슨 뜻으로 무조건적 기본 소득을 언급하는지 정확히 이해하려면 과거를 돌아볼 필요가 있다. 즉, 무조건적 기본 소득은 원래 역사에서 무엇에 이용되었고, 어떤 문제의 해결책으로 제시되었을까?

나라 없는 민족:
기본 소득의 기원

19세기 전반부에 처음으로 〈사회주의〉라는 이름이 붙은 사상에는 두 가지 대원칙이 있었다. 〈자본이 노동을 지배해서는 안 되고, 노동이 생계 보장의 유일한 원천이어서는 안 된다.〉 첫 번째 원칙은 모든 사회주의 및 공산주의적 요구의 총화로서 포스터에 적히고 붉은 깃발로 상징화된 반면에 두 번째 원칙은 노동조합과 사회주의 정당이 창설되면서 오랫동안 망각의 늪에 빠졌다. 대신에 베벨부터 소련의 건국 아버지들에 이르기까지 수많은 사회주의자가 데살로니가 후서에 나오는 사도 바울의 다음 말을 열심히 되뇌었다. 〈일하기 싫으면 먹지도 말라!〉[1]

두 가지 요구가 원래 하나의 뿌리에서 나왔다는 사실을 누가 아직 알고 있을까? 그 맥락을 기억하는 사람이 있을까? 영국의 초기 사회주의자 토머스 스펜스Thomas Spence는 25세 때 뉴캐슬어폰타인에서 열린 철학 학회에서 이 문제를 제기했다. 강연 제목은 다음과 같았다. 〈1775년 11월 8일 뉴캐슬의 철학 협회에서 발표자에게 제명의 영예를 안길 강연.〉 스펜스의 발표는 격렬한 논쟁을 불러일으켰는데, 그 내용은 이렇다. 최근 몇 년 사이 지역 사회가 개간한 땅은 어떻게 해야 할까? 관할 법원의 뜻에 따라 경작에 적합한 땅을 민간에 임대하고, 그를 통해 뉴캐슬 자치 단체는 임대 수익을 얻어야 할까? 스펜스는 이에 강력히 반대한다. 공동체 전체가 그 땅을 소유하고 경작해서는 안 될 이유가 있을까? 그것도 실용적인 이유에서가 아니라 기본권적인 측면에서 말이다. 이 청년 사회주의자는 철학 학회의 박식한 대표자들에게 묻는다. 공공 토지를 개인에게 임대하거나 처분할 권리가 과연 가당한 것인가? 본질적으로 모두에게 속한 것이 어떻게 한 개인의 손에 들어가도록 허용할 수 있는가? 〈한 민족의 땅〉은 〈자연 상태에서는 원래 그 민족의 공동 재산〉이다. 〈모든 개인은 그 재산에 대해 똑같이 소유권을 갖고 있고, 그 땅에서 나는 동물과 과실, 다른 수확물로 자신 및 가족의 생계를 자유롭게 꾸려 나갈 수 있어야 한다.〉[2]

스펜스에게 토지의 개인 소유는 실존적 불의다. 〈누군가에게 삶의 수단을 빼앗을 권리는 그 사람의 생명을 빼앗을 권리를 전제로 하기 때문이다.〉[3] 인간에게 토지는 숨 쉴 수 있는 공기와 햇빛, 태양의 온기만큼 생존에 필수적이다. 이것에 근거해서 스펜스는 반대 제안을 천명한다. 땅은 공동체가 가져야 한다! 여기서 벌어들인 수익으로 공동체의 모든 비용을 지출하고, 〈가난한 사람과 실업자의 생계와 지원〉을 포함해 기반 시설 및 모든 사회적 공급에 들어가는 자금을 조달해야 한다.[4] 모두를 위한 실존적 자유를 확보하려면 누구도 물질적 궁핍에 빠져서는 안 된다! 스펜스는 50년 후 사회주의라고 불리게 될 두 가지 요구, 즉 조합 형태로 관리하는 토지 소유의 요구와 공동체를 통한 보편적 생계 보장의 요구를 하나로 통합한다.

　뉴캐슬 철학 학회는 경악했고, 스펜스는 협회에서 제명되었다. 그는 도시를 떠나는 것 말고는 다른 선택의 여지가 없었다. 그러다 런던에서 서적상으로 일할 때 프랑스 혁명가들이 기초 생계를 위한 물질적 보장을 인권으로 선언하지 않았다는 소식을 전해 듣고 깊은 충격에 빠졌다. 격분한 그는 이제 사람들에게 전단지를 뿌리기 시작했다. 거기에는 그가 쓴 『인간의 실제 권리The Real Rights of Man』(1793)와 『억압의 종식The End of Oppression』(1795) 같은 책의 내용이 발췌되어 있었다. 또한 사회 혁명가인 토머스 페인Thomas Paine의 청원서와 팸플릿도 배포했다. 모험심 강한 이 백전노장은 영국에서 벗어나려는 북미 아메리카의 독립을 위해 싸웠고, 프랑스 혁명에도 참여했다. 1797년에는 「정의로운 농업Agrarian Justice」을 써서 프랑스 혁명 정부에 제출하기도 했다. 스펜스가 불을 지핀 토지 개혁 및 땅 소유권에 관한 논쟁에 직접 뛰어든 것이다. 페인은 여기서 〈각 개인이 21세가 되는 즉시 15파운드를 지급하고, 더 나아가 50세가 되면 …… 죽을 때까지 연간 10파운드를 지급하는〉[5] 국가 기금의 설립을 주창했다. 15파운드는 당시 농장 노동자의 연간 소득의 3분의 2에, 10파운드는 대략 절반에 해당했다. 자금 조달의 원천으로 페인은 토지를 물려받는 사람에게 10퍼센트의 상속세를 매길 것을 제안했다. 기초 생계를 위해 기본 소득을 일회적으로 지급할 수 있을 뿐 아니라 모든 국민에게 정기적으로 노령 연금을 지급하기에도 충분한 돈이었다.

페인 역시 스펜스와 마찬가지로 생계 보장을 인간의 기본권으로 보았다. 또한 급진적 농업 개혁가들의 이념적 물길을 따라 한 국가의 모든 시민이 생존할 만큼 충분히 소득을 보장할 수 있는 방식으로 토지와 땅을 이용해야 한다고 주장했다. 그런데 이제 막 자신의 생각을 새로운 버전으로 완성한 스펜스는 이런 페인의 주장에 크게 실망했다. 고작 10퍼센트의 상속세에 토지 소유자들이 과연 콧방귀나 뀔까? 소유권 구조는 그대로 두고 상속세만 도입하면 모든 문제가 해결될까? 이는 스펜스가 페인에게 기대한 것이 아니었고, 물질적으로 자유로운 실존에 대한 인간의 기본권을 보장하는 방안과도 한참 동떨어져 있었다. 〈아, 이렇게 실망스러울 수가! 페인 씨는 땅에 대한 기본권인 이 영원한 반석 위에 영구적인 정의의 신전을 짓는 대신 추악하고 기회주의적인 타협의 건물을 지었다. 엄밀히 말하자면 돼지 떼를 위한 건물이나 다름없다. 만약 그의 뜻대로 되어 우리가 정당한 요구 대신 이 보잘것없고 한심한 돈을 받아야 한다면, 그것은 너무 경멸스럽고 모욕적이어서 나는 이 돈을 자신의 존엄을 깨달은 모든 개인의 조소에 내맡긴다.〉[6]

사실 페인은 두 번째 사회주의 원칙인 생존권만 확립했을 뿐, 자본이 어떤 경우에도 노동을 지배해서는 안 된다는 첫 번째 원칙은 확립하지 않았다. 반면에 스펜스에게는 이 두 가지 권리가 기본적으로 같이 움직인다. 성경 시편 115편 16절의 구절처럼 땅이 모든 사람의 것이라면 로크나 자유주의자들의 주장과는 달리 땅은 돈으로 사유화하거나 부에 따라 분할되어서는 안 된다. 스펜스는 상상 속의 대화에서 여성과 귀족을 등장시켜 자연의 열매로 아이들의 실존을 보장하는 **아동 권리**에 대해 논쟁하게 한다. 자연의 산물로 아이들의 생존권을 보장하기 위해 여성은 이 열매를 공정하게 배분할 여성 위원회를 설치할 것을 제안한다. 공동 토지는 최고 입찰자에게 7년 동안 임대되고, 그는 생산된 수확물의 3분의 1을 가질 수 있다. 나머지 3분의 2는 공동체에 귀속되어 집을 짓고, 도로를 건설하고, 분기별로 〈남자든 여자든, 기혼자든 미혼자든, 정식 결혼으로 낳은 아이든 사생아든, 나이가 많든 적든, 공동체의 모든 사람에게 나누어 주는 데 사용된다〉.[7]

　　그러나 운명은 스펜스의 편이 아니었다. 페인의 기본 소득 제안은 어느 정도 유명해졌지만, 스펜스의 제안은 거의 알려지지 않았다. 그와 관련해서는 무수한 고소와 법원 소송, 1년의 구금 생활을 겪었다는 사실 정도만 알려져 있다. 그는 1805년에 직접 쓴 기본권 선언문 제3조에서 모든 사람에게 양도할 수 없는 땅의 소유권을 천명했고,[8] 이후 대중의 물질적 자유를 위해 열정적으로 싸웠다. 또한 페미니즘의 선구자이기도 했다. 그러나 스펜스는 페인과 마찬가지로 대중에게 잊힌 채 가난 속에서 쓸쓸하게 죽어 갔다.

　　스펜스야말로 적선이 아니라 만인의 권리로 보장받아야 할 무조건적 기본 소득의 아버지다. 이는 충분히 강조할 만하다. 무조건적 기본 소득의 역사는 잘못 알려져 있을 때가 너무 많다. 이는 〈거짓말 이야기꾼〉인 선원 라파엘 히슬로다에우스에게서 시작된다. 진지함과 풍자가 반반 섞여 있는 모어의『유토피아』1부에서 이 허구적 인물 라파엘은 캔터베리 대주교에게 모든 시민에게 안전한 생계를 보장할 것을 권고한다. 누구도 굶어 죽거나 구걸해서는 안 된다는 이 생각은 모어의 스페인 동지 후안 루이스 비베스Juan Luis Vives에게도 영감을 주었다. 그는 1526년『빈자 지원론De subventione pauperum』에서 브루게의 권력자들에게, 그리스도인의 의무를 다해 가난한 사람들을 방치하지 말 것을 권한다. 이제부터는 교회나 교단이 아니라 도시가 모든 시민의 최저 생계를 보장함으로써 가난한 사람들을 돌보아야 한다는 것이다. 반대급부로 비베스는 모든 시민이 전력을 다해 일하기를 기대했다. 이로써 그는 무조건적 기본 소득의 선조 대열에서 탈락한다. 그의 기본 소득은 무조건적이지 않기 때문이다.

노동의 강요와 짝을 이룬 빈자들에 대한 구호 제도는 곧 실시되었다. 선두 주자는 네덜란드였다. 1531년 카를 5세의 칙령에 따라 이 나라의 도시들에서 관련 법률이 공포되었다. 반세기 후 엘리자베스 시대의 영국도 빈민 구호법으로 그 뒤를 따랐다. 그들은 가난한 사람들에게 노동의 의무를 부과했고 노동의 대가로 현물을 지급했다. 이것은 무조건성이나 모두를 위한 소득과는 거리가 멀다. 오히려 영국의 빈민 구호소가 사회적 진보인지, 아니면 착취의 또 다른 교묘한 형태인지를 두고 논쟁을 벌일 수 있을 듯하다.

무조건적 기본 소득은 가난한 사람들을 기아에서 보호하

는 것과 차원이 다르다. 노동 의무와 연계된 사회 보조금을 지급해 빈곤을 퇴치하는 것은 스펜스가 요구한, 자유로운 실존에 대한 기본권을 보장하지 못한다. 이런 점에서 네덜란드와 영국의 빈민 구호법 및 빈민 구호소는 맥락이 완전히 다르다. 이들에게 핵심 문제는 무조건성이나 기본권이 아니라 가난한 사람들을 돌볼 책임이 누구에게 있느냐이다. 교회인가, 국가인가? 강제 노동의 과실은 누가 차지하는가?

　　무조건적 기본 소득의 구상과 더 잘 들어맞는 제안은 마르키 드 콩도르세Marquis de Condorcet 후작으로부터 나왔다. 고도의 교육을 받고 낙천성으로 똘똘 뭉친 프랑스 귀족이자 혁명가였던 그는 1794년 자신의 지하 은신처에서 인류의 끊임없는 진보에 대한 그림을 그렸다. 자코뱅파의 사냥개들이 자신을 죽음으로 내몰든, 혁명이 자기 자식을 잡아먹든, 이성과 과학, 기술, 사회 공학을 통해 영구적인 인류 진보를 한 번도 의심해 본 적이 없었다. 1795년 그의 사후에 출간된 『인간 정신의 진보에 관한 역사적 고찰Esquisse d'un tableau historique des progrès de l'esprit humain』은 이성의 경전이자 인간 진보에 대한 무조건적인 신앙 고백이다. 여기서 콩도르세는 다시는 합쳐서 생각하기 힘든 두 가지 생각을 연결시켰다. 하나는 혼자 힘으로는 먹고살기 힘든 모든 시민에 대한 사회 보험이고, 다른 하나는 페인과 마찬가지로 모든 시민이 성년기에 돌입하면 원하는 직장을 자유롭고 독립적으로 선택할 수 있도록 충분한 금액을 무조건 지급하자는 구상이다. 이는 시민의 생존 기반을 보장하는 복지 국가로, 지금껏 세계 어디서도 시험해 보거나 실시된 적이 없는 새롭고 혁명적인 조합이었다.

콩도르세는 페인을 개인적으로 잘 알았을 뿐 아니라 그가 제안한 기본 소득도 알고 있었다. 국가적 사회 보장 제도를 도입하자는 이념이 받아들여지기까지는 70~80년을 더 기다려야 했지만, 페인과 공유한 〈국가를 통한 무조건적 생계 보장〉의 비전은 다양한 형태로 번성했다. 일례로 독일 철학자이자 경제학자인 요한 아돌프 도리Johann Adolf Dori는 1799년 드레스덴에 있는 선제후 기사단 대학의 교수가 되고 얼마 지나지 않아『합리적인 국가 경제론 확립을 위한 근거 자료Materialien zur Aufstellung einer vernunftgemäßen Theorie der Staatswirthschaft』에서 만인의 본래적인 소유권을 주장했다. 이 요구는 1805년『철학적 법 이론과 국가 경제 이론에 대한 편지Briefen über die philosophische Rechts- und Staatswirthschaftslehre』에서 다시 한 번 반복되었다.[9]

어떤 혁명적 사상에도 동화된 적이 없던 29세의 제화공 앨런 대븐포트Allen Davenport가 1804년 런던에서 스펜스를 만났다. 그의 인생을 영원히 바꾼 만남이었다. 대븐포트는 스펜스의 사상을 알리기 위해서 소규모 장인 협회 〈스펜스 자선가〉를 설립했다. 한참이 지나고 1824년에는『농업의 정의Agrarian Equality』를 통해 자신의 입장을 처음으로 제시했는데, 이 글의 급진성으로 인해 도체스터 감옥에 갇혔다. 그는 토지와 땅에서 얻은 소득에 대해 만인의 동등한 권리를 강력히 옹호했다. 기존 사회에서 모든 왕과 그들의 일하지 않는 자녀들은 생활에 필요하다는 이유로 이미 국가에서 무조건적 기본 소득을 받고 있지 않은가? 보통 사람들에게는 허용되지 않는 것을 왕자와 공주들에게만 허용할 이유가 있을까? 일반인들도 생존을 위해 기본 소득이 필요하지 않을까?

대본포트는 1820년대의 영국에서 이전의 스펜스에 못지않게 우군이 없었다. 그런 만큼 현실적으로 가능한 이야기라는 말을 마지막으로 남기면서, 이 사상의 가치에 대한 판단을 후대에 맡겼다. 1836년에는 자신처럼 그사이 대중에게 완전히 잊힌 스펜스의 최초이자 유일한 전기를 썼다. 같은 해에 프랑스에서 두 권짜리 책이 출간되었다. 죽기 직전에 마침내 자신의 별이 찬란하게 떠오른 한 남자의 후기작 『잘못된 산업*La fausse industrie*』이었다. 그 책의 저자는 앞서 언급한 푸리에였다. 그의 주장은 스펜스와 정확히 일치했다. 문명은 자유롭게 사냥하고 고기잡이를 하고 채집하고 방목할 인간의 기본권을 지속적으로 침해하는 방향으로 유지되어 왔다. 그렇다면 그런 기본권을 침탈당한 사람들의 생계는 무조건 보장되어야 한다. 〈자연의 수확물을 함께 나눌 첫 번째 권리, 즉 자연의 선물을 이용하고 자유롭게 사냥하고 채집하고 방목할 권리에서 스스로를 부양하고, 배고플 때 먹을 수 있는 권리가 나온다. …… 기존의 사회 질서가 인간에게 자연적인 선물의 네 가지 기둥, 즉 사냥, 고기잡이, 수확, 방목의 첫 번째 권리를 박탈했다면 토지를 앗아 간 계급은 피해를 본 계층에 충분한 수준의 최저 생계를

보장할 의무가 있다.〉[10]

　　기본 소득은 일찍부터 푸리에의 사상에 깊숙이 스며들었다. 가진 것 없던 브장송 출신의 이 외판원은 1803년, 그의 나이 31세에 프랑스 법무부 장관에게 편지를 보낸다. 1874년에야 발견된 그 편지에서 푸리에는 스스로를 인간 운명을 수학적으로 풀이하는 법을 발견한 사람으로 치켜세울 뿐 아니라 뉴턴과 동급으로 끌어올리면서 자신이 발견한 〈보편적 조화의 법칙〉을 칼럼 형태로 신문에 발표할 수 있도록 사법부와 검열 당국의 선처를 요청한다.[11] 푸리에는 단기간에 프랑스의 부를 최소한 세배 늘릴 수 있는 완전히 새로운 협동조합 형태의 생산 방식을 꿈꾼다. 모두가 소외된 상태로 일하는 것이 아니라 정말 자신이 좋아하는 일을 하고 그런 노동이 제대로 조직화되면 〈하층민은 중산층으로〉, 폭력적인 노동자 계급은 만족스러운 〈소부르주아〉로 변할 것이다. 그러면서 다음 문장을 툭 내뱉는다. 〈인민이 소득 외에 적절한 최저 생계비를 꾸준히 지원받는 순간 갈등의 씨앗은 사라지거나 아니면 최소한으로 줄어든다.〉[12]

　　우주적 조화의 법칙에 맞게 모든 사회 문제의 해결을 약속하고 프랑스 제1통령 나폴레옹 보나파르트Napoléon Bonaparte를 장차 평화롭게 통일될 세계 공동체의 은인으로 묘사한 이 환상가를 법무부 장관은 어떻게 생각했을까? 우리로서는 당연히 알 수 없다. 다만 편지는 이미 말단에서 압수되어 경찰 파일에 저장되었다. 그럼에도 이 담대한 편지 발신인은 사법부의 승인도 없이 **우주적 조화**에 관한 글을 신문에 연재했고, 5년 뒤에는 그것들을 묶어 『네 가지 운동 이론*Théorie des quatre mouvements*』이라는 이름으로 출간했다. 얼마 안 되는 그의 독자들은 별들이 서로 끌어당기고 밀어내는 것처럼 사람들의 관계도 마찬가지라는 이야기를 듣는다. 그런데 우주는 자연을 통해 우주적 조화 상태를 유지하는 반면에 지상에서는 강압과 억압이 이상적인 균형을 깨뜨리고 있다. 지배와 굴종이 만연한 인간 세상은 자연법칙에 어긋난다. 그렇다면 모든 지배가 인간의 영혼을 타락시키고 사회를 나락으로 빠뜨리는 것은 당연하다.

　　사회적 조화는 각자가 강제에서 벗어나 자신의 열정을 실현할 때 생겨난다. 이것이 바로 푸리에가 주장하는 물리적 심리학의 핵심이다. 그는 이제 부자들을 위해서만 생산하고 부르주아적 결혼 제도로 여성이 억압받는 사회에 반대하며 이상적인 사회 모델의 기치를 힘껏 들어올린다. 수도원과 폐쇄된 단위 조직인 팔랑주phalange의 아이디어를 조합해서 만든 〈팔랑스테르phalanstère〉가 그것이다. 이상적 생활 공동체로서 팔랑스테르는 협동조합 형태로 조직된다. 그러나 푸리에는 평등한 소유 공동체를 꿈꾸지 않는다. 모두가 똑같은 양을 가지는 것은 실용적이지 않다. 사유 재산은 문제가 되지 않는다. 이상은 〈부의 차등 분배〉이고, 철저한 평등주의는 〈김빠진 도덕〉일 뿐이다. 팔랑스테르의 요점은 포기가 아니라 화합과 풍요다.

　　이른바 모두를 위한 번영이다! 하지만 어떻게 도달할 수 있을까? 푸리에는 이렇게 답한다. 인간종에 맞는 생활 방식과 생산 방법을 통해서 도달할 수 있다! 각자의 열정적 에너지는 모두에게 유익한 방식으로 유도되어야 한다. 그 때문에 팔랑스 테르에서는 각자 자신이 원하는 일을 할 수 있다. 19세기 초에는 정말 대담하기 짝이 없는 유토피아적 요구였다. 일은 자아실현이자 열정의 표현이다. 성생활도 다르지 않다. 무언가를 만들고 창조하려는 충동은 누구에게나 있다. 팔랑스테르에는 농업, 수공업, 공장 등 온갖 형태의 생산이 포함되어 있다. 옛날 사람들이 채집자이자 목동이자 사냥꾼이자 어부였던 것처럼 이제는 다들 다양한 특색을 가진 자기만의 농부이자 기술자이자 공장 노동자가 된다. 누구도 특정한 일을 강요받지 않고 무엇이든 할 수 있기에 노동은 각자에게 〈귀찮고 혐오스러운 것〉이 아니라 흔쾌히 원해서 하는 일이 된다. 모두가 즐거운 마음으로 자신의 본성에 맞는 일을 하고 자신의 자본을 투입하고 재능을 발휘하기에 당연히 생산성은 올라간다. 이로써 자기 일의 주인으로서 인간의 본성과 현대 산업 사회의 요구는 조화를 이룬다. 산업 발전은 변화된 조건하에서 과거의 선한 기능을 회복하고, 굶주림과 비참함, 역겨운 노동을 제거한다.

이것이야말로 어쩌면 베르크만이 말한 **새로운 노동**일지 모른다. **생업 노동**labour이 아닌 **자기 주도적인 일**work 말이다. 푸리에가 자비로 출판한 책들에서 점점 더 정밀하게 묘사해 낸 세상은 미래 지향적인 분석과 밀교적 환상이 독특하게 섞여 있다. 우주적이고 종교적인 측면만 걷어 낸다면 푸리에는 아마 무자비한 자연 착취의 문제를 인식하고 지구 생태계를 걱정한 최초의 서양 사상가로 인정받을 만하다. 그는 마치 앞날을 내다보듯이 산업 사회에서 자기 주도적인 노동에 대한 욕구가 점점 커질 거라고 생각한다. 게다가 많은 동시대인의 생각과는 달리 지구상의 수십억 인구가 좋은 삶을 누릴 수 있을 만큼 미래에는 생산량도 크게 증가할 거라고 예상한다.

푸리에가 무조건적 기본 소득의 일관된 선구자라고 자신 있게 말하기는 어렵다. 정기적인 현금 지급에 관한 이야기는 그의 책 어디에도 나오지 않는다. 그의 공동체 내에서는 대체로 현물 지급이 주를 이룬다. 1822년에 출간된 『가정적·농업적 연합에 관한 이론Traité de l'association domestique-agricole』에서 기본 소득을 계층에 따라 차등적으로 보장해 주자는 주장도 당혹스럽다. 그리되면 중산층은 하층민보다 더 높은 수준의 최저 생활비를 받게 된다. 무조건성의 문제도 마찬가지로 불투명하다. 푸리에가 가혹하고 소외된 노동을 강요받는 일용직 노동자와 공장 노동자에 비해 게으름쟁이의 자유를 강조하는 것은 사실이지만, 팔랑스테르에는 게으름이 전혀 존재하지 않는 듯하다. 모든 사람은 어떤 식으로든 공동체에 기여해야 하고, 그 대가로 〈적절한 최소 생계비〉를 받는다. 모든 사람, 그러니까 토지를 갖고 있지 않은 사람이라도 보살핌을 받아야 한다는 것이 그 대가로 어떤 노력도 들일 필요가 없다는 뜻은 분명 아니다.

푸리에의 추종자 빅토르 콩시데랑Victor Considerant의 생각도 비슷했다. 그는 노년기에야 유명해진 이 사회적 유토피아주의자의 작업을 지칠 줄 모르고 계속 이어 갔다. 무엇보다 스승이 내놓은, 협동조합과 연합체 또는 팔랑스테르 형태로 재편된 경제의 아이디어를 대중화하는 데 앞장섰다. 각자가 자신이 좋아하는 일을 하는 자유로운 공동체에서는 야만적인 노동 강요는 폐지되고, 성향과 열정에서 비롯된 활동만 이루어진다. 사람들이 자발적으로 함께 일하는 곳에서는 게으름이 존재하지 않고 생계 걱정도 사라진다. 콩시데랑에게 기본 소득이란 그가 1841년에 썼듯이 각자가 〈자기 실존의 조건을 확고하게 통제하고 있는〉 변화된 노동 세계의 초석이다.[13] 그렇다고 가난한 사람, 아니 모든 프랑스인에게 지금의 여건하에서 기본 소득을 무조건적으로 지급하자는 꿈을 꾸지는 않는다. 그는 이렇게 생각한다. 지금 이 상태로 기본 소득을 나누어 주면 그들은 돈을 제대로 사용할 수 없을 것이다. 먼저 자기 주도적인 노동이 도처에서 가능한 팔랑스테르 시스템이 정착되어야 한다. 이런 즐거운 노동의 틀 안에서 가난한 사람들에게 최저 생계비를 지급하는 것이 이치에 맞다. 이 돈은 그들에게 자기 주도적인 노동을 가능케 하고, 알찬 일을 하도록 북돋울 것이다.

　　푸리에와 콩시데랑의 기본 소득은 무조건적일 수 있지만, 그 무조건성을 충족할 조건은 그렇지 않다. 푸리에의 그늘에서 더 멀리 벗어났고 덜 독단적인 인물은 벨기에의 변호사이자 사업가인 조제프 샤를리에Joseph Charlier였다. 그는 서유럽 혁명의 해인 1848년에 『사회 문제의 해결 또는 인본주의적 헌법Solution du problème social ou Constitution humanitaire』을 출간했다. 그 역시 스펜스와 푸리에의 전통에 따라 생명권을 가진 모든 사람은 그에 상응해서 땅과 토지에 대한 지분권도 가져야 한다고 주장한다. 생명에 대한 권리가 있다면 마땅히 그 생명을 유지할 수단에 대한 권리도 있어야 하지 않는가? 이때 〈해결해야 할 문제〉는 다음과 같다. 〈**정당한 권리를 훼손하지 않고 기존의 소유권을 전적으로 존중하면서 땅과 토지의 부를 집단적 부로 전환하는 것**〉이다.[14]

샤를리에가 제시한 해결책은 〈아무도 땅을 소유하지 말고, 거기서 나는 열매만 모두가 공유하자〉는 것이다.[15] 이 브뤼셀 변호사는 스스로를 공산주의자가 아니라 일관되게 논리적으로 사고하는 자유주의자로 여긴다. 시스몽디처럼 그 역시 생산 증가와 수요의 연관성을 설명한다. 당시 인구의 4분의 3을 차지하던 〈찢어지게 가난한 남녀노소의 수〉가 줄어들어야만 〈총소비〉가 늘어 국민 경제가 번창한다. 결국 사회 복지 문제와 경제 문제는 분리될 수 없다. 샤를리에는 당시 자본가들을 이렇게 꼬집는다. 〈카리브해에서 새로운 구매자를 찾느라 그렇게 바쁘게 쫓아다니지 말고 차라리, 다수가 여전히 맨발로 다니고 여벌 셔츠 하나 살 여력이 없는 국내에서 상품을 판매할 길을 찾는 편이 훨씬 더 나을 것이다.〉[16]

가난을 제거하고 생산을 늘리고 구매력을 향상시키는 쪽으로 나아가는 사회적 시장 경제가 샤를리에의 구상이었다. 그에 따르면, 교육을 받지 못한 대중은 자녀를 〈전국의 기숙 학교〉에 입학시킴으로써 노동에 더욱 집중할 수 있다. 식품에는 세금이 면제되어야 한다. 사유 재산은 올바르고 바람직하다. 상속도 마찬가지다. 또한 〈개인의 활동 수준과 정비례해서 자신에게 필요한 것을 충족시킬 목적으로 획득한 동산)도 반대할 것이 없다.[17] 반면에 땅과 토지는 개인이 사사로이 소유해서도 안 되고 마음대로 불려 나가서도 안 된다. 그것들은 원래 모두의 소유다. 샤를리에는 이렇게 제안한다. 지주들이 한편으로는 땅에서 얻은 수익 일부를 공동체에 내고, 다른 한편으로는 세대가 바뀔 때마다 재산의 일부를 국가에 양도하게 함으로써 사회적으로 큰 무리 없이 점진적으로 그들의 재산을 몰수하자고 말이다. 이런 식으로 대략 80년이 지나면(샤를리에는 4세대라고 이야기한다), 땅과 토지는 전부 국가 소유로 바뀌고 국가는 그것을 다시 개인에게 임대해 수익을 얻는다.

이 유창한 변호사는 대지주들도 자신의 제안에 구미가 당기도록 갖은 노력을 기울인다. 이 모든 것이 결국 대지주들에게도 좋은 일이 아닌가? 그들의 상속자들이 흔히 그렇듯 게으름과 타락에 빠지는 대신 이제는 〈유동 자산〉을 얻기 위해 열심히 노력하지 않겠는가? 한 나라의 백성이라면 누구나 부자와 빈자로 극명하게 나뉘지 않고, 극심한 빈부 격차가 폭동과 내전으로 이어지지 않게 하는 데 관심을 가져야 하지 않겠는가?

그런 사태를 막는 가장 확실한 방법은 3개월마다 지급하는 〈최소 생계비〉다. 이 돈은 모두에게 삶의 충분한 토대를 제공할 것이고, 지주들의 재산이 점진적으로 몰수되는 수준에 비례해서 증가한다. 모든 땅과 토지를 공동의 재산으로 넘겨 수익성 있게 임대한다면 모두가 잘사는 길이 열릴 뿐 아니라 이제부터는 모두가 자기 결정권을 높이는 데만 집중할 수 있다. 생계가 아니라 경제적 독립과 자기만족을 위해, 그리고 자신의 성향과 관심에 따라 일하는 사람은 일용직이나 다른 저임금 노동자에 비해 근로 의욕이 훨씬 높기 때문이다. 소유에 대한 탐욕은 소유하는 데서 비롯된다. 샤를리에의 지혜로운 표현을 빌리자면, 〈소유에 대한 사랑은 소유 자체에서〉 생겨나기 때문이다.[18]

샤를리에가 볼 때 생산성 향상과 빈곤 퇴치는 동전의 양면이다. 다만 분통 터지게도 당시의 자본가들이 아직도 이 사실을 깨닫지 못하고 있다. 그들의 사업적 오성이 경제적 이성을 가리고 있는 것이다. 샤를리에에 따르면, 독단적인 경제학자들은 사회가 번영하려면 두 가지 경제가 필요하다는 사실을 모른다. 하나는 토지 소유를 관리하고 임대할 뿐 아니라 토지 분배를 통해 인간의 〈절대적 기본 욕구〉를 충족시키는 국가 경제이고, 다른 하나는 〈상대적 또는 획득적 욕구〉를 부추기고 충족시키는 자본주의적으로 조직된 민간 경제이다. 이 둘의 조합을 통해 인간의 모든 욕구는 충족되고, 아무도 굶주리지 않고, 경제는 역사상 유례가 없을 정도로 강력하게 번창할 것이다.

혁명기에도 불구하고 샤를리에의 책은 잘못된 시점에 출간되었다. 당시에는 서유럽의 소부르주아 봉기와 함께 완전히 다른 요구들이 시대정신으로 자리 잡았기 때문이다. 노동조합 허용, 공장 노동자의 노동 조건 개선, 보통 선거 형태의 참정권 보장 같은 것들이다. 1838년 〈인민 헌장People's Charter〉에서 이름을 따와 차티스트Chartist라 불린 운동가들은 기존 시스템 내에서 합법적으로 노동자 권익을 위해 싸운다. 사회 민주주의적 보상이 승리의 진군을 시작하고, 그와 함께 자본주의적 노동 세계를 근본적으로 재편하자는 목소리는 점점 잦아든다. 자본이 노동을 지배해서는 안 된다는 생각은 이런저런 형태로 여전히 마음 한구석에 남아 있었지만, 노동과 상관없이 생계가 보장되어야 할 권리는 그렇지 않다. 어쨌든 차티스트들은 말년에 들어서, 무조건적 기본 소득의 이념이 어떻게 변하는지 목격한다. 2차 산업 혁명으로 촉발된 이 변화에는 1차 산업 혁명 때처럼 땅과 토지가 아닌 실질적인 현금 지급이 중심에 선다. 이는 선구자적인 정치인들이 아닌 소설가들의 머리에서 다시 깨어나고 있었으니······.

기본 소득의 재장전:
산업 발전과 사회적 유토피아

샤를리에가 아직 8년의 수명이 남은 72세 때, 19세기에 상업적
으로 가장 성공한 베스트셀러 중 하나가 1888년 미국에서 출간
되었다. 그 책의 제목은 『2000년에서 1887년으로 돌아보며
Looking Backward 2000-1887』였고, 저자는 38세의 무명 언론인
에드워드 벨러미Edward Bellamy였다. 내용은 다음과 같다.
2000년에는 평화 혁명으로 모든 주요 사유 재산이 국가 소유로
전환된다. 사회 계급은 폐지되고, 어쩔 수 없는 현상이라고 여
겨졌던 사회적 궁핍도 존재하지 않는다. 가난도, 전쟁도, 범죄
도, 매춘도, 부패도 없고, 심지어 세금도 없다. 사회 문제가 사라
지면서 그것으로 이득을 보았던 사람들, 그러니까 1887년의 시
민 사회에는 아직 필요했던 정치인과 변호사, 상인, 군인은 설
자리가 없다. 반면에 기술은 최고조로 발전한다. 이제는 사람들
이 21세부터 45세까지만 일하면 될 정도로 생산 과정은 자동화
된다. 남은 생 동안에는 모든 사람에게 기본 소득이 지급된다.
힘든 육체노동은 단조로운 정신노동과 마찬가지로 폐지된다.
이런 식으로 산업의 진보는 인간을 노예화하고 인간의 사악한
심성을 부추기는 모든 것에서 인간 존재를 해방시킨다. 이제 인

류는 충분한 휴식과 자기 주도적인 삶을 통해 일종의 지상 낙원에 도달한다.

벨러미의 책은 미국에서 최단시간에 20만 부 이상 팔렸고, 영국에서도 비슷한 성공을 거두었다. 국가 경제나 기본 소득 같은 주제를 다룬 어떤 책도 이만큼 대중적인 인기를 누리지는 못할 것이다. 미국인들을 설득하려면, 자기 생각을 환상적 유토피아의 옷으로 갈아입힌 다음 자신이 세상 흐름을 잘 이해하고 미래도 정확히 알고 있다고 장담해야 한다. 오늘날 인류 구원의 약속을 무수히 퍼뜨리는 실리콘 밸리도 벨러미와 똑같은 전략을 쓴다. 아무튼 벨러미는 사회주의적 이상을 펼치면서도 〈사회주의〉라는 용어를 최대한 피하고, 그것을 교묘하게 〈국가주의〉로 대체한다. 미국에서는 예나 지금이나 귀를 솔깃하게 만드는 단어다. 그 책이 출간된 해에 이미 보스턴에서 최초의 국가주의자 클럽이 설립되었고, 1891년에는 전국적으로 그 수가 162개로 확대되었다.

벨러미는 의도치 않게 하나의 사회적 운동을 불러일으켰다. 미국 동부 해안에서 경제가 호황을 누리고, 뉴욕과 시카고 같은 도시들이 수백만 인구의 대도시로 폭발적으로 성장하고, 건설 붐과 투기가 전례 없는 규모의 가난과 비참함, 범죄와 뒤섞여 일어나는 동안 국가주의자 클럽의 회원들은 모든 사회악이 일소되고 모두가 보살핌을 받는 평등 사회를 꿈꾸었다. 이들 중 상당수는 사회 민주주의 성향이 강한 인민당에 가입해서 활동했다. 그런데 인민당은 1890년대 말에 이미 역사 무대에서 사라졌다. 벨러미의 정치적 활동 시간도 짧았다. 1891년에 그가 창간한 잡지 『새로운 국가The New Nation』는 수익을 내지 못하다가 3년 만에 폐간되었다. 더 나은 사회를 위한 그의 마지막 저서는 앞선 책의 속편에 해당하는 『평등Equality』인데, 자신의 정치적, 사회적 견해를 더 자세히 소개하는 다소 강령적인 책이었다. 그러나 결과는 신통치 않았다. 초판이 판매되기까지 무려 36년이 걸렸다. 벨러미는 1898년 48세에 결핵으로 숨을 거두었다.

영국 예술가이자 작가인 윌리엄 모리스William Morris도 미국 동료와 같은 길을 택했다. 처음에는 자유주의자였지만 차츰 사회주의로 돌아서 정치적 투사가 되었다. 1890년에 모리스는 사회주의 신문 『코먼윌Commonweal』에 소설 『유토피아에서 온 소식News from Nowhere』을 연재했다. 엥겔스, 라파르그, 쇼, 빌헬름 리프크네히트Wilhelm Liebknecht, 카를 카우츠키Karl Kautsky 같은 사회주의자들의 글을 다수 실은 이 신문은 모리스에게도 더 나은 사회에 대한 견해를 밝힐 기회를 주었다. 그 전에, 그러니까 1889년 6월에 그는 한 평론에서 벨러미의 소설 『2000년에서 1887년으로 돌아보며』를 혹독하게 비판했다. 벨러미가 인류의 진보를 기계의 진보와 너무 밀접하게 연결시킨 것이 마음에 들지 않았기 때문이다. 〈나는 기계의 확산이 항상 기계의 확산에 그칠 뿐이라고 생각한다. 미래의 이상 사회는 인간 노동량을 최소한으로 줄이는 데 그 본질이 있는 것이 아니라 노동의 신산함이 더는 신산함이 되지 않을 정도로 노동의 수고

기본 소득의 재창조: 산업 발전과 사회적 유토피아

를 줄이는 데 있다고 믿는다.〉[1]

모리스 소설의 주인공이 깨어나는 미래는 모든 권위가 사라진 세상이다. 재화는 국유화되어 모두의 소유로 바뀌고, 개인은 기본 소득을 받는다. 그런데 벨러미와는 달리 이런 질서를 만드는 데 강력한 국가는 필요하지 않다. 모리스의 이상 사회는 러시아 무정부주의자 미하일 바쿠닌Mikhail Bakunin이나 표트르 크로폿킨Pjotr Kropotkin이 꿈꾼 것과 같은 무정부 상태다. 여기서는 돈도 필요 없고, 결혼과 이혼도 없고, 학교도, 법원도, 감옥도 존재하지 않는다. 사람들이 대도시에 사는 대신 자연과 조화를 이루며 살기 때문에 가능한 일들이다. 결국 해결책은 시골의 전원 생활이다. 여기서는 노동, 예술, 삶, 자연이 생태적 무정부 상태에서 긴밀하게 엮여 있다. 이 생태적 무정부주의는 21세기에도 일부 사회적 유토피아주의자들의 머릿속에 여전히 어른거리고 있다.

모리스의 『유토피아에서 온 소식』이 나온 지 1년 후, 그보다 스무 살 어린 와일드는 앞서 언급한 에세이 『사회주의하에서의 인간 영혼』을 썼다. 그는 모리스의 글과 견해를 알고 있었고 이를 매우 높이 평가했다.[2] 그러나 기계의 해방적 힘과 관련해서는 벨러미 편에 섰다. 기계가 인간에게 점점 더 많은 자유 시간을 선사해 주지 않으면 더 나은 세상을 향한 실질적인 진보도 없다는 것이다. 예술과 삶이 하나 되는 것은 노동이 전반적으로 자동화된 고도의 산업화 사회에서만 가능하다.

〈스라소니의 눈을 가진 남자〉라는 이름으로 사회 정책에 관한 글을 발표한 오스트리아 엔지니어 요제프 포퍼링케우스 Josef Popper-Lynkeus는 이를 완전히 다르게 본다. 기술 진보에만 의존할 수는 없고, 경제의 근본적인 재편이 더 중요하다는 것이다. 1887년 포퍼링케우스는 『살 권리와 죽을 의무*Das Recht zu leben und die Pflicht zu sterben*』라는 얇은 책으로 첫 포문을 열었다. 1899년에는 두 권으로 엮어 낸 『어느 현실주의자의 환상 *Phantasien eines Realisten*』을 출간해서 대중에 이름을 알렸다. 그러다 1912년 그의 주저 『사회 문제 해결책으로서 보편적 부양 의무: 상론과 통계학으로 경제학의 이론적, 실제적 무가치성을 증명하다*Die allgemeine Nährpflicht als Lösung der sozialen Frage, eingehend bearbeitet und statistisch durchgerechnet. Mit einem Nachweis der theoretischen und praktischen Wertlosigkeit der Wirtschaftslehre*』가 출간되었다.[3] 800면에 달하는 작품으로, 박학다식하면서도 특이하고, 분석이 날카로우면서도 구성이 혼란스럽다. 스라소니의 눈을 가진 이 독학자는 자신이 어설프고 졸렬하기 짝이 없다고 쏘아붙인 전체 경제학과 담판을 벌인다. 그러면서 엔지니어의 냉철하면서도 꼿꼿한 시선과 세계 개혁자의 급진성을 바탕으로 〈문제〉와 〈해결〉의 단순한 사고 틀로 국가 경제를 완전히 새롭게 구축하는 작업에 착수한다.

그런데 그가 제시한 〈사회 문제에 대한 해결책〉은 그리 독창적이지 않다. 그는 샤를리에의 맥락을 이어받아 〈필수 경제〉(샤를리에의 절대적 기본 욕구)를 〈잉여 경제〉(샤를리에의 상대적 또는 획득적 욕구)와 구분한다. 게다가 반세기 전의 샤를리에처럼 필수 경제를 국유화하고, 잉여 경제만 시장에 넘기고자 한다. 포퍼링케우스의 이분법은 샤를리에와 비교가 안 될 정도로 엄격하다. 모든 젊은 남성은 직업 활동을 시작하기 전에 일단 필수 경제의 〈부양 부대〉에서 13년 동안, 젊은 여성은 8년 동안 의무적으로 복무해야 한다. 〈필수 경제〉에 대한 젊은이들의 이런 기여 덕분에 모든 시민은 평생 〈생존에 필요한 최소한의 물품〉을 현물 형태로 공급받게 된다. 더 이상 궁핍에 시달리는 사람은 없다. 공공 식당에서는 음식을 제공하고, 의복과 가재도구는 국유 창고에서 분배되고, 주택은 필요에 따라 배당된다. 그 밖에 국가는 시민에 대한 〈부양 의무〉 외에 〈문화적 최소 생계비〉도 금전의 형태로 보장한다. 〈잉여 경제〉에서는 누구든 문화적 욕구의 충족에서 배제되어서는 안 된다.

포퍼링케우스는 자신의 생각이 머지않아 실현되기를 바랐다. 끔찍한 제1차 세계 대전은 조만간 끝나게 될 것이고, 그와 함께 낡은 사회 질서도 종식되리라고 믿었다. 희망에 부푼 채로 빈의 제17지구에 〈부양 의무 홍보 센터〉를 개설했다. 그러나 찾아오는 사람은 극히 제한적이었다. 결국 욕구 충족 경제와 욕구 촉진 경제를 병행하려던 생각은 그의 주변 세계가 아니라, 1970년대 말 중국의 덩샤오핑(鄧小平) 치하에서 처음 시험되었다. 제1차 세계 대전 이후 새로 설립된 오스트리아 공화국은 무조건적 기본 소득과는 거리가 한참 멀었다.

사명감 면에서 포퍼링케우스를 훨씬 뛰어넘는 인지학자 루돌프 슈타이너Rudolf Steiner의 경쟁 프로젝트도 마찬가지였다. 스라소니의 눈이 새로운 사회 질서를 꿈꾸었던 것처럼 자신의 〈혜안〉을 확신했던 독학자 슈타이너 역시 인간 공존 방식을 새롭게 설계하고자 했다. 그는 〈형제적 경제〉를 추구하면서 1905년의 실패한 러시아 혁명을 계기로 〈사회적 핵심 법칙〉을 이렇게 천명했다. 각자는 타인을 위해 일하고 자신의 소득을 이웃에게 제공해야 한다. 이로써 노동과 소득의 확고한 고리는 끊어진다. 왜냐하면 나는 주로 남을 위해 일하지만, 역으로 남의 노동에서 내 수입의 상당 부분을 얻기 때문이다. 하지만 슈타이너의 사상에 큰 영감을 준 푸리에와 마찬가지로 슈타이너에게도 무조건적 기본 소득은 별 중요한 내용이 아니다.[4] 그에게 인간의 가치는 여전히 노동과 떼려야 뗄 수 없는 관계로 엮여 있기 때문이다. 다만 노동과 소유의 엄격한 연결 고리만 느슨해진다.

같은 시기에 영국의 사회 개혁가들은 포퍼링케우스 및 슈타이너와 완전히 다른 방식으로 접근한다. 인간의 본성과 종에 적합한 공존은 그들의 관심사가 아니다. 슈타이너처럼 스스로 만들어 낸 이상 세계도 마찬가지다. 다만 그들은 지극히 냉철하고 실용적인 관점에서 고전적인 질문을 던진다. 왜 국민 경제적 부는 벨러미의 미래 버전만큼 이상적이지 않고 지금처럼 잘못된 방식으로 분배되고 있을까? 모두가 잘사는 사회를 위한 조건은 이미 갖추어져 있는 듯하다. 두 가지 혁명이 그사이 경제와 사회에 도전장을 내밀며 완전히 새로운 바람을 불어넣고 있다. 하나는 공장의 전기화와 산업적 대량 생산의 개막을 알리는 2차 산업 혁명이고, 다른 하나는 제1차 세계 대전이다. 이 전쟁은 영국 같은 국가에서 인구 절반을 상품 생산 영역에서 빼내 전쟁 목적으로 사용할 여유가 있다면 기존의 생산성이 얼마나 높은지를 인상적으로 보여 준다. 이로써 서유럽 사람들은 더 이상 결핍의 경제가 아니라 풍요의 경제에 살고 있음이 설득력 있게 증명된 것이 아닐까? 그렇다면 〈모두를 위한 자유〉라는 자유주의 국가의 요구가 실현되려면 국민에게 생계를 위한 기본 물자를 보장하는 것이 올바르고 정당하지 않을까?

정확히 이런 의미에서 퀘이커 교도 데니스 밀너Dennis Milner는 아내 메이블 밀너Mabel Milner와 함께 종전 직전에 영국 국민을 위한 금전적 기초 생계비 지원을 요구한다. 이러한 무조건적 국가 보너스 제도는 그들의 저서『국가 보너스 제도 Scheme for a State Bonus』(1918)와『보너스를 통한 국가 생산량 증가 Higher Production by a Bonus on National Output』(1920)에 상세히 설명되어 있다. 요점은 경제 성과에 따라 매주 전 국민에게 국가 보너스를 지급하자는 것이다. 케임브리지 대학교의 교수이자 당시 앵글로색슨 철학계의 슈퍼스타인 러셀 역시 비슷한 확신을 갖고 있었다. 전쟁이 그에게 던진 화두는 인식론적 질문보다는 구체적인 사회 문제였다. 세계는 전환기에 있었다. 영국 정부는 전쟁이 끝나면 모든 것이 이전과 달라질 거라고 약속하지 않았던가? 러셀은『정치적 이상 Political Ideals』(1917)에서 새로운 질서가 사회주의적 국가의 현대적 요구를 충족시키려면 어떤 모습이어야 하는지에 관한 성찰을 내놓는다. 이런 생각은 얼마 지나지 않아 『자유로 가는 길*Roads to Freedom*』 (1918)에서 구체화된다. 그는 사회주의와 무정부주의를 자세히 설명하면서 그 장단점을 철저히 해부한다. 그 과정에서 사회주의가 착취와 이윤 극대화를 지향하고 가난한 노동자보다 부유한 게으름쟁이를 더 높이 평가하는 자본주의보다 노동의 가치를 더 자유롭고 객관적으로 평가한다는 확신에 이른다. 하지만 다른 한편으로는 사회주의가 자신이 지극히 혐오하는 전체주의적 통치 경향을 보인다는 사실도 깨닫는다. 무정부주의에 대해서는 다른 모든 사회 이론보다 더 절대적으로 존중되는 자유에 관한 생각을 마음에 들어 한다. 그러나 모든 재화가 동등하게 분배된다면 무정부주의의 평등 사상이 오히려 그런 자유를 침해하는 것이 아닐까?

이러한 배경에서 러셀은 자신의 소신을 토로한다. 산업 발전과 산업화되는 농업 덕분에 20세기 초에는 만인에 대한 기초 생계 보장이 가능하다. 〈현재 영국의 노동 생산성을 감안하면 가구마다 매일 1파운드 이상의 생계비는 충분히 지원할 수 있다. 그것도 지금의 생산 방식에 전혀 변화가 없더라도 말이다. 물론 생산 방식은 분명 앞으로 점점 더 발전할 것이다.〉[5] 그 때문에 〈일을 하든 하지 않든 …… 모든 사람에게 기본 욕구를 충족하는 데 필요한 적은 액수의 소득을 보장하고, 사회적으로 유용하다고 인정받는 일을 할 준비가 된 사람에게는 더 높은 소득이 주어져야 한다. 생산된 상품의 총합이 허용하는 선에서 말이다.〉[6] 물론 그리되면 일각에서는 일을 하지 않으려는 사람도 분명 나올 것이다. 하지만 그것이 뭐 그리 중요한가? 사업가, 학자, 예술가, 프로 선수의 일은 기본 소득이 들어와도 계속 즐겁게 해나갈 수 있을 만큼 재미있다. 게다가 우리는 심리적으로 우리 자신의 재능과 성실함을 발휘해서 이웃에게 좋은 평가를 얻기를 원한다. 대다수 사람에게는 〈사회적 효용성의 감정〉이 있지 않은가?[7] 그렇다면 무조건적 기본 소득과 물질적, 심리적 근로 인센티브가 조합된 이런 시스템에서는 노동 윤리를 걱정할 필요가 없다.

당시 러셀은 고독한 전사가 아니었고, 점진적 사회주의화를 추구하는 페이비언 협회의 일원이었다. 그곳은 한때 쇼와 와일드도 소속해 있었으며, 지금은 조지 더글러스 하워드 콜George Douglas Howard Cole이 이끌고 있다. 콜 역시 모든 영국인에게 도움이 되고 전후 높은 실업률로 인한 궁핍을 완화할 일종의 〈사회적 배당금〉인 무조건적 기본 소득에 한동안 마음을 빼앗겼다. 이 이념은 노동당이 1920년과 1922년 의회에서 다룰 정도로 큰 동력을 얻었지만, 결국 거부당했다.[8]

더 성공적인 사람은 1920년에 『경제 민주주의*Economic Democracy*』를 쓴 스코틀랜드 엔지니어 클리퍼드 휴 더글러스Clifford Hugh Douglas였다. 포퍼링케우스와 마찬가지로 더글러스도 경제를 이해하고 문제를 해결하려면 경제학자보다 엔지니어가 필요하다고 확신했다. 처세에 능한 실천가로서 그는 인도와 남미에서 일하다가, 40대 초반에 이르자 거의 주목받지 못했던 문제를 마침내 경제학자들에게 설명할 때가 왔다고 생각했다. 세계의 재화를 생산하는 데 드는 모든 비용을 고려하면 세상의 돈은 그 비용을 지불하기에 충분하지 않다. 따라서 모든 산업국은 시스템 내적으로 고질적인 화폐 부족에 시달린다. 시민, 기업, 국가는 끊임없이 대출을 받고 빚을 지지만, 그럼에도 구매력 부족은 결코 해소되지 않는다. 더글러스에 따르면, 무역 전쟁과 무력 전쟁조차도 궁극적으로 부채와 채무 변제의 일환으로 사용된다.

시스템의 결함을 사회 공학적으로 해결하기 위해 그는 몇 가지 대책을 요구한다. 핵심은 〈국가 배당〉이다. 이것은 기본 소득의 형태로 모든 사람에게 지급되어야 한다. 그래야만 구매력이 점차적으로 기술 진보와 보조를 맞추고, 경제 시스템이 빚의 악순환을 비롯해 전쟁과 무역 전쟁에서 벗어날 길이 열리게 된다. 이것이 가능하려면 국가는 사회 통합적 차원에서 통화 시스템, 즉 신용 제도를 다루는 법을 배워야 한다. 이런 의미에서 더글러스는 자신의 이론을 〈사회 신용 시스템〉이라고 불렀고, 1924년에는 『사회 신용Social Credit』을 출간했다.

성공이 찾아왔다. 여기저기서 더글러스를 찾았다. 영국 의회와 노르웨이 국왕은 그를 초빙해 의견을 들었고, 오스트레일리아와 뉴질랜드에서는 지지자들이 그에게 환호를 보냈다. 가장 큰 영향력을 발휘한 곳은 캐나다였다. 세계 경제 위기는 특히 농촌 지역에 큰 타격을 입혔고, 더글러스가 〈유대인의 세계〉라고 낙인찍은 금융 시스템에 대한 증오는 폭발했다. 이런 상황에서 사회 신용 시스템은 특히 기독교권 국가에서 좋은 해결책으로 받아들여졌다. 캐나다에서는 1935년에 사회 신용당이 설립되었고, 얼마 지나지 않아 여러 지방 의회에 입성했으며, 이후 1993년까지 존속했다. 이렇게 오래 살아남을 수 있었던 이유는 무엇일까? 사회 신용당은 낙후된 농촌 지역의 대변자를 자처했지만, 사실 그 안에는 급진적 기독교와 (유대인적) 금융 자본의 지배에 대한 비판이 공격적인 방식으로 뒤섞여 있었다. 이는 기본 소득 구상의 다양한 스펙트럼 가운데 유일하게 〈우익 포퓰리즘〉의 수식어가 붙는 변종이다. 이로써 무조건적 기본 소득에 대한 요구에는 좌파의 빨간색에 이어 우익 포퓰리즘이라는 색이 추가된다. 그다음 색은 곧 보게 될 텐데, 바로 자유주의의 파란색이다.

수단인가, 기본권인가?:
자유주의적 기본 소득

미국 경제학자이자 나중에 노벨상을 받은 밀턴 프리드먼Milton Friedman이 1962년에 모든 미국인을 위한 기본 소득을 고안하게 된 이유는 대체 무엇일까? 당시 50세이던 이 남자는 〈시카고 보이즈〉라고도 불리던 시카고학파의 수장으로서 사실 시장의 무조건적인 자유를 옹호했다. 그에게 실업은 자연스럽고 불가피한 일이었고, 그의 숙적은 케인스였다. 케인스는 국가가 지시 하달자로서 반복적으로 경제에 개입해야 한다고 주장한 반면에, 프리드먼은 국가의 역할을 최소한으로 줄이고자 했다. 인간을 항상 자신의 이익만 좇는 물질 중심의 합리주의자로 보았던 그는 자유 시장을 인류의 축복으로 여겼다.

이런 사람이 왜 자신의 베스트셀러 『자본주의와 자유 Capitalism and Freedom』에서 기본 소득의 보장을 요구했을까? 이유는 간단하다. 절대적 자유주의 경제에서도 가난한 사람들의 생계는 보장되기를 바랐기 때문이다. 1960년대 초 미국의 정치 상황은 극도로 긴장되어 있었다. 인종 갈등, 정의와 평등에 대한 요구, 시민권 운동이 봇물처럼 터져 나오던 시점이었다. 전후 영국은 「베버리지 보고서Beveridge Report」를 통해 모든 국민에게 노동, 주택, 건강, 교육 및 적절한 생활 수준을 보장하는 복지 국가로 변모해 갔다. 독일에서도 사회적 시장 경제가 성공을 거두었다. 그러나 미국에서는 여전히 프리드먼이 국가를 되도록 시장 밖에 두고자 했다. 이런 급진 자유주의적 자본주의에 미래가 있을까? 프리드먼은 제2차 세계 대전 이후에 미국이 번영한 것이 시장의 자유 덕분이라고 홍보하는 데 갖은 노력을 다했다. 하지만 다른 한편으로는, 상당수의 미국인이 가령 사회적 시장 경제의 독일인들보다 훨씬 혜택을 덜 받는다는 사실도 알고 있었다. 사실 시장의 절대적 자유를 옹호하는 사람은 국가의 자선보다 사적인 자선을 더 선호하는 법이다. 그러나 그는 사적인 자선에만 전적으로 의지하고 싶지 않았다. 따라서 자본주의 경제에도 개인의 과도한 궁핍을 체계적으로 막는 메커니즘이 필요했다. 국가 개입을 최소한으로 허용하는 복지 시스템의 도입이 그것이었다.

프리드먼은 영국의 자유주의 정치인 줄리엣 리스윌리엄스Juliet Rhys-Williams의 아이디어에서 자신이 찾던 것을 발견했다. 베버리지 위원회의 일원이었던 그녀는 〈마이너스 소득세〉 도입을 강력하게 주장했다. 과세 기준선 이하의 사람에게는 세금을 걷는 대신 오히려 미달하는 금액에 비례해서 정부가 보조금을 주자는 것이다. 이렇게 하면 복지 국가가 복잡한 사회 보장 제도로 달성하려는 목표는 조세법 제정만으로 간단하게 달성할 수 있다. 리스윌리엄스의 아이디어는 사실 완전히 새로운 것은 아니었다. 〈마이너스 소득세〉의 창안자는 19세기 전반기에 자유 경쟁을 옹호하면서, 시장 경쟁과 수요 및 공급 법칙을 수학적으로 계산해 낸 프랑스의 수학자 앙투안 오귀스탱 쿠르노Antoine Augustin Cournot였다.[1] 평생 거의 주목받지 못했던 쿠르노는 20세기 초에 점차 유명해졌고, 아울러 그의 소득세 모델도 알려졌다. 그러다 리스윌리엄스의 강력한 주창으로 마침내 자유당의 이념에도 들어갔다.[2] 이는 사회 민주주의적 원칙에 따라 구축된 영국 복지 국가에 맞설 자유주의적 대항마가 아닐까?

프리드먼의 제안은 이전의 리스윌리엄스의 제안과 마찬가지로 원칙적으로 모두에게 지급되는 무조건적 기본 소득이 아니라, 세금 신고서에서 경제적 궁핍이 드러난 사람에게만 주어지는 혜택이다. 그럼에도 국가가 아무 대가 없이 지급한다는 점에서는 무조건적이다. 프리드먼은 마이너스 소득세를 〈순수 기술적인 이유로 권장할 만한 조치〉라고 설명한다.[3] 마이너스 소득세를 도입하면 부유층에 대한 세금을 인상할 필요가 없고, 〈번거로운 행정 절차〉를 확연하게 간소화할 수 있으며, 국가 입장에서는 기존의 복지 프로그램이나 지원에 비해 상당한 액수의 돈을 절약할 수 있다는 것이다.[4] 이로써 자유주의적 기본 소득이 누군가에게는 매력적이지만 다른 누군가에게는 터무니없는 것으로 여겨지는 논거들이 테이블 위에 올라왔다. 사회 보조금 지출에 따른 막대한 행정적 부담을 최소화한다는 점에서는 매력적이지만, 이전 지출* 수혜자들의 지극히 다양한 욕구와 요

* 실업자나 저소득 인구의 기초 생계 보장을 위해 국가에서 지급하는 사회 보조금.

구를 농축해서 간단한 메커니즘으로 대체한다는 점에서는 터무니없다.

프리드먼처럼 자본주의 사회를 떠받치는 사람이 무조건적 기본 소득을 제안한다면, 그것은 좌파 활동가, 세계를 개선하려는 엔지니어, 사회적 아웃사이더가 제안하는 것들과는 다를 수밖에 없다. 1964년, 앞서 소개했듯이 **세 가지 혁명**을 제시한 위대한 사상가들은 린든 존슨Lyndon Johnson 미 대통령에게 노동 사회의 완전한 변혁을 예고하는 보고서를 제출한다. **인공 두뇌 혁명**은 미국이 새로운 사회 질서를 발명하도록 몰아치고 있지 않은가? 심지어 선견지명이 있는 미국 경제학자 로버트 시어벌드Robert Theobald는 **세 가지 혁명 위원회**의 일원으로서 기존의 노동 사회를 완전히 타파하려는 꿈을 가진다. 그는 상생, 소통 시대, 네트워킹, 시스템적 사고 같은 미래 지향적인 개념을 만들었는데, 잡스나 머스크보다 더 뛰어난 환상가로서 1966년에 이렇게 천명한다. 〈나의 목표는 완전한 실업 상태, 즉 사람들이 더 이상 일할 필요가 없는 세상을 만드는 것이다. 나는 이런 세상이 실제로 이루어질 수 있다고 믿는다.〉[5] 그로부터 2년 후에 이렇게 덧붙인다. 〈이 나라의 우선순위는 통제할 수 없을 만큼 완전히 뒤죽박죽이다. 우리 사회가 일반적으로 받아들여야 할 목표는 다음과 같을 듯하다. 기술적 마법, 경제적 효율성, 좋은 사회에서 개인의 발전! 그것도 **바로 이 순서대로** 말이다!〉[6] 오늘날에 더 추가할 내용은 없어 보인다.

이런 원대한 꿈을 받아 든 존슨 행정부가 한발 빼는 듯한 태도를 취한 것은 놀랍지 않다. 어쨌든 1967년에 최저 소득 보장을 심사할 위원회가 설치되었다.[7] 위원들은 훗날 노벨 경제학상을 받을 제임스 토빈James Tobin의 적극적인 참여하에 기초 생계비를 마이너스 소득세의 형태로 지원하는 방안을 2년 동안 논의했다. 결과는 만장일치 찬성이었다. 그렇다면 어떻게 해야 할까? 존슨의 후계자 리처드 닉슨Richard Nixon은 이 문제를 의제로 올릴 수밖에 없었다. 한편으로는 서민의 대변인으로서 기초 생계비 지급을 통해 국민에게 인기를 얻을 수 있는 기회라고 생각했다. 하지만 다른 한편으로는 가난한 사람들에 대한 지원을 그들의 노동 의지와 연결시키지 않은 것은 보수적인 미국의 DNA에 어긋났다. 결국에 절충안으로 가족 지원 계획Family Assistance Plan이 마련되었다. 마이너스 소득세로 기초 생계비를 보장하고, 기존의 미미한 사회 보조금을 대체하는 프로그램이었다. 닉슨은 진보와 보수 언론 모두로부터 열렬한 환호를 받으며, 1971년 텔레비전으로 생중계된 국정 연설을 통해 이 프로그램을 발표했다. 그러면서 스스로를 역사상 빈곤을 종식시킨 첫 번째 미국 대통령이라고 자부했다.

그의 프로그램은 미 하원에서는 승인되었지만 상원에서는 통과되지 못했다. 이것이 너무 미국적이지 않다고 판단한 공화당의 일부 보수 의원들 때문만이 아니었다. 반대표를 던진 이들은 주로 민주당 의원들이었다. 미래의 대통령 후보 조지 맥거번George McGovern은 닉슨의 프로그램을 훨씬 능가하는 패를 내놓고 싶었다. 그래서 토빈의 지원을 받아 가난한 사람들에 대한 최저 소득 지급을 취업을 위한 노력과 연계시키지 않는 **데모그란트** 제도를 제안했다. 그러나 호응이 없었다. 1972년 맥거번의 선거 패배 이후 공화당은 더 이상 기초 생계비 도입을 서두르지 않았다. 아무리 유망해 보이는 다른 프로젝트를 내놓아도 상황은 바뀌지 않았다. 결국 이 사안은 캐비닛 속으로 들어가고 말았다.

프리드먼 본인은 죽을 때까지 기초 생계비와 마이너스 소득세가 옳다고 확신했다. 1980년에는 『선택할 자유: 개인적 고백 *Free to Choose: A Personal Statement*』을 통해 자신의 견해를 다시 한번 반복했다.[8] 그러나 미국보다 복지 시스템이 훨씬 잘 갖추어진 국가들이 프리드먼의 생각에서 무엇을 배울 수 있을지는 의문이다. 1970년대 초 프랑스에서는 대통령 경제 고문 리오넬 스톨레루Lionel Stoléru가, 서독에서는 경제학자이자 기민당 정치인인 볼프람 엥겔스Wolfram Engels가 프리드먼의 모델에 따라 기초 생계비를 권고했을 때 그들 앞에는 완전히 다른 과제가 놓여 있었다. 다양한 형태로 구축되어 있는 다른 복지 국가들보다 그들의 모델이 더 효율적이고 공정하다는 사실을 증명해야 했던 것이다.[9] 반향이 없는 것은 당연했다.

자유주의 관점에서 기본 소득의 이념을 정립하려면 단순히 빈곤 퇴치나 관료주의적 행정 간소화에만 초점을 맞추지 않는 새로운 접근법이 필요했다. 그런 접근법을 극도의 통찰력으로 추진한 사람이 다렌도르프였다. 서독에서 국제적으로 가장 유명한 이 사회학자가 볼 때, 빈곤 퇴치를 위한 세제 수단으로서 무조건적 기본 소득을 도입하는 것만으로는 너무 부족했다. 1980년대 노동 시장 위기 속에서 그는 오늘날 한층 더 긴급하게 논의되고 있는 그 주제, 즉 자동화가 장차 생업 노동을 대폭 줄일 수 있다는 주제를 이미 생각하고 있었다. 만약 이 사회가 계속해서 스스로를 생업 노동 사회라고 정의 내린다면 일하지 않는 사람들은 필연적으로 배제될 수밖에 없었다. 다렌도르프는 이렇게 이야기한다. 〈그로써 예측할 수 없는 파장을 부를 과정이 시작된다. 모두를 위한 시민권을 힘들게 획득한 이 사회가 점점 더 많은 사람을 이 권리의 혜택에서 배제하고 내몰기 시작한다. 평등한 시민 사회는 그에 속한 다수 계층의 사회로 국한될 뿐 그에 속하지 않는 하위 계층은 헛되이 문만 두드리고 말 것이다.〉[10]

다렌도르프는 이런 분열을 보면서 〈사회의 기본 계약〉이 위협받고 있다고 생각했다. 이 자유주의적 사회학자의 견해에 따르면, 사회 계약을 구할 수 있는 방법은 하나다. 시민권을 오직 노동 사회에 참여해야만 얻을 수 있는 권리와 동일시하지 말아야 한다는 것이다. 〈시민권 사회〉에서는 모든 시민이 노동과 무관하게 물질적 삶의 기반을 보장받아야 한다. 왜냐하면 〈모두가 버티고 설 공통의 토대를 세우려면 소득과 노동의 분리가 필요하기〉 때문이다. 〈여기서는 순수한 복지도, 일하지 않으면 먹지 말라는 금언을 되살리는 것도 충분하지 않다. 이는 살 만한 사회를 만들기 위한 필요조건에 지나지 않는다. 할 일은 더 많다. 특히 노동과 관련해서 말이다. **최저 소득 보장은 법 앞의 평**

등이나 보통 선거권, 평등 선거권 같은 다른 시민권만큼이나 필수적이다.)[11]

　시민권으로서 최저 소득의 요구는 우리가 아는 복지 국가의 틀에서 벗어난다. 그 요구의 논거는 가난한 사람들을 궁핍으로부터 지켜 주자는 것도 아니고 국가의 시혜와도 상관없다. 논거는 단 하나다. 노동 시장에서의 지위와 무관하게, 모든 사람이 온전한 존엄을 가진 시민으로서 사회에 참여해야 한다는 것이다. 개인의 자유는 노동 사회에 대한 비참여가 사회적 낙인이 되지 않을 때만 보장된다. 따라서 다렌도르프가 볼 때, 미래에 노동과 소득의 연결 고리가 끊어지려면 사회 공학적 조치가 아니라, 기본권을 무조건적 참여에 대한 권리로 확장하는 대책이 필요하다. 온전한 시민의 위상을 지키는 것은 노동이 아니라 최소한의 생계 보장이다. 이는 앞으로 자유주의자들의 편을 가를 중차대한 생각이다. 즉, 한편에는 기본권을 기초 물질적 보장으로 확대하기를 원하는 그룹이 있고, 다른 한편에는 이 기본권을 인정하지 않는 그룹이 있다.

　자유주의는 도전에 처했다. 그 핵심은 더 이상 프리드먼이 미국에 실현하려고 노력했고 독일 같은 나라에서는 이미 사회적 보조금을 통해 보장되고 있는, 실업자의 고통을 완화하는 것이 아니었다. 문제는 온전한 시민을 결정하는 판단 기준이 지금까지처럼 계속 노동 사회여야 하느냐이다. 독일도 여전히 그 기준에 얽매여 있다. 그렇지 않고서야 국가가 실업 수당 2급 수혜자들의 기본권을 제한할 수는 없을 것이다. 다렌도르프에 따르면, 이는 자유로운 실존에 대한 기본권보다 노동 사회의 조건을 중시하는 노동 사회의 유물이다. 그럼에도 모든 서구 산업국의 대다수 자유주의자는 이 기본권을 무시하고, 줄기차게 개인의 〈자기 책임〉을 강조한다. 마치 인간이 아프리카의 표범처럼 혼자 힘으로 외롭게 먹고사는 듯 말이다. 사실 오늘날의 모든 고용 관계는 섬세한 사회적 그물망 속에 있다. 다른 사람 없이는 어떤 일도 완벽하게 이루어지지 않는다. 교육 제도는 국가가 조직하고, 개인은 그 과정을 필수적으로 마쳐야 한다. 노동 시장으로의 진입 기회는 개인이 자기 결정권을 갖고 선택할 수 없는 수많은 요인에 좌우된다. 물론 개인에게 일정 정도의 책임이 있다는 것은 맞지만, 엄정하게 이야기하자면 〈자기 책임〉은 근본적으로 사실에 맞지 않는 잘못된 해석이다.

다렌도르프 이후 모든 자유주의자가 던져야 할 질문은 빈곤 퇴치나 행정 편의의 수단으로서 기본 소득에 대해 어떻게 생각하느냐가 아니라, 기본 소득을 기본권으로 인정하느냐 인정하지 않느냐이다. 만일 인정하지 않는다면 시민권은 다렌도르프의 말처럼 〈단순히 돈으로 환산된다〉. 그들의 생각은 이렇다. 시장이 실업을 만든다면 이를 다시 제거하는 것도 시장이어야 한다. 그러지 못할 때 국가가 나서서 〈마이너스 소득세〉 같은 수단으로 실업자를 지원해야 한다. 그런데 이런 식으로 대응하는 사람은 〈모든 보장된 권리를 제거하는 문을 활짝 열어 주는 셈이다. 심지어 누군가는 옆문을 통해 노동 사회를 다시 시스템 안으로 몰래 들이는 짓이라고 주장할 수도 있다. 인간을 조세

제도와 관련된 정도까지만 인간으로 여기는 시스템 안으로 말이다). 반면에 기본 소득을 기본권으로 인정하는 사람은 그것을 도구로 생각하지 않고 오히려 그것으로 현대 국가의 기본권 목록을 확대한다. 그런 사람들은 〈시민권을 먼저 정의 내린 다음, 그것을 충족시키는 방법은 나중에 찾을 것〉을 요구한다.[12]

다렌도르프는 자신이 무조건적 기본 소득을 단순한 도구로 보지 않고 기본권으로 받아들인다는 사실을 거침없이 드러낸다. 〈그것은 시민권의 근본 요소로 인정되어야 한다. 기본 소득은 누구도 절대 그 밑으로 추락해서는 안 되는 출발선을 규정하는 데 의미가 있기 때문이다.〉[13] 이로써 〈소액의〉 기본 소득(보통 마이너스 소득세 모델)은 〈고액의〉 기본 소득(기본권으로서의 기본 소득)과 분리된다. 실제로 이 둘은 오늘날에도 여전히 무조건적 기본 소득의 큰 틀 안에서 서로 대립하고 있다. 무조건적 기본 소득을 요구하는 사람은 이제 결정을 내려야 한다. 그것이 정말 노동 시장의 규칙과 상관없이 기초 생계에 대한 만인의 기본권일까? 아니면 단순히 기존 복지 시스템의 개혁일 뿐일까? 실리콘 밸리를 위시해서 많은 경제계 지도자가 관심을 보이는 것은 〈소액의〉 기본 소득이다. 이는 주로 미국에 중요한 복지 메커니즘을 제공하고, 많은 산업에서 위협적인 실업 문제를 물질적으로 완화하기 위한 것이다. 서유럽의 상황은 완전히 다르다. 여기서 〈소액의〉 기본 소득은 선구적 성취가 아니라 앞서 언급했듯이 강력하게 구축된 복지 시스템의 경쟁자일 뿐이다.

실제로 오늘날 〈소액의〉 무조건적 기본 소득과 〈고액의〉 무조건적 기본 소득의 대표자들은 다렌도르프가 설명한 것처럼 도저히 양립할 수 없을 만큼 서로 대립한다. 기본 소득이 모든 시민에게 기본권을 부여하는 것인지, 아니면 세금을 통한 지원일 뿐인지는 설령 재정 효과가 똑같더라도 결코 동일치 않다. 후자는 자유주의 국가에 더 큰 빈곤에 맞설 안전장치를 장착하는 반면에, 전자는 자유주의 국가에 무척이나 다른 미래로 나아가는 길을 제시한다. 다렌도르프도 그 점을 잘 알고 있었다. 게다가 1980년대에 주로 벨기에와 프랑스, 독일에서 벌어졌던 기본 소득에 대한 활발한 논의도 잘 알고 있었다. 이 논의는 19세기의 토지 분배 논쟁과 제1차 세계 대전 이후 서유럽의 복지 시스템 구상에 이어 무조건적 기본 소득에 관한 제3의 물결이었다.

자유, 지속 가능성, 시스템 변화:
좌파 인본주의적 기본 소득

〈실업 수당, 법정 연금, 사회 보조금, 아동 수당, 저소득층을 위한 세금 감면 및 세액 공제, 장학금, 일자리 공급 조치, 제2의 노동 시장, 그리고 어려운 기업에 대한 국고 지원을 폐지하라! 대신에 모든 시민에게 기본 욕구를 충족하는 데 충분한 금액을 매달 지불하라! 일을 하든 하지 않든, 가난하든 부자든, 혼자 살든 가족과 함께 살든, 자유로운 결혼 상태에서 살든 공동체에서 살든, 과거에 일을 했든 하지 않았든 그 금액을 모든 시민에게 지불하라! ······ 그와 병행해서 노동 시장에 적용되는 모든 규칙을 비롯해 최저 임금과 최대 근무 시간을 규정한 모든 법률도 철폐하라!〉[1]

이것은 전통적인 복지 국가의 타파로서, 19세기와 20세기의 사회 민주주의적 성취에 대한 근본적인 도전으로서, 그리고 지금껏 세상이 알던, 물질로 인한 모든 사회 문제에 대한 최선의 해결책으로서 무조건적인 기본 소득을 요구한 글이다. 1984년 한 샤푸리에 팀이 쓴 대담한 문장들 뒤에는 루뱅 대학 출신의 젊은 벨기에 학자 세 명이 있다. 경제학자 필리프 드페이Philippe Defeyt, 사회학자 폴마리 불랑제Paul-Marie Boulanger,

옥스퍼드에서 박사 학위를 받은 철학자이자 경제학자 판 파레이스이다. 이 활기찬 텍스트는 킹 보두앵 재단에서 주최한 노동의 미래에 관한 공모전에 제출된 논문이다.

실제로 그들은 상을 받았다. 1980년대 초는 경제적 불안의 시기였다. 자동화의 물결이 서유럽을 휩쓸었고, 몇몇 산업국은 제2차 세계 대전 이후 가장 높은 실업률을 기록하고 있었다. 영국에서는 300만 명이 넘는 실업자가 발생한 가운데 대처의 보수당이, 독일에서는 200만 명이 넘는 실업자가 발생한 가운데 기민당의 헬무트 콜Helmut Kohl이 정권을 잡는 동안 이 경제학자, 철학자, 사회학자는 다렌도르프가 이름 붙인 노동 사회의 종말을 논의하기 시작했다.[2] 실업은 더 이상 경제적, 정치적 사고(事故)가 아니라 〈구조적 문제〉로 여겨졌다. 1980년대 영국과 독일에서는 장기 실업자 수가 높은 수준으로 정체되었다. 이제 나이가 많은 사람이나 건강상의 문제가 있는 사람은 일자리를 찾을 수 없었고, 여성이나 자격증이 없는 사람도 비슷했다. 노동의 유연성과 근로자의 포괄적 재교육이 점차 실업률을 낮추었지만, 1970년대에는 별 문제 없이 일자리를 찾았던 많은 사람이 더는 쓸모가 없어진 상황까지 막지는 못했다.

이런 상황에서 수많은 서유럽 국가에서 유토피아가 번성했다. 무조건적 기본 소득의 이념이 사람들의 가슴과 머리로 파고든 것이다. 이는 우리가 아는 노동 및 성과 사회에 대한 대안이자, 인간의 가치와 품위를 많은 사람이 더 이상 쓸모가 없게 된 노동 시장과 분리하려는 시도였다. 이제 시민의 자존감을 경제적 쓸모로 측정하는 관행을 떨칠 때가 된 듯했다. 암스테르담 대학교의 사회 의학자 얀 피터르 카이퍼르Jan Pieter Kuiper는 1975년에 이미 이런 방향으로 생각했고, 그의 이념은 얼마 전에 장관을 두 명이나 배출한 네덜란드의 기독교 좌파 정당인 급진당의 정책으로 1977년에 채택되었다.

그로부터 1년 후 덴마크에서 베스트셀러 『중도의 반란: 미래 사회 질서 모델*Røret om oprøret: Mere om midten*』이 출간되었다. 사회 자유주의 정치인이자 장관인 크리스텐 헬베그 페테르센Kristen Helveg Petersen, 엔지니어이자 물리학자인 닐스 I. 메이어Niels I. Meyer, 그리고 20세기 덴마크의 가장 유명한 철학자 빌리 쇠렌센Villy Sørensen이 함께 쓴 이 책은 10만 부 넘게 팔렸고 수많은 언어로 번역되었다. 이 책에는 산업국들을 실존적 위기로 몰아넣은 온갖 모순이 나열된다. 경제 발전이 사회적 복지 혜택의 증가로 연결되지 못하는 이유는 무엇일까? 세계 번영이 세계 평화로 이어지지 않고 군비 지출의 지속적인 증가로 이어지는 이유는 무엇일까? 산업국들이 글로벌 경제 정책으로 야기한 갈등이 커질수록 그들은 점점 더 무기력해지고 무책임해진다. 저자들은 이런 결론을 내린다. 〈인간적이고 생태 친화적이고 지속 가능한 사회〉는 그들의 행동이 낳은 결과를 스스로 보지 못하게 막는 눈가리개를 벗겨야 한다.

1978년에 그들이 어떤 생각을 미리 했는지 들어 보면 눈을 비비게 된다. 정치인, 물리학자, 철학자로 이루어진 이들 그룹은 더 작고 협력적인 기업, 태양 에너지의 집중적 활용, 도시와 지방 자치 단체에 더 많은 권한의 부여, 그리고 정치인을 통제할 전문가로 구성된 제2의회(상원 개념)를 요구한다. 또한 노동 세계와 관련해서는 노동과 교육, 여가 사이의 엄격한 경계를 타파하고자 하고, 사회 정책과 관련해서는 무조건적 기본 소득에 대해 이야기한다. 이런 책이 대중적으로 성공한 것은 놀랍다. 게다가 당시보다 오늘날에 더 직접적인 문제로 느껴지는 이 모든 아이디어는 좌파들의 머리만 뜨겁게 달군 것이 아니라 주류 사회로도 파고들었다. 이 책의 독자들 중에는 슈미트, 헤르베르트 베너Herbert Wehner, 콜 같은 정치인도 있었으니 말이다. 그러나 대중의 의식은 늘 필요한 것을 꿰뚫어 보는 통찰력보다 항상 수십 년 뒤처져 있다. 18세기 계몽주의 시대나 오늘날이나 다르지 않다!

결국 중도의 반란은 일어나지 않았다. 그러나 적어도 무조건적 기본 소득에 관한 논의는 확산되었다.[3] 영국에서는 1984년에 기본 소득 연구 그룹이 설립되었고, 독일에서는 같은 해에 〈생태 자유주의의 선구자〉이자 녹색당원인 토마스 슈미드 Thomas Schmid가 묶은 선집『잘못된 노동으로부터의 해방 Befreiung von falscher Arbeit』을 계기로 기본 소득에 대한 논의가 시작되었다. 오스트리아에서는 사회학자 게오르크 포브루바Georg Vobruba, 사회학자 미하엘 오필카Michael Opielka, 클라우스 오페Claus Offe 같은 굵직한 사상가가 독일어권의 논쟁을 이끌며 기본 소득의 구상과 근거에 상당한 기여를 했다. 프랑스도 다르지 않았다. 여기서는 두 개의 사회 운동 그룹이 형성되었다. 경제학자 욜랑 브레송Yoland Bresson이 설립한 생계 소득 창립 협회와 사회학자 알랭 카이예Alain Caillé가 주도한 사회 과학의 반(反)공리주의 운동이 그것이었다.

국경을 뛰어넘는 최초의 동맹은 1986년 9월에 이루어졌다. 주도권은 푸리에 추종자들이 잡았다. 벨기에 도시 루뱅 라뇌브에 기본 소득 네트워크가 설립되었다. 오늘날 전 세계적으로 연결된 기본 소득 지구 네트워크의 전신이다. 같은 시기에 서유럽에서 가장 중요한 좌파 사상가인 고르스도 무조건적 기본 소득의 대열에 합류했다. 불과 몇 년까지도 사도의 열정으로, 무조건적 기본 소득이 〈연대의 결과가 아니라 제도적 자선〉일 뿐이라고 강력하게 맞서 싸우던 사람이 이제 그것이 반드시 사회의 〈분열〉과 〈남아프리카화〉로 이어지지는 않을 거라는 사실을 서서히 깨달은 것이다.[4] 1986년 봄 그는 〈소득에 대한 권리가 …… 더는 임금에 대한 권리와 혼동되어서는 안 된다〉는 사실도 인정했고,[5] 평생 2만 시간을 일한 사람에게만 기본 소득을 지급해야 한다는 — 벨러미를 연상시키는 — 아이디어도 마침내 포기했다. 또한 말년의 작품 『비참한 현재, 풍요로운 미래 *Misères du present, richesse du available*』에서는 〈무조건적 기본 소득의 열렬한 대변자〉를 자처하고 나섰다.[6]

1970년대 말과 1980년대의 논의는 무조건적 기본 소득의 방향을 완전히 바꿔 놓았다. 이제 그것은 더 이상 빈곤과 대량 실업이라는 두 가지 문제를 해결하는 수단으로 간주되지 않고, 더 많은 이윤 배당과 재분배를 지향하는 주요 사회 시스템 변화를 의미했다. 무조건적 기본 소득의 옹호자들은 자본주의와 사회주의 사이에서 〈제3의 길〉을 꿈꾸었다. 이들은 당시의 보수주의자, 대다수 자유주의자, 그리고 사회 민주주의자와는 달리 사회적 시장 경제에서 이러한 〈제3의 길〉이 실현되었다고 생각하지 않았다. 이들이 볼 때, 〈노동 사회의 위기〉는 기존의 전통적인 방식으로는 사회가 더 이상 지속될 수 없음을 다각도로 보여 주고 있었다.

그렇다면 무조건적 기본 소득은 이상적인 시스템 변화를 이끌어 낼까? 이 토론은 다섯 가지 새로운 관점을 제시한다.

첫 번째는 지속 가능성의 문제다. 인류가 산업 사회의 발전과 번영을 위해 지불한, 지금까지 계산에 넣지 않은 숨겨진 대가는 무엇일까? 이런 관점에서 보면 어떤 대가를 치르더라도 노동을 유지하고 성장을 일궈 내야 한다는 기존의 무모한 생각은 자명성을 잃는다. 무조건적 기본 소득은 실질적인 욕구와 무한에 가까운 비실제적인 욕구를 분리하는 적합한 수단이자, 우리가 만족스러운 삶을 위해 얻으려 애쓰는 재화 중에서 실제로 필요한 것은 얼마나 되는지를 다른 차원에서 새롭게 묻는 기반처럼 보인다.

두 번째는 새로운 시각으로 본 **노동의 개념**이다. 노동에서 자명성의 매트릭스를 제거하고 나면 이런 질문이 남는다. 우리는 무엇을 위해 일하는가? 좋은 일을 하면 어떤 욕구가 충족되고, 나쁜 일을 하면 어떤 욕구가 충족되지 않는가? 사람들이 꺼려 하는 고된 노동 〈labour〉는 대개 만족도가 훨씬 낮음에도 왜 일반적으로 자기 주도적인 노동 〈work〉보다 임금이 훨씬 낮을까? 사회적으로 필요한 일은 무엇이고 그렇지 않은 일은 무엇인가? 자기 주도적인 노동은 왜 고되고 사람들이 꺼려 하는 노동보다 더 나은 대우를 받아야 할까? 누구도 자발적으로 하고 싶어 하지 않는 일이 미래에는 더 나은 임금을 받는 데 발판을 마련해 주는 것이 무조건적 기본 소득이 지닌 큰 장점이 아닐까?

셋째, **모두의 자유에 대한 약속**이다. 이 점에서는 다렌도르프 같은 자유주의자, 판 파레이스 같은 생태 자유주의자, 만년의 고르스 같은 비정통 좌파는 생각이 같다. 무조건적 기본 소득은 많은 사람을 독립적으로 만들고, 그들에게 넓은 자유의 공간을 마련해 준다. 왜냐하면 생업 노동 사회의 틀에 따라 개인의 삶과 생활 방식을 판단하던 가부장적 국가의 압력이 더는 존재하지 않기 때문이다.

넷째, 1980년대 이후 무조건적 기본 소득은 새로운 지지자들에게 자본주의와 사회주의 사이의 제3의 길을 의미했다. 두 체제는 인간을 노동 사회의 틀에 박힌 기계 장치에 편입시켰다. 자본주의는 이윤에 대한 탐욕에서, 사회주의는 그릇된 인간학적 해석에서 그렇게 했는데, 이런 기계 장치에서 인간을 해방시키면 두 체제의 장점은 새로운 방식으로 결합되고 단점은 제거된다. 오필카의 경우, 무조건적 기본 소득은 자본주의적 산업 시스템을 넘어 〈사회주의와 공산주의 사이의 타협〉을 가능케 하고,[7] 판 파레이스의 경우는 자유주의를 이상적 사회주의에 이르게 한다. 모든 사람이 정치적, 물질적 강압 없이 자유롭게 발전할 권리를 갖는다면 자본주의 사회는 서서히 무너질 것이기 때문이다. 그런 사회에서는 물질적 욕망을 다른 무엇보다 우선시하는 협박 메커니즘이 사라진다. 재산은 중요성을 잃고 반면에 자기실현의 욕구는 점점 커진다. 그러다 마침내 억압 없는 사회주의가 생겨난다. 동구권의 비현실적 사회주의가 드러내는 부당한 전체주의와는 몇 광년 떨어진 사회다.

다섯째, 1980년대에는 무조건적 기본 소득의 **재원 마련에 관한 아이디어**가 쏟아졌다. 푸리에 추종자들이 제안한 것처럼 기타 소득에 대한 누진세를 통해서 재원을 마련할 수 있을까? 아니면 이 재원은 노동에 대한 과세와는 분리되어야 할까? 지금까지 논의 테이블에 서서히 올라온 대안으로는 소비에 대한 과세, 자원의 사용 및 소비에 대한 과세, 기계에 대한 과세, 금융 흐름에 대한 과세 같은 것들이 있다.

그러나 제3의 물결은 곧 김이 빠지고 만다. 동구권의 붕괴와 함께 낡은 국가 자본주의적 체제만 무너진 것이 아니라 세상의 거의 모든 〈좌파〉도 토대를 잃었다. 1990년대 초에 들어서자 자본주의의 개선과 변화, 심지어 철폐에 관한 아이디어는 더 이상 현실에서 설 자리가 없어졌고, 그런 생각을 이해하려는 시도조차 사라졌다. 세상의 다른 모든 체제를 이겨 내고 세계사의 승리자로 우뚝 선 이 시스템을 바꿀 이유가 있을까? 그렇기에 1990년대를 관통하는 도도한 시대정신은 미국 철학자 프랜시스 후쿠야마Francis Fukuyama가 선언한(나중에는 철회했다) 〈역사의 종말〉이었다. 사회주의 사상은 영원히 그 신용을 잃었고, 서구 자본주의는 더 이상 개선할 필요 없이 그저 〈효율적〉으로 만들기만 하면 되는 최고의 경제 및 사회 시스템이라는 것이다. 2000년 유럽의 국가 정상들이 리스본에 모여 〈리스본 전략〉*을 결의한 것도 바로 이러한 정신에서였다. 이는 유럽을 역동적이고 경쟁력 있는 대륙으로 이끌기 위한 전략이었다. 독일에서 사민당의 주도와 녹색당의 동참으로 가결된 〈어젠다 2010〉 및 하르츠 법안도 모두 그 전략의 일환이었다.

이런 상황에서 1980년대의 좌파들이 선보인 글로벌한 관점에 누가 관심을 가질까? 사람들을 해방시키고 좀 더 공정한 세상을 만들자는 목소리에 누가 귀를 기울일까? 이런 침체된 분위기는 2000년대까지 깊숙이 이어진다. 그 뒤에야 근본적인 질문에 대한 논쟁이 재차 개시된다. 이번에는 논쟁의 동력이 고갈되는 일은 생기지 않는다. 1980년대의 옛 질문들, 즉 성장의 한계와 사회적, 생태학적 지속 가능성에 관한 질문은 더 이상 틈새 주제가 아니다. 이 문제들은 억압되거나 숨겨질 수 없을 뿐 아니라 그사이 모든 정파의 공통 관심사로 부상했다. 이제는 틀림없다. 중도가 마침내 반란을 일으킨 것이다. 그들은 과연 올바른 결정을 내릴 것인가?

기본 소득은 이제 사회 중심부까지 치고 들어온 상태다. 2004년 독일에 〈기본 소득 네트워크〉가 설립되었고, 서유럽 전역에 비슷한 포럼과 동맹이 생겨났다. 기업인 베르너는 무조건적 기본 소득의 개념을 매체를 통해 널리 알렸다. 특히 눈에 띄는 것은 스위스에서 독일 예술가 에노 슈미트Enno Schmidt와 스위스 기업인 다니엘 해니Daniel Häni가 주도하는 〈기본 소득 구상〉이었다. 그들은 스위스와, 가능하다면 독일에서도 언젠가 국민 투표를 실시하는 것을 목표로 삼았다. 그러나 2011년 스위스에서 처음으로 일어난 대중 운동은 서명 인원의 부족으로 실패했다. 이 운동의 주도자들은 재생 불가능한 에너지에 매기는 세금, 토지 사용 및 물 사용 요금, 건축물 임대세를 통해 기본 소득의 재원을 조달하고자 했다. 2012년의 국민 발의는 성공적으로 이루어져 2016년 6월에 투표에 부쳐졌다. 투표권이 있는 스위스 국민의 약 47퍼센트가 참여했다. 그중 기본 소득의 도입에 찬성한 사람은 23.1퍼센트, 반대는 76.1퍼센트였다.

이 결과는 유럽 전역의 기본 소득 반대자들에게는 오늘날까지도 자신들이 옳았음을 증명하는 증거로 여겨지고 있다. 그런 급진적인 제안을 환영하는 사람은 소수라는 것이다. 하지만 찬성자들이 보기에는 큰 성공이었다. 잘 구축된 복지 시스템 덕분에 어떤 시민도 극심한 빈곤에 빠지지 않고 실업률이 2~3퍼센트에 불과한 스위스 같은 나라에서 전체 투표자의 4분의 1 가까이가 무조건적 기본 소득에 찬성한 것은 대단한 결과라고 생각했기 때문이다. 불가리아나 포르투갈 같은 나라에서 투표를 했다면 어떻게 되었을까? 그사이 우리는 이런 질문을 추가할 수 있다. 코로나 위기로 노동 시장이 휘청거리는 오늘날 사람들은 무조건적 기본 소득을 얼마나 열린 마음으로 받아들일까? 독일 정부는 지금껏 모든 사람의 생존 보장을 위해 열심히 노력해 왔고 또 노력하고 있다. 그렇다면 800억 유로가 넘는 보조금이 투입되는 이 연금 제도는 이미 세대 간 계약과 국가 연금의 이상한 혼합이 아니라 그 자체로 하나의 사회 분담금 시스템이 아닌가?

오늘날의 기본 소득:
현실적인 무조건적 기본 소득을 위한 좌표

무조건적 기본 소득은 전통이 짧지만, 앞서 살펴본 것처럼 제법 긴 이야기를 품고 있다. 오늘날 논쟁의 장에서 그것이 많은 공간을 차지하고 있는 것은 우연이 아니다. 더 큰 풍요와 더 진전된 자동화, 더 많은 여가 시간을 약속하는 제2차 기계 시대는 1960년대나 1980년대보다 무조건적 기본 소득을 더더욱 현실적이고 가능한 것으로 만들었다. 생산량은 서구 세계에 이미 충분하다. 그런 만큼 사회적 번영이 왜 기본 소득의 형태로 안전하게, 전면적으로 분배되어서는 안 되는지에 관해 이유를 설명하는 것은 어려워지고 있다. 설명이 필요한 부분은 더 이상 독일에서 왜 모든 사람이 무조건적 기본 소득을 받아야 하는지가 아니라, 가능한데도 왜 그것을 받을 수 없느냐는 것이다.

사실 독일은 의외로 기본 소득의 구상과 거리가 먼 나라다. 국민들은 기본 소득 대신 장차 〈시민 수당〉이라 불리게 되겠지만 지금까지의 실업 수당 2급(하르츠 4)과 별 차이가 없는 기초 보장에 여전히 만족하고 있다. 이는 생업 노동 사회의 여건과 관련되어 있다. 특정 노동을 받아들이지 않는 사람은 변명의 여지없이 계속 제재를 받을 수밖에 없다. 〈사회 문화적 최저 생

계비〉도 무조건적 기본 소득과 아무 연관이 없다. 〈시민 수당〉
은 사실 상표 도용과 다르지 않다. 그것은 2019년 6월 당시 베
를린 시장이던 미하엘 뮐러Michael Müller가 도입한 〈연대적 기
본 소득〉이라는 용어도 마찬가지다. 상원이 공공 자금으로 지원
하는 고용 분야에서 선별된 실업자에게 일정한 급여를 지급하
는 일자리를 창출한다면, 〈연대적 기본 소득〉은 말도 안 되는 용
어일 뿐 아니라 착각을 부르기 십상이다.

　긍정적으로 보자면, 〈시민 수당〉이니 〈기본 소득〉이니 하
는 용어를 들먹이며 이리저리 갖다 붙이는 현상은 어쨌든 한 가
지 사실을 시사한다. 독일 정부를 책임지고 있는 사람들도 새바
람이 불고 있음을 느끼고 있다는 사실이다. 다시 말해, 지금껏
그 바람에 따라 돛을 펼 용기와 의지를 가진 사람은 실제로 거
의 없더라도 그 바람이 자신들을 어디로 데려갈지는 알고 있다.
미래의 핵심 질문은 이제 독일을 비롯해 다른 서유럽 국가들에
서 기본 소득을 도입해야 하느냐의 문제가 아니라 **어떤 기본 소
득을, 언제 도입하느냐**이다. 왜냐하면 프리드먼부터 내려온 〈소
액의〉 기본 소득 전통은 기존 복지 시스템의 유익한 대안이 되
기 어렵기 때문이다. 그것은 기본권이 아니라는 점에서 기본 소
득이 아닌, 그저 **무조건적 최저 소득**에 지나지 않는다. 그로써
모두를 위한 시민 수당이라는 핵심 기준을 충족하지 못한다.
〈소액의〉 기본 소득에서 생계 보장은 여전히 생업 노동과 밀접
하게 맞물려 돌아간다. 수혜자에게든 제공자에게든 말이다. 이
런 점에서 고전적인 생업 노동 사회의 전형적인 구상이지, 21세

기 의미 사회의 구상이 아니다.[1]

　　모든 시민에게 무조건적 기본 소득을 보장함으로써 실질적 자유를 증대시키는 새로운 사회 계약은 단순히 실용적 수단에 그치지 않는다. 핵심은 그것이 산업 사회 발전 과정에서 새로운 형태의 진전된 단계라는 것이다. 이 단계의 대안은 많은 사람의 추락이 예정된 사회다. 레크비츠가 말한 〈환상의 종말〉을 역사 철학적 저주가 아니라 발전적 동력의 결핍으로 인식하는 사람은 생업 노동 사회의 틀을 고정된 것이 아니라 변화 가능한 것으로 여기는 기본 소득에 대해 고민해 볼 수밖에 없다. 사회와 사회 질서 틀은 역사 과정에서 쉼 없이 변해 왔는데, 왜 하필 오늘날에 이르러 그런 변화가 더 이상 불가능하다고 생각해야 할까?

　　필자가 보기에, 그런 변화의 가장 중요한 출발점은 자유의 보장과 자기 결정권의 획득이다. 이에 호응하는 무조건적 기본 소득은 19세부터 생애 마지막까지 모든 시민의 생계를 보장한다. 자신의 삶을 자유롭게 설계할 수 있을 만큼 재정적 자원을 충분히 가진 사람만이 실제로도 자유롭다. 이 점에서 자유주의 원칙과 좌파의 원칙은 하나가 된다. 21세기 의미 사회에서 자유주의 사상과 좌파 이념이 고전적 생업 노동 사회에서 가능했던 것보다 훨씬 더 가까워지리라는 것은 단순한 추측이 아니다. 물론 최대한 자유로운 시장 및 최대한 자유로운 기업 활동에 대한 자유주의적 요구와 최대한의 고용 보장 및 공정한 분배에 대한 좌파적 요구는 여전히 양립할 수 없다. 하지만 미래의 슬로건 면에서 보면 이야기가 다르다. 기본권 차원에서의 생계 보장과 그로 인한 더 많은 자유의 실현이라는 면에서는 국가 권한이 더 커져야 하지만, 가부장적 국가 관료주의와 노동 시장의 개입 면에서는 국가 권한이 더 작아져야 한다. 모두가 충분한 물질적 보장을 받으면 노동 시장과 고용 계약에서의 유연성 및 자유는 더 이상 근로자의 희생을 부르는 저주가 아니다. 그것은 기업가적 자유와 현재 및 미래 세대의 워라밸에 대한 요구를 흥미로운 형태로 연결시키는 이해관계의 새로운 조합이다.

그러나 이 생각이 현실적이고 미래 지향적일지는 많은 조건에 달려 있다. 일단 무조건적 기본 소득을 얼마로 책정할지가 결정되어야 한다. 그것이 실업 수당과 생활 지원금, 연금을 받는 사람들의 소득 상황을 개선시킬까? 독일에서 실업 수당 2급에 해당하는 사람은 현재 독신의 경우 기본적으로 446유로를 받는다. 또한 지역에 따라 390~590유로의 월세 보조금이 주어지고, 건강 보험, 요양 보험, 연금 보험 지원비로 약 130유로가 지급된다. 난방비나 이사비 같은 자잘한 지원금을 포함하면 실업 수당 2급 수혜자는 거주 지역에 따라 월 950~1,200유로를 받는다. 육체적 장애로 특별한 거주 공간이 필요한 사람은 주거 지원금 같은 추가 혜택을 받을 수 있다. 그런데 한 집에 실업 수당 2급 수급자가 여럿이거나 실업 수당 2급 수급자에게 자녀가 있을 경우에 기준점은 더 이상 개인이 아니라 〈가정〉이다. 국가로부터 어떤 지원금을 얼마나 받을지는 결국 시민으로서의 개인이 아니라 경제적 단위를 기준으로 결정된다. 그렇다면 당연히 이런 질문이 나온다. 〈가정〉은 그런 보조금으로 삶의 토대를 구축할 수 있을까?

　　오늘날 독일 사회 복지 시스템의 기준이 여전히 〈가정〉에 초점이 맞추어져 있다는 사실은 놀랍기 그지없다. 마치 독일인 대부분이 비슷비슷한 가족 형태, 다시 말해 1950년대나 그 이전처럼 남자가 가장으로서 가족을 책임지던 핵가족 형태로 살고 있기라도 하듯이 말이다. 그러나 현실을 잠깐만 들여다보아도 21세기의 실제적인 삶의 형태는 아데나워 시절의 〈가정들〉과는 한참 거리가 멀어 보인다. 예를 들어 혈연관계에서 벗어난 패치워크 가족, 평생에 걸쳐 자주 바뀌는 파트너, 각자 다른 집에서 사는 부부, 셰어 하우스, 빈번한 거주지 변경 같은 것들이다.

　　무조건적 기본 소득이 모든 시민의 자유를 증진해야 한다는 요구에 응하려면 〈가정〉이 아니라 오직 개인에 초점을 맞추어야 한다. 액수도 현재 실업 수당 2급 수급자가 받는 최대 지원금보다 적어서는 안 된다. 그렇다면 이 액수는 기업가 베르너가 근 20년 전부터 한결같이 요구해 온 것, 즉 국가가 더 이상의 추가 지원을 하지 않고 주거 지원비를 포함해 모든 사회적 보조금을 없애는 조건으로 모두에게 1,000유로씩 지급하는 기본 소득보다 낮아서는 안 된다.[2] 이는 지금까지의 실업 수당 2급 수급자 대부분에게는 전반적인 재정 상황의 악화를 의미한다. 안타깝게도 모든 사람에게 품위 있는 삶을 가능케 하려는 베르너의 고귀한 목표와는 거리가 먼 제안인 셈이다. 예를 들어 뮌헨에서 주거 지원금으로 590유로를 받던 사람이 장차 월세를 스스로 지불해야 한다면 이제 수중에는 410유로만 남고, 이 돈으로 다시 건강 보험료와 요양 보험료도 내야 한다. 좋은 뜻으로 시행한 제도가 오히려 좋지 못한 결과로 이어지는 꼴이다. 그렇다면 스위스 경제학자 슈트라우바르가 제안한 1인당 750유로 또는 925유로의 기본 소득은 말할 것도 없다.[3]

연금도 마찬가지다. 19세부터 인생 종착점까지 무조건적 기본 소득이 지급된다면 장차 그것은 법정 연금과 비슷한 의미를 띤다. 평생 국가로부터 받을 돈이라는 말이다. 그것으로 돈이 부족한 사람은 일을 해서 사내 연금 보험이나 개인 연금으로 미래를 대비해야 한다. 여기서 1,000유로 또는 그 이하의 기본 소득은 결코 좋지 않다. 2021년의 매달 세전 표준 연금은 구서독 지역에서 1,539유로, 구동독 지역에서는 1,506유로이다.[4] 독일 평균 소득의 45퍼센트에 해당하는 금액이다. 하지만 현실적으로 〈표준 연금〉은 크게 의미가 없다. 최소한 45년 동안 연금 보험에 가입한 사람에게만 지급되기 때문이다. 게다가 이 근로 시간은 중간에 중단되어서는 안 되고, 급여도 평균보다 너무 낮아서는 안 된다. 그렇다면 결과는 분명하다. 대다수 독일인은 표준 연금에 훨씬 못 미치는 연금을 받고 있는 셈이다. 마지막으로 독일 남성의 평균 근로 시간은 구동독 지역에서는 44.5년, 구서독 지역에서는 40.6년이다. 여성의 경우는 그 차이가 더 극명하게 벌어진다. 즉, 구동독 여성은 평균 41.5년을 일하는 반면에 구서독 여성은 불과 28년만 일한다. 그렇다면 구동독 남성의 실질 평균 연금이 1,300유로, 구서독 남성은 1,210유로, 여성의 경우는 동쪽이 1,075유로, 서쪽이 730유로에 불과한 것은 이상한 일이 아니다.[5]

이 문제를 완화하기 위해 독일 사민당은 33년 넘게 일하면서 연금 공단에 돈을 불입한 모든 연금 수급자를 위해 〈기초 연금〉을 제안했고, 결국 관철해 냈다. 이제는 엄청나게 복잡한 심사 과정을 거쳐 연금 대상자가 보조금을 받을지, 아니면 계속 500유로나 600유로의 연금을 받을지 결정된다. 〈기초 연금으로 많은 은퇴자가 그동안 거둔 삶의 성취가 마침내 인정받게 될 것이다.〉[6] 사민당 대표 자스키아 에스켄Saskia Esken의 이 말은 의도치 않게 독일 연금 시스템의 문제점을 냉소적으로 잘 지적하고 있다. 그러니까 **모든** 연금 수급자가 아니라 **많은** 연금 수급자의 생애 업적만 인정한다는 말이다. 제철소에서 32년 동안 **뼈 빠지게** 일한 사람은 기초 연금을 받을 수 없는 반면에 행정직에서 34년 일한 사람은 기초 연금을 받을 수 있다. 그렇다면 가부장적 국가가 복잡한 단계를 거쳐 심사한 고용 관계의 지속성과 연속성에 따라 삶의 성취를 인정받을 수도 인정받지 못할 수도 있다. 물론 여전히 월 1,000유로에도 미치지 못하는 연금이겠지만 말이다. 그 법안이 통과되던 날은 에스켄의 말처럼 〈소득과 연금이 적은 모든 사람에게 좋은 날〉[7]이 아니라 소득과 연금이 적은 일부 사람에게만 좋은 날이다. 물론 결과적으로 보면 그들에게도 그리 좋은 날은 아니다.

독일처럼 부유한 나라에서 수백만 명의 사람이 노년기에

1,000유로도 안 되는 돈으로 생활하는 것은 결코 제대로 돌아가는 복지 국가의 모습이 아니다. 그럼에도 생업 노동자들의 돈으로 계속 문제점들을 얼기설기 기워서 해결하는 미봉책만 내놓고 있다. 그것은 시스템을 더 좋게 하지 못하고 더 나빠지게 한다. 그러다 보니 문제는 점점 더 커진다. 앞서 살펴보았듯이 연금 재원은 더 이상 기존 방식으로 조달할 수 없다. 이런 상황에서 무조건적 기본 소득은 완전히 새로운 출발점을 약속한다. 모든 시민에게 1,000유로도 안 되는 돈을 지급하자는 것이 아니다. 그 금액은 기초 연금이나 기존의 실업 수당 2급보다 뚜렷이 높아야 한다. 월 1,400유로나 1,500유로 수준이 지급되어야 한다는 말이다.

이런 제안을 하면 반사적으로 툭 튀어나오는 질문이 있다. 그 돈은 누가 대느냐는 것이다. 이미 그런 기본 소득의 재원은 마련할 수 없다고 전제하는 듯하다. 하지만 조금만 자세히 들여다보아도 정말 어처구니가 없다! 무조건적 기본 소득은 왜 재원을 조달할 수 없는가? 역사를 돌아보았을 때, 당대의 비판가들이 항상 자금 조달이 불가능하다고 여겼던 일들 가운데 독일 국가가 자금을 조달하지 못한 것이 있는가? 우리의 현재 복지 시스템은 과거에는 모두 세상 물정 모르는 모험적 제안으로 조롱받았던 성취들이다. 아동 노동의 종식, 아동의 의무 교육, 법정 연금, 건강 보험, 사내 연금, 사회 복지, 아동 수당, 이것들 중 어떤 것도 19세기 중반에는 실현 가능한 요구로 여겨지지 않았다. 이런 인도주의적인 이념들은 항상 삐딱한 이상주의나 폭동 선동, 아니면 자금 조달을 무시한 허황한 생각으로 치부되었다. 그와 함께 당대의 거의 모든 경제학자가 내놓은 반론이 더 설득력 있게 느껴졌다. 하지만 그들은 번번이 틀렸다!

장차 사회 분담금을 낼 필요가 없고, 연금도 받지 않고, 휴가비나 양육비도 청구하지 않고, 그러면서도 밤낮없이 열심히 일하는 컴퓨터와 로봇이 더 많이 투입된다면, 무조건적 기본 소득으로 진보의 역설을 제거할 만큼 충분한 자금을 조달하지 못할 이유가 있을까? 이제 논쟁의 여지가 있는 부분은 무조건적 기본 소득의 재원을 마련할 수 있느냐의 문제가 아니라 어떻게 재원을 조달하고, 그를 위해 기존의 어떤 자금원을 활용하고 어떤 새로운 자금원을 개발하느냐의 문제다. 이는 분명 철학적 주제가 아니고, 사회 이론적 주제와도 거리가 멀다. 이때는 기본 소득을 가능케 하려는 경제학자들의 전문성이 요구된다. 의미 사회의 사람들에게 재정적 기반을 제공하겠다는 확고한 목표 아래, 정확한 계산 모델과 비용 산정, 제반 사항에 대한 신중한 고려가 필요하다는 말이다.

이미 그런 제안과 계산 모델은 헤아릴 수 없을 만큼 많다. 첫눈에 가장 간단하면서도 실용적으로 보이는 방법은 과거와 같이 노동에 대한 과세, 그것도 주로 마이너스 소득세 모델에 따라 재원을 마련하는 것이다. 현재 이런 식의 자금 조달 방안과 관련된 가장 대표적인 인물은 슈트라우바르다.[8] 그는 최근 몇 년 사이 수차례 계산 모델을 제시했다. 울름 이전 한도 모델 Ulmer Transfergrenzenmodell과 비슷한 이 구상에서 기본 소득의 재원은 지금껏 분리 과세가 이루어지지 않았던 이자, 임대 소득, 배당금 같은 소득에 대한 세금 부과를 포함한 소득세법 개정으로 마련하고자 한다. 그런데 무조건적 기본 소득은 월 1,000유로 미만으로 책정되어 있어서 실업 수당 2급 수급자는 장차 소득 상황이 악화되는 것을 감수해야 한다.

분명 의미 사회를 위한 만족스러운 제안이 아니다. 이 아이디어의 핵심은 인간의 가치를 주로 생업 노동을 기준으로 측정하지 않는 사회의 구축이 아니라 관료주의의 철폐와 극도로 간소한 복지 국가다. 장차 수백만 명의 사람이 일자리를 잃을 제2차 기계 시대의 구조적 변혁을 고려하면 노동에 대한 과세로 기본 소득의 재원을 마련하겠다는 제안은 꽤나 터무니없어 보인다. 한마디로 불난 집을 물뿌리개로 끄는 식이다! 생업 노동에 종사하는 사람이 줄어든다면 근로자의 노동에 세금을 부과해서 복지 국가에 돈을 대는 것은 불가능하다. 게다가 마이너스 소득세는 제2차 기계 시대의 문제점을 해결하기 위해 제시된 아이디어가 아니었고, 실제로 그에 대한 해결책도 담고 있지 않다.

따라서 좀 더 미래 지향적인 구상들은 전통적인 사고방식에서 탈피한다. 이것들은 더 이상 생업 노동을 통해 기본 소득의 재원을 조달하려고 하지 않는다. 왜냐하면 계속 그것만 고집하면 조만간 오늘날의 복지 국가와 같은 딜레마에 빠지게 될 것이기 때문이다. 그사이 잘 알려진 대안으로는 소득 대신 소비에만 과세하는 베르너의 제안을 비롯해 천연자원, 특히 땅과 토

지에 대한 과세 아이디어, 이산화탄소세 또는 환경세(피구세)*
가 있다. 이런 제안들에는 각각 장단점이 있다. 예를 들어, 소비
세는 실제로 돈 많은 사람들이 아니라 주로 돈 없는 사람들에게
부담을 준다. 페인의 제안처럼 토지와 천연자원에 대한 과세도
오늘날에는 별로 적절해 보이지 않는다. 땅과 토지를 많이 보유
하고 있다고 해서 모두가 높은 세금을 감당할 수 있지 않다. 모
든 땅과 토지가 실제로 그만큼 많은 이익을 내지는 못하기 때문
이다. 이산화탄소세도 그사이 도입되기는 했지만, 세수 규모가
지속 가능성의 혁명에까지 이르려면 아직 갈 길이 먼 듯하다.

　　이런 까닭에 자동화 분담금이나 기계세에 초점을 맞춘
아이디어가 더 흥미롭게 느껴진다. 1차 산업 혁명 시절부터 존
재한 것들인데, 〈경제적 배당금〉은 1940년대에 특히 인기를 끌
었다. 미국 SF 작가 로버트 A. 하인라인Robert A. Heinlein은
1942년 소설 『지평선 너머: 포스트 유토피아 소설Beyond This
Horizon: A Post-Utopia Novel』에서 경제적 배당금을 지극히 정
상적인 일로 묘사한다.[9] 오늘날에도 이미 가능한 아이디어이지
않을까? 우리가 일하는 사람들에게만 세금을 부과하지 않고,
트랙터와 석탄 채굴기, 인쇄기, 그리고 컴퓨터와 로봇처럼 일하
는 기계에도 세금을 부과하지 못할 이유가 있을까? 이런 기계
들도 막대한 부가 가치와 이익을 창출하지 않는가? 하인라인이
묘사한 것처럼 기계들이 우리의 연금과 기본 소득에 재원을 조

* 원인 행위자에게 비용을 부담시키는 조세. 영국 경제학자 아서 세실 피구
Arthur Cecil Pigou의 이름을 따서 붙여졌다.

달해 줄 수는 없을까?

　　그러니까 사회적 배당의 토대로서 자동화 분담금을 부과하자는 것이다. 실제로 이런 형태의 수익 창출세는 계속 논의되고 있고, 수많은 연구로 구체적인 수치가 제시되고 있다. 근로자에게 세금을 부과하는 대신 전체적인 수익 창출에 초점을 맞추자는 것이다. 그래야만 어느 회사의 생산량이 얼마나 되고, 그에 따라 부과금을 얼마나 감당할 수 있는지 확인할 수 있기 때문이다. 제2차 기계 시대에 이 아이디어는 이전에는 상상할 수 없던 타당성을 얻는다. 심지어 세금이나 부과금에 대체로 거부감을 보이는 게이츠조차 2017년에 로봇세를 제안했다.[10] 그러나 기계세는 수익 창출과 관련해서 최소한의 형태일 뿐이다. 다시 말해 수익 창출의 축소된 버전이다. 왜냐하면 수익 창출에 기여하는 것은 단순히 임금과 급여, 그에 상응하는 고용주 기여금, 기계만이 아니기 때문이다. 여기에는 기계와 건물, 시설의 감가상각, 차용 자본의 이자, 임대료 및 그 밖의 모든 보조금도 추가되어야 한다.

　　장점은 분명하다. 세금이 더는 직원 수가 아니라 회사의 최대 생산량에 맞추어 부과된다는 것이다. 평가의 토대가 넓어질수록 노동에 부과하던 세금은 더 큰 폭으로 줄어들 수 있다. 사회 보장 기금도 이제 고용에만 의존하지 않고 수입원이 광범해진다. 그리되면 제2차 기계 시대에 사람들이 컴퓨터와 로봇으로 대체된다고 해도 법정 연금에 미치는 영향은 거의 없을 것이다. 현재 시스템에 비하면 크나큰 이점이다! 그런데 이런 수익 창출세는 등급별로 차등을 두고 부과되어야 한다. 의사나 농부처럼 소규모로 기계를 운영하는 자영업자는 이 세제에서 제외시켜야 한다. 매출이 일정 범위 이상인 경우에만 세금을 부과하는 것이 한결 합리적이다. 정부나 자원봉사 단체의 경우도 마찬가지다. 이는 실제로 이미 오래전에 도입되어 성공적으로 검증을 거쳤다. 1998년부터 남부 티롤에서 IRAP라는 이름으로 실시되고 있는 제도가 그렇다.[11]

독일에서는 이 제안이 나올 때마다 빠르게 거부되었다. 무엇보다 독일 노동조합 연맹이 선두에 서서 수익 창출세에 격정적으로 반대 의사를 표했다.[12] 그들이 걱정하는 것은 주로 기계 집약적인 독일 기업의 운명이었다. 컴퓨터 기반 시설이 거의 없는 마이크로소프트 같은 글로벌 소프트웨어 거대 기업에 비하면 독일 기업들은 엄청나게 불리하다고 생각하지만, 사실 그렇지 않다. 소프트웨어 기업들이 막대한 매출을 거둔다면 그에 대해 높은 세금을 부과하지 못할 이유가 있을까? 이것은 수익 창출세를 부과할 〈기계〉의 개념을 어떻게 규정하느냐에 따라 달라진다. 하드웨어에 세금을 부과한다면 그에 필수적인 소프트웨어에도 부과하지 못할 이유가 있을까? 그렇다면 오해의 여지가 있는 〈기계세〉 대신 〈기술세〉라고 부르면 되지 않는가?

그렇다면 독일 노동조합이 오스트리아 노동조합과 달리,[13] 수익 창출세를 반대한 실제 이유는 다른 데 있는 듯하다. 그들은 이 세금이 〈교육에 대한 더 많은 투자와 노동 세계의 인도주의적인 구축, 경영권 참여〉 같은 〈실질적 과제〉를 해결하는 과정에서 시선을 분산시킬 수 있다고 염려한다. 하지만 어떤 면에서 그렇다는 말인가? IRAP 같은 수익 창출세가 왜 그런 문제들의 해결에 방해가 된다고 생각할까? 사실 수익 창출에 세금을 부과하고 그로써 노동의 세 부담을 줄이는 것은 교육 투자와 좀 더 인간적인 노동 세계, 경영 참여권의 확대에 조금도 부정적인 영향을 끼치지 않는다. 여기에는 어떤 관련성도 없다! 그렇다면 그것은 그저 핑계가 아닐까? 노동조합의 간부들은 수익 창출세가 더 이상 생업 노동을 모든 것의 기준이나 토대로 삼지 않는 방향으로 나아가는 작은 발걸음이라고 의심한다. 맞는 이야기이고, 그런 방향으로 가야 한다. 하지만 노동조합은 노동 세계를 개선하고 근로자의 더 많은 여가 시간을 확보하기 위해 강력히 싸우면서도 여가 시간이 너무 많아지고 인간의 생업 노동이 시스템에서 덜 중요해지는 상황을 두려워한다. 컴퓨터나 로봇 같은 비인간적 노동자에게는 노동조합이 필요하지 않기 때문이다.

수익 창출세의 제안이 보수 경제학자와 자유주의적 경제학자들에게 별 인기가 없는 것은 놀랍지 않다. 일례로 경영 전략 컨설턴트 크리스토프 카페스Christoph Kappes는 〈간병이 필요한 사람과 건강 보험 가입자에게까지 수익 창출세를 부과할 경우 요양원의 부담 및 보험 공단의 비용 증가〉를 우려한다. 그런 이유로 합산적 〈자동화 부담금〉은 〈현명하지 못하고 비사회적인〉 정책이 될 가능성이 크다는 것이다.[14] 이는 무리한 지적이다. 공공 기관이나 의료 서비스에 수익 창출세를 부과하려는 사람은 없다. 남부 티롤이 그 점을 증명해 준다. 카페스와 같은 사람의 비판은 존재하지도 않는 용과 싸우고 있는 셈이다. 그렇다면 세금을 더 걷지 말고 기업 근로자들이 로봇의 지분 구조에 직접 참여하게 하자는 경제학자 쥐데쿰의 반대 제안은 어떠한가? 이 아이디어는 앞서 언급한 바 있는 미국 경제학자 프리먼을 통해 알려졌다.[15] 쥐데쿰은 2006년부터 2013년까지 독일 본 미래 노동 연구소에서 박사 후 연구원으로 일한 인물이다. 사실 그의 제안은 처음 들으면 퍽 흥미롭다. 로봇이 일정 지분까지 회사 직원들의 소유가 된다면 근로자들은 수익 창출세보다 훨씬 더 직접적으로 이득을 볼 테니까 말이다. 쥐데쿰 같은 보수적 자유주의 경제학자가 공산주의에 가까운 그런 정책을 내놓은 것은 놀랍다. 하지만 자세히 들여다보면 이야기가 달라진다. 거기에는 두 가지 큰 함정이 있다. 첫째, 직원들은 최소한의 비율로만 참여할 수 있다. 그렇다면 로봇이 직원들의 것이라고는 결코 말할 수 없다. 둘째, 이 아이디어는 생업 노동자들을 회사의 성공에 직접적으로 목매게 만든다. 만일 회사가 망하면 근로자가 입을 피해는 실업을 넘어 훨씬 클 것이다. 폭넓게 입안된 보편적 기술세로 미래를 보장하는 대신 근로자의 운명을 개별 기업에 직접 맡길 이유가 있을까?

수익 창출세의 문제점은 전혀 다른 데 있다. 보기에 따라 국민 경제적 역설이라고도 부를 수 있는 문제다. 독일의 모든 시민에게 무조건적 기본 소득을 지급하려면 경제 호황과 높은 생산성이 필요하다. 독일 기업이 자동화를 더 높은 수준으로 진척시킬수록 임금 비용은 낮아지고 수익은 높아진다. 하지만 기술세가 기업에 부담을 준다면 이 과정은 휘청거린다. 자동화를 하더라도 이전에 임금 근로자가 일하는 것만큼이나 전체적으로 동일한 비용이 든다면 기업 입장에서 자동화를 추진할 이유가 있을까? 이로써 수익 창출세는 모두를 위한 기초 생계 보장에 필요한 형태의 수익을 창출하는 과정에 브레이크를 걸 위험이 있다.

이 역설은 수익 창출세가 자동화 과정에 방해가 되지 않을 만큼 충분히 낮을 경우에만 해소될 수 있다. 그래도 여전히 문제는 남는다. 개별 국가 단위로 선택하기에는 어려움이 있는 제도라는 것이다. 만일 수익 창출세 도입으로 자동화가 지연된다면, 타국에 비해 경쟁력이 떨어지는 것은 충분히 예상할 수 있다. 그렇다면 전체적으로 독일과 비슷한 문제에 처한 유럽 국가들이 연합 차원에서 수익 창출세를 함께 도입할 수밖에 없다. 바람직하지만, 힘든 가시밭길이다.

좋은 대안이나 보완책이 있을까? 우리 시대에 한결 적합해 보이는 아이디어는 소득이나 수입이 아니라 돈이 나가는 것에 세금을 부과하자는 것이다. 이는 삶과 생업 노동이 근본적으로 구분되어 더 이상 시스템적으로 맞물려 돌아가지 않는 의미 사회에 훨씬 잘 어울린다. 기존의 부가 가치세나 매출세는 이런 목적에 적합한 도구가 아니다. 잘 알려져 있듯이 이런 세금은 부자가 아니라 주로 돈 없는 사람에게 부담을 준다.

금융 전문가이자 스위스 전 부총리 오스발트 지크Oswald

Sigg가 이끄는 연구 팀은 더욱 기발한 아이디어를 내놓았다.[16] 원칙적으로 모든 금융 거래에 세금을 부과하지 못할 이유가 있을까? 이런 생각의 출발점은 금융 거래가 이루어지는 엄청난 규모다. 연구 팀의 계산에 따르면, 스위스에서 이루어지는 금융 거래의 규모는 국내 총생산의 약 300배에 이른다. 돈이 움직일 때마다 0.05퍼센트의 〈초미니 세금〉을 부과하면 스위스 모든 시민에게 1인당 2,500프랑의 기본 소득을 지급할 자금이 마련된다. 게다가 일반 시민에게 이 세금은 거의 부담이 안 된다. 빵을 사거나 돈을 인출할 때 부과되는 0.05퍼센트의 세금에 누가 신경을 쓰겠는가? 3만 프랑의 자동차를 구입하더라도 세금으로 15프랑만 납부할 뿐인데, 그것이 싫어 차를 사지 않거나 금융 거래를 중단할 리는 만무하다. 반면에 금융 산업계에서 오가는 돈의 규모는 차원이 다르다. 특히 초단타 거래에서는 밀리초 단위로 수십억 프랑의 돈이 쉴 새 없이 움직인다. 스위스 내 모든 돈의 흐름의 약 90퍼센트가 여기에서 이루어진다. 막대한 금액과 거래 빈도를 감안하면 초미니 세금으로 거두어들일 액수는 상상을 초월한다. 그 돈을 내는 것이 싫다고 투기꾼 중 일부가 거래를 중단한다고 하더라도 말이다.

독일의 수치는 스위스와 같지 않지만, 마찬가지로 매우 인상적이다. 2014년 연방 재무부는 덴마크 컨설팅업체 코펜하겐 이코노믹스에, 주식에는 0.1퍼센트, 파생 상품에는 0.01퍼센트의 금융 거래세를 부과했을 때 얼마나 많은 돈이 국고로 들어올지에 관한 조사를 의뢰했다.[17] 그리하여 코펜하겐 이코노믹스는 일단 독일 또는 독일 금융 기관에서 거래되는 모든 유가 증권의 규모를 계산했다. 2014년 당시 그 금액은 연간 275조 유로였다! 그렇다면 지금은 큰 폭으로 상승했을 것이다. 0.1퍼센트와 0.01퍼센트의 금융 거래세 수익은 2014년에 이미 약 880억 유로에 이르렀고, 오늘날은 그보다 훨씬 더 많을 것이다.

연방 재무부가 그런 조사를 의뢰한 것은 무조건적 기본소득의 재원을 마련하기 위해서가 아니었다. 금융 거래세는 금융 위기 이후 금융 시장을 안정시키고 투기성 거래로 인한 위험을 최소화하기 위해 논의되었다. 게다가 금융 투기가 장차 실물 경제에 대한 투자보다 더 이상 매력적이지 않아야 한다는 계산도 깔려 있었다. 부동산 산업을 제외하면 지금도 대체로 그렇다. 어쨌든 케인스는 이미 1930년대에, 토빈은 1972년에 금융 거래세에 대한 아이디어를 내놓았다. 그 밖에 미국의 노벨상 수상자 폴 크루그먼Paul Krugman, 버클리 대학교의 교수 배리 아이컨그린Barry Eichengreen, 한때 프랑크푸르트의 괴테 대학교의 교수이자 국제기구의 권위 있는 고문인 폴 베른트 슈판Paul Bernd Spahn 같은 수많은 경제학자도 오늘날 이 아이디어를 강력히 지지한다.[18] 이들은 다른 경제학자들의 비판과는 달리 금융 거래세가 전 세계적인 합의가 없는 상태에서도 얼마든지 실현되고 성공할 수 있으리라고 생각한다.[19]

잘 알려진 것처럼, 2011년 유럽 연합이 주문한 금융 거래세 구상은 실현되지 않았다. 2013년에는 유럽 연합 11개국이 이에 찬성했는데, 그중 독일도 포함되어 있었다. 하지만 찬성의 가면을 쓰고 이 구상의 실질적인 추진을 방해한 사람은 슈타인 브뤼크, 볼프강 쇼이블레Wolfgang Schäuble, 숄츠 같은 재무 장관들이었다. 그토록 손가락질을 받던 금융계의 로비는 서서히 주요 신문과 잡지, 정부 부처, 각종 위원회를 중심으로 다시 여론을 주도해 나갔다. 코로나 때는 유럽 연합 국가들의 빚 때문에 금융 거래세가 다시 주요 화제로 부상했고, 2026년에는 유럽 전역에 금융 거래세를 도입하기로 뜻을 모았다. 물론 모든 회원국이 동의한다는 단서하에 말이다. 하지만 지금껏 그런 일은 한 번도 없었다. 전 재무 장관이자 현 독일 총리인 숄츠도 아마 이 아이디어를 차단하는 방법을 알고 있을 것이다. 그는 전통적인 주식 거래에 대한 〈증권 거래세〉 도입만 원할 뿐 파생 상품 및 기타 금융 도박에 세금을 매기는 것은 원치 않는다. 금융 거래에서 가장 큰 몫을 차지할 뿐 아니라 금융 시장의 불안정성을 야기하는 이 상품들을 제외하고는 기본 소득에 필요한 큰 자금은 기대할 수 없다.[20]

이에 비하면 제2차 기계 시대로 진입하면서 발생되는 문제들은 유럽 경제에만 타격을 주는 것이 아니다. 앞서 설명한 거대 도전들과 비교하면 투기성 금융 산업의 무절제한 욕망과 격한 혐오감은 지엽적으로 보인다. 이 도전들은 어디서나 비슷한 방식으로 제기된다. 중산층의 사회적 추락은 어떻게 막을 수 있을까? 격렬한 사회적 동요와 혼란은 어떻게 예방할 수 있을까? 이런 위험의 징조들을 생각하면 지금이 오히려 유토피아로 보일 수 있다. 사회 진보의 동력은 지금껏 결코 논리적 설득이었던 적이 없었고, 항상 감정과 재앙이었다. 그러나 미래 사회에 대한 계획은 지금 당장 담금질되어야 한다. 급박해진 상황에서 무리한 요구나 일시적 해결책으로 문제를 해결하지 않으려면 말이다.

현재 독일의 사회 복지 총액은 1조 1000억 유로에 달한다.[21] 여기에는 연금 보험, 건강 보험, 실업 보험, 재해 보험, 요양 보험이 포함된다. 이런 지출들을 국내 총생산과 연결시키면, 독일에서 벌어들이는 모든 돈의 약 3분의 1이 사회 보장 기금으로 들어간다는 사실을 알 수 있다. 게다가 이 막대한 금액 가운데 3분의 1이 다시 법정 연금으로 들어가는데, 이런 추세는 급격히 상승하고 있다.

이와 비교하면 19세 이상의 모든 시민에게 제공하는 1,500유로의 무조건적 기본 소득은 국가의 부담을 한층 가중시킨다. 사회 복지 기금 1조 1000억 유로는 기본 소득과 달리 상당 부분을 보험 가입자의 기여금으로 조달하기 때문이다. 그럼에도 사회 복지 기금의 구멍을 메우기 위해 2019년에는 1771억 유로, 코로나가 한창이던 2021년에는 2108억 유로가 보조금으로 투입되었다. 2019년의 연방 예산 3500억 유로와 2021년의 5000억 유로를 기준으로 잡으면 전체 지출의 약 40~50퍼센트가 사회 보장 시스템의 보조금으로 사용된다.

1,500유로의 무조건적 기본 소득의 경우, 대략 다음과 같은 계산이 나온다. 독일 인구 총 8300만 명 가운데 18세 이하는 1400만 명이고, 이들은 아동 수당을 받기 때문에 기본 소득은

6900만 명에게만 지급된다. 6900만 명에게 1,500유로씩 지급한다면, 총 1조 3500억 유로가 필요하다. 대신에 이들에게는 법정 연금과 실업 보험, 상해 보험이 더는 적용되지 않는다. 이는 이제 개인적인 사안이지 국가 의무의 영역에서 벗어난다. 그러나 무조건적 기본 소득을 시행하더라도 건강 보험 및 요양 보험은 복지 혜택에서 제외시키기보다 개혁된 방식으로 유지하는 것이 더 합리적으로 보인다. 다른 한편 현재 모델에 따라 개인별로 일일이 심사하고 평가하는 데 들어가는 복지 시스템의 막대한 인건비와 행정 비용은 절감된다.

　　무조건적 기본 소득을 위한 재원을 조달하려는 방안이 생업 노동에 대한 과세에서 수익 창출세 및 돈의 흐름에 대한 초미니 세금으로 이동하게 되면, 근로자뿐 아니라 고용주도 막대한 이득을 본다. 앞서 스위스의 사례에서 보았듯이, 모든 금융 거래에 대한 0.05퍼센트의 초미니 세금만으로도 기본 소득 재원을 충당할 수 있었다는 점을 다시 한번 기억해야 한다. 독일의 이상적 모델은 다음과 같다. 275조 유로가 넘는 금융 거래에 일상적인 돈의 흐름까지 더하면 전체 독일인에게 무조건적 기본 소득을 지급하기 위해서는 초미니 세금을 0.4퍼센트 이하로 책정해도 충분해 보인다. 그와 동시에 소득세는 대폭 인하될 수 있는데, 이는 무엇보다 저소득층에 유리하다. 그렇다면 생업 노동에 부과되는 세금 한도를 총소득 2만 유로로 상향하는 것은 분명 훌륭한 아이디어다. 이는 현재의 실업 수당 2급 수령자와 노동 시장에서 배제된 미래의 기본 소득 수혜자에게 좋은 소식이다. 과외(課外)의 노동 수입이 복지 수령금으로 상쇄되지 않기에 노동 시장으로의 복귀가 굉장히 매력적으로 비치기 때문이다. 이는 실업 수당 2급을 받는 사람들이 다시 자발적으로 노동 전선에 나설 수 있음을 의미한다! 이들 말고도 기본 소득이 큰 도움이 될 사람은 많다. 예를 들어 집 월세를 감당하기 위해 풀타임으로 일해야 하는, 세 자녀를 둔 간호사는 이제 하프타임으로 일하면서도 이전보다 더 많은 돈을 벌 수 있다. 이로써 간병이나 간호 같은 고된 직업은 시간제 일자리의 형태로 사람들에게 한결 매력적으로 다가가고, 이는 독일의 간호 인력 부족에 중요한 기여를 할 수 있다.

여기서 개략하게 살펴본 무조건적 기본 소득에 대한 반론은 당연히 가능하다. 좋은 반론이건 나쁜 반론이건 간에, 이런 반론들은 전체적으로 쉽게 구분할 수 있고 등급도 매길 수 있다. 대븐포트와 샤를리에 시대 이후 최악의 반론은 **인간학적 반론**이다. 이보다 좀 나은 것은 주로 조직화된 좌파에서 나오는 **사회 복지적 차원의 반론**이다. 마지막으로 가장 중요한 반론은 상세한 분석과 논쟁을 야기하는 **경제적 반론**이다. 자, 그렇다면 모든 반론 가운데 가장 논리적 근거가 부족한 것부터 시작해 보자. 바로 인간의 게으름에 대한 반론이다.

게으른 사람들:
무조건적 기본 소득에 대한 인간학적 반론

모든 어리석은 생각은 이를 명확하게 발설해 주는 사람이 필요
하다. 무조건적 기본 소득이 정말 게으름쟁이 나라를 꿈꾸는 〈순
진한 유토피아〉일까?[1] 『프랑크푸르터 알게마이네 존타크스차이
퉁Frankfurter Allgemeinen Sonntagszeitung』의 한 칼럼니스트가 의심
한 것처럼, 기본 소득은 16세기에 피터르 브뤼헐Pieter Bruegels이
그린 「게으름쟁이 나라Schlaraffenland」로 이어질 수밖에 없을까?
〈이 나라에서는 사람들이 여기저기 널브러져 깊은 잠을 자거나,
멍한 눈으로 아무 생각 없이 허공만 바라보고 있다.〉

　　그의 눈에는, 임금 노동에 나서지 않는 사람은 타락하고
우둔한 인간으로 비치는 모양이다. 어떻게 그런 생각을 하게 되
었을까? 그런 한심한 인간상을 갖게 된 이유가 대학 시절의 가
톨릭 신학 공부 때문일까? 그 자신은 신문사 편집국에서의 고
된 노동에서 벗어나 가족이나 친구들과 휴가를 가면 그런 모습
으로 지낼까? 생업 노동의 틀에서 벗어나면 누구나 영원히 게
으름쟁이가 되길 원할까? 정말 상상력이 형편없는 이 칼럼니스
트는 기본 소득 사회의 모습을 〈암담하고 황량한 세계〉로밖에
떠올리지 못한다. 간단히 말해서, 무조건적 기본 소득은 〈인간〉

게으른 사람들: 무조건적 기본 소득에 대한 인간학적 반론

에게 결코 좋은 일이 아니라는 것이다.

　　앞에서 인용된 구절들은 아주 좁은 공간 속에 온갖 모순과 오해, 부조리, 인간 혐오, 선입견을 한꺼번에 모아 놓았다는 점에서 그 어리석음을 지적하기에 안성맞춤이다. 그는 모든 사람이 어떻게 생각하고 행동하는지 정확히 알고 있다는 데서 출발한다. 그렇지 않고서야 기본 소득이 〈인간〉 모두에게 좋지 않은 일이라고 단언할 수는 없을 터이다. 특히 기본 소득이 〈시장을 통해 노동의 가치를 인정받으려는〉 인간적 권리를 박탈한다는 점에 격분한다. 마치 기본 소득이 노동 시장을 없애 버리고, 국가의 명령으로 이제는 노동을 하지 않아도 된다고 조장이라도 하는 것처럼 말이다. 사실 미래에 노동 시장을 축소시키는 것은 기본 소득이 아니라 경제 그 자체일 가능성이 높다. 게다가 미래의 모든 기본 소득 수급자에게는 노동 시장에서 이전보다 훨씬 더 쉽게 온갖 가능한 인정을 받을 기회가 열린다. 바로 여기에 핵심이 있다. 적절한 인정을 받기 위해 이전보다 한층 더 열심히 일하리라는 것이다.

　　인간이 천성적으로 게으르다는 생각은 2,000년 넘게 지속되어 온 선입견이다. 이는 중세 후기의 서양에서 보편적 인식으로 자리를 잡았고, 1차 산업 혁명 초기에 더욱 강화되었다. 눈에 띄는 것은 이런 편견이 빈민 구호소의 강제 노동으로 이어졌다는 사실이다. 이런 시설들은 노동을 통해 천성이 게으른 사람들을 진정한 그리스도인의 소명으로 좀 더 가깝게 다가가게 한다는 점에서 더욱 합법화되었다. 그러나 인간이 일반적으로 게으르다는 명제가 참인지는 경험론적으로 증명될 수 없다. 오류는 인간이 무엇인지 정확히 안다는 착각에 있다. 〈인간〉이라는 용어를 사용할 때는 신중해야 한다. 니체의 말처럼 인간은 〈미정의 동물〉이기 때문이다. 다시 말해, 어떤 특정 사고방식이나 고정된 행동 패턴을 따라야만 반드시 인간이 된다는 뜻은 아니다. 예를 들어 고대인들은 노예 제도를 당연시했지만, 21세기의 사람들은 그렇지 않다. 또한 고대 그리스인들에게는 노동으로부터 자유로운 삶이 이상이었지만, 프로테스탄티즘에서는 정반대였다. 과거 유럽인들은 1,000년이 넘는 세월 동안 자신의 삶이 신의 손 안에 있다고 믿었지만, 오늘날에는 소수만 그렇게 믿는다. 피그미족이나 고대 이집트인들의 삶의 리듬과 이상, 목표는 오늘날 대다수 독일인의 그것과 같지 않다. 그렇다면 고전적 생업 노동 사회에서 의미 사회로 전환된다고 해서 〈인간〉이 무엇인지, 혹은 인간의 본질이 무엇인지 어떻게 규정할 수 있을까?

서구 산업국에서 무조건적 기본 소득이 주어지면 사람들이 얼마나 게으름을 부리고 얼마나 열심히 일할지는 인간학적 문제가 아니다. 인간 본성의 측면으로 답할 수 있는 것이 아니라 주로 사회적, 문화적 영역으로 결정된다. 가령 마사이 전사들의 주도 문화는 일본인이나 덴마크인의 주도 문화와 다르다. 이 영역에서는 존재가 의식을 규정한다. 임금 노동은 그것이 경제적으로 필요한 곳에서만 정상이고, 다른 곳에서는 그렇지 않다. 반면에 임금 노동과 생업 노동이 중심이 되는 사회의 사람들만 돈을 위해 일하지 않으면 어쩔 줄 몰라 하며 삶의 의미가 사라졌다고 믿는다. 그런데 여기서도 이 믿음은 꽤 수상하다. 수백만 명의 연금 수급자를 비롯해 생업 노동에 종사하지 않는 아동과 배우자들도 스스로 쓸모없는 인간이라고 느낀다고 가정하니까 말이다. 그러나 앞서 보았듯이, 노동이 가능한 사람이 적절한 일을 하지 않는다고 해서 삶의 의미가 깡그리 없어지는 것은 결코 아니다. 더 중요한 것은 사회적 동참의 상실이다. 생업 노동 사회에서 일을 할 수 있는데도 하지 않는 사람은 더 이상 그 사회에 소속감을 느끼지 못한다. 직장을 잃고 새 일자리를 찾지 못하는 사람이 우울증에 빠져 스스로를 쓸모없는 인간이라 느낄 때가 많은 이유도 그 때문이다.

그렇다면 이런 위기의 원인은 인간 본성에 있지 않다. 인간이 생업 노동을 통해 삶의 성취를 이뤄 내야 한다는 것은 지극히 현대적인 요구다. 고대에만 낯선 것이 아니라 19세기 사람들도 알지 못했다. 당시 농부와 공장 노동자들은 자신의 일에서 무엇을 성취할 수 있을지 묻지 않았다. 그러기에는 선택의 자유가 없었다. 사실 자신의 일에서 자아실현을 해야 한다는 요구는 고전적 생업 노동 사회 후기에 등장해 의미 사회로 이어지는 과정에서 생겨났다. 많은 사람에게 자아실현의 가능성을 부여하면서도 여전히 고전적인 생업 노동 사회의 틀 안에서만 그것이 가능하다고 가르치는 현재의 과도기적 모순 상황이 오늘날 우리가 살고 있는 시대의 특징이다. 그러한 이유로 많은 사람이 일을 할 수 있음에도 일을 하지 않을 때 무언가 죄스러운 기분이 들기도 한다. 일을 하지 않으면 자존감이 낮아지고, 스스로 무용한 인간으로 느껴진다.

자유주의자와 사회 민주주의자들이 인간의 행복에는 반드시 생업 노동이 필요하다는 확고한 생각 뒤로 숨는다면 이는 덧없는 사회적 조건을 불변의 인간학적 조건으로 만들어 버리는 셈이다. 정치학자이자 빈곤 연구자인 크리스토프 부터베게 Christoph Butterwegge의 다음 말보다 이를 더 정확하게 보여 주는 말은 없다. 〈노동 사회에서 삶의 만족과 사회적 지위, 자존감은 직업 활동에 달려 있기 때문이다.〉[2] 언뜻 보면 아주 정확한 듯하다. 오늘날 삶의 만족과 사회적 지위, 자존감은 일과 불가분의 관계가 있으니까 말이다. 하지만 재차 들여다보면 오류가 분명히 드러난다. 삶의 만족과 사회적 지위, 자존감은 **반드시 일을 통해 생겨나지는 않기** 때문이다. 하기 싫은 일을 마지못해 하는 사람이 많고, 그 때문에 삶의 만족을 느끼지 못하는 사람이 많다. 게다가 콜센터에서 일하는 사람이라면 자존감을 내세우기가 어려울 것이다. 반면에 일을 하지 않는 왕자나 공주의 사회적 지위는 무척 높다. 2021년 독일에는 임금 노동과 사회적 인정 사이에 커다란 연결 고리가 존재한다. 생업 노동이 인정과 만족, 그리고 자신이 필요한 존재라는 감정을 **가져올 수도 있지만** 그렇지 않은 경우가 훨씬 많다.

그것은 실업 수당 수급자가 고용 센터의 제재 위협 때문에 배당된 일을 해야 할 때 특히 뚜렷해진다. 배당된 일이 근본적으로 의미를 촉진하는 일이라면 모든 실업자는 두 손 들고 환영할 것이다. 그러나 다들 짐작하듯이 그렇지 않다. 이유는 분명하다. 대부분의 실업 수당 수급자가 천성적으로 게을러서가 아니라 강요된 일이 그들에게 어떠한 인정도 가져다주지 못할 거라고 생각하기 때문이다. 강제로 하는 일은 본인에게도 가치가 없지만 타인의 눈에도 좋게 보이지 않는다. 노예와 강제 노동자의 비자발적인 노동이 높은 평가를 받지 못하는 이유이기도 하다.

그렇다면 권위주의적 생업 노동 사회의 유물에서 해방시키는 무조건적 기본 소득은 사람들을 완전히 무의미한 세계가 아니라 자기 주도적인 세계로 이끈다. 노동 의욕도 감소하기보다 차츰 증가할 가능성이 높다. 특히 필자가 제안한 모델에서는 지금껏 노동 시장 밖에 있던 사람들을 일하게 만들 것이다. 더구나 앞서 설명한 것처럼 기본 소득이 주어지면 시간제 일자리는 더욱 매력적으로 다가갈 것이다. 무조건적 기본 소득이 주어지면 누구도 더는 일하지 않을 거라는, 놀랍도록 널리 퍼진 이 생각은 우화와 전설일 뿐이다. 대븐포트도 과거에 이미, 〈노동 인구 중 상당수가 이제 부지런히 일하지 않아도 된다는 사실을 알게 되면 일을 하지 않게 된다〉는 생각을 비웃었다.[3] 그는 이를 두려워하는 사람들에게 〈동인도 회사, 금융 기관, 다른 모든 기업〉을 보라고 권한다. 〈그런 회사들이 많은 부를 누리고 있다고 해서 게으름을 부리면서 아무 일도 하지 않는가?〉[4] 돈이 정말 많은 사람들조차 계속 일하면서 이윤을 높이려고 한다면 가난한 사람들이라고 그러지 못할 이유가 어디 있는가?

샤를리에 역시 19세기 전반기에 비슷하게 인식했다. 사람들이 게으르거나 부지런한 것은 천성이 아니라 무슨 일을 왜 하는지에 달려 있다. 스스로 만족스러운 일을 하는 사람은 즐겁게 일한다. 반면에 오직 먹고살기 위해 일하는 사람은 힘들어하고 수고스러움만 느낄 뿐이다. 이런 상황에서 물질적 욕구가 기본 소득으로 보장된다면 무엇보다 전자만 남는다. 〈기본적 욕구가 일단 보장되고 물질적 생존이 지원된다면〉 인간은 〈기본적으로 더 안정적이고 더 활기차고 더 부지런해진다〉.[5]

무조건적 기본 소득에 찬성하는 사람이라면 인간 천성이 게으른지 부지런한지에 대해 명확하게 결정을 내릴 필요가 없다. 인간은 각자 타고난 성격이 있고, 이후의 성장 과정이나 교육에 따라 남들과 구분된다. 결국 남는 것은 경험론적 소견이다. 〈기본 소득 네트워크〉 홈페이지에는 이런 글이 게시되어 있다. 〈기본 소득을 받아도 계속 일할 것인가〉 하는 물음에 〈응답자 중 90퍼센트가 분명 그럴 것〉이라고 답했다는 내용이다.[6] 필자 역시 무수한 강연에서 청중에게 물었다. 무조건적 기본 소득을 받으면 즉시 일을 그만둘 것인가? 이 질문에 그러겠다고 답한 사람은 극히 드물었다.

어떻게 그렇게 많은 사람이 자신은 그렇지 않은데 남들은 게으르다고 생각할 수 있을까? 이에 대한 답은 이미 알려져 있다. 자기 인식과 타인의 자기 인식을 반세기 넘게 조사한 사회 심리학적 연구에 따르면, 사람들은 일반적으로 자신이 남들보다 더 도덕적이고, 더 진실하고, 더 사려 깊고, 더 정직하고,

더 절제력이 뛰어나다고 생각한다.[7] 자신의 내적 균형을 높이 평가하는 반면에 타인의 상태를 폄하하는 현상은 무척 널리 퍼져 있다. 이 메커니즘은 〈자신의 자기 인식이 남들의 자기 인식보다 우월하다〉는 생각에 기초한다.[8] 그렇다면 남들이 우리 자신보다 게으르다고 쉽게 믿는 것은 전형적인 자기기만이다.

그렇다면 무조건적 기본 소득이 주어지면 게으름이 만연하고 〈후기 로마 시대의 사회적 타락〉[9]이 생긴다는 이야기는 지극히 주관적인 추측일 뿐 경험론적 증거나 사회 심리학적 증거가 될 수 없다. 물론 기본 소득 사회에서도 일하지 않으려는 사람은 분명 일부 존재할 것이다. 막대한 재산을 상속받은 사람도 그렇고, 애초에 일할 의욕이 별로 없는 사회 보조금 수급자도 마찬가지다. 어떤 풍요 사회건 그런 사람은 존재하기 마련이다. 미래에는 그런 사람이 더 이상 없을 거라고 희망을 품을 수는 없다. 희망은 기본 소득 외에 2만 유로까지의 추가 소득에 대해 세금을 면제해 주는 세제 개편이 이전의 실업 수당 시스템보다 사람들에게 훨씬 더 근로 의지를 북돋울 거라는 데 있다. 그로써 노동이 가능한데도 일하지 않는 사람들과 그들을 먹여 살리는 근로자들 사이의 사회적 갈등도 완화될 수 있다. 사실 초미니 세금과 수익 창출세를 기반으로 기본 소득을 받는 사람들은 지금만큼이나 남들의 생업 노동으로 먹고사는 것이 아니다. 속된 말로 노동하는 사람들의 피를 빨아먹고 사는 〈기생충〉이 아니라는 말이다. 게다가 취업자들이 받지 않는 것을 국가로부터 받는 것도 아니다.

기본 소득 사회의 즉각적인 결과로는 사람들이 기피하고 사회적으로 인정받지 못하는 많은 저임금 일자리가 더 이상 예전과 동일한 조건으로는 실행되지 않으리라는 점이다. 매달 1,500유로의 기본 소득을 받으면 누가 군이 화장실에서 일하고 싶어 하겠는가? 또 누가 쥐꼬리만 한 임금을 받고 식당에서 서빙을 하거나 주방에서 접시를 닦고, 누가 무거운 가구를 나르거나 이삿짐 업체에서 힘들게 일하겠으며, 누가 계속 저임금을 받고 배달원이나 택배 기사로 일하겠는가? 무조건적 기본 소득을 받는 사람은 예전과 동일한 조건으로는 더 이상 그런 일을 하지 않을 것이다. 그것이 사람들의 게으름에 대한 증거가 될까? 말도 안 되는 소리다! 스스로 능력이 있다고 생각하는 건축가, 경영자, 정치인, 의사, 교사 가운데 누가 저임금을 받고 그런 일을 장기적으로 하려고 하겠는가? (혹시나 해서 덧붙이자면, 대학 시절 아르바이트로 그런 일을 했던 사람이 그것을 〈그리 나쁘지 않은〉 기억으로 간직하고 있다는 사례는 적절한 반박이 아니다. 아르바이트로 주방에서 접시를 닦은 사람은 그것이 그저 목적을 위한 일시적인 수단이었을 뿐 자신이 영원히 그런 일을 하지는 않으리라는 사실을 잘 알기 때문이다. 다만 장기적으로 그 일을 한다고 했을 때는 이야기가 다르다.)

따라서 저임금 부문은 오늘날의 상태 그대로 유지되지는 않을 것이다. 한편으로는 임금이 대폭 인상될 것이고, 다른 한편으로는 근로 조건이 뚜렷이 개선될 것이다. 이로써 무조건적 기본 소득은 노동조합이 끈질긴 투쟁에도 불구하고 지금껏 이루지 못한 일을 단번에 해치우게 된다. 여전히 기본 소득에 반대하는 다수의 노동조합이 다시 한번 깊이 생각해 보아야 할 대목이다. 앞서 언급한 인기 없는 일들 가운데 장차 효율적이고 저렴하게 자동화될 수 있는 일을 빼더라도 여전히 사람들이 꺼리는 일은 차고 넘친다. 그럼에도 만일 연금 수급자가 과외로 택시를 몬다면 그것은 부족한 돈 때문이 아니라 **자신이 원하기** 때문이다. 간호사와 노인 요양 보호사에게도 마침내 적절한 급여가 지급될 것이다. 오늘날 관광업 종사자들 가운데 약 60퍼센트가 저임금에 시달린다. 미용실이나 식당 같은 일부 서비스 부문의 비용도 비싸질 것이고, 그와 함께 직원들에게는 더 나은 임금이 지급될 것이다. 그러면 기본 소득으로 주머니가 두둑해진 사람들은 한결 편한 마음으로 예전에는 꺼리던 일을 할 것이고, 이렇게 벌어들인 충분한 돈은 다시 실물 경제로 유입될 것이다.

　광범하게 파장을 일으킬 또 다른 측면이 있다. 지금껏 저임금을 받고 수익성이 낮은 직장에서 풀타임으로 일하던 사람은 이제 기본 소득으로 인해 반일제나 시간제로 일하려고 할 것이다. 이는 많은 경제 부문에 막대한 이득이 된다. 한 토론회에서 대형 빵집을 운영하는 제빵사는 야간에 빵을 구울 사람을 찾을 수 없다고 불평했는데, 내가 무조건적 기본 소득을 언급하자 깊은 관심을 보였다. 왜냐하면 정규직으로 매일 밤 빵을 굽고 싶어 하는 사람은 거의 없지만, 기본 소득에다 자유로운 시간제 근무와 세금 면제까지 더해지면 상황은 완전히 달라지기 때문이다. 이제 일하는 사람에게는 다른 일을 할 시간이 충분하고, 기본 소득에 추가 소득까지 더해지면 정말 매력적이다. 물론 대형 빵집 주인의 말처럼, 시간제 고용도 상호 간 신뢰를 기반으로 일할 수 있도록 명확하게 계약서를 작성해야 한다는 점은 유념해야 한다.

　무조건적 기본 소득은 많은 산업 부문에서 숙련 노동자의 부족 문제를 해결하는 데만 탁월한 수단이 아니라, 빈껍데기만 남은 성과 사회의 개념을 되살리는 데도 이상적이다. 이것만으로도 이론상으로는 온갖 색깔의 정당과 유권자들이 관심을 가질 만하다. 자주 인용되는 〈우리 시스템을 떠받치는 직업들〉, 즉 그들 없이는 사회가 돌아가지 않는 진정한 성과자들이 이제 역사상 처음으로 적절한 임금을 받고, 그로써 그들의 성과는 마침내 보상받을 것이다. 그간 성과를 인정받지 못한 우리 사회의 진정한 성과들뿐만 아니라 다른 사람들도 마찬가지로 그렇게 될 것이다. 그들은 〈중도 정당들〉이 선거에서 애타게 구애하는 〈열심히 일하는 중산층〉에 포함되지 않을 때가 많다. 〈중산층〉이 되기에는 그들의 수입이 너무 낮다. 사회 복지청에서 간부로 일하는 사람은 〈열심히 일하는 중산층〉에 속하지만, 자신과 자녀를 부양하기 위해 두세 가지 일을 해야 하는 판매원이나 청소부의 경우는 다르다.

　무조건적 기본 소득은 다른 어떤 조치보다 노동 사회의 이런 대대적인 오류를 바로잡는다. 오늘날의 〈성과자들〉이 기본 소득과 친숙해지지 못하는 것도 어쩌면 그 때문일지 모른다.

모든 사람이 성과를 좀 더 현실적으로 바라보지는 않는다. 무조건적 기본 소득은 성과를 내야 할 의무가 없는 돈일 수 있지만, 그럼에도 이 성과 사회에 근본적으로 새바람을 불어넣는다. 임금 및 가격 구조가 계속 변하는 가운데 마침내 많은 성과가 적절한 보상을 받는다. 게다가 독일에서만 수백만 명의 사람이 생계의 불안에서 해방된다. 이런 의미에서 『디 차이트*Die Zeit*』의 편집국장 베른트 울리히Bernd Ulrich가 무조건적 기본 소득을 〈직장에서의 불안에 맞서는 사회 계약〉[10]이라고 부른 것은 적절하다. 우리가 지난 수십, 수백 년 동안 학교를 압박과 불안에서 대부분 해방시켰다면 이제 노동도 마찬가지다. 이런 세기적 도약을 진보로 여기지 않고 그에 반기를 들려면 인간 존재와 노동 일반에 대한 모호한 견해나 선입견보다 한결 더 나은 반론이 필요하다. 그런 우려는 주로 노동조합과 정당으로 조직화된 좌파들에 의해 이미 충분히 격정적으로 표출된 바 있다.

억만장자에게도 돈을 주자고?:
무조건적 기본 소득에 대한 사회 복지적 차원의 반론

기본 소득은 일하는 사람들에게 부담을 더 주는 것이 아니라 그들의 실존적 부담을 덜어 주고 저소득자에게는 일종의 보상을 한다. 그럼에도 하필 노동조합이 이런 노동자 해방에 격한 비난의 화살을 퍼붓는다. 그 이유가 무엇일까? 그들은 그것을 환상이라 여기기 때문이다.

　　우리가 알고 있듯이 생업 노동 사회의 열쇠 말은 〈필요의 정의(正義)〉다. 물질적으로 도움이 필요한 사람에게는 그렇지 않은 사람보다 더 많은 지원을 해주자는 것이다. 이것을 나쁘게 생각하는 사람이 있을까? 무조건적 기본 소득은 필요의 정의를 〈필요의 보장〉으로 대체한다. 기본 소득은 누가 어떤 환경에서 얼마나 궁핍한지, 혹은 누가 단순히 게으른 것뿐인지, 정신적으로 무능한지, 사고를 당했는지에 대해 일단 생업 노동 사회의 기준에 따라 복잡하게 판정하지 않고, 그냥 모든 사람에게 똑같이 돈을 나누어 준다. 그것도 예전에 가장 궁핍한 사람들이 받던 액수만큼 말이다. 이로써 과거보다 상황이 더 나빠지는 사람은 없고, 오히려 많은 사람의 상황이 더 나아진다. 이를 퇴보로 보는 것은 상당히 위험할 것이다. 그런 비판이 뜻하는 바는 무엇일까?

타인의 게으름에 대한 비난과 비슷한 수준의 자동 반사적 반론부터 시작해 보자. 무조건적 기본 소득에 대한 이야기가 나오면 그들은 대번 이렇게 말한다. 〈억만장자도 돈을 받는다고? 무슨 그런 부당한 일이 다 있는가!〉 그러나 이 생각은 지극히 단순하다. 물론 140여 명의 독일 최고 갑부도 농부나 소매점 주인과 똑같은 금액의 기본 소득을 받는다. 대신에 기업 운영으로 엄청난 수익을 올리는 억만장자에게는 막대한 수익 창출세가 부과된다. 매달 지급되는 1,500유로와는 비교가 안 되는 금액이다. 게다가 억만장자를 비롯해 부유한 상속자, 금융 투자자는 단순히 농부나 소매점 주인처럼 살지 않고 훨씬 더 많은 돈을 쓰며 산다. 돈을 쓰거나 거래할 때마다 그들에게 부과되는 초미니 세금은 농부와 비교가 안 된다. 그렇다면 억만장자가 기본 소득으로 받는 돈은 그들로부터 거두어들이는 세금에 비하면 조족지혈이다. 그럼에도 억만장자에게 기본 소득을 나누어 주는 것이 사회적 불의인가?

그 아래 단계의 백만장자나 고소득자도 비슷하다. 그들 역시 저소득자보다 훨씬 더 많은 초미니 세금을 낼 것이다. 게다가 그들은 국가에서 주는 기본 소득을 받지 않고 곧 우후죽순처럼 생겨날 수많은 기본 소득을 지원하는 프로젝트에 기부할 가능성이 무척 높다. 자존심과 명예가 걸린 문제이기 때문이다. 그런 프로젝트로는 라이온스 클럽이나 로터리 클럽의 학교 개량 사업이나 동물원 건립, 혹은 저개발국 지원 사업, 교회 자선

사업이 있을 수 있다. 물론 결코 의무가 아니고, 모두가 동참하지는 않을 것이다. 하지만 고소득층 사이에서는 자신들이 받는 기본 소득으로 어떤 좋은 일을 할 수 있을지를 두고 분명 충분한 논의가 이루어질 것이다.

이로써 〈왜 백만장자나 고소득자에게까지 무조건적 기본 소득을 지급해야 하느냐〉[1] 하며 입에 거품을 무는 사람들의 논리적 근거는 삐걱거린다. 그들의 질문에 대한 답은 이렇다. 무조건적 기본 소득은 각자의 생계 보장을 노동 시장에 맡기지 않고 모두의 기본권으로 삼기 때문이다. 또한 앞서 언급했듯이 고소득자들은 기본 소득으로 얻는 경제적 이득이 어차피 거의 없기 때문이다. 그럼에도 많은 노동조합과 사회 민주주의자, 그리고 일부 좌파는 고소득자들을 수급자 목록에서 제외하자고 주장할 정도로 부자에게 돈을 나누어 주는 것이 부당하게 느껴지는 모양이다.

이에 못지않게 기괴한 두 번째 반박은 노동 경제학자 하인츠요제프 본트루프Heinz-Josef Bontrup의 주장이다. 〈일할 수 있음에도 일하지 않는 기본 소득 수급자는 자신을 위해 남을 부려 먹는 데 그치지 않고 남을 착취하는 인간이다.〉[2] 기본 소득을 받는 사람이 남의 등골을 빼먹는 착취자일까? 그것도 모두가 기본 소득을 받는 상황에서, 단순히 일만 하지 않는다는 이유로 본인 의지와 상관없이 착취자가 될까? 숙명론적 인간상의 신봉자들처럼 본트루프도 무조건적 기본 소득이 실시되면 사회가 두 진영, 즉 일하지 않는 사람(착취자)과 계속 일하는 사람(착취당하는 자)으로 갈라질 거라고 가정하는 듯하다. 본트루프의 머릿속에는 기본 소득 사회가 시간제 노동 모델처럼 고용의 유연성을 촉진할 거라는 사실은 떠오르지 않는 모양이다. 또한 고도로 자동화된 기계들이 인간 대신 미래의 번영에 기여하리라는 사실도 떠오르지 않는 모양이다. 착취당하는 불쌍한 로봇들! 그 수고를 알아주기나 할까!

　　그런데 무조건적 기본 소득에 대한 사회 복지적 차원의 반박은 좀 다르다. 이 반박을 어떻게든 의미 사회를 19세기의 사고 틀에 끼워 맞추려는 소박한 논거로만 다루는 것은 너무 단순할 듯하다. 그들의 논거는 완전히 다르다. 무조건적 기본 소득이 그동안 우리가 힘들게 쟁취한 복지 국가의 틀을 파괴하지 않을까? 그와 동등하거나 그보다 더 나은 것을 제공하지 않으면서 말이다. 만일 그렇다면 기본 소득은 신자유주의가 은밀히 추진하는 일종의 트로이 목마가 아닐까? 이런 맥락에서 사민당과 가까운 독일 경제 연구소의 소장 마르첼 프라츠셔Marcel Fratzscher는 이렇게 쓴다. 〈무조건적 기본 소득과 관련해서 강력해지는 요구는 결국 사회적 불평등을 완화하고 사회 결속과 연대를 보장하지 못한 정치적 실패의 논리적 귀결이다. 더 나쁜 것은 이런 요구가 미래에도 정치가 불평등을 완화하고 사회 결속을 보장하지 못하리라는, 점점 더 뿌리 깊어지는 불신을 내포하고 있다는 점이다.〉[3]

　　이 말에서 비난하는 것은 전통적인 생업 노동 사회에서 오래전부터 이어져 온 의미 사회로의 전환이다. 왜냐하면 프라츠셔가 볼 때 〈사회 결속과 연대〉는 임금 노동과 생업 노동, 그리고 그를 기반으로 한 사회 보장 시스템을 통해서만 보장되기 때문이다. 이에 대한 어떤 대안도 시민들을 탈연대로 이끌 뿐이다. 그는 동독의 마지막 서기장 에리히 호네커Erich Honecker의 말을 자유롭게 해석하면서, 생업 노동 사회의 진로는 황소든 당나귀든 막을 수 없다고 믿는다. 원칙적으로 생업 노동 사회의 대안은 생각할 수 없다. 그것은 독이 든 선물 아니면 기만일 뿐이다. 이 논거는 무조건적 기본 소득이 사회적 불평등의 완화를 방해하는 요소로 인식되고 있다는 점에서 특히 위험해 보인다. 사실 사회적 불평등은 사민당 집권 시절에 하르츠 법안과 함께 특히 심화되지 않았던가! 불평등은 현재 상황에서도 증가하고 있고, 프라츠셔는 그에 대한 진지한 해결책을 생각해 내지 못하고 있다. 그에 반해 초미니 세금과 수익 창출세로 재원이 마련된 무조건적 기본 소득을 통해 이제야 마침내 복지 국가를 총체적으로 재편하고, 사회 하층민에게는 전혀 해를 끼치지 않으면서 모두에게 이득이 되는 제안이 나왔다. 미래를 향한 이런 큰 발걸음을 왜 저지하려고 할까?

이 대목에서 무조건적 기본 소득을 공격하는 좌파 및 중도 좌파의 심리를 분석하지 않을 수 없다. 여기에는 최소한 세 가지 요소가 결부되어 있다. 첫째, 150년 동안의 긴 노동 투쟁으로 일궈 낸 사회적 성취에 대한 납득할 만한 우려다. 이는 **상실의 두려움**이라고 해두자. 둘째, 고전적인 생업 노동 사회에서 수십 년 전부터 피고용자 정책의 난맥상을 해결하려고 애써 왔지만 마땅한 대안을 생각해 내지 못한 사람들의 구조화된 보수적 사고 패턴이다. 이는 한 가지 사고에만 집착한다는 의미에서 **경로 의존성**이라고 부르자. 셋째, 기본 소득 사회가 노동조합만 불필요하게 만드는 것이 아니라 모든 노동 투쟁과 피고용자 대표 기구를 쓸데없는 것으로 만들 수 있다는 불안이다. 그리되면 사민당과 전통 좌파의 사회적 소명은 소멸될 것이다. 이는 **존립 기반의 소멸**이라고 부르자.

상실의 두려움은 매우 심각하게 받아들일 만하다. 많은 노조 간부와 사회 민주주의자, 좌파는 필요의 정의에 기반한 복지 국가를 폐지하고 실업 수당 2급 수급자들이 오늘날 평균적으로 받는 지원금보다 더 적은 돈을 지급하려는 〈소액의〉 기본 소득 모델에 당연히 맞서 싸운다. 이것이 진보가 아니라 퇴보라는 사실은 따로 논의할 필요가 없을 듯하다. **무슨 수를 써서든** 복지 국가를 더 날씬하게 만들려는 것은 도덕적 목표가 아니다. 그렇다면 급진적 자유주의의 〈소액의〉 기본 소득과 인본주의에 기초한 〈고액의〉 기본 소득 사이의 혼돈을 명확히 구분할 필요가 있다. 급진적 자유주의자들은 조건 없는 기본 소득을 원하는 것이 아니라 프리드먼의 전통에 입각한 상당히 낮은 수준의 **최저 생계비**만 지원하고자 한다.

이제 이런 식으로 대오를 정비해 보자. 현재의 복지 시스템에 비해 누구도 더 나쁜 상황으로 내몰지 않는 무조건적 기본 소득은 사실 모든 노동조합을 납득시키고도 남는다. 그러나 바로 이 지점에서 경로 의존성이 작동한다. 그러니까 지금까지는 극소수의 노동조합 간부만 기본 소득의 재원을 고전적 생업 노동 사회의 전통적 세금이나 기여금으로 마련할 수 없을 거라고 생각한다. 따라서 〈주로 기본 소득이 필요하지 않은 사람들에게 지급될 막대한 재분배 회전목마〉의 재원을 마련하기 위해 근로자들이 〈전체적으로 더 많은 돈을 내게 될 것〉이라는 말이 반복적으로 나온다.[4] 그러면서 세제 변경을 위한 대안적 설계는 흔히 비현실적이고 환상적인 것으로 일축된다. 게다가 별 인기 없는 고된 직종에서 일하는 사람들을 위한 긍정적인 효과는 이해하려고도 하지 않는다. 독일 서비스 부문 노동조합 연맹의 경제 분과 위원회 사무총장 랄프 크레머Ralf Krämer도 이렇게 말했다. 저임금 직종에서 임금이 상승할 거라는 기대는 〈자본주의 체제하에서 노동 시장과 임금 형성의 작동 방식을 모르고 하는 소리다. 다양한 직종에서의 임금 상승은 사회적 생산성을 토대로 역사적 갈등 속에서 쟁취되어 단체 협약으로 고정되어 왔다. 그렇지 않을 경우는 각 노동 시장의 수요와 공급 원칙에 좌우되었다〉.[5]

이 논점에는 허점이 많다. 첫째, 세계 어디서도 임금이 생산성 향상과 일대일로 비례해서 상승한 적은 없다. 둘째, 불안정한 고용 관계에서는 단체 교섭권이 없는 경우가 많기 때문에 임금 상승이 〈단체 협약으로 고정〉되는 일은 없다. 셋째, 수요와 공급의 메커니즘이 어느 정도까지 저임금 부문 근로자들의 미래 임금 상승으로 이어지지 않을지 명확하지 않다.

노동조합이 분명하게 생각해야 할 것이 있다. 기본 소득이 실시되면 현재의 복지 시스템에서 여전히 필요한 것은 무엇이고, 없앨 수 있는 것은 무엇일까? 상세한 검토가 필요해 보인다. 우선 법정 건강 보험은 유지해야 할까? 여러 가지를 고려하면 그렇다. 다만 지금처럼 유지되어야 할까, 아니면 수정되어야할까? 법정 상해 보험은 어떠한가? 이것은 논쟁의 여지가 있다. 법정 실업 보험은 또 어떠한가? 최소한 지금의 형태는 아닐 것이다. 기나긴 투쟁 끝에 2015년 독일에 도입된 최저 임금은 계속 필요할까? 무조건적 기본 소득 수급자에게는 아니지만, 시민권 없이 독일에서 일하는 사람에게는 필요한 듯하다. 여기서 합리적인 규칙은 어떻게 정할 수 있을까? 임금 덤핑의 위험은 없을까? 아마 없을 것이다. 수요와 공급의 법칙이 임금 덤핑을 허용하지 않을 것이기 때문이다. 공공 임대 주택은 계속 건설되어야 할까? 당연하다! 일자리가 없는 사람은 앞으로도 공공 방송 수신료를 면제받고, 복지 카드나 교육 바우처 혹은 의료비 지원을 받아야 할까? 아니다. 그것이 왜 필요하겠는가? 노동조합은 필요할까? 그렇다. 이 모든 과정의 협상 당사자이자 동행인이자 감시자이기 때문이다.

노동조합이 이런 역할을 해낼 수 있을까? 물론이다! 복지 국가가 탄생한 이후 이 시스템을 확장시키기 위해 줄기차게 싸워 왔고, 수많은 저항에 맞서 이 모든 성취를 지키는 방법을 잘 아는 조직이기 때문이다. 다만 지금과는 다르고 좀 더 자유로운 복지 국가를 상상할 수 있을까? 사회 심리학에 따르면 사람들은 변화가 생기면 항상 부정적인 면부터 먼저 생각하는 경향(편향)이 있다. 대다수 사람에게는 상실의 두려움이 새로운 이득에 대한 생각이나 기쁨보다 훨씬 강하다. 하지만 다른 한편으로 보면, 인간은 자신이 과거에 치열하게 반대했던 변화를 일반적으로 매우 빨리 받아들이고 더는 예전으로 돌아가려고 하지 않는다. 우리는 우리 자신의 두려움을 과대평가하고 적응력을 과소평가하는 경향이 있다. 모든 거대한 정치적 변화도 바로 이런 패턴에 따라 이루어져 왔다.

이런 의미에서 많은 노동조합과 좌파는 무조건적 기본 소득이 원칙적으로 상황을 악화시킬 거라고 예상한다. 그들은 슈뢰더 정부 시절의 경험을 통해 기본 소득 같은 정책이 진보적이고 인도주의적인 변화가 아니라 오직 사회적 불평등을 심화하는 기업 친화적인 변화만 가져올 거라고 판단한다. 따라서 기본 소득에는 제2차 기계 시대의 낙오자나 잉여 인간이 들고일어나지 못하도록 진정시키는 임무만 있고, 그로 인해 이 사회의 연대 공동체는 약화될 거라고 생각한다. 그렇기에 무조건적 기본 소득은 인민의 아편이고, 장차 더는 쓸모가 없어질 사람들에게 하사하는 〈폐기 수당〉이라는 비난이 끊이지 않는다. 이런 사람들에게 일단 기본 소득과 같은 당근을 주면 앞으로 그들을 재교육하고 노동 시장에 편입시키려는 노력은 더 이상 할 필요가 없어진다는 것이다.

정말 그들의 예상대로 될까? 제2차 기계 시대가 사회를 특권층 노동자와 상당수의 부양받는 사람으로 분열시킬 거라는 우려는 일리가 있다. 19세기의 프롤레타리아트가 21세기에는 〈부양 계급〉(이것은 필자의 표현이다)이 될 수도 있기 때문이다. 이러한 위험이 실존한다는 것은 이미 충분히 설명했다. 다만 여기서 무조건적 기본 소득을 해결책이 아니라 문제의 일부로 여기고 있다는 점은 이해가 안 된다. 왜냐하면 부양 계급은 무엇보다 사회 보장 제도가 변하지 않을 경우에만 생겨난다. 그러면 사회의 절반은 계속 풀타임이나 그 이상으로 일하고, 나머지 절반은 하고 싶거나 할 수 있는 일이 없어질 가능성이 매우 높다.

반면에 무조건적 기본 소득은 이 두 세계 체제를 해체하고, 다양한 형태의 고용 관계를 통해 사회를 더욱 유연하게 만든다. 기본 소득이 진입 장벽이 높은 노동 세계와 불필요한 잉여 노동력으로 이루어진 도착적 봉건 사회에 맞설 효과적인 수단이 될 수 있는 이유도 바로 여기에 있다.

이번에는 그들의 두 번째 논거를 살펴보자. 사회를 결속시키는 노동의 연결 고리가 사라지면 연대 공동체는 어떻게 될까? 현재의 복지 국가 체제는 기본적으로 자신이 마땅히 받아야 할 것을 받으면서 서로를 지원하고 돕는 사회 보험 가입자들의 성과 공동체로 이루어져 있다. 반면에 세금으로 지원되는 기본 소득은 〈공짜로 받는 것〉으로서, 성과 개념이 설 자리가 없다. 그러나 성과 사회의 분석에서 드러났듯이 이 생각은 이론적으로만 맞다. 노동조합과 좌파는 최고 경영자가 노인 간병인보다 터무니없이 많은 돈을 버는 성과 사회의 불공정을 끊임없이 비난한다. 그렇다면 독일의 실업자와 연금 수급자가 한 달에

1,500유로보다 훨씬 더 적은 돈으로 생활하는 것은 과연 그보다 더 공정할까? 여기에는 어떤 성과 개념이 반영되어 있는가? 이것이 그들이 말하는 연대 공동체라면 이보다 더 비연대적인 것이 있을까?

사회 보장 제도가 생업 노동과 결부된 것은 오늘날 축복이 아니라 오히려 화다. 그럼에도 일각에서는 불만의 목소리가 터져 나온다. 평생 임금만 보고 일한 사람이 평생 그런 적이 없는 사람보다 나중에 연금을 더 많이 받지 못할 이유가 있을까? 충분히 납득이 가는 항변이다. 사회적 격변이 일어날 때면 늘 자신을 희생자로 여기는 사람이 많다. 비록 심리적으로만 그렇고 물질적으로는 그렇지 않더라도 말이다. 절대적 노동 윤리(〈나는 항상 일할 것이고 국가에 의지해 살지 않을 것이다〉)가 무조건적 기본 소득으로 대체된다면 일부 사람에게는 결코 작은 일이 아니다. 그들에게는 몇 세대를 거쳐 내려온 고전적 생업 및 성과 사회의 자아상이 갑자기 일부(당연히 전부는 아니다) 무너져 내리는 느낌이 든다. 그와 함께 성과 사회의 핵심적 환상뿐 아니라 많은 사람에게 돈으로 환산되던 삶의 성취도 갑자기 사라진 느낌이 들 수도 있다. 게다가 평생 생업 노동에 종사한 사람들의 의욕, 그러니까 계속 일하겠다는 의욕이 점점 줄어들 거라는 우려도 결코 이상한 일이 아니다. 물론 그조차도 기우에 불과할 가능성이 크다.

불의에 대해서는 누구든 항변할 수 있다. 보편적이고 규범적인 정의는 존재하지 않고, 무엇이 정의인지에 대해 모두가 받아들일 수 있는 규정도 없다. 우리의 조부 및 증조부 세대가 어리석은 두 차례의 세계 대전의 용광로에 끌려가 인간 땔감으로 쓰인 것이 정의로운 일이었을까? 그들이 우리보다 훨씬 더 오래, 더 혹독하게 일해야 했던 것이 과연 정의일까? 수많은 어머니에게서 아이들을 빼앗아 거의 사회에 무방비 상태로 방치한 것이 올바른 일이었을까? 이 모든 것은 의심의 여지없이 불의다. 하지만 그것을 근거로 지금의 세대가 더 나은 삶을 살면 안 된다는 결론을 내릴 수 있을까? 현세대가 예전처럼 다시 전쟁에 끌려 나가 죽고, 강제 노동에 시달려야 한다는 말인가? 아흔 살의 여성이 자신은 과거에 오늘날의 젊은이들처럼 해방된 세상의 혜택을 누리지 못했다는 이유로 해방에 반대해야 하는가? 오히려 이렇게 많은 사람이 예전보다 더 잘살고 있는 것을 기뻐해야 하지 않을까? 이런 의미에서 자신의 신산한 삶을 들먹이며 미래 세대에게 무조건적 기본 소득을 주어서는 안 된다고 주장하는 것은 참으로 나쁜 논리다.

따라서 두 계급 사회에 대한 두려움과 연대 공동체에 대한 지적은 무조건적 기본 소득을 반대하는 논거로 충분하지 못하다. 게다가 노동 세계 안팎에서 어떤 새로운 형태의 연대가 생겨날지는 지금으로서는 알 수 없다. 이제 사회 복지적 반론 가운데 마지막 반론이 남는다. 좌파보다 자유주의자 보수 쪽에서 더 자주 나오는 주장은 이렇다. 무조건적 기본 소득은 〈경제적 난민〉과 이주민을 끌어들일 강력한 요인이 되지 않을까?

이 문제는 실제로 상당히 심각하다. 사하라 남부에서 기아를 피해 고향을 떠나는 사람들에게는 기본 소득이 있든 실업 수당이 있든 아무 차이가 없다. 그들에게는 둘 다 낙원일 것이다. 하지만 시선을 유럽으로 한정하면 이야기는 달라진다. 유럽 연합 내 여러 국가가 무조건적 기본 소득을 도입하더라도 불가리아의 기본 소득은 독일만큼 높을 수도 없고 높을 필요도 없다. 그러면 독일로 유입될 이민자들은 어떻게 처리해야 할까? 사람의 이동은 예부터 항상 돈의 흐름을 따랐다. 그렇다면 유럽 연합 내의 관련 법을 개정해서 이주 장벽을 높여야 한다. 또한 독일 시민권을 획득해서 기본 소득을 받는 일도 지금과는 비교가 안 될 만큼 어렵게 만들어야 한다. 이런 조치에 일부 이상주의적 좌파는 격분하겠지만, 상응한 변화 없이는 무조건적 기본 소득을 좇아 넘어오는 엄청난 인파를 막을 수 없다.

이런 생각이 마음에 들지 않는 사람은 포르투갈과 불가리아 같은 유럽 연합 국가에서도 기본 소득이 실시되도록 국제적인 연대를 통해 싸우면 된다. 〈무조건적 기본 소득을 위한 유럽 시민 연합〉의 요구처럼 범유럽 차원의 기본 소득은 향후 수십 년 내에는 실현되지도 않고 실현될 수도 없다.[6] 그러기에는 국가 간의 경제력 격차가 너무 크다. 무조건적 기본 소득으로도 결코 상쇄될 수 없는 수준이다. 모든 시민을 위한 1,000유로라는 금액은 상시적인 인플레이션 위험을 안고 있는 루마니아인들에게는 기만적인 신의 선물이 될 테지만, 독일인들에게는 너무 적다. 범유럽 차원의 무조건적 기본 소득은 무척 인간적이고 매력적으로 들리지만, 이상주의만 가득한 가지는 강하지 않고

부러질 수밖에 없다. 그리되면 누구도 기본 소득 문제에 관심을
보이지 않을 것이다.

돈은 누구보고 내라고?:
무조건적 기본 소득에 대한 경제적 반론

자, 이제 무조건적 기본 소득에 대한 경제적 반론에 답할 차례다. 이 반론은 근본적으로 세 가지로 이루어져 있다. 감당할 수 없는 경제적 비용, 인플레이션 위험, 그리고 기본 소득으로 인한 물가 인상과 관련한 지적이다.

특징적인 것은, 이런 반론이 기본 소득을 어차피 반대하고, 그래서 그 실현 가능성에 애초에 전혀 관심이 없는 사람들에게서 주로 나온다는 점이다. 경제학자이자 철학자인 비르거 P. 프리다트Birger P. Priddat와 필리프 코브케Philip Kovce는 이런 상황을 다음과 같이 표현한다. 무조건적 기본 소득을 〈정치적으로 바람직하게〉 여기는 사람들은 〈대부분 그것이 경제적으로도 실현 가능하다고 생각하는 반면에, 정치적으로 바람직하지 않다고 여기는 사람들은 대개 경제적으로도 비현실적이라고 생각한다〉.[1] 결국 기본 소득 문제는 경제적 불가능성의 지적과 함께 단번에 부정된다. 그럴수록 이 물음은 진지하게 검토할 필요가 있다. 무조건적 기본 소득은 정말 재정적으로 감당할 수 있을까?

기본 소득의 재원은 생업 노동에 대한 과세로 마련할 수도 없고 마련해서도 안 된다는 사실은 이미 충분히 논의했다. 그렇다면 수익 창출세는 얼마나 현실적이고, 초미니 세금은 보수적으로 따졌을 때 실제로 얼마를 거둘 수 있을까? 2014년 독일 연방 재무부의 의뢰로 주식에 0.1퍼센트, 파생 상품에 0.01퍼센트의 금융 거래세를 부과했을 때 얻게 되는 수입을 조사한 코펜하겐 이코노믹스는 이상적인 경우에 880억 유로가 들어올 거라고 예상했다. 물론 지금은 그보다 훨씬 높을 것이다. 그런데 이 업체는 당시 이미 현실적으로 거두어들일 돈이 176억 유로에 불과하다고 추정했다. 금융 거래세가 부과되면 많은 투기 거래가 중단되거나 비유럽 국가로 옮겨 갈 것이기 때문이다. 사실 초미니 세금은 금융 거래세를 넘어 모든 일상적인 돈 거래에도 부과되는데, 이런 돈 흐름은 세금이 붙는다고 해서 중단되거나 해외로 이전되지 않는다. 하지만 증권 거래로 거두어들일 수익금이 급격하게 쪼그라드는 것은 어쩔 수 없다. 게다가 초미니 세금 0.4퍼센트가 부과되면 특히 초단타 매매를 중심으로 증권 거래소에서 이루어지는 거래 총액은 확연히 줄어들 것이다. 그러면 금융 거래가 싱가포르 같은 곳으로 재빨리 이동할 가능성이 높다. 그 전에 법을 철저히 개정해서 자본 유출을 막아야 한다.

이것이 가능한지, 어느 정도까지 가능한지는 미래의 변화 의지에 달려 있다. 과거에 전 세계 거의 모든 곳에서 생업 노동을 중심으로 세제를 구축하고 세율을 서서히 막대하게 높이는 것이 가능했다면 미래에 모든 종류의 금융 거래에서 그러지 못할 이유가 있을까? 게다가 미래에는 현금 없는 거래가 늘어날 텐데 말이다. 소득세가 18세기 말에야 처음 징수되었다는 사실을 생각해 보라. 그것도 오직 영국 한 나라에서만 실시되었다. 징수액은 턱없이 미미했지만, 경제학자들은 이를 이미 돌이킬 수 없는 일로 여겼다. 그러면서도 1811년 위대한 리카도는 『에든버러 리뷰*Edinburgh Review*』에서 영국 경제의 생산 능력을 위태롭게 하지 않으려면 이 세금을 인상해서는 안 된다고 주장했다. 그러나 오늘날 이 세금은 당시보다 30배 이상 높아졌다. 물론 생산량과 부도 마찬가지다. 19세기 말에는 독일 제국에서도 최대 4퍼센트의 소득세가 부과되었다. 영업세와 재산세도 늘 그렇듯 격렬한 저항 속에서 곧 도입되었고, 1906년에는 상속세도 징수되었다.

기술적, 경제적 진보가 이 모든 것을 가능케 했고, 그와 함께 복지 국가도 탄생시켰다. 과거에 행해진 새로운 세금 도입과 세율 인상은 모두 늘 처음에는 터무니없고, 불공정하고, 경제를 위태롭게 하는 헛짓거리로 간주되었다. 그러나 이를 확고하게 막을 외부 제약은 없었고, 고작 로비나 부족한 정치적 의지만 있었을 뿐이었다. 장차 많은 산업국이 의미 사회로의 전환 과정에서 앞서 충분히 언급한 동일한 문제에 부딪힌다면, 지금으로서는 생각할 수도 없는 일인 듯하지만 자본 유출에 대한 규제 카드를 꺼내 드는 것도 얼마든지 가능하다. 수익 창출세의 경우처럼, 그 도전의 규모를 감안하면 유럽 내 조세 피난처를 무력화시키는 전 유럽적 협정을 체결하는 것이 무엇보다 바람직해 보인다. 더 나은 미래를 추구하는 최고 경제학자들이 해내야 할 가치 있고 보람찬 임무도 바로 여기에 있다. 자본 유출을 차단하는 것은 이를 가능케 하는 것보다 훨씬 영예로운 일이다. 그리로 가는 길은 늦어도 다음 금융 위기 뒤에는 열릴 것이다. 일각에서는 금융 투기꾼들이 매번 초미니 세금을 미꾸라지처럼 빠져나가는 방법을 찾아낼 거라고 주장하지만, 그렇다고 해서 그들의 시도를 최대한 어렵게 만드는 노력이 약화될 수는 없다. 다들 잘 알다시피, 계속 범죄가 일어난다고 해서 경찰이 범죄와의 전쟁을 포기하지는 않는 것처럼 말이다.

지금으로서는 딱히 평가하기 어려운 초미니 세금의 대안으로 중앙은행 디지털 화폐(CBDC)로 기본 소득을 주자는 사고 실험이 있다. 디지털 화폐는 현재 모든 영역에서 논의되고 있는데, 독일 은행 총연맹은 심지어 이를 도입하는 것을 불가피한 일로 여긴다. 그러나 기대치는 입장에 따라 무척 다르다. 한쪽에서는 이를 통해 많은 민간 은행이 장기적으로 필요 없어지게 되는 상황을 꿈꾼다면, 민간 은행 입장에서는 글로벌 금융 거래의 위험을 완화시키기만 원한다. 그러나 원칙적으로 보면, 모든 시민과 기업이 장차 독일 중앙은행에 직접 계좌를 개설한 뒤 어느 시점에 기본 소득을 받는 것도 가능하다. 금융 거래세와 달리 여기서는 가상 화폐가 실제 화폐로 전환되는 것이 아니라, 돈이 〈발명되는〉 것과 비슷하다. 그러나 이 발명 역시 다른 데서 돈을 끌어오지 않으면 불가능하다. 만일 미래에 민간 은행이 퇴출된다면 그전까지 은행에 대출 이자나 수수료를 냈던 사람들이 이익을 보게 된다. 대출자들은 이제 이자를 낼 필요가 없기 때문이다. 하지만 이렇게 절약된 돈은 어떻게 해야 할까? 이번에는 중앙은행이 이자를 징수해서 기본 소득의 재원으로 삼아야 할까? 그렇다면 그것이 민간 은행보다 특별히 매력적인 이유가 있을까?

무조건적 기본 소득에 대한 두 번째 반론은 적절한 여과 장치가 없으면 불가피하게 인플레이션의 위험이 생긴다는 것이다. 인플레이션은 반드시 돈의 증가로만 생기지 않는다. 그렇지 않다면 우리는 전 세계적으로 초인플레이션 속에서 살고 있어야 한다. 인플레이션은 통화량이 가치 창출 및 생산량에 비해 불균형적으로 많을 때 발생한다. 그런데 이 역시 전 세계적으로 마찬가지다. 현재 금융 시장에서 오가는 통화량은 실물 경제에서 유통되는 양의 몇 배에 이르기 때문이다. 최근까지 유로존은 인플레이션율이 낮은 대신 **자산 인플레이션**이 심각하다. 큰돈이 흘러들어 가는 곳에서는 항상 가격이 오르기 마련이다. 주택 시장, 미술 시장, 그리고 거의 지속적으로 상승하는 금 가격만 생각해 보아도 알 수 있다. 반면에 거래소에서 오가는 가상 화폐는 빵 가격을 비롯해 자동차나 대중교통 가격에 거의 영향을 미치지 않는다. 하지만 기본 소득이 금융 시장에서 어마어마한 돈을 빼내서 왕성한 구매력의 형태로 실물 경제에 공급된다면 어떤 일이 벌어질까? 재화의 가격도 당연히 오르지 않을까?

그 대답은 간단하지 않은데, 기본적으로 실물 경제가 얼마나 강력한지에 달려 있다. 생산력과 구매력이 조화롭게 함께 움직이지는 않는다는 사실은 1970년대 이후 많은 산업국의 경제에서 관찰되었다. 독일은 생산량이 구매력보다 훨씬 높다. 독일과 같은 강력한 경제는 최근 수십 년 동안 인플레이션보다 디플레이션의 위험이 더 컸다. 달리 표현하자면 상품이 구매력보다 더 많이 생산되었고 공급이 수요를 초과했다. 이런 발전의 결과는 잘 알려져 있다. 자국 구매력이 생산력에 비해 낮을수록 수출은 더 중요해진다. 인위적으로 소비를 부채질하는 또 다른 가능성은 국가 및 개인이 빚을 내는 것이다. 이런 방법은 미국에서 특히 노골적으로 사용된다. 하지만 미래의 대량 해고로 인해 구매력이 급격히 떨어지면 어떻게 해야 할까? 기본 소득으로 구매력을 높여야 하지 않을까? 보기에 따라서는, 기본 소득을 소비자가 프로슈머로 변해 가는 경제, 즉 이전에는 생업 노동자들이 하던 수많은 일을 소비자가 〈일하는 고객〉으로서, 혹은 〈생산하는 소비자〉로서 직접 하는 경제의 논리적 귀결로 볼 수도 있다. 그렇다면 무조건적 기본 소득은 기업이 고객에게 아웃소싱으로 맡긴 노동에 대한 일종의 보상이다.

이 모든 것은 무조건적 기본 소득이 독일에서 인플레이션을 유발하는 것이 아니라 오히려 내수 시장을 더욱 활성화할 가능성이 크다는 것을 시사한다. 그렇다면 인플레이션의 위험보다 더 현실적인 것은 바로 물가 인상이다. 알다시피 그 둘은 동일하지 않다. 그렇지 않다면 인플레이션율이 매우 낮은 상태에서 독일의 주택 가격이 그렇게 폭등할 수는 없었을 것이다. 임대료 인상 같은 급격한 물가 인상은 기본 소득 사회의 매우 좋지 못한 결과가 될 수 있다. 그것은 기본 소득으로 얻은 경제적 이익을 다시 잠식할 것이기 때문이다. 그런데 이 문제는 기본 소득이 없는 상황에서도 이미 오래전부터 존재해 왔다. **자산 인플레이션**은 거의 모든 임차인에게 심각한 영향을 미친다. 영국, 프랑스, 이탈리아의 사례가 보여 주듯, 평균 소득자들은 이미 대도시 중심지에 살 수가 없다. 독일도 마찬가지다. 함부르크, 뮌헨, 슈투트가르트, 뒤셀도르프의 도심 지역은 경찰관이나 간호사가 임대료를 감당하지 못한다. 이런 상황에서 기본 소득까지 주어지면 변두리의 저가 주택은 물론이고 도심의 고가 아파트나 교외의 고급 빌라도 임대료가 한껏 치솟을 것이다.

국가와 지방 자치 단체가 손을 맞잡고 시급하게 행동에 나서야 한다는 것은 불 보듯 뻔하다. 공공 임대 주택을 건설하는 것만으로는 이 문제를 해결할 수 없다. 그것은 정치인들이 적을 만들지 않으면서 취할 수 있는, 가장 위험이 적은 최소한의 조치일 뿐이다. 자산 인플레이션으로 인한 물가 인상은 정치적 조치로 통제할 수 없는 자연 재앙이 아니다. 미래에도 그런 일은 틀림없이 일어난다. 의미 사회로 인해 사회 시스템이 무조건적 기본 소득 시스템으로 바뀌는 과정에서만 일어나는 일이 분명 아니다.

실험이 명확한 증거가 될까?:
모의 테스트가 별 소용이 없는 이유

모든 불확실성을 감안할 때 독일에서 대규모 모델 실험을 통해 무조건적 기본 소득을 일단 테스트하는 것은 좋은 아이디어가 아닐까? 우리는 어차피 시뮬레이션, 경험주의, 실험, 모델의 시대에 살고 있으니까 말이다. 이것들은 인간상에 관한 논쟁 같은 기존의 미해결 문제와 갈등을 해결함으로써 사회적, 경제적 부작용을 제거하는 데 도움이 되지 않을까? 사변보다는 **확실한 사실**이 필요하지 않을까?

　대답은 분명하다. 아니오! 이는 과거의 어떤 사회적 혁신이 일단 모델 실험으로 검증을 거친 적이 있는지 생각해 보면 된다. 여성 참정권을 예로 들어 보자. 독일에서 그것은 실험을 거쳐 도입된 것이 아니라 핀란드와 오스트리아에 이어 논쟁 끝에 1919년에 도입되었다. 물론 오스트리아와 핀란드도 실험을 거쳐 이 제도를 시행하지 않았다. 과연 이런 일에 실험이 필요했을까? 예를 들어 1850년대에 레겐스부르크에서 실험을 실시해야 했을까? 바이에른에서는 1848년부터 25세 이상의 모든 남자에게 투표권이 부여되었다. 이런 상황에서 여성의 투표권은 왜 군이 시험해야 할까? 1850년대 레겐스부르크에서 여성에게도 투표권이 주어졌다면 무슨 일이 일어났을까? 전통적인 남녀 역할을 강조하는 가톨릭 성향을 띤 바이에른에서는 결과를 예측하기 어렵지 않다. 남자들이 〈정치 이야기를 하는〉 동안 여자들은 보통 설거지를 하고 아이들을 재웠다. 레겐스부르크 여성의 다수가 투표를 하러 갔을 거라고는 상상하기 어렵다. 온당한 일도 아니었고, 또 누구에게 투표해야 할지도 알 수 없었을 것이기 때문이다.

여기서 어떤 결론을 도출할 수 있을까? 여자들은 애초에 투표할 마음이 없다고 할 수 있을까? 이는 시간을 초월한 진실이 아니라 한 문화의 일시적인 순간 포착에 불과하다. 실험은 항상 제한된 시간 속에서 통제할 수 있는 규모의 단위로만 가능하다. 사회적 변화가 방대할수록, 그 영향이 심대할 것으로 예상되는 일일수록 테스트는 힘들어지고 결과도 신뢰하기 어려워진다. 교육 개혁과 관련해서는 학교를 지정해 시험할 수 있지만, 미국 남부에서 노예 제도 폐지를 시험하는 것은 불가능하다. 목화 농장 서너 군데에서 일시적으로 노예 대신 임금 노동자를 쓴다고 해서 무엇을 증명할 수 있겠는가? 조지아주의 어떤 농장이 특정 조건과 환경에서 경제적 효과를 보았거나 보지 않은 정도를 알 수 있을까? 이로부터 남부의 노예 경제와 관련해서 모종의 결론을 끄집어낼 수 있을까? 불가능하다. 혹은 그것을 근거로 노예 제도의 비인도주의적 성격에 관한 결론을 내릴 수 있을까? 천만의 말씀이다!

과거에 신을 믿었던 것처럼 오늘날에는 숫자를 믿는 사

회에서는 경험적 실험에 한계가 있다는 사실을 쉽게 깨달을 수 있다. 무조건적 기본 소득이 독일에서 성공할지는 메클렌부르크포어포메른주와 바이에른주에서 성공하느냐에 달려 있다. 또한 어떤 것이 〈성공적이고〉, 그런 판단이 어떤 기준으로 내려져야 하는지에 대한 합의도 이루어져야 한다. 그 기준에는 여러 가지가 있다. 노동 의욕의 문제, 만족도, 구매력, 노후 보장, 인플레이션 및 물가 인상, 기본 소득 수급자와 비수급자의 관계, 자금 조달 가능성, 노동 세계에 미치는 영향, 사람들이 꺼리는 일의 문제, 생업 노동 밖에서 얼마나 많은 사회적 연대가 생겨나는지의 문제, 지속적으로 생업 노동을 하지 않는 사람들의 자기 조직화 문제, 특히 마지막으로 의미 사회로의 문화적 변화가 성공할지의 문제다.

실험으로는 이 모든 것을 확인할 수 없다. 포브루바는 말한다. 〈다양한 실험군으로 다양한 버전의 기본 소득을 비교할 수는 있지만, 이 실험군들로 전체 사회에 대한 결론을 끄집어낼 수는 없다. 그것은 전혀 도움이 되지 않는다. 기본 소득이 사회를 변화시키는지, 어떻게 변화시키는지 알고 싶다면 일단 시행부터 해야 한다.〉[1] 모델 실험에서는 비현실적인 방식으로 고립된 채 비현실적인 조건하에서 개별 측면만 관찰할 수 있을 뿐이다. 시간이 제한된 실험에 참가한 이들은 삶이 장기적으로 변한 이들과는 다르게 행동하기 때문이다. 전자의 경우에는 장기 목표와 새로운 상황에 적응해야 한다는 필요성이 부족하다. 그렇다면 피험자들은 변화된 환경을 영구적 관점이 아닌 일시적 관점에서 바라볼 수밖에 없다. 삶이 잠시 이렇게 변했을 거라고 상상해 보자는 것이다. 이러한 모델 실험은 실제 삶과 별 관련이 없다. 리얼리티 프로그램에 출연해 계속 카메라가 돌고 있는 가운데 짝을 찾거나 체중을 줄이는 이들은 현실에서 삶의 파트너를 찾거나 지속적으로 체중을 줄이는 이들과 같을 수 없다. 실험이라는 틀이 없으면 사람들은 자신이 하는 일에 더 진지하고 더 책임감 있게 몰입한다. 인정의 문화 역시 같지 않다. 한동안만 기본 소득을 받는 예외적 상황은 기본 소득 사회에서 지속적으로 살아가는 것과는 완전히 다르다.

　　전 세계적으로 기본 소득에 대한 수많은 모델 실험이 훨씬 작은 목표를 설정한 것은 놀랍지 않다. 이들이 집중하는 문제는 대체로 단 하나의 질문 세트다. 앞서 이미 상세히 문제점을 지적했는데, 다시 반복하면 이렇다. 무조건적 기본 소득은 사람들을 더 게으르게 만들까, 더 부지런하게 만들까? 사람들은 자기 주도적으로 변할까, 미성숙해질까? 자신의 삶을 자유롭게 설계해 나갈까, 아니면 어떻게 헤쳐 나가야 할지 몰라 허우적거릴까? 코브케가 명확히 지적했듯이, 이 질문들은 그 자체로 이미 우리의 자유주의적 자아상에 대한 공격이다. 왜냐하면 〈자유 민주주의에서 기본 소득 실험으로 확인할 수 있는 것은 사실 정치적 공동체가 이미 전제하고 있는 사실밖에 없기 때문이다. 즉, 시민들은 각자 자기 주도적으로 삶의 결정을 내리고, 공동체 문제에 대해 서로 합리적으로 조율할 뜻과 능력이 있다는 것이다. 사회에 대한 이 오랜 기업가적 책임감을 테스트해 보고 싶은 사람은 기본 소득의 실효성을 확인하기보다 오히려 자유 민주주의적 기본 질서에 대한 근본적인 의심과 함께 그것을 실험으로 증명하고 싶은 것이다. 이는 우리가 이미 오랫동안 유지해 온 자유 민주주의의 조건들을 검정하자고 요구하는 셈인데, 결국 그 스스로 자기 결정 능력이 없는 사람으로 선포하는 것이나 다름없다〉.[2]

한마디로 기본 소득 사회가 성숙한 시민 사회가 될 거라는 사실을 의심하는 이는 〈성숙〉을 자유 및 자기 책임과 연결시키는 것이 아니라 고전적인 생업 노동 사회에 단단히 붙들어 매는 사람이다. 즉, 노동 의무라는 외부 구조가 없으면 내부 구조도 없고, 내부 구조가 없으면 성숙도 없다는 식이다. 이는 숙명론적 인간상일 뿐 아니라 계몽주의 및 현대 자유주의 인간상에도 근본적으로 어긋난다. 정말 이 근본적인 철학적 질문을 독일에서 테스트하고 싶은가? 예를 들어, 독일인 120명에게 3년 동안 1,200유로의 기본 소득을 지급한 뒤 기본 소득을 받지 않는, 마찬가지로 무작위로 추출한 다른 1,400명과 비교하는 식으로 말이다.[3] 〈나의 기본 소득〉이라는 단체가 실시한 이 프로젝트는 독일 경제 연구소의 지원으로 진행되었는데, 이 연구소의 소장 프라츠셔는 2017년에 무조건적 기본 소득을 사회적 연대에 대한 공격으로 해석했다. 이후에는 상황이 달라진 듯 보인다. 이런 종류의 실험은 2019년 2월 캘리포니아의 〈스톡턴 경제 역량 시연〉이 실시된 이후 유행을 탔다. 이 실험에서는 추첨으로 뽑은 시민 125명에게 1년 반 동안 월 500달러의 기본 소득이 지급

실험이 명확한 증거가 될까: 모의 테스트로가 별 소용이 없는 이유

되었다. 세 개 대학으로 이루어진 연구 팀은 기본 소득이 수급자의 재정 상황, 건강, 활동력에 얼마만큼 영향을 미치는지 알아보려 했는데, 연구 결과는 아직 나오지 않았다.[4]

독일 경제 연구소의 사회학자이자 노동 시장 연구원인 위르겐 슈프Jürgen Schupp도 독일의 이 실험에서 속 시원한 해명이 나오리라 기대한다. 하지만 그것이 과연 큰 의미가 있을까? 만일 사람들이 과거에 비해 크게 나태해지지는 않을 거라는 결과가 나왔다고 치자. 그렇다고 한들 어차피 기본 소득에 반대하는 사람들이 그 결과를 믿을까? 결국 하나의 사례일 뿐이지 않은가? 〈나의 기본 소득〉이 추진하는 프로젝트의 가장 큰 성과라면 대중 매체를 끌어들여 무조건적 기본 소득을 대중에 널리 알렸다는 점이다. 아울러 젊은 층의 관심을 끌어모아서, 무조건적 기본 소득이 그들의 삶을 얼마만큼, 그리고 어떤 방향으로 변화시킬지 생각할 기회를 제공했다는 점도 성과라면 성과다.

핀란드는 무조건적 기본 소득에 관한 실험이 어떤 기괴한 혼란으로 이어질 수 있는지를 아주 선명하게 보여 주었다. 2015년 새로 선출된 보수 정부는 기본 소득을 테스트하기로 결정했다. 그것도 프리드먼의 전통에 입각한 〈소액의〉 기본 소득이었다. 핀란드 사회 보험 공단인 켈라가 계획을 짰다. 실업자 2,000명에게 기존의 실업 수당 696유로와 주거 지원금을 주는 대신 2년 동안 기본 소득 560유로와 주거 지원금만 주기로 했다. 이때 공단이 제공하는 일자리를 받아들여야 한다는 의무를 부과하지 않았다. 게다가 본인이 일해서 버는 추가 수입에 대해서는 세금을 면제해 주고, 지원금도 삭제하지 않기로 했다. 이렇듯 한쪽은 국가로부터 더 적은 돈을 받지만 간섭이 없고 소득세가 면제되는 추가 소득의 미끼가 주어졌다면, 그와 동시에 기본 소득을 받지 않는 〈일반〉 실업자에게는 제안된 일자리를 거부하면 지원금을 삭감하겠다는 압력을 더 한층 높였다. 실험은 2017년 1월부터 2019년 1월까지 2년 동안 진행되었고, 이후 연장되지는 않았다. 사람들은 이렇게 말했을지 모른다. 연장되지 않아서 얼마나 다행인지 몰라! 무슨 이런 이상한 실험이 다 있단 말인가!

오늘날 독일에서 기본 소득을 요구하는 사람은 실업자에게 일할 동기를 부여하려는 목적에서가 아니라 그것이 모두의 기본권이라서 요구한다. 그리고 핀란드에서 피험자들이 받은 금액은 일반 실업 수당보다 적었지만, 추가 소득에 대한 유혹은 더 컸다. 따라서 실업 수당 수급자로 이루어진 통제 그룹에 비해 그들에게서 일할 욕구가 평균적으로 약간 더 높게 나타났다. 동기는 아마 필요성과 달콤한 유혹으로 보인다. 하지만 이 결과만 보고서, 압력과 스트레스가 없을 때 일할 의지가 나타나는 것이 인간의 근본 성향이라고는 당연히 말할 수 없다. 다만 많은 참가자가 반드시 일해야 한다는 압박감을 느낄 때보다 육체적으로나 정신적으로 마음이 한결 편했다는 데는 충분히 공감이 간다. 하지만 그것이 실험으로 확인된 전부였다. 모델 실험에서 얻은 것은 거의 없었다. 결국 켈라는 어쩔 수 없이 아주 소박한 결론만 내놓았다. 앞으로 실업 수당 시스템을 더욱 탈관료화하고, 일자리를 찾으려고 노력하는 사람에게는 특별한 보상책을 마련하겠다는 것이다.

핀란드 실험은 독일에서 아주 괴상한 추론들을 불러일으켰다. 무조건적 기본 소득의 찬성자들은 어쨌든 기본 소득을 받은 일부 핀란드인이 일자리를 찾아 나섰고, 실제로 찾았다는 사실에 환호했다. 반면에 반대자들은 음험한 신화를 만들어 냈다. 그러니까 핀란드 실험은 〈실패했고〉〈중단될 수밖에〉 없었으며, 이것이 바로 기본 소득 같은 것이 제대로 작동할 수 없는 돌이킬 수 없는 증거라고 말이다. 그러나 진실은 그렇지 않다. 핀란드 사례는 성공과 실패를 논하기 어려운, 그저 굉장히 설익은 구상이었을 뿐이다. 게다가 그들은 뜨겁게 돌아가는 원자로 같은 실험을 중단한 것이 아니었고, 그저 이런 식으로는 어떤 유익한 것도 얻을 수 없다는 사실만 깨달았을 뿐이다.

무조건적 기본 소득의 복잡한 효과에 대한 물음은 실험으로 답을 찾을 수 없다. 산업국들이 의미 사회의 구축을 위해 기본 소득을 도입하고자 한다면 핀란드 실험이 우리에게 알려 준 깨달음은 그런 식으로 해서는 안 된다는 사실뿐이다. 세상에는 우리에게 아직 모델이 될 만한 것이 없다. 예를 들어 알래스카, 이란, 마카오, 그리고 미래 몽골의 기금들은 대체로 알맹이가 없다. 알래스카의 모든 시민이 석유 수입으로 조성된 〈알래스카 영구 기금〉에서 받는 배당금은 1인당 연간 1,100달러에 달하는 상당한 추가 수입이지만 무조건적 기본 소득이 아니다. 석유 수입으로 모두에게 매달 약 40달러를 지급하는 이란의 상황도 비슷하다. 마카오 시민은 국고로 연간 700~1,200달러를 받는다. 몽골에서도 구리와 금 같은 광물 자원에서 나오는 수익금을 시민들에게 나누어 주기로 했다. 그러나 그들도 알래스카, 마카오, 이란 사람들과 마찬가지로 그 돈으로는 생계를 꾸려 갈 수 없다. 게다가 그 돈에 따른 사회적, 경제적 영향도 뚜렷이 제한적이다.

빈곤 퇴치에만 도움이 될 뿐 다른 데는 전혀 소용이 없는, 소액의 돈을 시민들에게 조건 없이 지급하는 제도도 마찬가지다. 전 국민을 상대로 실시한 브라질의 프로그램, 그리고 인도와 케냐, 나미비아, 우간다에서 지역적으로 실시되는 프로젝트는 선진국들에 기본 소득 도입에 대한 유익한 정보를 거의 제공하지 못한다. 케냐에서 삶의 질을 크게 향상시킨다고 해서 독일 도시들에서 똑같은 효과가 나타날 거라는 보장은 없다. 또한 독일어권 국가들의 모델 실험이든 전 세계의 무척 상이한 제도든, 무조건적 기본 소득으로 노동에 대한 개념과 요구까지 총체적으로 바뀌는 의미 사회의 미래를 상상하는 데 도움이 되지 않는다. 이 책에서는 사실과 예측, 변형, 사회적 변화에 근거해서 무조건적 기본 소득을 도입해야 할 이유를 분석했다. 그러나 기본소득에 대한 기존의 실험들은 그런 기대와 요구를 결코 충족시키지 못한다.

실험이 명확한 증거가 될까: 모의 테스트가 별 소용이 없는 이유

유토피아에서 현실로:
기본 소득은 어떻게 실현될까?

사회 시스템의 현실적인 변형 과정을 고민하는 사람이라면 오늘날 우리가 어느 지점에 있는지부터 명확히 알아야 한다. 이 책은 현재 진행 중인 격변이 얼마나 획기적인지를 보여 주었다. 우리 시대라는 거대한 무대 위에서는 점점 더 많은 자본이 거대 IT 기업에 집중되고, 경제가 〈파괴적일 만큼 격동적으로〉 변하는 드라마가 상연되고 있다. 그와 동시에 선진국들에서는 자기 주도적인 삶에 대한 시민들의 요구도 커지고 있다. 이 드라마는 다들 입을 모아 한탄하는 미래의 대량 실업만 다루는 것이 아니라, 혁명의 혼란기가 지나고 나면 분명 더 많은 자유와 공정한 번영, 더 많은 여가 시간, 더 많은 성취와 자아실현을 위한 기회도 주어질 것임을 약속한다.

　이를 위한 무대 소품은 기술 장비 하나만으로는 충분치 않다. 인공 지능이 있기는 하지만 사회적으로 비창의적이고 무능하다. 지금은 참신한 아이디어와 관점, 구상이 필요하다. 안타깝게도 정치인을 비롯해 대다수 경제학자는 지금껏 조연 역할에만 머물러 있었다. 파괴적이고 창의적인 잠재력을 품은 제2차 기계 시대가 그들의 선거 캠페인이 되지 않는 것은 첫눈에

볼 때만 놀라울 뿐이다. 혁명에는 대안적 사유 세계를 설계한 뒤 일단 내부적으로 받아들이는 과정이 필요하다. 근본적인 대안이 지닌 가능성과 결과를 철저히 파헤치는 과정이기도 한데, 이는 연방 공화국 건국 이후 어떤 정치인도 직시하지 않은 과제다. 돌아보면 〈더 많은 민주주의를 감행하고〉 동구권 국가들과의 화해를 시도한 브란트의 도전, 그러니까 분노와 격렬한 저항을 동반한 그 도전조차 이 과제에 비하면 지극히 미미해 보인다. 콜은 유럽 통합을 추진하기 위해 네 번의 입법 기간 동안 얼마나 시간이 많았던가? 또한 하르츠 개혁으로 독일 복지 시스템을 획기적으로 바꾸고자 한 슈뢰더의 시도는 상대적으로 얼마나 단순했던가? 반면에 오늘날 독일을 비롯해 많은 산업국의 정치인들 앞에 놓인 과제는 실로 엄청나다. 이들이 이 문제를 무기력함과 위험에 대한 두려움 속에서 국가적 의제로 다루지 않는 것은 어쩌면 당연한 일일지 모른다.

정치인들은 스스로 실용주의자나 현실주의자라고 말하기를 좋아한다. 그런데 사실 이것은 용기 부족이나 아이디어 부족과 동의어일 때가 많다. 현상 유지를 바라고 거대한 변화가 불가능하다고 믿는 사람이 스스로를 현실주의자라 부른다. 기존의 익숙하고 전통적인 것에 의문을 제기하는 사람은 괴짜나 몽상가라 불린다. 그런데 긴 역사의 관점에서 보면, 소위 현실주의자가 시대의 조짐을 읽지 못한 몽상가로 판명될 때가 많고, 오히려 당대의 일부 몽상가가 진정한 현실주의자로 드러나기도 한다. 1850년 당시 독일에서 오늘날의 노동자들이 어떤 생활 조건에서 살아갈지 예측한 사람은 당대의 〈현실주의자들〉에게만 조롱을 받은 것이 아니라 대담한 몽상가들에게도 의심을 받았을 것이다.

정치인들은 격변의 시기를 늘 동행하는 사회적 비관주의를 잘 안다. 그 맨 앞자리에는 무엇보다 거대한 변화가 상황을 더욱 악화시킬 거라는 비관적 전망이 있다. 격변의 시기가 패자를 양산하고, 여러 가지 불안을 불러일으키는 것은 사실이다. 하지만 산업 사회의 발전, 아니 전 인류의 발전에서 보자면, 미시적으로는 비관주의가 옳은 경우가 많았지만 거시적으로는 대부분 낙관주의가 승리를 거두었다. 계몽주의 시대부터 오늘에 이르기까지 서유럽 사회의 유례없는 진보는 지극히 낙관적인 철학자들의 예언도 훌쩍 뛰어넘는다. 그 과정에 산업 혁명이 없었다면 중요한 사회적 성취, 예를 들어 보편 교육이나 많은 사람을 위한 부의 증가는 불가능했을 것이다. 그것은 오늘날 여성의 역할이나 동성애자 결혼 같은 다른 많은 영역도 마찬가지다. 게다가 재화의 불공평한 분배와 제3세계 국가들에 대한 착취 같은 어두운 구석에도 불구하고 지금의 세계 인구를 감안하면 상대적으로 이렇게 기아와 전쟁이 적었던 적도 없었다.[1] 이는 기술적 진보 덕분이 아니라, 기술적 진보 뒤의 모든 사회적 논쟁과 갈등 끝에 일궈 낸 사회적 진보 덕분이었다.

이런 의미에서 우리의 노동 세계와 삶의 디지털 혁명은 진화론적인 답을 요구한다. 이 혁명을 통해 사회는 어떻게 더 높은 수준으로 발전할 수 있을까? 세기의 과제인 지속 가능성과 디지털화는 어떻게 연결될 수 있을까? 완전히 변화된 경제적 환경 속에서 사람들에게 만족스러운 삶의 기회를 제공하려면 어떻게 해야 할까? 많은 사람이 현재의 대안을 상상할 수 없다는 이유로 답을 가로막고 있는 상황에서 이 모든 것이 과연 가능할까? 사람들은 항상 기술적으로는 모든 것이 가능하다고 믿는다. 예를 들어 항공 택시의 개발로 교통 문제를 해결하고, 유인 달 탐사선이나 화성 탐사선으로 우주 개발에 나설 수 있다고 생각한다. 반면에 사회 정치적 아이디어는 항상 근본적으로 불가능하다고 여기는 듯하다. 역사를 돌아보면 인간 사회는 늘 끊임없이 변화해 왔는데도 말이다. 현실적으로 보면 정지 상태는 상상할 수 없다. 제2차 기계 시대가 사회적으로 모든 것을 예전 그대로 유지시켜 줄 거라는 믿음은 허황한 판타지에 지나지 않는다. 그럼에도 독일어권의 많은 경제학자는 향후 수십 년 동안은 노동과 고용, 사회 구조가 큰 변화 없이 오늘날과 비슷할 거라고, 놀랄 정도로 차분하게 가정한다. 유토피아와 비전은 그들의 영역이 아니다. 그들은 이것을 할리우드가 되었건 실리콘밸리가 되었건 SF 작가들에게 맡기기를 좋아한다.

필자는 디지털 혁명과 인공 지능 시대가 경제학 같은 단일 학문으로는 그 결과를 충분히 파악하고 통제할 수 없을 만큼 획기적인 변혁임을 보여 주고자 노력했다. 테크놀로지의 비약적 발전은 단순히 경제 성장 과정만 가속화하거나 느리게 하는 것이 아니라 기술과 경제로는 적절히 답할 수 없는 문제들, 예를 들어 번영의 질이나 자유, 도덕, 국가의 역할 같은 문제도 함께 제기한다. 게다가 사회적 동요에 대한, 충분히 이해할 만한 불안도 추가되어야 한다. 노동 세계의 어떤 기술 혁명도 조용히 진행된 적이 없었고, 처음에는 항상 격렬한 저항을 불러일으켰다. 19세기 초의 기계 파괴 운동이 그랬고, 1844년의 슐레지엔 직조공 폭동이 그랬다. 이 사건들은 사람들의 기억 속에 여전히 생생하게 남아 있다. 산업 혁명의 이익이 소수에게만 돌아가면 사회적 갈등의 초침은 이미 째깍거리기 시작한다. 실제로 생산과 통신 분야의 기술적 혁신이 반드시 임금 인상이나 시민들의 부의 증가로 이어지지는 않는다. 기계 파괴 운동은 시대의 징표를 읽지 못한 덜떨어진 인간들의 폭동도, 진보에 대한 어리석은 반란도 아니다. 오히려 그것은 예나 지금이나 많은 사람의 희생을 바탕으로 새로운 자본 집중이 초래한 잔혹한 사회적 결과에 대한 반란이다.

이런 동요는 21세기에도 여전히 존재한다. 산업국들이 조만간 인구의 상당 부분을 낙오자로 만들고, 교묘해지는 예능 사업으로 디지털 열반의 세계로 내모는 노동 귀족제로 변한다면 심각한 위기가 발생할 위험이 있다. 그런 사회는 안정적이지 않을뿐더러 지극히 취약하다. 많은 개발 도상국과 신흥국이 정치적 격변에 취약한 것처럼 말이다. 이 책은 우리 사회가 그런 방향으로 가는 과정을 간략히 설명했다. 방향을 바꾸려고 노력하지 않으면 빠지게 될 잘못된 길에 대해 말이다.

위험은 상당하다. 오늘날 미국을 비롯해 많은 서유럽 국가에 나타나는 우익 포퓰리즘과 국가에 대한 염증, 그리고 타인에 대한 혐오와 증오는 이미 경제적 동요의 간과할 수 없는 징후들이다. 오늘날 워싱턴의 국회 의사당을 습격한 이들은 과거의 기계 파괴 운동가들과 맥이 닿아 있다. 그것은 종종 정체성을 지키기 위한 투쟁으로 오인되기도 하지만, 실은 진보의 돌풍에 맞서 낡은 경제 구조와 그에 상응하는 문화적 속성을 고수하려는 시도이다. 신경제의 혜택을 받지 못하고 시대로부터 버림받았다고 느끼는 사람들은 더 이상 세상을 이해하려고 하지 않고, 아주 단순한 설명 속으로 도피해서 미리 만들어져 있는 주모자와 책임자들의 목록을 서둘러 끄집어낸다. 주로 똑똑한 척구는 엘리트와 부패한 정치인, 그리고 실은 그들 자신보다 상황이 훨씬 더 좋지 않은 다른 문화권에서 온 이민자가 바로 그 대상이다.

이런 문제들에 적절히 대처하려면 크고 단호한 변화는 불가피하다. 의미 사회의 요구와 우리가 아는 생업 노동 사회의 현실이 더 멀어져서는 안 된다. 거대한 변화를 더 이상 미룰 수 없는 것도 그 때문이다. 둘 사이가 더는 메울 수 없을 만큼 벌어지면 그때는 이미 너무 늦었다. 변화는 거시적인 측면이든 미시적인 측면이든 모두 논의되어야 한다. 또한 그것은 학계 엘리트들에게만 맡겨져서는 안 되고, 현재 그에 대해 뜨겁게 토론하는 똑똑한 젊은이들의 화젯거리로만 남아서도 안 된다. 이 문제는 사회의 중심과 정치적 의제 속으로 들어가야 한다. 각 정당들은 의미 사회의 구축에 필요한 자신들의 비전이 무엇인지 논의해야 한다. 기술 진보의 기치 아래 어떤 현대적 아이디어로 우리 사회의 경제적 분열에 대처할지는 진보와 보수를 떠나 모든 정치인이 답해야 할 과제다.

지금까지 사람들 사이에서 검증되고 교환된 것은 말뿐이다. 독일 신연립 정부의 뜻에 따라 실업 수당 2급에는 〈시민 수당〉이라는 이름이 붙을 것이다. 물론 내용적으로는 서로 전혀 상관이 없다. 하르츠 개혁에서 군이 긍정적인 면만 본다면, 훗날 그것이 구식이고 삐딱하기는 해도 어쨌든 기본 소득으로 향하는 첫걸음이었다고 말할 수 있을지 모른다. 그것은 원칙적으로 우리가 아는 재원 조달 시스템이 더 이상 제대로 작동하지 않는 법정 연금 보험에 대한 막대한 세제 지원도 마찬가지다. 연금 재원은 미래에만 세대 간 계약과는 다른 식으로 마련되어야 하는 것이 아니다. 지금 당장 필요하다. 기본 소득을 향한 발걸음은 오래전부터 서서히 윤곽이 드러나고 있던 발전 과정을 이어 가는 일관된 사유의 연장선일 뿐이다.

이탈리아를 잠깐 살펴보면, 이 여정이 어디로 향하는지 알 수 있다. 이탈리아에서는 2019년 초부터 싱글에게 780유로, 커플에게 1,280유로를 지급하는 〈시민 수당〉이 생겼다. 궁핍한 상황을 증명할 수 있는 사람이라면 누구나 신청할 수 있었다. 그런데 이 돈은 사람들을 변화된 경제적, 사회적 구조에 적응시키는 역할에까지 이르지는 못했고, 전통적인 의미에서 빈곤 퇴치나 내수 경제 활성화에 도움을 주는 수준에 머물러 있다. 그럼에도 현실적으로 보면, 일과 삶의 확고한 연결 고리가 끊어지는 기본 소득 사회로의 조심스러운 진입이라 할 수 있다. 또한 다른 모든 사회 혁신과 마찬가지로 파충류 껍질처럼 단단한 과거의 거대 집단들, 예를 들어 우리의 경우에는 노동조합, 교회, 일부 경영자 단체의 반대를 뚫고 첫길을 내는 시도이기도 하다.

시민 수당의 가장 큰 문제점은 역시 재원 조달에 있다. 대안적 자금원이 없는 한 근로자들에게 추가 부담을 주거나, 아니면 이탈리아처럼 정부가 빚을 낼 수밖에 없다. 전자보다 후자를 먼저 택하는 것이 상징적 의미는 있지만 계속 유지할 수는 없다. 그런 점에서 유럽 연합 내 돈의 흐름보다 유럽 연합 외 국가들 — 예를 들어, 영국 — 의 금융 거래에 더 많은 세금을 부과하는 초미니 세금 제도라도 도입하는 것이 무척 중요해 보인다. 생업 노동 사회의 엄청난 격변을 고려할 때 유럽의 사회 보장 재원을 장차 그 세금 없이 조달하는 것은 상상할 수 없기 때문이다. 가치 창출세 내에서 생업 노동에 부과하는 세금을 어떻게 조정할 것인가 하는 문제도 마찬가지다. 이 역시 지금까지 추진된 적이 없는 정말 중요한 전 유럽적 프로젝트다.

우리는 어떻게 그리로 갈 수 있을까? 지금껏 대다수 경제학자와 정치인은 미래의 기초 생계 보장 문제와 관련해서 주로 비관과 의심의 눈초리로 논의를 진행해 왔다. 일단 이런 분위기를 바꾸어야 한다. 건강한 회의주의는 유익한 면이 있지만, 미래의 거대한 도전을 생각하면 단순히 반대를 위한 반대나, 도구적 이성에 기반한 논박에서 탈피해야 한다. 무언가를 이루려는 사람은 목표를 찾지만, 무언가를 막으려는 사람은 이유를 모은다. 이런 점에서 이제는 논의의 틀을 어리석은 반대 모드가 아닝 실현 가능성을 찾는 긍정 모드로 바꾸어야 한다. 무조건적 기본 소득의 문제는 더 이상 학자들만의 사고 유희가 아니다. 이는 처음 제기된 지 200여 년이 지난 지금, 21세기 산업국들의 사회 보장 시스템의 운명을 좌우할 문제다. 결핍 경제에서 탄생한 기본 소득은 풍요의 경제에서 마침내 제자리를 찾는다. 그것이 근본적 모순으로 실패하지 않으려면 풍요를 이전보다 잘 분배해야 한다. 그래야 오늘날 무조건적 기본 소득에 대한 물음에서 무엇이 중요한지 이해할 수 있다. 문제는 점점 더 첨단 기술화되는 사회를 인간적 향기가 날 만큼 유연하게 만들 수 있느냐이다. 우리는 사람들이 만족스러운 삶을 살 수 있도록 정말 할 수 있는 모든 일을 하고 있는 것일까? 그러려면 어떤 정신적 전제 조건과 교육이 필요한 것일까?

의미 사회는 어떻게 만들어질까?

우리의 교육 시스템은 왜 의미 사회에 맞지 않고, 그렇다면 어떻게 바뀌어야 할까?

자기 역량 강화:
21세기 교육

2021년 10월의 어느 아름다운 날이었다. 베를린의 독일 공무원 노조 건물에 따스한 햇볕이 내리쬐고 있었다. 내부 열기도 뜨거웠다. 노동 사회의 변화에 대한 나의 강연이 끝나고, 금속 노조 위원장 외르크 호프만Jörg Hofmann과 금속 산업 경영자 연합회 회장 슈테판 볼프Stefan Wolf와의 패널 토론이 이어졌다. 교육 문제가 대두되자 토론은 특히 흥미로워졌다. 호프만은 내가 노동의 미래와 관련해서 언급한 직업 영역의 모든 변화, 그러니까 단순 반복적인 일만 주로 하는 일자리는 사라지고 손 기술이 필요한 일이나 지극히 까다로운 서비스직, 첨단 IT나 공감 관련 직업은 살아남을 거라는 말이 모두 사실이라면, 그런 직업들을 위한 교육 시스템이 시급하다고 결론 내렸다. 그러면서 내가 말한 그런 불균형이 생기지 않도록 관련 업계와 직업 영역에 맞춤형 교육 서비스를 제공하는 것이 자신의 목표라고 했다. 볼프도 추가적인 직업 훈련과 최고 수준의 재교육이 필요하다고 덧붙였다. 미래에 더 많은 장인과 요양 보호사가 필요하다면 장차 일자리를 잃게 될 보험업계 종사자와 행정직, 은행원은 사회가 시급히 필요로 하고 노동 시장이 제공하는 일에 딱 맞도록 재교육이 실시되어야 한다는 것이다.

　이 이야기들이 납득이 가지 않는 것은 아니다. 하지만 나는 두 가지만으로는 너무 부족하다고 반박했다. 한편으로는 경제에 맞춤형 인력을 공급하는 것이 교육 본연의 사회적 임무가 될 수는 없다. 교육의 목표는 오히려 직업 활동도 포함하는 충만한 삶이다. 게다가 미래 인력의 필요성은 생각보다 예측하기가 쉽지 않다. 어떤 분야의 전문 인력 부족 현상이 7년 후에도 지금과 똑같을 거라고 예상해서는 안 된다. 나는 학교의 미래에 관한 책[1]에서 이미 내가 고등학교를 졸업하던 해인 1984년, 현장의 엔지니어들이 우리 졸링겐 김나지움에 찾아왔던 일을 언급한 바 있다. 그들은 수학과 물리학에 재능이 있는 학생은 모두 엔지니어나 핵물리학자가 되어야 한다고 열변을 토했다. 산업 현장에 그 분야의 전문 인력이 턱없이 부족하다는 것이다. 5년 후에 기계 공학을 전공한 나의 동급생들 중 절반은 취직을 하지 못했다. 이른바 엔지니어 과잉이었다. 1997년에는 독일 전체 엔지니어의 16퍼센트가 실업자였다. 1980년대에 뜨겁게 인기를 끌었던 컴퓨터 공학도들도 이와 비슷한 주기를 겪었다. 1984년에 핵물리학자가 되기로 결심한 학생들은 말할 것도 없다. 독일 원자력 분야에는 한때 많은 인력이 필요했지만, 상황은 달라졌다. 1982년 11월에 건설을 시작해 1989년에 가동된 발전소가 마지막이었기 때문이다. 경제 및 노동 시장의 예측만 보고 교육 정책을 세우는 것은 위험하다. 그에 따라 기준과 방향을 정하는 것은 상당히 까다로운 문제다.

볼프가 제기한 재교육에 대한 희망도 상황이 별로 좋아 보이지 않는다. 재교육은 생업 노동 사회의 고전적인 도구다. 인생이 어차피 꿈의 콘서트가 아니라면 사람들은 〈더 이상 이 일을 하지 못하면 다른 일을 하면 된다〉는 논리를 따를 수도 있다. 어찌 되었건 일자리가 있는 것이 중요하기 때문이다. 과거에 이는 충분히 선택 가능한 길이었다. 그러나 삶에 대한 훨씬 높은 요구들이 직장 생활에까지 적용되어야 하는 의미 사회에서도 여전히 그럴 수 있을까? 그것도 장차 좋은 교육을 받은 대졸자들뿐 아니라 다른 많은 사람에게도 말이다.

우리 아이들이 10년, 20년 후에 어떤 직업을 갖게 될지는 과거 어느 때보다 예상하기 어렵다. 2011년 미국의 교육 연구자 캐시 데이비슨Cathy Davidson은 아이들의 65퍼센트가 지금껏 존재한 적이 없는 직업 영역에서 일하게 될 거라는 예측으로 유명해졌다. 그녀는 1960년대와 1970년대에 학교를 다녔던 사람들은 오늘날 유전 공학이 대대적으로 연구되고, 성형외과 의사나 생식 의사가 이렇게 인기를 얻게 될 줄은 상상조차 못 했을 거라고 말한다. 스마트폰을 디자인하고, 앱을 장착하고, 소셜 네트워크에 광고를 싣고, 온라인 기자로 활동하고, 인터넷에서 신발을 경매에 부치는 일도 마찬가지다. 데이비슨은 이런 발전 양상이 앞으로 더욱 폭발적으로 전개될 거라고 예상했다.

지금의 우리가 알고 있듯이 이 예측은 과장되었다. 적어도 데이비슨이 예측한 정도로까지는 실현되지 않았다. 그녀가 계산에 넣지 않은 것은 사회적 변화였다. 미래의 노동 세계를 알기 위해서는 사람들이 단순히 10년이나 20년 후에 어떤 직업을 갖게 될지, 그 일을 위해 어떤 능력을 갖추어야 하는지만 물어서는 안 된다. 그들의 삶에서 그 직업들이 어떤 의미가 있는지 함께 물어야 한다. 또한 미래의 인간들은 평생 얼마나 많은 시간 동안 일할 것이고, 여가 시간은 또 얼마나 될 것이며, 여러 측면에서 오늘과는 달라질 세상에서 아이들이 어떻게 자기 길을 찾아갈지도 따져 보아야 한다.

교육 연구자와 정치인들은 아이들을 위한 미래 시나리오를 짤 때 대개 기술적 진보에 대한 유연한 적응에 초점을 맞춘다. 마치 바로 거기에 미래 노동 시장의 가장 큰 잠재력이 있다고 절대적으로 신뢰하는 것처럼 말이다. 그러나 앞서 상술한 바와 같이 IT 세계는 여러 성장 산업 중 하나일 뿐이다. 그것도 수많은 공감 직업에 비하면 한참 뒤처진다. 일견 당연해 보이기는 하지만 결국 근시안적일 수밖에 없는 교육 계획은 모든 고등학생에게 MINT 과목, 즉 수학, 컴퓨터 공학, 자연 과학, 기계 공학의 지식을 높이는 데 집중되어 있다. 미래 독일에는 엔지니어와 IT 전문가가 더 많이 필요할 것이기 때문에 **모든** 고등학생은 장차 그런 과목을 더 많이 배워야 한다는 것이다. 누군가에게는 고문이나 다름없는 일이다.

두 가지 사고 오류가 금방 드러난다. 첫째, 수학에 재능이 없고 성적이 좋지 않은 학생들도 대개 IT 기기의 수많은 기능을 일상에서 손쉽게 마스터한다. 그를 위해 특별히 프로그래밍 세계에 대한 깊은 지식은 필요 없다. 둘째, 중등 교육 과정을 이수하는 모든 학생에게 일률적으로 수학 및 컴퓨터 영역의 지식을 동일하게 요구하는 것은 재능과 성향을 무시한 획일적 교육이다. 일부 학생은 고생고생하면서도 별 진전을 이루지 못하고, 일부 학생은 아예 흥미를 잃고 포기하기도 한다. 따라서 수학이나 컴퓨터 공학처럼 특별한 재능이나 성향을 요하는 과목은 무작위로 섞어 놓은 교실에서 기초 지식 이상을 가르쳐서는 안 된다. 대신에 재능 있는 학생과 그렇지 않은 학생을 분리해서 수준별 수업을 하는 것이 좋다. 그래야만 재능 있는 학생은 더 빨리 나아가고, 재능 없는 학생은 흥미를 잃지 않고 기초 지식을 습득할 수 있다. 모든 학생에게 똑같은 것을 배우도록 강요하는 이른바 컴퓨터 공학 사회주의는 정반대의 결과를 초래한다. 재능 있는 학생은 충분히 발전하지 못하는 반면에 재능 없는 학생은 평생 수학과 컴퓨터 공학을 기피하는 사람으로 변한다.

모든 정파의 정치인을 비롯해 학자와 경제 단체가 한목소리로 외치는 교육 개혁, 즉 〈교육을 위해 더 많은 일을 하라〉 또는 〈교육에 더 많은 돈을 투자하라〉는 요구는 매우 포괄적인 과제다. 이는 단순히 모든 학생에게 MINT 과목의 위상을 더 높이는 작업에 국한되지 않는다. 또한 모든 학교에 초고속 인터넷망을 깔고 디지털 하드웨어 및 소프트웨어 시스템을 강화하는 것만을 의미하지도 않는다. 교육 개혁 혹은 교육 혁명에는 훨씬 더 많은 것이 요구된다. 즉, 21세기 산업국들에서 교육은 무슨 의미이고, 교육의 임무는 어디에 있는지 근본적으로 다시 생각해야 한다. 왜냐하면 이 임무는 기존의 교육 시스템이 의도한 애초의 목적과는 근본적으로 다르기 때문이다.

19세기 초 프로이센이 슈타인하르덴베르크 개혁*으로 국가의 기틀을 다시 세우고자 했을 때 전국에 초등학교를 세우는 아이디어가 최초로 탄생했다. 그러나 프로이센 정부는 빌헬름 폰 훔볼트Wilhelm von Humboldt가 꿈꾸었던 것과는 달리 학교를 통한 국민의 보편 교육을 목표로 삼지 않았다. 그들의 목표는 하나였다. 사회적 필요에 맞는 인간을 양성하자! 이렇게 해서 프로이센을 비롯해 다른 많은 유럽 국가에서는 모든 아이를 새로운 임금 노동 사회와 막 기미를 보이던 성과 사회의 일원으로 키우는 것이 당면 과제로 떠올랐다. 이를 위해 어디서나 써먹을 수 있는 노동 인력을 양성할 〈국민학교〉가 설립되었다. 사회가 분업화될수록 산수와 읽기, 쓰기 능력을 요하는 직업이 더 많이 생겨났다. 훔볼트의 바람과는 달리, 학교는 노동 수요를 최대한 충족시킬 목적으로 존재했다. 실제로 2차 산업 혁명 당시 미국은 공립 학교의 목표를 제너럴 모터스사의 조립 라인에서 일할 인력을 배출하는 것으로 설정했다. 당시 미국의 자동차 산업은 그 어떤 산업보다 분업화가 철저하게 이루어졌고, 그로써 이윤 극대화뿐 아니라 아동 청소년의 교육 제도에도 모범이 되었다.

그와 함께 고도의 능력을 갖춘 전문 인력이나 지도적 위치의 관리직에 대한 수요도 증가했다. 법률가, 엔지니어, 의사,

* 1807년부터 1815년까지 프로이센이 기존의 봉건적 신분 국가 및 농업 국가에서 계몽된 민족 국가 및 산업 국가로 발돋움하려고 실시한 개혁 정책.

건축가, 교수 같은 직업군이었다. 이로써 중등학교의 성격은 바뀌었다. 좋은 가문 출신의 아이들은 해당 전문 수업을 받을 수 있는 곳으로 보내졌다. 이를 위해 다양한 관련 〈과목들〉이 생겨났다. 목표는 전체를 꿰뚫어 보는 시선의 형성이 아니라 나중에 수학, 물리학, 화학, 기상학, 생물학, 역사, 교육 분야 전문가로서 활동하기 위해 최대한 많은 전문 지식을 습득하는 것이었다. 의학, 법학, 경제학 같은 중요 분과는 더 많은 시간을 투자해야 한다는 이유로 대체로 제외되었다. 그 밖에 품행, 성실성, 학교 출석도 향후 취업을 위한 핵심 기준으로서 등급이 매겨졌다. 미래의 근로자나 공무원은 전문 지식을 충분히 갖고 있는 것도 중요하지만, 규범을 잘 지키고 고집을 억제할 줄 알고 직장 생활에 잘 적응하는 것도 그만큼 중요했기 때문이다.

학교 건물도 이런 이념과 정확히 일치했다. 학교는 삭막한 복도와 대칭형 구조를 가진 병영을 모델로 삼아 지어졌다. 아이들은 모두 동일한 연령으로 〈모집해〉 각 학년별로 분류되었고, 동일한 기초 훈련을 받았다. 그런 뒤에야 본격적인 진급 작업이 개시되었다. 즉 성적이 좋지 않은 학생은 일반 〈사병〉으로서 국민학교만 마쳤고, 그보다 성적이 나은 학생은 〈부사관〉으로서 실업 학교로, 성적이 우수한 학생은 미래의 〈장교〉로서 인문계 중등학교인 김나지움에 진학했다. 학교 유형별로 〈교재〉는 누구에게나 똑같았다. 모든 국민학교의 학생은 일정 수준 이상의 성적을 요구받았고, 그것은 실업 학교 학생이나 김나지움 학생도 마찬가지였다. 성적은 통일적인 수치 시스템으로 표기되었다. 시간표는 나중에 직장에서처럼 학교의 일상을 구조화했다. 비교와 비교 가능성이 중요한 목표가 되었고, 학년 평균이 기준이 되었으며, 성취도 수준은 측정 가능한 단위가 되었다. 성적이나 성적 변동에 대한 개인적 동기는 시스템 측면에서 보면 아무 의미가 없었다. 결과와 성적표, 평균 평점이 중요했다. 어떻게, 왜 그런 결과가 나왔는지는 중요하지 않았다. 측정이 불가능했기 때문이다.

여기서 과거형으로 서술한 내용은 구조적 시스템 면에서 보면 오늘날까지도 변경되지 않고 있다. 물론 요즘은 어떤 학생이 왜 일정 수준의 성적을 달성했고, 왜 달성하지 못했는지를 교사 스스로 묻는 경우가 더 많다. 시선은 따뜻해졌고, 개인에 대한 관심도 높아졌다. 그럼에도 19세기 시스템은 여전히 존재한다. 프로이센의 규율과 체벌에서 벗어나 보충 수업이나 상담 같은 완곡한 수단으로 대체되기는 했지만 말이다. 오늘날에는 창의성과 독창성이 바람직한 것으로 여겨지고, 자기 주도성과 공동체 의식이 칭찬을 받는다. 그러나 이런 긍정적인 측면도 학생이 과거에 확고하게 정해진 성적 목표에서 벗어나지 않고 그 안에 머물 때만 의미가 있다. 한마디로 성과는 항상 괜찮은 범위 내에 있을 때만 성과일 뿐이다. 사회학자 하르트무트 로자Hartmut Rosa는 이를 〈비판 없는 직장 생활을 위한 준비 과정〉으로 이해한다. 그러니까 〈만일 직장 상사가 문가에 서서 금요일까지 인도 시장에 관한 모든 정보를 요약해서 보고하라고 해도〉[2] 묵묵히 따를 줄 아는 사람으로 만들려고 한다는 것이다.

여기까지 이 책을 읽었다면 미래에 이런 직장 비서들이 이전보다 훨씬 덜 필요해지라는 것은 굳이 설명하지 않아도 될 듯하다. 21세기에는 고전적 생업 노동 사회가 지식 및 의미 사회로 바뀌게 된다면 우리의 중등학생과 대학생도 정확히 그 사회에 초점을 맞추어 대비시켜야 한다. 이런 생각은 작금의 교육학자나 교육 연구자에게 낯설지 않고, 실제로 자주 언급되고 제시되기도 한다. 하지만 그것이 무슨 소용이 있을까? 교육에 관한 논의는 일상에서건 정치권에서건 여전히 케케묵은 진영 논리와 상투적인 해법으로 매몰되기 일쑤다. 1960년대에는 보수주의자들의 힘이 셌다. 그런데 이후 그 힘이 약화될수록 그들은 오히려 학교가 능력주의의 현장임을 더더욱 고집스럽게 옹호했다. 다시 말해, 학교의 기능은 쭉정이와 알곡을 구분한 뒤, 재능 있는 아이에게 재능 없는 아이에게는 허용되지 않는 특권, 즉 직업 선택의 자유를 보장하는 데 있다는 것이다. 이들 반대편에는 이른바 진보주의자들이 있다. 이들은 보수주의자들의 능력주의 사고를 배격한다. 그것은 궁극적으로 부모가 누구냐에 따라 아이들을 나누는 이념이라는 것이다. 대졸자 부모를 둔 아이들은 고등학교를 마친 뒤 대학에 진학하고, 경제적 취약 계층의 아이들은 그중 탁월하게 공부를 잘하는 경우만 제외하면 대부분 같은 자리에 머물 수밖에 없다. 〈엘리트〉니 〈선민〉이니 하는 용어는 보수주의자들의 이념에 해당하고, 진보주의자들은 줄기차게 기회의 균등을 이야기한다. 보수적 이념은 김나지움 외의 다른 학교들을 별로 중시하지 않는, 인문계 중심의 구

자기 역량 강화: 21세기 교육

식 교육 체제를 지키려 한다. 한편 진보적 이념은 직업 학교와 실업계 학교, 김나지움을 하나로 통합한 종합 학교를 지향한다. 전자는 학습을 경쟁의 장으로 이해하는 반면에 후자는 학습이 최대한 〈즐거운 놀이〉로 바뀌길 원한다.

이런 식의 대치와 논쟁은 1960년대와 1970년대에는 의미가 있었다. 성과 학교와 이른바 조롱 조로 이름 붙여진 놀이 학교는 보수와 진보의 세계관이 되었다. 두 세계관과 관련해서 핵심 질문은 다음과 같았다. 불공정이 나을까, 저조한 성과가 나을까? 두 신념 모두 약점이 없지 않았다. 우선 다윈의 자연 선택에 상응하는 사회 선택의 구상이 아직도 시대적 요구에 맞을까? 우리에게는 그 많은 사람을 낙오자로 만들 여유가 있을까? 다른 한편으로는 따스한 보살핌만 받고 자란 아이들이 전 세계 노동 시장에서 경쟁력이 있을까? 노르트라인베스트팔렌 종합 학교는 어떤 점이 모범적인가?

이런 이념 대립은 50~60년 전의 이야기다. 오늘날 중등 학교와 대학의 개혁을 이야기하는 사람치고 더 이상 자본주의를 옹호하거나 사회주의적 정책을 더 많이 펼치려는 사람은 없다. 게다가 혁신이 절실히 필요한 이 낡은 세계관들은 경쟁력이 없는 것으로 조롱받던 몬테소리 교육학이 현재 실리콘 밸리에서 붐을 이루는 것을 보면 금세 무너지고 만다. 21세기의 과제는 50년 전과 다르다. 자본주의나 사회주의에 대한 이념적 신앙 고백은 시대에 맞지 않고 필요하지도 않다.

아마 과거와 현재의 가장 중요한 차이는 지식에 대한 사람들의 생각과 지식을 획득하는 방식에 있을 듯하다. 1942년에 이미 미국의 자유주의 사회학자 로버트 K. 머튼Robert K. Merton은 미래의 IT 시대를 〈지식 공산주의〉 시대라 불렀다. 모든 사람이 인류 역사상 비교가 안 될 정도로 많은 지식을 소유하게 될 거라는 말이다. 학교와 대학은 더 이상 다른 데서는 얻을 수 없는 지식을 얻는 공간이 아니다. 물론 도처에서 지식을 얻는다고 해서 바로 교양이 쌓이는 것도 아니고, 인터넷에서 정보를 찾고 읽는다고 해서 읽은 것을 평가하는 수고가 사라지는 것도 아니다. 그것은 내용뿐 아니라 출처의 신뢰성 등을 따지는 형식도 마찬가지다. 오늘날 우리가 내면의 기억 하드웨어에 저장하는 상세 정보가 줄어들수록 행간을 읽고, 맥락을 이해하고, 의견과 사실과 구별하려면 더 많은 지능을 투입해야 한다. 인터넷이 언제나 사용 가능한 데이터 뱅크처럼 연결되어 있으면 우리는 마우스를 클릭하는 것만으로 전 세계의 **이용 가능한 지식**에 접근할 수 있다. 그러나 의미와 어감, 중요성, 깊이는 21세기의 진정한 교양이라고 할 수 있을 **방향 정립적 지식**으로만 얻을 수 있다.

지식이 넘쳐 나는 의미 사회에서 현재와 미래에 올바른 방향을 잡으려면 직업적 전문 지식만으로는 부족하다. 훔볼트는 200년도 더 전에 이렇게 썼다. 사람은 〈보편적일 수밖에 없는 지식〉만 필요한 것이 아니라 〈자기만의 성격과 신조에 기초한 교양도 반드시 갖추어야 한다. 만일 모든 사람이 자신의 직업과 상관없이 그 자체로 훌륭하고 품위 있고 신분에 맞게 계몽된 시민일 때에만 분명 훌륭한 장인과 상인, 군인, 사업가가 될 수 있다. 만일 학교 수업이 여기에 필요한 것들을 제공한다면 인간은 훗날 자신의 직업에 필요한 특별한 기술들을 아주 쉽게 습득할 것이고, 인생에서 흔히 일어나는 것처럼 이 직업에서 저 직업으로 넘어가는 자유를 상시적으로 갖게 될 것이다〉.[3]

이 선지자의 말에 담긴, 시대를 초월한 현대성은 놀랍다. 그에 따르면, 단순히 전문 숙련공 교육만 받지 않은 사람만이 훌륭한 숙련공이 될 수 있다. 그렇다면 〈모든 형태의 직업 교육〉에는 〈보편적 인간 교육이 선행되어야 한다〉.[4] 훔볼트는 의미 사회가 도래하기 두 세기 전에 이미 프로테스탄트 전통과는 달리 노동이 그 자체로 자기 목적이어서는 안 되고, 노동이 그저 인간 활동의 중요한 **한 가지 요소**일 뿐임을 알아차렸다. 인간에게는 일을 하는 것 외에 사교나 여가, 향유 같은 다른 동등한 활동도 의미가 있다. 게다가 살면서 직업을 바꾸지 못할 이유가 어디에 있는가? 따라서 학교와 대학은 국가의 경제적 필요성에만 맞추어 교육 방향을 정해서는 안 된다. 가장 중요한 사회적 목표는 완전히 다른 데 있다. 〈일반 시민 사회에 대한 관심과 참여〉가 그것이다.[5]

이 〈관심과 참여〉는 오늘날 훨씬 더 까다로운 것이 되었다. 200년에 걸친 지난 산업 사회의 역사는 끊임없이 증가하는 복잡성과 다양성의 역사였고, 이는 의미 사회에 이르러 더욱 증폭되었다. 예전에는 태어나는 순간 삶의 방향이 정해졌고, 이후 그 길을 따라가는 경우가 많았다. 그러나 지금은 그렇지 않다.

삶의 길은 어지러운 가능성의 덤불로 바뀌었다. 이전에는 농부와 수공업자, 국가 관료의 삶이 요람에서부터 확정되었다면 다중 선택 사회는 더 이상 아무것도 결정해 주지 않는다. 제2차 기계 시대는 볼링공처럼 정해진 궤적대로 흘러가는 삶의 과정을 빠른 속도로 지워 버린다. 대신에 자신이 직접 찾아야 할 뿐 아니라 스스로 구축해야 할 때가 많은 장애물 경주로가 우리에게 주어진다. 또한 우리 사회는 역사상 그 어느 때보다 혁신에 대한 욕구가 높다. 이미 알려진 것을 단순히 재현하는 데 그치지 않고 사물을 변경하거나 자신을 위해 새롭게 창조할 때만 성공하는 경우가 많다.

의미 사회에서 자기 길을 개척해야 하는 사람은 복잡한 과정들을 이해하고 관리할 수 있어야 한다. 여기서 가장 복잡한 과정은 대개 직업이 아니라 바로 삶 자체다. 내가 창업을 하든, NGO를 설립하든, 다람쥐 쳇바퀴 같은 삶이 싫어 잠시 직장을 쉬든, 아이들과 더 많은 시간을 보내기로 결정하든, 6개월 정도 다른 대륙에서 자원봉사를 하든, 몇 년 간 직장을 다닌 후 독립하기로 결심하든, 더 많은 시간을 내어 연로한 부모님을 돌보기로 하든, 아니면 이 중 몇 가지를 동시에 추진하든지 간에, 유연하고 창의적인 해결책을 수립해야 한다. 그 밖에 자기 자신을 지키기 위한 전략도 짜야 한다. 전통적인 생업 노동 사회의 조부모 세대는 아예 선택권이 없어서 결코 내릴 수 없었던 결정을 이제 우리는 스스로 내려야 한다.

이전에는 대체로 앞날이 보이는 삶이 있었다면 이제는

스스로 만들어 가는 삶이 있다. 과거에는 인간의 삶을 뒤흔든 것이 주로 전쟁, 경제 위기, 시스템 변화, 추방, 피난, 초인플레이션 같은 굵직굵직한 정치적 사건이었지만, 오늘날의 현대화된 산업국에서는 개인적인 사건들이 강세를 보인다. 삶은 학습 단계와 이후의 여러 시기로 나누어진다. 아울러 우리가 자라 온 환경의 확고한 지침은 사라진다. 예전에는 그렇게 단단하던 노동 세계의 상수들까지 포함해서 말이다. 보호 난간이나 지침이 없는 삶이라면 스스로 혼자 걸어갈 힘이 필요하다. 이런 상황에서 무엇보다 방향을 가리켜 주는 것이 교양이다. 다시 말해, 교양은 외부 좌표가 더는 길을 가르쳐 주지 않을 때 삶의 과정을 헤쳐 나가는 데 도움을 주는 내부 좌표 시스템이다. 사회학자이자 교육 연구자인 구드룬 크벤첼Gudrun Quenzel과 클라우스 후렐만Klaus Hurrelmann은 이렇게 표현한다. 오늘날 교양은 〈점점 높아지는 문제 해결 능력에 대한 요구를 충족시킬 가능성이다. 그런 만큼 교양의 습득은 선택권과 발전 가능성을 확장시켜 나갈 전제 조건이 되어 가고 있다. 그러나 자기 삶을 개인적 목표에 따라 형성하라는 요구는 젊은이들에게 좌절감을 불러일으킨다〉.[6]

　　달리 표현해서, 교양은 **살아 있는 지식**이다. 우리의 경험적 지식과 판단력, 그리고 스스로를 구축해 나가는 능력은 타인과의 관계에서 검증되고 습득된다. 이를 위해서는 그런 능력의 습득을 가능케 하고 창의성과 독창성을 북돋우는 교육 환경이 필요하다. 좋은 아이디어는 진공 상태가 아니라 가정이나 친구 그룹, 혹은 유치원이나 학교에서 생겨난다. 게다가 그것들은 단순히 생겨나기만 해서는 안 되고, 더더욱 번성해서 남들에게 그 자체로 인정받아야 한다. 미래에는 어떤 세상이 펼쳐질지 정확히 알 수 없기에 이제는 학교에서 무엇을 얼마만큼 세세하게 가르칠지는 별로 중요하지 않다. 같은 나이의 아이를 모아 정확히 똑같은 것을 가르치는 것도 마찬가지다. 그보다 아이들 스스로 최대한 많은 것을 배우고 깨칠 수 있는 역량을 강화하는 것이 중요하다. 학교에서는 아이들에게 스스로 배우는 법을 가르쳐야 한다는 훔볼트의 꿈은 오늘날 그 어느 때보다 의미가 깊다. 장차 우리 아이들이 자신의 삶을 성공적으로 통제하고 의미로 채우기 위해 정확히 무엇이 필요한지 모르는 만큼, 우리는 아이들이 삶에서 스스로 배우는 법을 배우고 혼자 힘으로 목표를 설정할 수 있도록 도와야 한다.

호기심을 키워라:
시대에 맞는 교육학의 목표

〈나는 미래를 떠올릴 때마다 언젠가 젊은 친구들이 지루해하지 않으면서 배울 수 있는 학교를 꿈꾼다. 이것은 문제 제기와 토론이 권장되는 학교이자, 원치도 않는 대답을 들으라고 강요하지 않는 학교이자, 시험을 위해 공부한 것이 아니라 무언가를 배우기 위해 공부하는 학교다.〉[1]

철학자 칼 포퍼Karl Popper가 스무 살이던 1922년에 품은 이 꿈보다 더 훌륭하게 좋은 학교를 표현한 말이 있을까? 그가 나이 들어서도 자주 떠올린 꿈이었다. 많은 학생, 교사, 교육 정치인, 교육 연구자도 분명 이에 동의할 것이다. 독일 교육 시스템의 비판가들이 요구하는 것도 바로 이것이고, 우리의 기존 학교 시스템이 최선이라고 생각하는 사람들조차 고개를 끄덕이며 이것이 학교 교육의 목표라고 인정할 것이다. 학생들을 책임감 있고 호기심 많고 독립적인 인간으로 키우라고 말하는 공식적인 문장은 수도 없이 많다.

그렇다면 교육 목표와 관련해서는 논란의 여지가 없다. 다만 그것이 대다수 독일 학교에서 최대한 실현되고 있는지는 지극히 의문스럽다. 교육 목표가 학교의 구조적 시스템에 반영되어 있을까? 많은 과목으로 나누어 따로따로 가르치는 지식은 학생들의 방향 정립을 강화하지 않고, 호기심에도 인위적인 한계를 설정한다. 하루에 대여섯 과목씩 가르친다면, 호기심을 증진시키는 데 도움이 되지 않는다. 성적을 수치로 평가하는 시스템은 학생의 지식이 얼마나 살아 있는 지식인지를 파악할 수 없다. 사전에 엄격하게 정해진 교재는 학생의 자기 조직화를 북돋우지 못한다. 상황에 따라 단 1년만 한 학년에서 비주요 과목을 가르치는 교사는 아이들의 호기심을 불러일으킬 만큼 모든 학생과 살아 있는 관계를 구축하지 못한다. 같은 연령의 모든 아이에게 동일한 학습 속도와 동일한 성취 기준을 요구하는 것은 재능 있는 학생에게든 공부에 취미가 없는 학생에게든 옳지 않다.

비교의 장점을 최대한 살리면서도 개인의 호기심을 키우고 촉진해야 한다는 요구는 양립할 수 없는 모순처럼 보인다. 두 가지를 동시에 이루려는 것은 최고의 학교나 교사에게도 대체로 무리한 요구일 수밖에 없다. 교육은 결코 경쟁이 아니다. 우리는 타인과 비교하면서 자신을 쌓아 나가는 것이 아니라 우리 자신을 위해 스스로를 구축해 나가야 한다. 물론 놀이식의 즐거운 경쟁이 이 목표를 뒷받침할 수는 있더라도 말이다. 가능한 한 많은 사람을 위한 교양 축적이라는 훔볼트의 교육적 이상은 만일 교양이 〈물질적인 측면〉이 아니라 정신적 자기 형성이라고 한다면 정기적 시험이나 성적, 숙제라는 고정된 틀로는 결코 성취될 수 없다. 왜냐하면 학교 현장에서 여전히 주도권을 행사하는 것은 개인적 호기심이나 자기만의 지식 발전, 개별적 교양 수준이 아니라 교과 과정과 학년별 성취 목표이기 때문이다.

200년 넘게 독일 학교들을 지배한 교육 목표는 그 옛날 훔볼트가 원했던 개인의 인격 발전이 아니라 고전적 생업 노동 사회에 대한 적응이었다. 교육을 오직 국내 총생산 증진을 위한 유용한 도구로만 보는 교육 연구자들이 여전히 늘어나고 있다. 그들이 사용하는 용어도 주로 경제학 용어들이다. 그들은 〈교육 자본〉과 〈인적 자본〉에 대해 이야기하고, 〈교육 자원〉과 〈교육 시장〉을 바라본다. 또한 교육을 〈장기적인 경제 성장의 핵심 요소〉로 간주한다.[2] 이것이 의미하는 바는 분명하다. 한 사회의 교육 수준이 높을수록 경제적으로 더 생산적이라는 말이다. 교육이 중요하다면 그것은 이 때문이지 다른 이유는 없다.

21세기 초에 우리가 아무렇지도 않게 경제적 용어로 개인적 욕구와 사회적 관계를 설명하는 것을 보면 후대 사람들은 고개를 절레절레 흔들지 모른다. 여기에는 어쨌든 교육이 주로 세상 속에서 올바른 방향을 찾아 나가고 자기 자신과 잘 지낼 수 있도록 도와야 한다는 생각은 담겨 있지 않다. 교육이 무엇이고 무엇을 해야 하는지를 경제학적 용어로 충분히 설명할 수 있다고 여기는 것은 의미 사회에서 벗어나고 의미 사회를 제대로 이해하지 못하는 고전적인 생업 노동 사회의 유물이다.

생업 노동 사회에서 의미 사회로의 전환기에 〈역량〉이라는 말은 흥미로운 중간 역할을 한다. 1974년에 이미 독일 교육 위원회에 의해 도입된 이 용어는 1990년대에 선풍적인 인기를 끌었다. 교육 시스템은 이제 지식 대신 점점 그 목록이 길어지는 역량을 키우는 데 주력해야 한다는 것이다. 지식이 정신적 또는 육체적 행위로 이어질 때만 유용하다는 생각은 획기적이었다. 이제는 단순히 무언가를 아는 데 국한되지 않고 이를 토대로 무언가를 **할 수 있어야** 했다. 하지만 다른 한편으로 역량 교육학은 여전히 낡은 생업 노동 사회의 사고에 너무 속박되어 있었다. 왜냐하면 수백 가지 역량을 따로따로 분리함으로써 교육을 흡사 노동 분업처럼 무수한 작은 단위로 쪼갠 다음, 이 조각들을 세밀하게 구분해서 개별적으로 훈련시켰기 때문이다. 이는 전체 몸의 역량 강화를 위해 각 근육을 개별적으로 훈련시키는 구상과 대체로 일치한다. 그러나 몸의 운동 과정에는 늘 여러 근육이 동시에 관여하듯 정신적 형성 과정도 그와 다르지 않다. 자기 조직화와 자기 역량은 개별적으로 획득하거나 훈련한 역량의 단순한 합으로 이루어져 있지 않다. 올바른 길을 찾는 과정은 항상 부분의 합 이상이다. 역량들의 독립적이고 개별적인 네트워킹을 통해서만 교양이라는 이름의 개인적인 무늬가 생겨난다. 훈련을 통해서는 결코 가르칠 수도 없고 주입할 수도 없는 자기만의 고유한 무늬다. 이런 형태의 교양은 즐거움과 호기심으로 무언가를 배울 때만 가능하다. 또한 배움의 과정에서 이것을 〈그 과목과 상관없는〉 것과 연결시킬 수 있고, 나의 고집과 엉뚱한 판타지를 그에 적용시킬 여유가 있을 때 가능하다. 정신의 네트워킹은 결코 두뇌 기술이 아니다. 그것은 마치 옷을 짤 때처럼 갖가지 실로 함께 짜나가는 것이다!

    그 때문에 지식에서 역량으로의 변화는 기대한 소임을 지금껏 다하지 못했다. 낡은 생업 노동 사회의 확고한 틀에 따라 움직이지 않는 사회에 맞게 현대적 교육을 안착시키지 못했다는 말이다. 교육 시스템을 의미 사회에 맞게 바꾸려면 훨씬 많은 것이 요구되는데, 그중에서도 특히 피상적이고 과보호적인 교육학의 철폐가 요구된다. 각자 고유의 성격을 형성하려면 자유와 자기 발전의 공간, 자기만의 도피처와 은신처, 직관과 감정, 우회로와 변덕이 필요하다. 삶의 무수한 영역에서 어떤 디지털 기술보다 인간을 더 뛰어나게 만드는 것이 바로 이런 유형의 성숙이다. 이는 향후 수십 년 뒤에도 인간이 복잡다단한 문제에서 AI 프로그램보다 더 나은 결정을 내릴 수 있도록 보장할 것이다.

    자기 역량 강화와 자기 조직화가 의미 사회의 핵심 기준이라는 사실은 더 이상 긴말이 필요 없다. 삶을 자유롭고 독자적으로 설계할수록 나 자신을 더 잘 이해하고 나 자신과 더 잘 관계를 맺을 수 있다. 그것은 삶과 직업 활동에도 똑같이 적용된다. 자영업을 하든 직장을 다니든, 사무실에 출근을 하든 재택근무를 하든 자기 주도성, 팀 정신, 문제 지향성, 독립적 사고, 이 모든 것은 미래의 많은 활동에서 끊임없이 반복될 능력이다. 우리는 이 관련성들을 더 잘 이해할수록 더 많은 지식을 생산하고 새로운 과제를 찾아내서 능숙하게 통제할 수 있다.

    이는 일시적 또는 장시간 실직 상태에 있으면서 기본 소득으로만 생활하는 사람에게도 똑같이 적용된다. 스스로 동기를 발견하는 것은 이들에게 특히 중요하지 않을까? 창의성, 독창성, 호기심, 자기 주도성, 공동체 의식, 이런 요소들은 출근할 직장이 없거나 다른 일도 하지 않는 사람에게 꼭 필요한 능력이 아닐까? 무슨 일을 하건, 확고한 자의식, 자기 목표에 대한 설렘, 타인에 대한 긍정적 태도는 인생에 항상 도움이 되지 않을까? 직업에 도움이 되는 것은 경우에 따라 직업을 바꿀 때도 도움이 되고, 마찬가지로 돈을 버는 것과 상관없는 다른 많은 활동에도 유익하다.

무조건적 기본 소득이 젊은이들에게는 큰 도전임을 도외시해서는 안 된다. 생계에 대한 직접적인 압박에서 벗어나면 이제 자신에게 주어진 자유를 어디에 쓸지 생각해야 한다. 성공적인 삶을 위해서는 상당한 호기심과 적극적인 활동성이 반드시 필요하기 때문이다. 외부 압력이 최소한 일부라도 제거되었다면 이제는 내적 동기가 중요해진다. 내적 동기, 즉 자발적으로 내켜서 하는 행위는 예부터 외적 동기, 즉 외적 보상으로 인한 행위보다 늘 우월한 것으로 간주되어 왔다. 내적 동기로 움직이는 사람만이 자기 행위에서 지속적인 행복을 얻을 수 있다. 교육 시스템은 아이들에게 대체로 매우 강하게 나타나는 내적 동기를 학교를 통해 파괴해서는 안 된다. 그럼에도 훗날 돈을 위해 일하듯이 성적을 위해 공부하는 등의 외적 동기화는 내적 동기의 희생 속에서 너무 자주 발생한다. 아이들을 대상으로 실시한 실험들이 그것을 매우 명확하게 보여 준다.[3]

내적 동기의 가장 좋은 토대는 풍부한 내면세계다. 관심이 많고 열심히 참여하는 사람일수록 일반적으로 호기심이 더 많다. 그런 점에서 내적 동기와 교육은 밀접한 관련이 있다. 직업 활동뿐 아니라 생의 다른 시기에서도 말이다. 이는 특히 사회적, 정치적 영역에도 해당된다. 민주주의가 원활하게 돌아가려면 민주적 과정을 이해하고 거기에 참여하는 시민이 많아야 한다. 주로 종교로 결속되지 않은 사회에서는 교육이 사회적 유대의 가장 중요한 요소 중 하나다. 인류사에서 비교적 교육을 많이 받은 사회가 그렇지 않은 사회보다 일반적으로 더 평화롭다고는 말할 수 없다. 20세기에 독일이 두 차례나 벌인 대규모 침략 전쟁만 살펴보아도 알 수 있다. 그러나 적어도 복잡한 사회 **내에서만큼은** 교육받은 사람이 부족할 때보다 많을 때 사회적 결속력이 더 강하다고 분명히 말할 수 있다.

어쨌든 의미 및 지식 사회에는 적절한 정보와 적절치 않은 정보, 사실과 추측, 일리 있는 말과 헛소리를 구분하는 능력이 필요하다. 또한 자신의 지식이 절대적인 지식이 아니고 무조건 옳은 지식이 아님을 아는 사람도 필요하다. 편견 없이 동등하게 소통하려면 훌륭한 훈련과 사회적 공감력이 수반되어야 한다. 화를 내지 않으면서 상대의 반론을 받아들이는 법을 배우고, 잘못을 인정하고, 패배를 이겨 내고, 불안을 시인하고, 자기 힘으로 무언가를 과감하게 시도하고, 타인에게 동기를 부여하고, 타인을 지원하는 등의 일은 인습적 학교 수업에서는 폭넓게 훈련될 수 있는 자질이 아니다. 지금의 학교처럼 소수의 상위권만 성공하고 나머지는 〈대충 살아가는〉 시스템은 동기 부여와 공동체 정신을 위한 최고의 훈련이 아니다.

교육의 핵심 요소는 사려 깊은 배려다. 헤겔도 이미 알고 있었듯이, 교육은 단순히 시대를 초월한 진리 및 지혜의 단순한 축적과 전달이 아니라 살아 있는 실천이다. 다시 말해, 삶을 헤쳐 나가고 스스로 설정한 목표를 달성하는 데 도움을 주는 기본 장비다. 여기에는 실패에 대처하는 방법도 포함된다. 특히 경제계에서 실패를 허용하고 엄히 처벌하지 말아야 한다는 요구가 반복적으로 제기되는 것에 유의할 필요가 있다. 그러나 현실에서 우리 교육 시스템은 실패를 매우 제한된 범위 내에서만 허용한다. 한 학년에서 교과 목표를 두 번 달성하지 못한 사람은 김나지움이나 실업 학교를 떠나야 한다. 그렇다면 교육 시스템은 실패를 통해 배우는 것을 허용하지 않는 셈이다. 거듭된 실패는 사회적 추락이나 배제를 의미한다.

그 이유는 쉽게 설명할 수 있다. 우리는 19세기 이후 졸업장과 자격증, 성적표에 너무 막대한 의미를 부여해 왔기 때문이다. 지금은 물론이고 앞으로 더더욱 우리가 서류로 증명된 근면성보다 보이지 않는 창의성을 더 높이 평가하게 된다면, 졸업장이나 성적표는 기존의 절대 권력을 잃게 될 것이다. 사람을 졸업장에 따라 판단하는 것은 고전적 생업 노동 사회에서는 포기할 수 없는 부분이었다. 사실 19세기 중반 이전에는 그런 문서가 그리 중요하지 않았다. 그것이 진전된 의미 사회에서도 지금만큼 그렇게 중요하게 여겨지지 않으리라는 것도 충분히 예상할 수 있다. 창의성은 성적표와 학위증, 자격증 같은 자질을 증명하는 현대의 포트폴리오에 기록될 수 있는 성질의 것이 아니다. 게다가 그런 자격증을 갖고 있다고 해서 창의적인 사람으로 증명되는 것도 아니다. 학위증과 증명서는 그 소지자를 마치 절대적 전문 지식과 특별한 능력이 있는 사람처럼 만들어 주지만, 사실 누군가를 〈전문 지식인〉으로 증명하는 서류는 그저 확인할 수 없는 애매한 가치일 뿐이다. 오늘날 대학 운영의 투명성과 전 세계적 지식 네트워크를 감안하면 그런 서류들은 현대적으로 디자인된 호텔에 비치된, 상당히 시대에 뒤떨어진 낡은 가구처럼 보인다.

물론 미래에도 고등학교나 대학 졸업장의 형태로 취득하는 자격증은 의미가 있을 것이다. 다만 형식적인 문서로 증명된 이 지식은 하나의 보충 자료일 뿐 모든 것을 포괄하는 목표가 될 수는 없다. 증명서는 주로 그것을 취득한 사람들의 자존감을 높여 주는 가치가 있다. 그러나 기업과 조직들은 지난 수십 년의 경험을 통해 그런 형식적 서류들을 덜 신뢰할 것이다. 이것들은 폭발적인 남발뿐 아니라 성실한 학생들이 그것을 취득하기 위해 삶의 경험을 외면해야 한다는 점 때문에 평가 절하 된다. 또한 객관적 신뢰 상실로 인한 가치 상실도 크다. 경제학자, 유전학자, 신경 과학자, 컴퓨터 공학자가 20년 전에 배운 지식은 오늘날 대부분 시대에 뒤떨어져 있다. 지식 사회에서는 점점 짧아지는 지식의 반감기로 인해 지식을 신뢰할 수 있는 시간적 간격도 점점 줄어든다.

호기심을 키우라: 시대에 맞는 교육학의 목표

학교를 졸업하는 사람에게는 이제 반평생 넘게 계속 배우겠다는 강한 의지가 필요하다. 이런 이유로 졸업장이나 특정 교과 과정보다 학생들을 평생 학습에 대비시키는 것이 학교의 큰 임무로 부각되고 있다. 이를 위한 가장 중요한 전제 조건은 일단 즐겁게 배우는 것이다. 학습 과정에서 긍정적인 경험을 겪은 사람만이 졸업 후에도 호기심을 갖고 흥미롭게 배울 준비가 되어 있을 것이다. 그렇지 않으면 동기가 부족해지고, 동기가 충분하지 않으면 크나큰 문제가 생겨난다. 장차 일자리가 줄어드는 상황에서 고등학교나 대학을 졸업한 후 지속적으로 학습을 하지 않게 되다가 언젠가 제로에 이르는 것은 상당히 큰 문제가 되기 때문이다. 의미 및 지식 사회에서는 장기적으로 거의 변하지 않는 무수한 루틴에 따라 움직이는 고전적 생업 노동 사회보다 평생 학습에 대한 요구가 훨씬 높다.

미래에 필요한 삶의 기술은 자기 동기 부여다. 어린이와 청소년뿐 아니라 성인도 지속적으로 동기를 북돋우는 교사 없이도 자가 학습을 위한 동기를 스스로 만들어 내야 한다. 그렇다고 배움의 즐거움을 학교에서 몰아내서는 안 된다. 어린아이든 성인이든 자신이 **왜, 무엇을 위해** 배우는지 알 때 가장 잘 배운다. 그래야 배움이 즐겁거나 만족스럽다. 혹은 무언가에 대한 앎이 유익하고 실용적이고, 스스로 똑똑하게 느껴질 것이다. 이는 아이보다 어른에게 더 절실하게 충족되어야 할 조건이다.

평생 학습에 대한 불가피성과 기회는 단순히 교육 과정의 확장에 그치지 않는다. 이는 교육에 대한 사회적 이해에 깊은 영향을 끼친다. 학교와 학원 같은 기관에서만 배움이 가능했던 세계가 이제는 누구나 컴퓨터와 인터넷으로 스스로 배울 수 있는 세상으로 변하고 있다. 지식 사회에서는 기존의 교육 기관만으로는 충분치 않고, 그 외에 대안이 없는 것도 아니다. 그것은 전 세계 수백만 명의 사람에게 무수한 지식 분야에 관한 강의를 무료로 제공하는 온라인 아카데미의 붐만 떠올려 보아도 알 수 있다. 특히 자연 과학 분야는 전 세계적으로 인기가 매우 높다. 학교에서 이해하지 못했거나 더 자세히 알고 싶은 내용을 교육학적으로 탁월한 전문가와 노벨상 수상자들이 온라인에서 아주 쉽게 풀이해 주고 있다. 또한 10년 전부터는 유튜브에서도 일부 학교와 대학이 학생들에게 제공하는 강의보다 교육적으로 더 나은 강의를 폭넓게 제공하기도 한다.[4]

지식 사회에서 추가 교육 기회는 결코 부족하지 않다. 다만 결정적인 질문은 그 기회를 누가 이용하느냐이다. 지금까지는 주로 평균 이상의 교육받은 사람들이 추가 교육의 혜택을 누렸다. 그와 함께 〈비공식적인 경로를 통한 지식 습득〉은 〈끊임없이 스스로를 계속 교육하는 사람들과 그렇게 하지 않는 사람들 사이의 격차를 더욱〉 벌리고 있다.[5] 평생 스스로를 교육하는 사람들이 늘어날수록 그렇게 하지 않는 사람들은 더욱 눈에 띄고 기회를 잃는다. 원칙적으로 디지털 시대는 다방면의 학습 가능성을 통해 교육 취약 계층의 아이들에게도 새로운 기회를 제공하는 것처럼 보인다. 하지만 현실은 냉정하다. 사회적 격차가 줄어들기는커녕 오히려 더 벌어지고 있다.

호기심을 키워라: 시대에 맞는 교육학의 목표

의미 사회가 서서히 노동 세계로 진입해 모든 근로자의 권리를 높이는 것처럼 교육에 대한 사회적 요구도 현재 수준에 머물러서는 안 된다. 단순 반복 작업만 수행하는 것으로는 더 이상 충분치 않다. 그것은 지금까지처럼 상위 3분의 1에게만 해당되는 것이 아니라 앞으로는 모든 사람에게 해당된다. 그렇다면 학교와 사회에 주어진 과제는 막중하다. 어떤 아이도 뒤처지게 해서는 안 된다. 그렇지 않으면 기본 소득 사회에서도 노동 귀족 계급과 〈부양 계급〉으로 사회가 분열될 위험이 크다. 우리가 이 과정에 단호하게 개입하지 않으면 변화하는 노동 사회는 그런 분열로 치달을 수밖에 없다. 따라서 생업 노동 사회에서 의미 사회로의 전환은 타율적 삶에서 자기 주도적 삶으로의 거대한 문화적 변혁을 요구한다. 의미 사회의 사람들이 어떻게 행동하든 결국 그들이 어떻게 길을 헤쳐 나갈지는 인간학을 포함한 인간 존재의 초기화가 아니라 살아 있는 문화와 일상적인 실천에 달려 있기 때문이다.

열두 가지 원칙:
미래의 학교

젊은이들이 하루하루 좋은 계획을 세울 수 있도록 북돋우는 교육 시스템이 없다면, 아무리 의미 사회라고 하더라도 대다수 사람에게 지속적인 축복이 될 수 없다. 이 대목에서 20세기 초 교육 개혁 시절부터 아이디어 차원에서 제기되었다가 전면적으로 실시되지 못한 많은 것을 다시 집어 들 수 있다. 이탈리아 의사이자 교육자인 마리아 몬테소리Maria Montessori가 표현한 〈자신의 건축가〉로서의 아이는 고전적인 생업 노동 사회에서는 환영받지 못했다. 그러다 보니 발달 심리학과 아동 학습에 대한 그의 훌륭하고 올바른 통찰은 널리 실행되지 못했다. 대신에 20세기의 교육 스펙트럼은 숫자 면에서는 그다지 의미가 없는 몬테소리 학교나 발도르프 학교처럼 일부 특별한 혁신 학교로 확장되었다. 따라서 이것들은 학교 시스템의 전반적인 개혁이라기보다 개별적인 개혁 프로그램에 가까웠다.

대안 교육의 일부 아이디어는 제도권 교육에 전반적으로 반영되기 어려웠기에 전통적 학교 시스템에는 극히 제한적으로만 도움이 되었다. 게다가 학교 컴퓨터실은 개별 학습을 가능케 하지 않았고, 〈배우는 것을 배우다〉라는 과목도 타율적 학습의 방향을 바꾸지 못했으며, 몇 가지 신설된 프로젝트도 기존의 수업 방식에 변화를 주지 못했다. 또한 학생들의 자기 평가 시스템도 학교의 성취도 평가 시스템이 본질적으로 바뀌지 않은 상태에서는 내적 동기를 불러일으키지 못했고, 교실에서의 작은 그룹 활동도 아이들을 팀 플레이어로 만들지 못했으며, 신설된 몇몇 스포츠 활동도 학교에서의 학습을 〈생동감 넘치게〉 변모시키지 못했다.

독일 학교에 **개별적** 변화가 필요하다. 19세기의 교육 시스템을 점진적으로 극복하는 것은 학교마다 그 방식이 조금씩 다르고 요구 사항도 차이를 보일 수밖에 없는 야심 찬 목표다. 2013년 필자는 더 나은 학교를 위한 열 가지 원칙을 정리했는데, 이 원칙들은 지금도 그 유효성을 잃지 않고 오히려 절실해졌다.[1] 여기서는 두 가지를 더 보충해서 재차 설명해 보겠다.

몬테소리 이후 아이들을 〈가르치려고 하지 말고〉 아이들 스스로 무언가를 배울 수 있도록 돕는 것이 교육적으로 더 낫다는 현명한 통찰이 자리 잡았다. 첫 번째 원칙은 아이의 **내적 동기**를 파괴하는 것이 아니라 **육성**하는 것이다. 내적 동기를 키우려면 아이들에게 이것저것을 제공하는 대신 무엇보다 학습 동반자의 역할에서 때맞추어 물러나야 한다. 아이들도 당연히 지루할 수 있다. 단순히 내키지 않은 수업에 들볶이기 때문만이 아니다. 아이의 잠재력을 키우기 위해 노력한다는 것은 아이에게 너무 많은 것을 요구하는 것도 아니고, 온갖 영역에서 아이의 잠재력을 살펴보고 끌어내서 소모적으로 사용해 보는 것도 아니다. 내적 동기는 예민한 식물과 같다. 자극이라는 물을 주지 않으면 죽지만, 너무 많은 물과 비료를 주면 죽기 십상이다.

두 번째 원칙은 아이들에게 **개인적 학습**을 허용하는 것이다. 과거의 개혁 교육학이 개별 학습으로 이해하고, 미국 교육자 살만 칸Salman Khan 같은 교육 사업가가 환상적인 학습 소프트웨어로 개발한 것은 오랜 요구의 현대 버전이다. 다시 말해, 어린 친구들의 욕구와 재능, 학습 속도에 초점을 맞추어 스스로 이 속도를 제어할 능력을 키워 주자는 것이다.[2] 예전처럼 도서관에서 이 책 저 책을 뒤적이든, 오늘날 인터넷에서 디지털 미로를 항해하든 둘 다 본질적으로 똑같다. 다만 온라인에서는 배움의 과정이 덜 감각적이지만 훨씬 간편하고 빠르다. 이런 식으로 호기심을 채워 나가고 놀이 형식으로 배우는 사람은 독립의 기쁨을 경험할 뿐 아니라 자기 신뢰도 점점 커져 간다. 이런 심리 상태로 배운 것은 표준화된 학교 수업에서 배운 것보다 평생 유지될 가능성이 월등히 높다. 만일 교사가 이 과정에서 학생들을 도와주고 숱한 유혹적 이탈 요소를 차단시켜 준다면 일부 지식 영역에서의 건설적 학습은 제한 없이 이루질 수 있다. 그 밖에 학년을 뛰어넘어 학생들 간의 상호 도움과 자극도 상당히 긍정적인 역할을 할 것으로 보인다.

세 번째 원칙은 지식 세계를 단순히 〈주제〉나 〈과목〉으로 국한시키지 않고 그 좁은 틀을 벗어나 배우게 하자는 것이다. 교육 전문가 라인하르트 칼Reinhard Kahl은 말한다. 〈국한된 지식〉은 〈그냥 지식 전문 판매자에게 맡기는 편이 낫다〉. 지금 우리에게는 좁은 틀에 갇힌 지식이 아니라 사물 및 세계 관련성들의 의미를 이해하는 것이 중요하다. 학습 목표가 충분히 공감이 가거나 흥미로울수록 우리는 더 많은 것을 더 쉽게 배우고, 더 잘 기억한다. 게다가 개인적 학습을 통해 얻은 인식들이 이 영역으로 흘러와 서로 간의 호기심을 더욱 높일 수 있다. 지리, 역사, 물리학, 화학, 생물학, 경제, 정치의 많은 영역은 학습자 스스로 선택하고 계획해 나가는 **프로젝트들** 속에서 가장 잘 이해될 수 있고, 이것들은 최종적으로 자기 자신의 프로젝트로 이어진다.

네 번째 원칙은 **애정**이다. 아동과 청소년이 공동체 내에서 따뜻한 보살핌을 받을수록 더 즐겁고 쉽게 배운다는 것은 학습 심리학에서 이미 충분히 입증되었다. 문제는 이것이 꼭 같은 학년에만 국한되어야 하느냐이다. 처음 6년 동안은 학년별로 나누어 학습하는 것이 의미가 있을 수 있지만, 중등 과정까지 그래서는 안 된다. 늦어도 7학년이 되면 학년을 뛰어넘어 우정을 쌓게 해야 한다. 이렇게 쌓인 우정은 사회적으로 어려운 상황을 헤쳐 나가는 데 도움이 된다. 같은 나이보다 더 중요한 것은 비슷한 관심사이고, 이를 토대로 학습 팀을 꾸리고 우정도 키울 수 있다. 다만 여기서 학급 공동체에 대해 너무 낭만적인 생각에 빠져서는 안 된다. 아무리 좋은 학급도 정신적 동일체라기보다는 비상 상황의 일시적 공동체에 더 가깝기 때문이다. 같은 학년의 거의 모든 학급에는 왕따나 성적 부진아가 있기 마련이다. 고착화된 학년 구조를 조기에 해체할수록 학년을 넘어 우정을 쌓고 배우는 과정은 훨씬 더 쉽게 이루어진다.

하지만 그리되면 전교생이 〈뿔뿔이 흩어지지〉 않을까? 이런 우려 때문에 학교에서 **관계 문화와 책임 문화**를 조성해야 한다는 다섯 번째 원칙이 나온다. 그것도 단순히 수사학적 차원이 아니라 실제 조직적 차원에서 말이다. 기존의 학교에는 교장 한 명과 약 100명의 교사가 있다. 그렇기 때문에 학교 지도부와 교사들 간의 긴밀한 협력 관계는 매우 어렵고, 서로 피상적으로만 아는 경우가 많다. 그것은 교사와 학생의 관계도 마찬가지다. 한 해에 한 학년을 가르치다가 이듬해에 다른 학년을 맡는 화학 교사는 학생들에 대해 더 많은 알게 될 가능성이 적다. 학생들에게 개인적인 책임감을 느끼지 못하는 것은 말할 것도 없다. 따라서 학교 조직을 개별 학습 센터로 나누는 것이 필요하다. 1학년부터 10학년까지 A 반의 학생들은 하나의 학습 센터에 속하고, B 반의 학생들은 다른 학습 센터에 속하는 식이다. 각 학습 센터는 한 사람의 센터장이 관리와 책임을 맡는데, 영어권의 칼리지 시스템과 비슷하다. 많은 학생이 〈해리 포터〉를 통해 잘 아는 시스템이다. 이로써 한 학교의 교장에게는 각 센터를 잘 아는 중간 단계의 담당자가 생긴다. 그것은 학생과 교사들도 마찬가지다. 이제는 익명의 대규모 교사 그룹이 아니라 같은 팀에 배정된 소규모의 교사 그룹이 중심에 선다. 학생들은 1학년부터 10학년까지 이 교사들을 상대하는데, 그로써 실질적인 관계와 진정한 책임감이 생겨날 수 있다. 숫자를 통한 성적 평가 시스템이 폐지됨으로써 한 학년 내에서의 경쟁은 일어나지 않는다. 대신에 학습 센터들 사이에서 놀이 같은 경쟁이 시작된다. 독서 토너먼트, 암산 대회, 연극 축제, 운동 대회는 팀 정신과 연대감, 야망을 키운다.

여섯 번째 원칙은 **가치와 자부심**을 최대한 장려하는 것이다. 학생들이 학교 및 학습 센터와 일체감을 느끼려면 이것들을 무언가 특별한 것으로 만들어 주는 상징과 구조가 있어야 한다. 자신의 학교에 속한 것을 기뻐하는 사람, 심지어 자랑스러워하는 사람은 일반적으로 교사와 다른 학우들에게도 다르게 행동한다. 이런 점에서 학교는 학교의 일상을 자기만의 방식으로 독특하게 구축하고 특정 행사를 강조하는 제식을 만들 수 있다. 이런 제식은 가정에서 부모와 자녀 간의 제식(예를 들어 함께 식사하고 함께 교회에 가고 함께 여행하는 시간)이 줄어들수록 소중해진다. 여기서 학교가 학생들에게 가르쳐 주는 것은 공동체에 대한 의미와 중요성이다. 이는 나중에 사회 생활을 할 때도 도움이 될 뿐 아니라 모든 충만한 삶의 일부이기도 하다.

무(無)에서 의미를 창조하는 것은 인간의 가장 훌륭한 능력 중 하나다. 이 능력이야말로 끊임없는 외부 자극 없이도 인간 삶을 흥미롭게 만든다. 의미는 서로를 자랑스러워하고 서로에게 영감과 동기를 주는 공동체를 통해서도 형성된다. 앵글로색슨계의 학교와 대학교들은 입학식이나 졸업식, 혹은 학교마다 독특한 관습과 전통을 통해 그런 공동체의 힘을 오래전부터 잘 알고 있었다. 앞서 말했듯이, 해리 포터의 마법 학교 같은 요소가 현실 학교에 조금씩 있는 것은 나쁘지 않다. 특히 반대하는 사람이 많다는 사실을 잘 알지만, 교복 도입도 진지하게 고려해야 한다. 교복에는 단점보다 장점이 훨씬 많다. 학교를 학생들의 내적 가치를 높여 주는 공간으로 본다면 공통의 상징이나 외양은 무척 중요하다. 교복은 밖으로 드러나는 사회적 격차를 줄여 줄 뿐 아니라 학교에서 일상적으로 겪는 브랜드 페티시즘의 공포로부터도 해방시킨다. 이런 의미에서 교복은 외모에 집착하지 않는 사회적 인정 문화의 형성에도 도움이 된다.

일곱 번째 원칙은 **학습 친화적인 학교 건축**이다. 대부분의 기존 학교 건물은 여전히 병원, 세무서, 병영과 비슷하다. 이런 학교를 짓기 시작할 무렵만 해도 사람들은 아직 학습에 대한 개념이 없었고, 아동 심리학에 대해서도 거의 알지 못했다. 반면에 현대 학교는 배우는 사람들의 요구에 맞게 건축되어야 한다. 학습 센터로 나누어진 학교의 이상적인 구조는 하나의 캠퍼스를 중심으로 유기적으로 연결된 분산적 구조이다. 여기에는 번다함을 피해 잠시 쉬거나 자유롭게 놀 수 있는 공간도 있어야 하고 만남의 장소도 있어야 한다. 현대 학교는 건축학적으로 행정 기관이 아니라 지식 사회의 모델을 따라야 한다.

여덟 번째 원칙은 **적절한 교사 선발**이다. 교직은 재능이 필요한 직업이다. 학생들의 머릿속에 영구적 지식으로 각인될 무언가를 가르칠 수 있을지는 지식의 전달 방식에 좌우될 때가 많다. 좋은 교사는 좋은 이야기꾼이어야 한다. 마음을 사로잡고, 감동을 불러일으키고, 모두가 즐겁게 듣고 싶어 하는 사람이어야 한다는 말이다. 다들 학창 시절에 그런 교사를 한 사람쯤 기억할지 모른다. 물론 안타깝게도 그렇지 않은 사람이 훨씬 더 많을 것이다. 그런 기본적 능력이 없다면 미래에는 교사가 되지 말아야 한다. 그 때문에 교사 발령 이전에 학생들 앞에서 모의 수업을 실시함으로써 교사 자질을 면밀히 살펴보는 것이 중요하다. 이런 선발 과정은 미래 학생들의 이익에 부합할 뿐 아니라 예비 교사가 자신의 적성에 맞지 않는 직업을 선택하는 불행도 막을 수 있다.

검증 절차를 통해 오늘날 교사가 되고자 하는 이들 중 절반 정도가 걸러진다면, 이제 아홉 번째 원칙이 필요하다. 즉, **교사 자격증은 없지만 교사로서 충분한 자질과 열정을 가진 사람에게도 학교 문을 개방하는 것**이다. 학생들에게 시 쓰는 법을 가르칠 작가, 물리학에 재능 있는 학생들에게 양자 역학을 깊이 가르칠 막스 플랑크 연구소의 퇴직 연구원, 자동차에 관심이 많은 학생들과 자동차를 해체하고 조립할 자동차 엔지니어 등 마음만 있다면 그런 사람들을 무수히 찾을 수 있다. 학교 밖 현장에서 경험을 쌓은 사람들은 강단 교사들에게는 없는 실무 지식이 상당하다. 여러모로 능력이 검증된 사람을 뽑는다면 학생들에게는 정말 이보다 더 좋은 교육은 없을 듯하다.

열 번째 원칙은 아동 청소년의 **집중력 함양**에 전력을 기울여야 한다는 것이다. 아이들의 세계가 요란한 소리와 빠르게 흘러가는 이미지, 그리고 온갖 다른 방해 요소로 가득할수록 집중력을 앗아 가는 것들로부터 아이들을 지키는 기술은 중요해진다. 인류 역사상 오늘날만큼 성장하는 두뇌들이 많은 자극에 노출되고 시달린 적은 없다. 많은 아이가 이것들에서 벗어날 능력을 상실한 것은 놀랍지 않다. 그들은 어쩔 줄 몰라 하며 그저 거기에 장시간 빠질 수밖에 없다. 가정에서 적절한 통제가 어려워질수록 아이들의 집중력을 키워야 하는 학교의 임무는 더욱 막중해진다. 그렇다면 1학년부터 고등학교까지 아이들이 외부 유혹에 흔들리지 않도록 마음을 다잡고, 행동을 반성하고, 자신을 스스로 더 잘 이해할 수 있도록 돕는 상시적인 훈련이 필요하다. 이 훈련은 〈행복〉이라 부르든, 아니면 〈삶의 기술〉이나 〈자기 성찰〉, 〈철학〉이라 부르든 상관없다.

열한 번째 원칙은 학생의 **능력에 대한 개별적 평가 시스템**과 관련이 있다. 잘 알려져 있듯이, 숫자를 통한 평가 시스템은 아이들의 인격과 아무 관련이 없다. 그것은 심리학적으로나 교육학적으로 정보가 부족했던 시대의 산물로서 지금은 철 지난 유행가에 지나지 않는다. 이제는 시대에 맞는 평가 시스템으로 바꾸어야 한다. 단순히 보완 자료가 아니라 완전한 대체재로서 말이다. 그러면 숫자 평가 시스템 대신 아이의 개성을 살피는 세심한 모니터링이 이루어진다. 이 모니터링은 놀이 같은 경쟁도, 규범화된 인정 시스템도 배제하지 않는다. 다만 점수나 장점 등으로 분석된 것은 내부적으로만 의미가 있을 뿐, 숫자 평가 시스템처럼 학생의 성적이나 능력을 분류한 것이 아니다.

열두 번째 원칙은 어떤 가정에서 태어났든 **모든 아이에게 공평한 기회를 제공해야 한다는 것**이다. 교육 평등을 진정으로 원하는 사람이라면 아이들 사이에 존재하는 사회적 출발점의 격차를 줄이기 위해 노력해야 한다. 예를 들어, 외국어 수업이나 심리적 지원 같은 수단을 통해서 말이다. 그런데 이는 관련 수업이 모두 과외나 학원의 형태가 아닌 학교에서만 이루어질 때 가능하다. 사실 과외와 학원처럼 학교 밖에서 이루어지는 수업은 진정한 교육 평등을 방해하는 — 의도치 않은 — 사회적 도태 수단이다. 오후에 학교에서 돌아오는 아이는 실제로 〈자유로워야〉 한다. 그것은 교사들도 마찬가지다. 일부 학교가 다른 세계적 유명 학교들처럼 오후와 저녁에도 스포츠 프로그램, 댄스 강좌, 연극 수업, 작업실, 파티 공간 들을 제공하는 포괄적 교육 기관으로 성장하는 모습은 정말 꿈같은 일이다. 그러면 학교는 마침내 과거에는 결코 존재한 적이 없던 인생 학교로 거듭나게 될 것이다!

주

들어가는 글

1 이 책의 제목은 새로운 것이 아니라 일종의 리메이크다. 1896년 러시아 대공이자 무정부주의자였던 표트르 크로킨은 〈빵의 쟁취〉라는 제목의 원고를 써서 스위스 출판업자에게 넘겼는데, 그가 제목을 『모두를 위한 번영』으로 바꾸어 출간했다. 그러다 나중에 몇 번의 번역본을 거쳐 원제목으로 변경되었다.

2 〈제2차 기계 시대〉라는 용어는 다음 책들에서 인용하였다. Erik Brynjolfsson and Andrew McAfee: *The Second Machine Age. Wie die nächste digitale Revolution unser aller Leben verändern wird*, Plassen 2014.

3 프랑스 중농주의자들에 대해서는 다음 책들 참조. Georg Hambloch: *Die Physiokratische Lehre von Reinertrag und Einheitssteuer* (1876), Classic Reprint, Forgotten Books 2019; Benedikt Elias Güntzberg: *Die Gesellschafts- und Staatslehre der Physiokraten* (1907), Elibron Classics 2002; August Oncken: *Ludwig XVI. und das physiokratische System*, Hansebooks 2019.

4 Wilhelm Röpke: *Jenseits von Angebot und Nachfrage*, Rentsch 1958.

5 Ernst Ulrich von Weizsäcker: *Erdpolitik. Ökologische Realpolitik an der Schwelle zum Jahrhundert der Umwelt*, Wissenschaftliche Buchgesellschaft 1990, 2. Aufl., p. 252.

6 https://www.zeit.de/2021/35/usa-arbeitsmarkt-kuendigung-niedriglohnsektor-corona-hilfen?; https://www.sueddeutsche.de/wirtschaft/usa-arbeitsmarkt-corona-kuendigungen-1.5439690.

노동 세계의 혁명

거대한 변혁: 어떤 일이 닥칠까?

1 https://www.horx.com/48-die-welt-nach-corona/.

2 https://www.deutschland.de/de/topic/leben/welt-nach-corona-zukunftsforscher-ueber-neue-werte-und-zuversicht.

3 Henning Kagermann, Wolf-Dieter Lukas and Wolfgang Wahlster: *Industrie 4.0: Mit dem Internet der Dinge auf dem Weg zur 4. industriellen Revolution*; https://www.ingenieur.de/technik/fachbereiche/produktion/industrie-40-mit-internet-dinge-weg-4-industriellen-revolution/.

거대한 불안: 경제학자들이 미래를 조사하다

1 Carl Benedikt Frey and Michael A. Osborne (2013). 다음도 참조: *The Future of Employment: How Susceptible Are Jobs to Computerization*; https://www.oxfordmartin.ox.ac.uk/downloads/academic/The_Future_of_Employment.pdf. 〈마이클 오즈번과 필자의 공동 연구에 따르면 AI 발전으로 미국 일자리의 47퍼센트, 유럽 일자리의 54퍼센트가 자동화될 수 있는 것으로 나타났다.〉 Carl Benedikt Frey: In der Technologiefalle, in: *Süddeutsche Zeitung*, 21. August 2019.

2 https://www.economist.com/finance-and-economics/2016/01/28/machine-earning.

3 2017 Economic Report of the President, *The White House*.

4 http://www3.weforum.org/docs/WEF_FOW_Reskilling_Revolution.pdf.

5 *Will a robot takeover my job?; www.bankofengland.co.uk.*

6 Jeremy Bowles(2014).

7 ING-DiBa-Studie: https://www.ing.de/binaries/content/assets/pdf/ueber-uns/presse/publikationen/ing-diba-economic-analysis-die-roboter-kommen.pdf; A.T.-Kearney-Studie: https://silo.tips/queue/die-at-kearney-szenarien-deutschland-2064-die-welt-unserer-kinder?

8 McKinsey Global Institute(2017).

9 https://www.mckinsey.de/news/presse/mckinsey-global-institute-future-of-work-after-covid-19#.

10 참조. https://www.spiegel.de/wirtschaft/unternehmen/deutschland-bis-zu-zwoelf-millionen-jobs-koennten-bis-2030-durch-automatisierung-entfallen-a-1181271.html.

11 https://en.wikipedia.org/wiki/Daron_Acemoglu.

12 Daron Acemoglu and Pascual Restrepo(2017).

13 Katharina Dengler, Britta Matthes and Gabriele Wydra-Somaggio(2018).

경보 해제의 목소리: 경제학자들이 과거를 미래의 지침으로 삼다

1 https://www.iab.de/de/informationsservice/presse/presseinformationen/kb1514.aspx.

2 https://www.bundesregierung.de/breg-de/service/bulletin/regierungserklaerung-von-bundeskanzlerin-dr-angela-merkel-862358.

3 참조. Daniela Rohrbach-Schmidt and Michael Tiemann(2013); Konstantinos Pouliakas(2018); Ljubica Nedelkoska and Glenda Quintini(2018).

4 참조. Melanie Arntz, Terry Gregory and Ulrich Zierahn(2016); dies. (2017); dies. (2018); Terry Gregory, Anna Salomons and Ulrich Zierahn(2018); Kurt Vogler-Ludwig u. a. (2016); Marc Ingo Wolter u. a. (2016/2019).

5 https://www.kunststoff-magazin.de/automatisierung/roboterdichte-in-deutschland-auf-rekordhoch.htm.

6 Wassily W. Leontief: Machines vs. Workers, in: *The New York Times*, 8. Februar 1983,; https://www.nytimes.com/1983/02/08/arts/machines-vs-workers. html.

7 Jens Südekum: Roboter auf dem Vormarsch. Künstliche Intelligenz und Automatisierung machen menschliche Tätigkeit an vielen Stellen überflüssig. Kann Deutschland den Strukturwandel bewältigen?; https://www.ipg-journal. de.

8 Melanie Arntz, Terry Gregory and Ulrich Zierahn(2018), p. 102.

9 Georg Graetz and Guy Michaels(2018), 인용: https://www.produktion.de/wirtschaft/warum-roboter-neue-jobs-schaffen-314.html.

10 https://reports.weforum.org/future-of-jobs-2018/.

11 Erik Brynjolfsson and Andrew McAfee(2014), pp. 247ff.

12 생산성 증대를 통한 보상에 대해서는 다음 책 참조. Daron Acemoglu(1998); David H. Autor, Frank Levy and Richard J. Murnane(2003); Daron Acemoglu and Pascual Restrepo(2018).

13 Melanie Arntz, Terry Gregory and Ulrich Zierahn; https://www. wirtschaftsdienst.eu/inhalt/jahr/2020/heft/13/beitrag/digitalisierung-und-die-zukunft-der-arbeit.html.

14 Claudia Goldin and Lawrence F. Katz(2008).

15 주 13 참조.

16 주 7 참조.

17 Joseph R. Blasi, Richard B. Freeman and Douglas L. Kruse(2013). 다음도

참조: https://wol.iza.org/articles/who-owns-the-robots-rules-the-world.

18 https://www.sueddeutsche.de/wirtschaft/automatisierung-jobs-roboter-1.4278998.

경험 이성 비판: 격변은 계산할 수 있을까?

1 Martin Seel: *Theorien*, S. Fischer 2009, p. 63.

2 Erik Brynjolfsson and Andrew McAfee(2014), p. 249.

3 같은 곳.

4 Brian Arthur: The Second Economy, in: https://www.mckinsey.com/business-functions/strategy-and-corporate-finance/our-insights/the-second-economy.

5 https://www.project-syndicate.org/commentary/ai-automation-labor-productivity-by-daron-acemoglu-and-pascual-restrepo-2019-03/german.

6 같은 곳.

7 https://www.ing.de/ueber-uns/presse/carsten-brzeskis-blog/die-roboter-lassen-gruessen/.

8 같은 곳.

9 주 5 참조.

10 https://de.statista.com/statistik/daten/studie/161496/umfrage/produktivitaetsaenderungen-pro-kopf-in-deutschland/.

11 주 5 참조.

12 Robert Solow: A Contribution to the Theory of Economic Growth, in: *The Quarterly Journal of Economics*, 70권, February 1956, pp. 65–94.

13 Robert Solow: We'd Better Watch Out, in: *New York Times Book Review*, 12. July 1987.

14 이것은 안스가르 그륀들러Ansgar Gründler의 발언이다(1997). 니콜라스 카 Nicholas Carr도 이 논쟁에 불을 붙였다(2004).

15 참조. Robert Gordon(2017).

자연법칙과 인간 세계: 보상인가, 퇴출인가?

1 Jean-Baptiste Say(2001), p. 57.

2 Karl Pribram: *Geschichte des ökonomischen Denkens*, 1권, Suhrkamp 1998, p. 290(각주).

3 https://de.statista.com/themen/1097/autoimport-und-export-in-china/.

4 Claudia Goldin and F. Lawrence Katz(2008).

5 참조. David H. Autor and David Dorn(2013).

6 참조. Maarten Goos, Alan Manning and Anna Salomons(2009).

격변의 시대가 불러올 승자와 패자: 미래의 노동 시장

1 Matt Ridley: *Die Biologie der Tugend. Warum es sich lohnt, gut zu sein*, Ullstein 1997, pp. 149ff.

2 이와 관련해서는 나의 책 『인공 지능의 시대, 인생의 의미』 참조.

3 참조. Immer mehr Kümmerer, in: *Handelsblatt*, 6. November 2018.

4 George Paget Thomson(1955): *There are plenty of jobs – tending the aged is one – where kindness and patience are worth more than brains. A rich state could well subsidize such work.*

5 https://www.heise.de/news/Zukunft-der-Arbeit-Vieles-deutet-auf-eine-konfliktreiche-Zeit-hin-4923470.html.

6 André Gorz(2009), pp. 25ff.

7 참조. Oliver Nachtwey(2016); Andreas Reckwitz(2019).

경제적 막다른 골목: 이제는 생각을 바꾸어야 한다

1 다음 책에서 인용. James Suzman(2021), p. 359.

2 https://www.prognos.com/de/projekt/arbeitslandschaft-2040.

3 Carl Benedikt Frey: In der Technologiefalle, in: Süddeutsche Zeitung, 21. August 2019.

4 Stanisław Lem: *Die Technologiefalle. Essays*, Suhrkamp 2002.

5 주 3 참조.

6 같은 곳.

노동이란 무엇인가?

노동: 모순덩어리

1 https://brockhaus.de/ecs/enzy/article/arbeit.

2 참조. Karin Westerwelle: *Baudelaire und Paris. Flüchtige Gegenwart und Phantasmagorie*, Fink 2020, 5장: Der Maler des modernen Lebens und die Ästhetik der Moderne.

3 참조. Christoph Menke: *Die Souveränität der Kunst. Ästhetische Erfahrung nach Adorno und Derrida*, Suhrkamp 1991.

⟨labour⟩와 ⟨work⟩: 노동 사회의 탄생

1 참조. Christopher Hann, in: Jürgen Kocka und Claus Offe(2000), pp. 23ff.

2 Marshall Sahlin(1974).

3 https://wirtschaftslexikon.gabler.de/definition/arbeit-31465.

4 참조. Richard E. Leakey and Roger Lewin(1993).

5 아리스토텔레스: 정치학, 1328b.

6 같은 책, 1253b.

7 참조. Wilfried Nippel(2010).

8 Cicero: De officiis, I, 150.

9 참조. Matthäus-Evangelium: Mt 20,1ff.; Mt 9,37; Mt 10,10.

10 기독교를 통한 노동 개념의 재해석에 대해서는 Otto Gerhard Oexle(2000)의 책 참조.

11 데살로니가 후서 3장 10절.

12 베네딕트 규칙서 4장 78절.

13 참조. Otto Gerhard Oexle(2000), p. 72.

14 중세에 가난과 노동의 관계에 대해서는 다음 책 참조. Michel Mollat(1984); Bronisław Geremek(1988), Otto Gerhard Oexle(2000).

15 「마가복음」 10장 25절, 「누가복음」 18장 25절, 「마태복음」 19장 24절.

16 John Locke: Zwei Abhandlungen über die Regierung, Suhrkamp 1972, § 36, p. 222.

17 Edward Misselden: The Circle of Commerce (Neudruck), Da Capo 1969, p. 17.

18 John Locke: Zwei Abhandlungen über die Regierung, II. § 45, p. 228.

19 같은 책, § 37, p. 223.

20 Karl Marx: Grundrisse der Kritik der politischen Ökonomie, in: Marx-Engels-Werke(MEW), 42권, Dietz 1983, p. 631.

21 John Locke: Gedanken über die Erziehung, Meiner 2020; ders.: Some Thoughts Concerning Education(1693) und A Report of the Board of Trade to the Lords Justices, Respecting the Relief and Employment of the Poor. Drawn up in the Year 1697, in: Jörg Thomas Peters(1997).

⟨사람⟩ 대신 ⟨노동⟩: 노동의 경제적 개념

1 Bernard Mandeville: Die Bienenfabel oder Private Laster, öffentliche Vorteile, Suhrkamp 1980, p. 319.

2 같은 책, pp. 344f.

3 https://wirtschaftslexikon.gabler.de/definition/arbeit-31465.

4 Max Weber: Die protestantische Ethik und der Geist des Kapitalismus, in: ders.: *Die Protestantische Ethik I. Eine Aufsatzsammlung*, Gütersloher Verlagshaus 1979, p. 59.

5 참조. Stephen Jay Gould: *Der Daumen des Panda. Betrachtungen zur Naturgeschichte*, Birkhäuser 1987, p. 61−71.

6 Anthony Downs: *An Economic Theory of Democracy*, Harper-Collins 1957.

7 다음 논문들 참조. Ernst Fehr and Urs Fischbacher: The Nature of Human Altruism, in: *Nature*, Bd. 425, 2003, p. 785−791, doi:10.1038/nature02043; Ernst Fehr and Simon Gächter: Cooperation and Punishment in Public Goods Experiments, in: *The American Economic Review*, 90권, No. 4, 2000, p. 980−994, doi:10.1257/aer.90.4.980; dies.: Fairness and Retaliation: The Economics of Reciprocity, in: *The Quarterly Journal of Economic Perspectives*, 14권 No. 3, 2000, p. 159−181, doi:10.1257/jep.14.3.159; ders. und Klaus M. Schmidt: A Theory of Fairness, Competition, and Cooperation, in: *The Quarterly Journal of Economics*, 114권, No. 3, 1999, p. 817−868, doi:10.1162/003355399556151, ders. und Herbert Gintis, Samuel Bowles und Robert T. Boyd(엮음). *Moral Sentiments and Material Interests: The Foundations of Cooperation in Economic Life*, MIT Press 2005.

8 Thomas Robert Malthus: *An Essay on the Principle of Population*(1998), 독일어본: *Das Bevölkerungsgesetz*, dtv 1977, p. 157.

9 참조. Stephen Marglin: Origines et fonctions de la parcellisation des tâches: A quoi servent les patrons?, in: André Gorz (Hrsg.): *Critique de la division du travail*, Éditions du Seuil 1973.

10 https://www.waldorf-ideen-pool.de/Schule/faecher/geschichte/Neueste-Geschichte/nachkriegszeit/kommunismus---kapitalismus/karl-marx-aus-manifest-der-kommunistischen-partei.

11 참조. John Stuart Mill: *Principles of Political Economy*(1848), 독일어본: *Grundsätze der politischen Oekonomie*, Reisland 1869, I. Teil, 3장: Von der unproduktiven Arbeit, pp. 47ff.

12 http://www.zeno.org/Philosophie/M/Nietzsche,+Friedrich/Diefröhliche+Wissenschaft/Viertes+Buch.+Sanctus+Januarius/329.

13 http://www.zeno.org/Soziologie/M/Weber,+Max/Schriften+zur+Religion

ssoziologie/Die+protestantische+Ethik+und+der+Geist+des+Kapitalismus/II.+D
ie+Berufsethik+des+asketischen+Protestantismus/2.+Askese+und+kapitalistisch
er+Geist.

14 같은 곳.

15 같은 곳.

16 Giuseppe Tomasi di Lampedusa: *Der Leopard*, Deutsche Buchgemeinschaft
1961, p. 203.

노동 환멸과 노동 정체성: 사회 민주주의의 모순적 노동 개념

1 〈우리 실존의 파토스 공식〉으로서 노동 개념에 대해서는 다음 책 참조. Heinz
Bude: Es trifft mehr und andere Leute. Arbeit als Pathosformel. Ein Gespräch mit
dem Soziologen Heinz Bude über einige Perspektiven der Arbeitsgesellschaft,
in: *taz*, 8. July 1997.

2 Ernst Schraepler: *August Bebel. Sozialdemokrat im Kaiserreich*,
Musterschmidt 1966, p. 73.

3 André Gorz(2009), p. 85.

4 같은 책, p. 89.

5 같은 책, p. 85.

노동 세계의 해방: 자유주의적 노동 개념

1 William Godwin(1793), p. 203.

2 Karl Marx: *Die deutsche Ideologie*, in: MEW, 3권, Dietz 1969, p. 67.

3 같은 책, p. 33.

4 Karl Marx: *Das Kapital*, Bd. 1, Kapitel V, Der sogenannte Arbeitsfond,
MEW, 23권, p. 637, 주 63.

5 Karl Marx: *Ökonomisch-philosophische Manuskripte*(1844), in: Marx-
Engels-Gesamtausgabe(MEGA), 2권, p. 369.

6 Karl Marx(2014), p. 51.

7 같은 책, p. 55.

8 같은 곳.

9 같은 곳.

10 같은 책, p. 56.

11 같은 곳.

12 같은 책, p. 62.

13 같은 책, p. 67.

14 같은 곳.

15 같은 책, p. 72.

16 Karl Marx: *Das Kapital*, 3권 VII장. Die Revenuen und ihre Quellen, in: MEW, 25권, Dietz 1969, pp. 827f.

17 같은 곳.

18 Lafargue(2015), p. 42.

19 Wilde(2016), p. 18.

20 같은 책, p. 18.

21 같은 책, p. 9.

22 같은 책, pp. 4f.

23 https://www.nachrichtenspiegel.de/2010/07/04/lob-des-muessiggangs/.

오늘날의 노동과 사회
함께하는 것만으로 충분하다: 오늘날 우리는 무엇을 위해 일하는가?

1 John Maynard Keynes: Wirtschaftliche Möglichkeiten für unsere Enkelkinder, in: Philip Kovce und Birger P. Priddat(2019), p. 246 – 257.

2 같은 책, p. 254.

3 같은 책, p. 256.

4 다음 사이트에서 인용. https://www.wilsonquarterly.com/quarterly/summer-2014-where-have-all-the-jobs-gone/theres-much-learn-from-past-anxiety-over-automation/.

5 Herman Kahn with Anthony J. Wiener: *The Year 2000: A Framework for Speculation on the Next Thirty-Three Years*, Macmillan 1967.

6 Cordula Eubel and Alfons Frese: IG-Metall-Forderung. Was bringt eine 28-Stunden-Woche?, in: *Der Tagesspiegel*, 12. Oktober 2017.

7 Hansjörg Siegenthaler: Arbeitsmarkt zwischen Kontingenz und Kontinuität, in: Jürgen Kocka und Claus Offe(엮음): *Geschichte und Zukunft der Arbeit*, Campus 2000, p. 110 – 120, 여기서는 p. 104.

8 https://de.statista.com/statistik/daten/studie/250066/umfrage/bip-pro-kopf-in-ausgewaehlten-laendern-weltweit.

9 David Graeber(2019).

10 https://www.sueddeutsche.de/kultur/bullshit-jobs-verschwoerungstheorie-trifft-intellektuellen-populismus-1.4114876-0#seite-2.

11 https://index-gute-arbeit.dgb.de/++co++b8f3f396-0c7f-11eb-91bf-001a4a160127.

12 https://www.gallup.com/de/engagement-index-deutschland.aspx.

〈labour〉는 〈work〉가 아니다: 낡은 노동 사회는 무엇으로 무너지는가?

1 https://wirtschaftslexikon.gabler.de/definition/arbeit-31465.

2 다음 책에서 인용. Daniel Akst(2014): *The economy of abundance can sustain all citizens in comfort and economic security whether or not they engage in what is commonly reckoned as work.*

3 https://wirtschaftslexikon.gabler.de/definition/arbeit-31465.

4 같은 곳.

5 https://de.statista.com/statistik/daten/studie/37739/umfrage/anzahl-sozialversicherungspflichtig-beschaeftigter-nach-bundeslaendern/.

6 https://www.destatis.de/DE/Presse/Pressemitteilungen/2020/10/PD20_416_623.html.

7 https://de.statista.com/statistik/daten/studie/72785/umfrage/anzahl-der-zeitarbeitnehmer-im-jahresdurchschnitt-seit-2002/.

8 참조. Andreas Reckwitz(2019).

9 André Gorz(2009), p. 34.

10 http://jgsaufgab.de/intranet2/geschichte/geschichte/wr/Weimarer_Republik-Projekt/reden/alfred_hugenberg.htm.

11 https://www.spiegel.de/politik/deutschland/armut-und-reichtum-im-klassen-wahlkampf-a-438f99fa-6604-444f-be14-8084caec9fdb.

12 https://www.diw.de/de/diw_01.c.793891.de/vermoegenskonzentration_in_deutschland_hoeher_als_bisher_bekannt.html.

13 Mathias Greffrath: Die Wiederentdeckung der Arbeit und des öffentlichen Glücks. Ein Text aus dem Jahre 2068, in: *Die Zeit*, 25. June 1998.

14 참조. Andreas Reckwitz(2019).

견고한 난간: 노동은 우리에게 무엇인가?

1 참조. Ernst Ulrich von Weizsäcker: Erdpolitik. Ökologische Realpolitik an der Schwelle zum Jahrhundert der Umwelt, Wissenschaftliche Buchgesellschaft 1990, p. 252.

2 Olaf Scholz im Stern, No. 31/2008, 24. July 2008, p. 68.

3 참조. Heinz Bude, in: *taz*, 8. July 1997.

4 같은 곳.

5 같은 곳.

6 https://iveybusinessjournal.com/publication/in-conversation-rosabeth-moss-kanter/.

7 Richard Sennett(2005).

8 Zygmunt Bauman(2005).

9 Karl Otto Hondrich: Vom Wert der Arbeit — und der Arbeitslosigkeit, in: *Zeitschrift für Erziehungswissenschaft*, Heft 4/1998.

10 Lisa Herzog(2019), p. 9.

11 같은 책, p. 10.

구해야 할까, 교체해야 할까?: 노동의 인간화

1 Global Perspective Barometer 2015: Voices of the Leaders of Tomorrow.

2 Kompass neue Arbeitswelt — die große Xing-Arbeitnehmerstudie.

3 Marcus Theurer: Arbeiten auf Abruf: Großbritanniens moderne Tagelöhner, in: *faz.net*, 7. May 2014.

4 Lisa Herzog(2019), p. 14.

5 같은 책, p. 15.

6 참조. 같은 곳.

7 같은 책, p. 18.

8 같은 책, p. 22.

9 같은 책, pp. 22f.

10 같은 책, pp. 89f.

11 같은 책, p. 90.

12 같은 책, p. 139.

13 다음 책에서 인용. André Gorz(2009), p. 277.

14 같은 책, pp. 278f.

15 같은 책, p. 279.

16 Orio Giarini and Patrick M. Liedtke(1998).

17 Kommission für Zukunftsfragen der Freistaaten Bayern und Sachsen: Erwerbstätigkeit und Arbeitslosigkeit in Deutschland: Entwicklung, Ursachen, Maßnahmen. Teil III: Maßnahmen zur Verbesserung der Beschäftigungslage, pp. 148f.

18 같은 책, p. 166.

19 같은 책, p. 163.

20 Ulrich Beck(2007), p. 7.

21 Jeremy Rifkin(1997).

22 https://de.statista.com/statistik/daten/studie/2190/umfrage/anzahl-der-erwerbstaetigen-im-produzierenden-gewerbe/.

23 Jeremy Rifkin(2014).

24 Frithjof Bergmann(2020).

25 같은 책, p. 11.

26 같은 곳.

올바른 방향으로 나아가자: 의미 사회

1 Alain Touraine(1969); Daniel Bell(1973).

2 Hannah Arendt(1981), pp. 11f.

3 Herbert Marcuse(1967).

4 Ivan Illich: Schattenarbeit oder vernakuläre Tätigkeiten. Zur Kolonisierung des informellen Sektors, in: Freimut Duve(엮음): *Technologie und Politik*, 15/1980, p. 48 – 63.

5 Armin Nassehi: Und was machen wir dann den ganzen Tag?, in *Frankfurter Allgemeine Zeitung*, 30. June 2018.

6 David Riesman(1966).

7 다음 책에서 인용. Daniel Akst(2014): *Leisure, thought by many to be the epitome of paradise, may well become the most perplexing problem of the future.*

8 https://www.bertelsmann-stiftung.de/fileadmin/files/BSt/Publikationen/GrauePublikationen/BST_Delphi_Studie_2016.pdf, p. 19.

9 https://giuseppecapograssi.files.wordpress.com/2013/08/minima_moral.pdf.

10 같은 곳.

11 https://minimalen.net/17-statistiken-wie-viele-dinge-wir-besitzen/.

12 다음 사이트에서 인용. https://blog.freiheitstattvollbeschaeftigung.de/2021/02/01/arbeitslosigkeit-ist-kein-zeichen-von-armut-sondern-ein-ausdruck-der-produktivitaet-und-des-vermoegens-unseres-landes/.

후기 산업 사회의 생계 보장: 연금 제도의 종말

1 Wilfrid Schreiber(1955).

2 같은 책, p. 32.

3 같은 책, p. 37.

4 같은 곳.

5 같은 책, p. 14 and p. 29.

6 https://www.destatis.de.

7 이는 어쨌든 그린란드에서 바이킹 식민지가 사라진 것에 관한 해석이다. in: Jared Diamond: *Kollaps. Warum Gesellschaften überleben oder untergehen*, p. Fischer 2011, 5. Aufl.

8 https://www.bmwi.de/Redaktion/DE/Publikationen/Ministerium/ Veroeffentlichung-Wissenschaftlicher-Beirat/wissenschaftlicher-beirat-vorschlaege-reform-der-gesetzlichen-rentenversicherung.pdf.

9 https://www.sueddeutsche.de/wirtschaft/institut-der-deutschen-wirtschaft-studie-prognostiziert-rente-mit-73-1.3009646.

10 주 8 참조.

11 같은 곳.

12 같은 곳.

13 https://www.oecd-ilibrary.org/social-issues-migration-health/renten-auf-einen-blick-2017_pension_glance-2017-de.

14 Harald Welzer: *Nachruf auf mich selbst. Die Kultur des Aufhörens*, S. Fischer 2021.

무조건적 기본 소득
낙원에서의 굶주림: 진보의 역설

1 Wassily W. Leontief: The Distribution of Work and Income, in: *Scientific American*, 247권, No. 3, 1982, p. 192.

2 Jakob Lorber: *Das große Evangelium Johannes*, Lorber Verlag 1983, 5권 108장 1절.

3 https://www.bundestag.de/parlament/aufgaben/rechtsgrundlagen/ grundgesetz/gg_01-245122.

4 Erich Fromm: Psychologische Aspekte zur Frage eines garantierten Einkommens für alle, in: Philip Kovce und Birger P. Priddat(2019), p. 273-283, 여기서는 p. 275.

5 Hermann Binkert: Ergebnisse einer zweiten repräsentativen Umfrage: Das Bedingungslose Grundeinkommen ist eine Idee, die Informierte überzeugt, auf: scholar.google.de.

6 참조. Andreas Reckwitz(2019).

7 Philippe Van Parijs: Warum Surfer durchgefüttert werden sollten, in: Philip Kovce und Birger P. Priddat(2019), p. 356－372.

나라 없는 민족: 기본 소득의 기원

1 〈러시아 소비에트 공화국에서는《일하지 않는 자는 먹지도 말라》는 대원칙에 따라 노동은 일할 능력이 있는 모든 인민의 의무이자 명예다.〉 1936년 12월 5일에 공포된 소련 헌법 12조.

2 Thomas Spence(1904), p. 23.

3 같은 책, p. 24.

4 같은 책, p. 28.

5 Thomas Paine: Agrarische Gerechtigkeit, in: Philip Kovce und Birger P. Priddat(2019), p. 78－98, 여기서는 p. 85.

6 Thomas Spence: Die Rechte der Kinder, in: Philip Kovce und Birger P. Priddat(2019), pp. 99f.

7 같은 책, p. 107.

8 Thomas Spence: A Receipt to Make a Millenium or Happy World: Being Extracts from the Constitution of Spensonia(1805), 참조: marxists.org.

9 참조. Axel Rüdiger: Die Utopie des unbedingten Grundeinkommens als Gebot der praktischen Vernunft. Die philosophische Begründung des kommunistischen Radikalismus bei Johann Adolf Dori um 1800, in: Alexander Amberger und Thomas Möbius(엮음): *Auf Utopias Spuren. Utopie und Utopieforschung*, Festschrift für Richard Saage zum 75. Geburtstag, Springer VS 2016, p. 145－160.

10 Charles Fourier: (grundeinkommen.de) 1836, pp. 490ff.

11 Charles Fourier: Brief an den Justizminister, in: Philip Kovce und Birger P. Priddat(2019), p. 112－124.

12 같은 책, p. 117.

13 Victor Considerant(1906), p. 96.

14 Joseph Charlier: Lösung des Sozialproblems oder Humanitäre Verfassung, auf Naturrecht gegründet und mit einer Präambel versehen, in: Philip Kovce und

Birger P. Priddat(2019), p. 133 – 156, 여기서는 p. 134.

15 같은 책, p. 136.

16 같은 책, p. 142.

17 같은 책, p. 147.

18 같은 책, p. 144.

기본 소득의 재장전: 산업 발전과 사회적 유토피아

1 William Morris: *Bellamy's Looking Backward*, The William Morris Internet Archive Works(1889): *I believe that this will always be so, and the multiplication of machinery will just multiply machinery; I believe that the ideal of the future does not point to the lessening of men's energy by the reduction of labour to a minimum, but rather the reduction of pain in labour to a minimum, so small that it will cease to be pain.*

2 참조. Peter Faulkner: William Morris and Oscar Wilde, auf: https://morrissociety.org/wp-content/uploads/SU02.14.4.Faulkner.pdf.

3 Josef Popper-Lynkeus(1912).

4 참조. Rudolf Steiners Vortrag: Die Geschichte der sozialen Bewegung(30. July 1919), in: *Neugestaltung des sozialen Organismus*, Verlag der Rudolf-Steiner-Nachlassverwaltung 1963.

5 Bertrand Russell: Wege zur Freiheit. Sozialismus, Anarchismus und Syndikalismus, in: Philip Kovce und Birger P. Priddat(2019), p. 231 –245, 여기서는 p. 233.

6 같은 책, p. 245.

7 같은 책, p. 240.

8 참조. Walter van Trier: *Everyone a King. An Investigation into the Meaning and Significance of the Debate on Basic Income with Special Reference to Time Episodes from the British Inter-War Experience*, Katholische Universität Leiden 1995.

수단인가, 기본권인가?: 자유주의적 기본 소득

1 Augustin Cournot: *Recherches sur les principes mathématiques de la théorie des richesses*(1838), 독일어 번역본: *Untersuchungen über die mathematischen Grundlagen der Theorie des Reichtums*, Gustav Fischer 1924.

2 비슷한 시기인 1944년에는 시장 사회주의자 아바 러너Abba Lerner도 같은 주

장을 펼쳤다.

3 Milton Friedman: Kapitalismus und Freiheit, in: Philip Kovce und Birger P. Priddat(2019), p. 266 – 272, 여기서는 p. 267.

4 같은 책, p. 268.

5 〈*My goal is to create a situation of full unemployment – a world in which people do not have to hold a job. And I believe that this kind of world can actually be achieved.*〉 Robert Theobald(1966), p. 19; 〈The priorities of this county are completely out of whack. *The generally accepted goals of our society appear to be technological wizardry, economic efficiency and the developed individual in the good society – but in that order.*〉 Robert Theobald(1968), p. 1.

6 참조. Brian Steensland(2008).

7 Milton Friedman and Rose Friedman(1980).

8 Wolfram Engels, Joachim Mitschke and Bernd Starkloff: *Staatsbürgersteuer. Vorschlag zur Reform der direkten Steuern und persönlichen Subventionen durch ein integriertes Personalsteuer- und Subventionssystem*, Karl-Bräuer-Institut des Bundes der Steuerzahler e. V., 26권, 1974; Lionel Stoléru: *Vaincre la pauvreté dans les pays riches*, Flammarion 1974.

9 Ralf Dahrendorf: Ein garantiertes Mindesteinkommen als konstitutionelles Anrecht, in: Philip Kovce und Birger P. Priddat(2019), p. 331 – 337, 여기서는 p. 333.

10 같은 책, p. 334.

11 같은 책, p. 335.

12 같은 책, p. 336.

13 Kollektiv Charles Fourier: Das allgemeine Grundeinkommen, in: Philip Kovce und Birger P. Priddat(2019), p. 322 – 330, 여기서는 p. 322.

자유, 지속 가능성, 시스템 변화: 좌파 인본주의적 기본 소득

1 Ralf Dahrendorf: Wenn der Arbeitsgesellschaft die Arbeit ausgeht, in: Deutsche Gesellschaft für Soziologie und Joachim Matthes(엮음): *Krise der Arbeitsgesellschaft? Verhandlungen des 21. Deutschen Soziologentages in Bamberg 1982*, Campus 1983, p. 25 – 37.

2 참조. Georg Vobruba(2019); Yannick Vanderborght und Philippe Van Parijs(2005).

3 그런데 독일에서는 그 전에 에리히 프롬과 요제프 보이스Joseph Beuys도 무조

건적 기본 소득을 제안했다.

4 André Gorz(2009).

5 André Gorz: Wer nicht arbeitet, soll trotzdem essen, in: Claus Leggewie und Wolfgang Stenke(2017), p. 106.

6 André Gorz(2009), p. 313.

7 Michael Opielka: Das garantierte Einkommen — ein sozialstaatliches Paradoxon?, in: Philip Kovce und Birger P. Priddat(2019), p. 300–321, 여기서는 p. 318.

오늘날의 기본 소득: 현실적인 무조건적 기본 소득을 위한 좌표

1 전 튀링겐 주지사 디터 알트하우스Dieter Althaus가 제기한 〈연대적 시민 수당〉 참조.

2 http://www.faz.net/aktuell/wirtschaft/arbeitsmarkt-und-hartz-iv/dm-gruender-goetz-werner-1000-euro-fuer-jeden-machen-die-menschen-frei-1623224-p2.html.

3 토마스 슈트라우바르는 다음 논문에서 성인에게는 연간 9,000유로(월 750유로에 해당), 아동에게는 7,428유로를 보장하는 최저 생계비를 제안한다. Was ist ein Grundeinkommen und wie funktioniert es?, in: Christoph Butterwegge und Kuno Rinke: *Grundeinkommen kontrovers*(2018). 다만 여기서 이 제도로 피해를 볼 수밖에 없는, 의료비 부담이 큰 사람은 예외로 둔다. 건강 보험과 상해 보험을 누가 부담할지, 그에 따라 금액을 어떻게 조정해야 할지는 여전히 미결 상태다. 925유로의 최저 생계비 제안은 슈트라우바르의 2017년도 논문 143면에 나온다.

4 https://de.statista.com/statistik/daten/studie/574084/umfrage/standardrente-der-gesetzlichen-rentenversicherung-in-deutschland/.

5 https://www.deutsche-rentenversicherung.de/SharedDocs/Downloads/DE/Statistiken-und-Berichte/statistikpublikationen/rv_in_zahlen_2021.html.

6 https://www.spd.de/aktuelles/grundrente/.

7 같은 곳.

8 참조. Thomas Straubhaar(2017); Thomas Straubhaar(2021).

9 Robert A. Heinlein: *Beyond This Horizon*, Boston Book Company 1942; 독일어본: *Utopia 2300*, Heyne 1971.

10 https://www.sueddeutsche.de/wirtschaft/digitalisierung-bill-gates-fordert-robotersteuer-1.3386861; htps://www.faz.net/aktuell/wirtschaft/netzwirtschaft/automatisierung-bill-gates-fordert-roboter-steuer-14885514.

html.

11 https://www.provinz.bz.it/verwaltung/finanzen/irap.asp.

12 참조. Reiner Hoffmann, Deutscher Gewerkschaftsbund(DGB), in: *Welt am Sonntag*: http://www.welt.de/wirtschaft/article157097841/Auch-eine-Steuer-wird-Roboter-nicht-aufhalten.htm. 다음 사이트도 참조: https://www.dgb.de/themen/++co++ad83a9c2-4f21-11e6-9dee-525400e5a74a.

13 Georg Ortner: Wertschöpfungsabgabe: Eine Alternative zur Finanzierung der sozialen Sicherungssysteme, Arbeiterkammer-Blog Österreich, 6. February 2015. 참조. Alois Guger, Käthe Knittler, Marterbauer, Margit Schratzenstaller and Ewald Walterskirchen: *Alternative Finanzierungsformen der sozialen Sicherheit*, Österreichisches Institut für Wirtschaftsforschung 2008.

14 https://www.zeit.de/digital/internet/2012-06/roboter-pauschale-arbeit/.

15 Joseph R. Blasi, Richard B. Freeman and Douglas L. Kruse: *The Citizen's Share: Reducing Inequality in the 21st Century*, Yale University Press 2014.

16 https://mikrosteuer.ch.

17 https://www.sueddeutsche.de/wirtschaft/finanztransaktionssteuer-steuer-soll-milliarden-bringen.

18 Paul Krugman: Taxing the Speculators, in: *The New York Times*, 26. November 2009: Barry Eichengreen: *Financial Crises and What to Do About Them*, Oxford University Press 2002; Paul Bernd Spahn: The Tobin Tax an Exchange Rate Stability, in: *Finance and Development*, June 1996; ders.: Zur Durchführbarkeit einer Devisentransaktionssteuer. Gutachten im Auftrag des Bundesministeriums für Wirtschaftliche Zusammenarbeit und Entwicklung, Bonn 2002.

19 Barry Eichengreen, James Tobin and Charles Wyplosz: Two Cases for Sand in the Wheels of International Finance, in: *The Economic Journal*, No. 105(1997).

20 Björn Finke: Scholz' Börsensteuer brächte nur fünf Milliarden Euro ein, in: *Süddeutsche Zeitung*, 16. December 2020; https://www.sueddeutsche.de/wirtschaft/boersensteuer-deutschland-hoehe-1.5149876.

21 https://www.bmas.de/DE/Service/Presse/Meldungen/2021/bundeskabinett-verabschiedet-sozialbericht-2021.html.

게으른 사람들: 무조건적 기본 소득에 대한 인간학적 반론

1 Rainer Hank: Pro & Contra Grundeinkommen, auf: https://www.philomag.de/artikel/grundeinkommen-einfuehren.

2 https://www.vorwaerts.de/artikel/bedingungslose-grundeinkommen-zerstoert-wohlfahrtsstaat.

3 Allen Davenport: Agrarische Gleichheit, in: Philip Kovce und Birger P. Priddat(2019), p. 131.

4 같은 책, p. 132.

5 Joseph Charlier: Lösung des Sozialproblems oder Humanitäre Verfassung, auf Naturrecht gegründet und mit einer Präambel versehen, in: Philip Kovce und Birger P. Priddat(2019), p. 133 – 156, 여기서는 p. 144.

6 https://www.grundeinkommen.de/.

7 참조. Katherine E. Hansen und Emily Pronin: Illusions of Self-Knowledge, in: Simine Vazire und Timothy D. Wilson(엮음): Handbook of Self-Knowledge, Guilford Press 2012, p. 345 – 362.

8 같은 책, p. 354.

9 데니스 셰크Denis Scheck가 ARD의 서평 방송 「드룩프리슈Druckfrisch」에서 나의 책 『사냥꾼, 목동, 비평가』에 대해 평한 내용이다.

10 http://www.zeit.de/2016/24/bedingungsloses-grundeinkommen-schweiz-abstimmung-pro-contra.

억만장자에게도 돈을 주자고?: 무조건적 기본 소득에 대한 사회 복지적 차원의 반론

1 참조. Heinz J. Bontrup: Das bedingungslose Grundeinkommen – eine ökonomisch skurrile Forderung, in: Christoph Butterwegge und Kuno Rinke: Grundeinkommen kontrovers(2018), p. 114 – 130, 여기서는 p. 114.

2 같은 책, p. 117.

3 Marcel Fratzscher: Irrweg des bedingungslosen Grundeinkommens, in: Wirtschaftsdienst 7/2017, p. 521 – 523, 여기서는 p. 521.

4 Ralf Krämer: Eine illusionäre Forderung und keine soziale Alternative. Gewerkschaftliche Argumente gegen das Grundeinkommen, in: Christoph Butterwegge und Kuno Rinke: Grundeinkommen kontrovers (2018), p. 131 – 149, 여기서는 p. 135 and p. 141.

5 같은 책, p. 141.

6 https://eci.ec.europa.eu/014/public/#/screen/home.

돈은 누구보고 내라고?: 무조건적 기본 소득에 대한 경제적 반론
1 Philip Kovce and Birger P. Priddat(2019), p. 18.

실험이 명확한 증거가 될까?: 모의 테스트가 별 소용이 없는 이유
1 Georg Vobruba: Wege aus der Utopiefalle des Grundeinkommens, in: Christoph Butterwegge and Kuno Rinke: *Grundeinkommen kontrovers* (2018), p. 224–236, 여기서는 p. 231.

2 Philip Kovce and Birger P. Priddat(2019), pp. 22f.

3 이것은 미하엘 보마이어Michael Bohmeyer의 아이디어인데, 그는 크라우드펀딩으로 돈을 모아 2021년부터 제비로 피험자들을 뽑아 실험을 실시했다. https://www.stern.de/wirtschaft/news/berliner-verlost-grundeinkommen-was-wuerden-sie-mit-12-000-euro-anstellen--3954054.html.

4 https://static1.squarespace.com/static/6039d612b17d055cac14070f/t/6050 29f652a6b53e3dd39044/1615866358804/SEED+Pre-analysis+Plan.pdf.

유토피아에서 현실로: 기본 소득은 어떻게 실현될까?
1 참조. Steven Pinker: *Aufklärung jetzt. Für Vernunft, Wissenschaft, Humanismus und Fortschritt. Eine Verteidigung*, S. Fischer 2018.

의미 사회는 어떻게 만들어질까?
자기 역량 강화: 21세기 교육
1 Richard David Precht: *Anna, die Schule und der liebe Gott. Der Verrat des Bildungssystems an unseren Kindern*, Goldmann 2013.

2 참조. https://de.khanacademy.org/.

3 Wilhelm von Humboldt: *Denkschrift über die äußere und innere Organisation der höheren wissenschaftlichen Anstalten in Berlin. Rechenschaftsbericht an den König 1808–1809*, in: ders: Werke, 4권, Wissenschaftliche Buchgesellschaft/Cotta 1860, p. 218.

4 같은 곳.

5 Dietrich Benner: *Wilhelm von Humboldts Bildungstheorie. Eine problemgeschichtliche Studie zum Begründungszusammenhang neuzeitlicher Bildungsreform*, Belz Juventa 2003, p. 177.

6 Gudrun Quenzel and Klaus Hurrelmann(엮음): *Bildungsverlierer. Neue Ungleichheiten*, VS Verlag 2011, p. 17.

호기심을 키워라: 시대에 맞는 교육학의 목표

1 Karl Popper: *Ausgangspunkte. Meine intellektuelle Entwicklung*, Mohr Siebeck 2012, p. 51.

2 Gudrun Quenzel and Klaus Hurrelmann(2011), p. 22.

3 다음 논문 참조. Felix Warneken and Michael Tomasello: Altruistic Helping in Human Infants and Young Chimpanzees, in: *Science* 311 (3), 2006, p. 1301 – 1303; Felix Warneken, Frances Chen und Michael Tomasello: Cooperative Activities in Young Children and Chimpanzees, in: *Child Development* 77 (3) 2006, p. 640 – 663.

4 참조. Manfred Dworschak: Der virtuelle Hörsaal, in: *Der Spiegel*, 3/2013.

5 Gudrun Quenzel and Klaus Hurrelmann(2011), p. 18.

열두 가지 원칙: 미래의 학교

1 여기서 열 가지 원칙은 필자가 다음 책에서 표명한 열 가지 측면을 살짝 고쳐서 실었다. Richard David Precht: *Anna, die Schule und der liebe Gott*, Goldmann 2013.

2 참고 문헌 참조.

참고 문헌

노동 세계의 혁명

〈제2차 기계 시대〉라는 용어는 다음 두 사람의 책에서 처음 사용되었다. Erik Brynjolfsson and Andrew McAfee: *The Second Machine Age. Wie die nächste digitale Revolution unser aller Leben verändern wird*, Plassen 2014. 〈그레이트 리셋〉과 관련해서 뜨거운 논쟁을 불러일으킨 책은 다음과 같다. Klaus Schwab and Thierry Malleret: *COVID-19. Der große Umbruch*, Forum Publishing 2020. 옥스퍼드 연구 훨씬 이전에 기술 진보로 인한 높은 실업률과 고용 재배치를 이야기한 자료들을 소개하면 다음과 같다. Robert E. Lucas and Edward C. Prescott: Equilibrium Search and Unemployment, in: *Journal of Economic Theory*, 7, p. 188-209(1974); Stephen J. Davis and John Haltiwanger: Gross Job Creation, Gross Job Destruction, and Employment Reallocation, in: *Quarterly Journal of Economics*, 107권 (3), 1992: https://www.jstor.org/stable/2118365; Christopher A. Pissarides: *Equilibrium Unemployment Theory*, Basil Blackwell 1990, MIT Press Cambridge 2000. 옥스퍼드 연구는 다음 자료에 소개되어 있다. Carl Benedikt Frey and Michael Osborne: The Future of Employment: How Susceptible Are Jobs to Computerization: https://www.oxfordmartin.ox.ac.uk/downloads/academic/The_Future_of_Employment.pdf. 다음도 참조. The Future of Employment. How Susceptible are Jobs to Computerization?, in: *Technological Forecasting and Social Change*, 114, 2017, p. 254-280: https://www.sciencedirect.com/science/article/abs/pii/S0040162516302244. 유럽 내 모든 일자리의 54퍼센트가 자동화될 가능성이 높다고 본 런던 정치 경제 대학교의 연구는 다음 자료에 실려 있다. Jeremy Bowles: *The Computerisation of European Jobs*: https://www.bruegel.org/2014/07/the-computerisation-of-european-jobs. 맥킨지 글로벌 연구소는 다음 보고서에서 손실 분석을 위한 칼 베네딕트 프레이와 마이클 오즈번의 연구를 토대로 추가 창출된 일자리에 대한 거시 경제학적 시뮬레

이션을 실시한다. *Jobs Lost, Jobs Gained: Workforce Transformations in a Time of Automation*, 2017. 미국에서 로봇화로 인한 일자리 손실에 대해서는 다음 자료들 참조. Daron Acemoglu and Pascual Restrepo: *Robots and Jobs: Evidence from US Labor Markets*, National Bureau of Economic Research, Cambridge 2017, 같은 저자: Automation and Work, National Bureau of Economic Research, Cambridge 2018, 같은 저자: Low-Skill and High-Skill Automation, in: *Journal of Human Capital*, 12, 2권, 2018, p. 204-232. 독일 제조업의 자동화 가능성에 대해서는 다음 자료 참조. Katharina Dengler, Britta Matthes and Gabriele Wydra-Somaggio: IAB-Kurzbericht No. 22/2018: https://www.econstor.eu/handle/10419/185857. 자동화할 수 있는 직업군과 실제 고용 사이의 차이에 대해서는 다음 자료들에 상세히 기술되어 있다. Daniela Rohrbach-Schmidt and Michael Tiemann: Changes in Work- place Tasks in Germany — Evaluating Skill and Task Measures, in: *Journal for Labor Market Research*, 46, 2013, p. 215- 237; Konstantinos Pouliakas: Automation Risk in the EU Labour Market. A Skill-Needs Approach: https://marketpost.gr/media/2020/05/automation_risk_in_the_eu_labour_market.pdf. Ljubica Nedelkoska and Glenda Quintini: Automation, Skills Use and Training: https://ideas.repec.org/p/oec/elsaab/202-en.html. 미래의 고용 상황과 관련해서 낙관적인 전망은 다음 자료들에 나온다. Melanie Arntz, Terry Gregory and Ulrich Zierahn: The Risk of Automation for Jobs in OECD Countries. A Comparative Analysis: https://www.zew.de/publikationen/the-risk-of-automation-for-jobs-in-oecd-countries-a-comparative-analysis; 같은 저자: Revisiting the Risk of Automation: https://www.researchgate.net/publication/318108672_Revisiting_the_Risk_of_Automation; 같은 저자: Digitalisierung und die Zukunft der Arbeit. Makroökonomische Auswirkungen auf Beschäftigung, Arbeitslosigkeit und Löhne von morgen, Zentrum für Deutsche Wirtschaftsforschung(ZEW) 2018: https://ftp.zew.de/pub/zew-docs/gutachten/DigitalisierungundZukunft-derArbeit2018.pdf. Terry Gergory, Anna Salomons and Ulrich Zierahn: Racing With or Against the Machine? Evidence from Europe. Centre for European Economic Research, Diskussionspapier No. 16-053, 2016: https://ftp.zew.de/pub/zew-docs/dp/dp16053.pdf. Kurt Vogler-Ludwig, Nicola Düll, Ben Kriechel and Tim Vetter: Arbeitsmarkt 2030 — Wirtschaft und Arbeitsmarkt im digitalen Zeitalter. Prognose 2016, Projektanalyse der zukünftigen Arbeitskräftenachfrage und des Angebots in Deutschland auf Basis eines Rechenmodells im Auftrag des Bundesministeriums für Arbeit und Soziales 2016. Marc Ingo Wolter, Anke Mönnig, Christian Schneemann u. a.: Wirtschaft 4.0 und die Folgen für Arbeitsmarkt und Ökonomie. Szenario-Berechnungen im Rahmen der BIBB-IAB-Qualifikations- und Berufsfeldprojektionen, Bundesinstitut für Berufsbildung(BIBB), Diskussionspapier 2016/2019: https://www.bibb.de. 과거에 로봇이 고용 상황에 부정적인 영향을 끼친 적이 드물었다는 사실을 강조하는 자료들은 다음과 같다. Georg Graetz and Guy Michaels: Robots at Work, in: *The Review of Economics and Statistics*, 100 (5), 2018, p. 753 – 768. Wolfgang Dauth, Sebastian Findeisen, Jens Südekum and Nicole Wößner: German Robots: The Impact of Industrial Robots on Workers, Interactive Advertising Bureau(IAB), Diskussionspapier 3072017; https://doku.iab.de/discussionpapers/2017/dp3017.pdf; 같은 저자: The Adjustment of Labor Markets to Robots, in: *Journal of the European Economic Association 2021*: https://academic.oup.com/jeea/advance-article/doi/10.1093/jeea/jvab012/6179884. *Jens Südekum: Digitalisierung und die Zukunft der Arbeit. Was ist am Arbeitsmarkt passiert und wie soll die Wirtschaftspolitik reagieren?, in: IZA(Forschungsinstitut zur Zukunft der Arbeit) Standpunkte No. 90, 2018*: https://www.iza.org/publications/s/90/digitalisierung-und-die-zukunft-der-arbeit-was-ist-am-arbeitsmarkt-passiert-und-wie-soll-die-wirtschaftspolitik-reagieren. 생산성 향상을 통한 일자리 손실의 보상에 대해서는 다음 자료 참조. Daron Acemoglu: Why Do New Technologies Complement Skills?, in: *The Quarterly Journal of Economics*, 113권 (4), 1998, p. 1055 – 1089; David H. Autor, Frank Levy and Richard J. Murnane: The Skill Content of Recent Technological Change: An Empirical Exploration, in: *The Quarterly Journal of Economics*, 118, 2003; David H. Autor: Why Are There Still So Many Jobs? The History and Future of Workplace Automation, in: *Journal of Economic Perspectives*, 29권 (3), 2015, p. 3 – 30. 인간과 기계의 경쟁에 대해서는 다음 자료 참조. Claudia Goldin and Lawrence F. Katz: Education and Income in the Early Twentieth Century. Evidence from the Prairies, in: *The Journal of Economic History*, 60권, No. 3, September 2000, p. 782 – 818; 같은 저자: *The Race Between Education and Technology*, Belknap Press of Harvard University Press 2008; Daron Acemoglu and Pascual Restrepo: The Race Between Machine and Man: Implications of Technology for Growth, Factor

Shares and Employment, National Bureau of Economic Research, Cambridge 2017. 로봇의 수익 창출에 인력의 몫을 인정하자는 구상에 대해서는 다음 자료 참조. Joseph R. Blasi, Richard B. Freeman and Douglas L. Kruse: *The Citizen's Share: Putting Ownership Back into Democracy*, Yale University Press 2013. 생산성 역설에 대해서는 다음 자료 참조. Ansgar Gründler: *Computer und Produktivität. Das Produktivitätsparadoxon der Informationstechnologie*, Springer 1997; Nicholas Carr: *Does IT Matter? Information Technology and the Corrosion Advantage*, Harvard Business Review Press 2004; Robert Gordon: *The Rise and Fall of American Growth*, Princeton University Press 2017. 세의 법칙에 대해서는 다음 자료 참조. Jean-Baptiste Say: *A Treatise on Political Economy*, Batoche Books Kitchener 2001, p. 57. 보상 이론에 대해서는 다음 자료 참조. David Ricardo: *Über die Grundsätze der Politischen Ökonomie und der Besteuerung*, Metropolis 2006. 보상 이론에 대한 반박은 다음 자료에 나온다. Jean-Charles-Leonhard Simonde de Sismondi: *Nouveaux principes d'économie politique, ou De la richesse dans ses rapports avec la population*, Faksimile, Verlag Wirtschaft und Finanzen 1995. 디지털 시대에 더욱 확대되는 임금 격차에 대해서는 다음 자료들이 설명한다. James J. Heckman and Alan B. Krueger: *Inequality in America: What Role for Human Capital Policies*, MIT Press 2004; *Maarten Goos, Alan Manning and Anna Salomons*: Job Polarization in Europe, in: *American Economic Review*, 99권, No. 2, 2009, p. 58 – 63; David H. Autor and David Dorn: The Growth of Low-Skill Service Jobs and the Polarization of the US Labor Market, in: *American Economic Review*, 103권, No. 5, 2012, p. 1553 – 1597: http://dx.doi.org/10.1257/ aer.103.5.1553. 더 많은 기술 교육과 직업 훈련, 재교육이 장차 미국의 대량 실업 사태를 막을 수 있다고 굳게 믿는 자료로는 다음이 있다. David H. Autor, David A. Mindell and Elizabeth Reynolds: *The Work of the Future: Building Better Jobs in Age of Smart Machines*, MIT Press 2022. 노인 요양 보호사의 세계를 예측하는 자료로는 다음 책이 있다. George Paget Thomson: *The Foreseeable Future*, Cambridge University Press 1955. 전체 인구 계층의 집단적 추락 위험을 예언하는 자료로는 다음과 같은 것이 있다. Oliver Nachtwey: *Die Abstiegsgesellschaft. Über das Aufbegehren in der regressiven Moderne*, Suhrkamp 2016; Andreas Reckwitz: *Das Ende der Illusionen. Politik, Ökonomie und Kultur in der Spätmoderne*, Suhrkamp 2019. 디지털화 시대에 맞게 경제를 근본적으로 재편해야 한다고 강력히 주장하는 자료로 다음이 있다. Timothy Bresnahan, Erik

Brynjolfsson and Lorin M. Hitt: Information Technology, Workplace Organization, and the Demand for Skilled Labor: Firm-Level Evidence, in: The Quarterly Journal of Economics, 117권 (1), 2002, p. 339 - 376. 시민들이 기술 진보에 반기를 들 거라고 염려하는 자료로는 다음이 있다. Carl Benedikt Frey: *Technology Trap: Capital, Labor, and Power in the Age of Automation*, Princeton University Press 2019.

노동이란 무엇인가?

노동 개념의 변천을 한눈에 알아보기 쉽게 정리한 자료는 다음과 같다. Klaus Tenfelde(엮음): *Arbeit und Arbeitserfahrung in der Geschichte*, Vandenhoeck & Ruprecht 1986; Jürgen Kocka and Claus Offe(엮음): *Geschichte und Zukunft der Arbeit*, Campus 2000.

사회적 관계의 필요에서 인간 지능이 생겨났다는 사실은 다음 자료에 잘 설명되어 있다. Richard E. Leakey and Roger Lewin: *Der Ursprung des Menschen*, Fischer 1993. 〈실업〉에 대한 다른 시각은 다음 책이 돋보인다. Marshall D. Sahlins: *Stone Age Economics*, Tavistock 1974. 다음 책도 참조. Marshall D. Sahlins and Elman R. Service: *Evolution and Culture*, University of Michigan Press 1988. 초창기 문화권의 노동과 관련해서는 다음 자료 참조. James Woodburn: Egalitarian Societies, in: Man, 17, 1982, p. 431 -451; Christopher Hann: Echte Bauern, Stachanowiten und die Lilien auf dem Felde, in Jürgen Kocka und Claus Offe(2000), p. 23 - 53; Gerd Spittler: *Anthropologie der Arbeit. Ein ethnographischer Vergleich*, Springer VS 2016; James Suzman: *Sie nannten es Arbeit. Eine andere Geschichte der Menschheit*, C. H. Beck 2021.

고대의 노동에 대해서는 다음 자료 참조. Moses Finley: *The Ancient Economy*, University of California Press 1973; 같은 저자: *Die Sklaverei in der Antike*. C. H. Beck 1981; Christian Meier: Arbeit, Politik, Identität. Neue Fragen im alten Athen?, in: *Chronik der Ludwig-Maximilians-Universität München 1983/1984*, p. 69 - 95; Michel Austin and Pierre Vidal-Naquet: *Gesellschaft und Wirtschaft im alten Griechenland*, C. H. Beck 1984; Sitta von Reden: Arbeit und Zivilisation. Kriterien der Selbstdefinition im antiken Athen, in: *Münstersche Beiträge zur antiken Handelsgeschichte*, 11, Heft 1, 1992, p. 1 -31; Raymond Descat: L'Économie antique et la cité grecque. Un modèle en question, in: *Annales*, 50권, 1995, p. 961 - 989; Wilfried Nippel: *Erwerbsarbeit in der Antike*, in: Jürgen Kocka und Claus Offe(2000), p. 54 - 66; Hans Kloft: *Studien zur Wirtschafts-, Sozial- und*

Rezeptionsgeschichte der Antike, De Gruyter 2020. 초기 기독교와 중세의 노동에 대해서는 다음 자료 참조. Martin Hengel: *Eigentum und Reichtum in der frühen Kirche. Aspekte einer frühchristlichen Sozialgeschichte*, Calwer 1973; Christoph Sachße und Florian Tennstedt: *Geschichte der Armenfürsorge in Deutschland*, Kohlhammer 1980; Michel Mollat: *Die Armen im Mittelalter*, C. H. Beck 1984; Otto Gerhard Oexle: Armut, Armutsbegriff und Armenfürsorge im Mittelalter, in: Christoph Sachße and Florian Tennstedt(엮음): *Soziale Sicherheit und soziale Disziplinierung*, Suhrkamp 1986, p. 73 – 101; 같은 저자: Deutungsschemata der sozialen Wirklichkeit im frühen und hohen Mittelalter. Ein Beitrag zur Geschichte des Wissens, in: František Graus(엮음): *Mentalitäten im Mittelalter. Methodische und inhaltliche Probleme*, Jan Thorbecke 1987, p. 65 – 117; 같은 저자: Arbeit, Armut, Stand im Mittelalter, in: Jürgen Kocka and Claus Offe(2000), p. 67 – 79. Bronislaw Geremek: *Geschichte der Armut. Elend und Barmherzigkeit in Europa*, Artemis 1988. 초기 근대의 노동에 대해서는 다음 자료 참조. Konrad Wiedemann: *Arbeit und Bürgertum. Die Entwicklung des Arbeitsbegriffs in der Literatur Deutschlands an der Wende zur Neuzeit*, Winter 1979; Hans Mommsen and Winfried Schulze(엮음): *Vom Elend der Handarbeit. Probleme historischer Unterschichtenforschung*, Klett-Cotta 1981; Helmut König, Bodo von Greiff and Helmut Schauer(엮음): *Sozialphilosophie der industriellen Arbeit*, Westdeutscher Verlag 1990; Wolfgang Zorn: Arbeit in Europa vom Mittelalter bis ins Industriezeitalter, in: Venanz Schubert(엮음): *Der Mensch und seine Arbeit*, EOS-Verlag 1986; Reinhold Reith: *Die Praxis der Arbeit. Probleme und Perspek- tiven der handwerksgeschichtlichen Forschung*, Campus 1998; Richard van Dülmen: Arbeit in der frühneuzeitlichen Gesellschaft. Vorläufige Bemerkungen, in: Jürgen Kocka und Claus Offe(2000), p. 80 – 87; Andrea Komlosy: *Arbeit. Eine globalhis- torische Perspektive. 13. bis 21. Jahrhundert*, Promedia 2014. 존 로크의 노동 개념에 대해서는 다음 자료 참조. Manfred Brocker: *Arbeit und Eigentum. Der Paradigmenwechsel in der neuzeitlichen Eigentumstheorie*, Wissenschaftliche Buchgesellschaft 1992; Jörg Thomas Peters: *Der Arbeitsbegriff bei John Locke*, Münsteraner Philosophische Schriften, 3권, 1997.

경제적 노동 개념에 대해서는 다음 자료 참조. Erich Gutenberg: *Einführung in die Betriebswirtschaftslehre*, Gabler 1958; 같은 저자: *Grundlagen der Betriebswirtschaftslehre*, 1권, Die Produktion, 1971, 18. Aufl.; *Gabler*

Wirtschaftslexikon, 1권, Springer Gabler 2019, 19. Aufl.; Wolfgang Lück(엮음): *Lexikon der Betriebswirtschaft*, De Gruyter, 2015, 6. Aufl.; Sönke Peters, Rolf Brühl and Johannes N. Stelling: *Betriebswirtschaftslehre. Einführung*, De Gruyter 2005, 12. Aufl.; Dietmar Vahs und Jan Schäfer-Kunz: *Einführung in die Betriebswirtschaftslehre*, 2021, 8. Aufl. 사회 민주주의적 보상에 대한 비판은 다음 자료 참조. André Gorz: *Abschied vom Proletariat - jenseits des Sozialismus*, Europäische Verlagsanstalt 1980, 같은 저자: *Wege ins Paradies. Thesen zur Krise, Automation und Zukunft der Arbeit*, Rotbuch 1983; 같은 저자: *Kritik der ökonomischen Vernunft. Sinnfragen am Ende der Arbeitsgesellschaft*, Rotbuch 1989 (Neuauflage Rotpunktverlag 2010); 같은 저자: *Arbeit zwischen Misere und Utopie*, Suhrkamp 1999. 앙드레 고르스에 대해서는 다음 책 참조. Claus Leggewie und Wolfgang Stenke(엮음): *André Gorz und die zweite Linke. Die Aktualität eines fast vergessenen Denkers*, Wagenbach 2017. 자유주의적 노동 개념과 관련해서는 다음 자료 참조. William Godwin: *Enquiry Concerning Political Justice and its Influence on General Virtue and Happiness*, G. G. J. and Robinson 1793; Karl Marx und Friedrich Engels: *Die deutsche Ideologie*, Henricus 2018; 카를 마르크스의 〈기계 단편〉은 크리스티안 로츠Christian Lotz에 의해 새로 출간되었다. Christian Lotz(엮음): *Karl Marx. Das Maschinenfragment*, Laika 2014; Paul Lafargue: *Das Recht auf Faulheit. Widerlegung des Rechts auf Arbeit*, Holzinger 2015. Oscar Wilde: *Der Sozialismus und die Seele des Menschen*, Holzinger 2015; Friedrich Engels: *Anteil der Arbeit an der Menschwerdung des Affen*, xhglc.org.mx 2018.

오늘날의 노동과 사회

풍요 사회에 대해서는 다음 자료 참조. John Kenneth Galbraith: *The Affluent Society*, Houghton Mifflin 1958. 독일어본: *Gesellschaft im Überfluss*, Droemer Knaur 1963. 존 메이너드 케인스의 예언과 관련해서는 다음 자료 참조. John Kenneth Galbraith: Economic Possibilities for our Grandchildren, in: *The Nation and Athenaeum*, October 1930: http://www.econ.yale.edu/smith/econ116a/keynes1.pdf; 독일어본: Die wirtschaftlichen Möglichkeiten unserer Enkelkinder, in: Philip Kovce und Birger P. Priddat(2019), p. 246‒257. 1960년대 기술 발전의 결과로서 나타난 노동과 여가 시간에 대한 논쟁은 다음 자료에 잘 담겨 있다. A. J. Veal: *Whatever Happened to the Leisure Society?*, University of Technology Sydney 2009: https://opus.lib.uts.edu.au/bitstream/2100/919/1/lstwp9.pdf. 위의 내용을 흡사 요약한 듯한 자료도 있다. Daniel Akst: What Can We Learn from

Past Anxiety over Automation?: https://www.wilsonquarterly.com/quarterly/ summer-2014-where-have-all-the-jobs-gone/theres-much-learn-from-past-anxiety-over-automation. 로버트 하일브로너에 대해서는 다음 자료 참조. Daniel Akst: *The Limits of American Capitalism*, Harper & Row 1966; 같은 저자: *An Inquiry into the Human Prospect*, Norton 1974. 허먼 칸에 대해서는 다음 자료 참조. Daniel Akst and Anthony J. Wiener: *The Year 2000: A Framework for Speculation on the Next Thirty-Three Years*. Macmillan 1967. 독일어본: *Ihr werdet es erleben. Voraussagen der Wissenschaft bis zum Jahre 2000*, Molden 1968; Rowohlt 1971. 〈불헛 잡〉에 대해서는 다음 자료 참조. David Graeber: *Bullshit Jobs. Vom wahren Sinn der Arbeit*, Klett-Cotta 2019. 칼 폴라니에 대해서는 다음 자료 참조. David Graeber: *Ökonomie und Gesellschaft*, Suhrkamp 1979; 같은 저자: *The Great Transformation. Politische und ökonomische Ursprünge von Gesellschaften und Wirtschaftssystemen*, Suhrkamp 1973. 세 가지 혁명에 대해서는 다음 자료 참조. Robert Perrucci and Marc Pilisuk(엮음): *The Triple Revolution: Social Problems in Depth*, Little Brown & Co. 1968.

리처드 세넷의 자본주의 비판에 대해서는 다음 자료 참조. Richard Sennett: *Der flexible Mensch. Die Kultur des neuen Kapitalismus*, Berlin Verlag 1998; 같은 저자: *Die Kultur des neuen Kapitalismus*, Berlin Verlag 2005; 패자로서의 노동자에 대한 지그문트 바우만의 염려와 관련해서는 다음 자료 참조. Zygmunt Bauman: *Verworfenes Leben. Die Ausgegrenzten der Moderne*, Hamburger Edition 2005.

노동의 인간화 역사에 대해서는 다음 자료들 참조. Hans Matthöfer: *Humanisierung der Arbeit und Produktivität in der Industriegesellschaft*, Europäische Verlagsgesellschaft 1977; Peter Salfer and Karl Furmaniak: Das Programm 〈Forschung zur Humanisierung des Arbeitslebens〉. Stand und Möglichkeiten der Evaluierung eines staatlichen Forschungsprogramms, in: *Mitteilungen aus der Arbeitsmarkt- und Berufsforschung*, Heft 3, 1981, p. 237-245; Gerd Peter and Bruno Zwingmann(엮음): *Humanisierung der Arbeit. Probleme der Durchsetzung*, Bund-Verlag 1982; Willi Pöhler and Gerd Peter: *Erfahrungen mit dem Humanisierungsprogramm. Von den Möglichkeiten und Grenzen einer sozial orientierten Technologiepolitik*, Bund-Verlag 1982; Nina Kleinöder, Stefan Müller and Karsten Uhl(엮음): *Humanisierung der Arbeit. Aufbrüche und Konflikte in der rationalisierten Arbeitswelt des 20. Jahrhunderts*, transcript 2019. 노동을 구하려는 시도는 다음 책에 담겨 있다. Lisa Herzog: *Die Rettung der Arbeit. Ein politischer Aufruf*, Hanser Berlin 2019, 4. Aufl.

완전 고용이라는 목표의 문제성에 대해서는 다음 자료 참조. Claus Offe: Vollbeschäftigung? Zur Kritik einer falsch gestellten Frage, in: Karlheinz Bentele, Bernd Reissert and Ronald Schettkat(엮음): *Die Reformfähigkeit von Industriegesellschaften*, Festschrift für Fritz W. Scharpf, Campus 1995, p. 240 – 249. 자크 들로르의 서문이 실린 선언문은 다음 책으로 출간되었다. *Échange et projets. La révolution des temps choisi*, Éditions Albin Michel 1980. 로마 클럽에 제출된 새 보고서는 다음 책으로 출간되었다. Orio Giarini and Patrick M. Liedtke: *Wie wir arbeiten werden. Der neue Bericht an den Club of Rome*, Hoffmann und Campe 1998. 울리히 베크의 생각은 다음 책에 잘 나타나 있다. Ulrich Beck: *Schöne neue Arbeitswelt. Vision Weltbürgergesellschaft*, Suhrkamp 2007. 제러미 리프킨의 인용된 작품은 다음과 같다. *Das Ende der Arbeit und ihre Zukunft*, S. Fischer 1997; 같은 저자: *Die Null-Grenzkosten-Gesellschaft. Das Internet der Dinge, kollaboratives Gemeingut und der Rückzug des Kapitalismus*, Campus 2014. 새로운 노동에 관한 프리트요프 베르크만의 생각은 다음 책에 담겨 있다. *Neue Arbeit, Neue Kultur*(2004), Arbor 2020, 7. Aufl.

〈문화 혁명〉의 개념에 대해서는 다음 자료 참조. Lewis Henry Morgan: *Die Urgesellschaft*, Promedia 1987. 게르하르트 렌스키의 소통 이론에 대해서는 다음 책 참조. Gerhard Lenski: *Macht und Privileg. Eine Theorie der sozialen Schichtung*, Suhrkamp 1977; 같은 저자: *Human Societies: An Introduction to Macrosociology* (1974), McGraw-Hill 1995. 〈후기 산업 사회〉의 개념과 이해에 대해서는 다음 자료 참조. Alain Touraine: *La société post-industrielle*, Editions Denoel et Gonthier 1969; Daniel Bell: *The Coming of Post-Industrial Society*, Basic Books 1973. 노동 사회의 몰락을 주장한 해나 아렌트의 테제에 대해서는 다음 자료 참조. Hannah Arend: *Vita activa oder Vom tätigen Leben*, Piper 1981. 허버트 마르쿠제의 미래 비전은 다음 책에서 읽을 수 있다. Herbert Marcuse: *Das Ende der Utopie*, Peter von Maikowski 1967. 풍요 사회의 비판에 대해서는 다음 책 참조. David Riesman: *Abundance for What?* Doubleday 1964; 독일어본: *Wohlstand wofür?*, Suhrkamp 1966. 〈슈라이버 계획〉은 다음 책으로 출간되었다. Wilfrid Schreiber: *Existenzsicherheit in der industriellen Gesellschaft*, Bachem 1955.

무조건적 기본 소득

무조건적 기본 소득에 관한 탁월한 개관서는 다음과 같다. Philip Kovce and Birger P. Priddat(엮음): *Bedingungsloses Grundeinkommen. Grundlagentexte*,

Suhrkamp 2019; Thomas Spence: *Das Gemeineigentum an Boden*, in: Georg Adler and Carl Grünberg(엮음): *Hauptwerke des Sozialismus und der Sozialpolitik*, Heft 1, Hirschfeld 1904. 토머스 스펜스의 초기 영국 사회주의와 관련해서는 다음 책 참조. William Stafford: *Socialism, Radicalism, and Nostalgia*, Cambridge University Press 1987; John R. Dinwiddy: *Radicalism and Reform in Britain, 1780-1850*, Continuum International Publishing Group 1992; Malcolm Chase: *The People's Farm: English Radical Agrarianism 1775-1840*, Breviary Stuff Publications 2010, 2판. 그 밖에 스펜스에 대해서는 다음 자료 참조. P. Mary Ashraf: *The Life and Times of Thomas Spence*, Frank Graham 1983; Alastair Bonnett und Keith Armstrong(엮음): *Thomas Spence: The Poor Man's Revolutionary*, Breviary Stuff Publications 2014. 요한 아돌프 도리에 대해서는 다음 자료 참조. Axel Rüdiger: Die Utopie des unbedingten Grundeinkommens als Gebot der praktischen Vernunft. Die philosophische Begründung des kommunistischen Radikalismus bei Johann Adolf Dori um 1800, in: Alexander Amberger und Thomas Möbius(엮음): *Auf Utopias Spuren. Utopie und Utopieforschung*, Festschrift für Richard Saage zum 75. Geburtstag, Springer VS 2016, p. 145-160. 앨런 대븐포트에 대해서는 다음 자료 참조. Malcolm Chase: *The Life and Literary Pursuits of Allen Davenport*, Scolar Press 1994; Iain McCalman: *Radical Underworld: Prophets, Revolutionaries and Pornographers in London 1795-1840*, Clarendon Paperbacks 1993; David Worrall: *Radical Culture: Discourse, Resistance and Surveillance*, Wayne State University 1992. 샤를 푸리에 전집은 다음과 같다. *Œuvres complétes*, 12 Bde. (1966-1968), online under: https://gallica.bnf.fr. 독일어본은 다음과 같다. Walter Apelt(엮음): *Charles Fourier. Die harmonische Erziehung*, Volk und Wissen 1958; Theodor W. Adorno und Elisabeth Lenk(엮음): *Charles Fourier. Theorie der vier Bewegungen und der allgemeinen Bestimmungen*, Suhrkamp 1966; Lola Zahn(엮음): *Charles Fourier. Ökonomisch-philosophische Schriften. Eine Textauswahl*, Akademie-Verlag 1980; Hans-Christoph Schmidt am Busch(엮음): *Charles Fourier. Über das weltweite soziale Chaos. Ausgewählte Schriften zur Philosophie und Gesellschaftstheorie*, Akademie-Verlag 2012. 푸리에의 생애와 작품에 대해서는 다음 자료 참조. Guenter Behrens: *Die soziale Utopie des Charles Fourier*, Dissertation Köln 1977(Google Books); Jonathan F. Beecher: *Charles Fourier: The Visionary and His World*, University of California Press 1987; Walter Euchner(엮음): *Klassiker des Sozialismus. Von Gracchus Babeuf bis Georgi Walentinowitsch Plechanow*, 1권,

C. H. Beck 1991; Marvin Chlada und Andreas Gwisdalla: *Charles Fourier. Eine Einführung in sein Denken*, Alibri 2014. 기본 소득의 이념이 담긴 빅토르 콩시데랑의 대표작은 다음과 같다. *Destinée sociale*, 1 - 3권, Bureau de la Phalange 1834 - 1843, 여기서는 특히 참조. 독일어본은 다음과 같다. *Studien über einige Fundamentalprobleme der sozialen Zukunft*, in: Georg Adler(엮음): *Hauptwerke des Sozialismus und der Sozialpolitik*, Heft 6, Hirschfeld 1906, p. 75 - 108, auch auf archive.org. 그 밖에 콩시데랑에 대해서는 다음 자료 참조. Michel Vernus: *Victor Considerant. 1808-1893. Le cœur et la raison*, Canevas 1993; Jonathan Beecher: *Victor Considerant and the Rise and Fall of French Romantic Socialism*, University of California Press 2001. 조제프 샤를리에에 대해서는 다음 자료 참조. John Cuncliffe and Guido Erreygers: The Enigmatic Legacy of Charles Fourier: Joseph Charlier and Basic Income, in: *History of Political Economy*, Duke University Press, 33/3, p. 459 - 484, 2001: doi:10.1215/00182702-33-3-459. 미래에서 과거로 돌아본 에드워드 벨러미의 책은 독일어로 다음과 같이 출간되었다. Wolfgang Both(엮음): *Rückblick aus dem Jahre 2000*, Golkonda 2013. 벨러미에 대해서는 다음 자료 참조. Sylvia E. Bowman: *Edward Bellamy Abroad: An American Prophet's Influence*, Twayne Publishers 1962; Everett W. MacNair: *Edward Bellamy and the Nationalist Movement, 1889 to 1894: A Research Study of Edward Bellamy's Work as a Social Reformer*, Fitzgerald Co. 1957; Arthur Lipow: *Authoritarian Socialism in America: Edward Bellamy and the Nationalist Movement*, University of California Press 1982; John Thomas: *Alternative America: Henry George, Edward Bellamy, Henry Demarest Lloyd and the Adversary Tradition*, Harvard University Press 1983; Daphne Patai(엮음): *Looking Backward, 1988-1888: Essays on Edward Bellamy*, University of Massachusetts Press 1988; Richard Toby Widdicombe: *Edward Bellamy: An Annotated Bibliography of Secondary Criticism*, Garland Publishing 1988. 윌리엄 모리스의 유토피아 소설은 독일에서 다음 제목으로 출간되었다. William Morris: *Kunde von Nirgendwo*, Edition Nautilus 2016. 모리스에 대해서는 다음 자료 참조. John William Mackail: *The Life of William Morris*, 1 - 2권, Longmans, Green & Company 1899, auf archive.org; Fiona Mac-Carthy: *William Morris: A Life for Our Time*(1989), Faber & Faber 2010, 2. Aufl.; Arthur Clutton-Brock: *William Morris*, Parkstone Press 2007. 요제프 포퍼링케우스의 대표작은 다음과 같다. Josef Popper-Lynkeus: *Die allgemeine Nährpflicht als Lösung der sozialen Frage, eingehend bearbeitet und statistisch durchgerechnet. Mit einem Nachweis der theoretischen und praktischen Wertlosigkeit der Wirtschaftslehre*, Carl Reissner 1912. 이 책은 온라인에서도 무료로 볼 수 있다. 그의 부양 의무 프로그램에 대해서는 다음 자료 참조. Robert Plank and Frederick P. Hellin: *Der Plan des Josef Popper-Lynkeus*, Lang 1978; Friedrich F. Brezina: *Gesicherte Existenz für Alle*. *Josef Popper- Lynkeus 1838-1921*, Monte Verita 2013. 사회적 이상을 다룬 버트런 드 러셀의 작품들은 다음과 같다. Bertrand Russel: Political Ideals, The Century . Co. 1917. 독일어본: *Politische Ideale*. *Wie die Welt gemacht werden kann*, Darmstädter Blätter 1989; 같은 저자: *Roads to Freedom: Socialism, Anarchism, and Syndicalism*, George Allen & Unwin 1918. 독일어본: *Wege zur Freiheit*. *Sozialismus, Anarchismus, Syndikalismus*. Suhrkamp 1971; 같은 저자: *In Praise of Idleness*, George Allen & Unwin 1935. 독일어본: *Lob des Müßiggangs*, dtv Verlagsgesellschaft 2019. 〈사회 신용〉을 다룬 클리퍼드 휴 더글러스의 작품은 다음과 같다. Clifford Hugh Douglas: *Social Credit*(1924/1933), Institute of Economic Democracy 1979. 그 밖에 더글러스에 대해서는 다음 자료 참조. Bob Hesketh: *Major Douglas and Alberta Social Credit*, University of Toronto Press 1997; John W. Hughes: *Major Douglas: The Policy of a Philosophy*, Wedderspoon Associates 2002. 밀턴 프리드먼은 최저 소득 보장에 관한 자신의 생각을 다음 책에 담았다. Milton Friedman: *Kapitalismus und Freiheit*, Seewald 1971. 그리고 그 생각을 다음 책에서도 옹호했다. Milton Friedman and Rose Friedman: *Chancen, die ich meine. Ein persönliches Bekenntnis*, Ullstein 1980. 미국의 기본 소득 도입 역사와 관련해서는 다음 자료 참조. Brian Steensland: *The Failed Welfare Revolution: America's Struggle over Guaranteed Income Policy*, Princeton University Press 2008. 로버트 시어벌드가 꿈꾸는 생업 노동 사회의 대안 사회와 관련해서는 다음 자료 참조. Robert Theobald.: *The Challenge of Abundance*, Clarkson Potter 1961; 같은 저자: *The Guaranteed Income: Next Step in Economic Evolution*, Doubleday 1966; 같은 저자: *An Alternative Future for America II*, The Swallow Press 1968. 기본 소득에 관한 대중적 관심을 불러일으킨 덴마크의 작품은 다음과 같다. Niels I. Meyer, Helveg Petersen and Villy Sørensen: *Aufruhr der Mitte. Modell einer künftigen Gesellschaftsordnung*, Hoffmann und Campe 1985. 필리프 판 파레이스의 가장 중요한 작품은 다음과 같다. Philippe Van Parijs (엮음): *Arguing for Basic Income: Ethical Foundations for a Radical Reform*, Verso 1992; 같은 저자: *Real Freedom for All: What (if Anything) Can Justify Capitalism?*, Clarendon Press 1995. 무조건적 기본 소득에 대한 앙드레 고르스의 방향 전환은 다음 작품에서 이루어진다. André Gorz: Wer nicht arbeitet, soll trotzdem essen, in: *Lettre International*, Frühling 1986, abgedruckt in: Claus Leggewie und Wolfgang Stenke: *André Gorz und die zweite Linke. Die Aktualität eines fast vergessenen Denkers*, p. 101 – 121; André Gorz: *Arbeit zwischen Misere und Utopie*, Suhrkamp 2000.

1980년대 독일어권의 무조건적 기본 소득에 대한 논쟁은 다음 자료 참조. Claus Offe 외(엮음): *Arbeitsgesellschaft. Strukturprobleme und Zukunftsperspektiven*, Campus 1984; Michael Opielka(엮음): *Die ökosoziale Frage. Entwürfe zum Sozialstaat*, S. Fischer 1985; Thomas Schmid (엮음): *Befreiung von falscher Arbeit. Thesen zum garantierten Mindesteinkommen*, Wagenbach 1986; Georg Vobruba and Michael Opielka(엮음): *Das garantierte Grundeinkommen. Entwicklung und Perspektiven einer Forderung*, S. Fischer 1986; Georg Vobruba: *Arbeiten und Essen. Politik an den Grenzen des Arbeitsmarkts*, Passagen 1989; Georg Vobruba: *Entkoppelung von Arbeit und Einkommen. Das Grundeinkommen in der Arbeitsgesellschaft*, Springer VS 2019.

오늘날 〈소액의〉 기본 소득에 대해서는 다음 자료 참조. Thomas Straubhaar: *Radikal gerecht. Wie das Bedingungslose Grundeinkommen den Sozialstaat revolutioniert*, Edition Körber 2017; 같은 저자: *Grundeinkommen jetzt! Nur so ist die Marktwirtschaft zu retten*, NZZ Libro 2021. 다음 책도 〈소액의〉 기본 소득을 옹호한다. Stefan Bergmann: *In zehn Stufen zum BGE. Über die Finanzierbarkeit und Realisierbarkeit eines bedingungslosen Grundeinkommens in Deutschland*, Books on Demand 2018, 2. Aufl.

〈고액의〉 기본 소득을 주장하는 책들을 간략하게 정리하면 다음과 같다. Manfred Füllsack: *Leben ohne zu arbeiten? Zur Sozialtheorie des Grundeinkommens*, AVI- NUS 2002; Yannick Vanderborght and Philippe Van Parijs: *Ein Grundeinkommen für alle? Geschichte und Zukunft eines radikalen Vorschlags*, Campus 2005; Götz W. Werner: *Einkommen für alle. Der dm-Chef über die Machbarkeit des bedingungslosen Grundeinkommens*, Kiepenheuer & Witsch 2007; Götz W. Werner and Enrik Lauer: *Einkommen für alle. Bedingungsloses Grundeinkommen – die Zeit ist reif*, Kiepenheuer & Witsch 2018, 2. Aufl.; Michael Opielka, Matthias Müller, Tim Bendixen and Jesco Kreft: *Grundeinkommen und Werteorientierungen. Eine empirische Analyse*, VS Verlag 2009; Ronald Blaschke: *Grundeinkommen. Geschichte – Modelle – Debatten*, Dietz 2010; Ronald Blaschke, Adeline Otto and Norbert Schepers(엮음): *Grundeinkommen. Von der Idee zu einer europäischen politischen Bewegung*, VSA

2012; Karl Widerquist, José A. Noguera and Yannick Vanderborght: *Basic Income: An Anthology of Contemporary Research*, Wiley-Blackwell 2013; Daniel Häni und Philip Kovce: *Was fehlt, wenn alles da ist? Warum das bedingungslose Grundeinkommen die richtigen Fragen stellt*, Orell Füssli 2015; Amy Downes und Stewart Lansley(엮음): *It's Basic Income: The Global Debate*, Policy Press 2018; Eric Schröder: *Zur Konsensfähigkeit der Grundeinkommensidee*, Tectum 2018. 〈나의 기본 소득〉이라는 단체에 대해서는 다음 자료 참조. Michael Bohmeyer and Claudia Cornelsen: *Was würdest du tun? Wie uns das Bedingungslose Grundeinkommen verändert*, Econ 2019, 2. Aufl.

무조건적 기본 소득의 논쟁에 불을 지핀 책들을 꼽으면 다음과 같다. Rigmar Osterkamp(엮음): Auf dem Prüfstand: Ein bedingungsloses Grundeinkommen für Deutschland?, in: *Zeitschrift für Politik*, Sonderband 7, Nomos 2015; Philip Kovce(엮음): *Soziale Zukunft. Das Bedingungslose Grundeinkommen. Die Debatte*, Verlag Freies Geistesleben 2017; Friedrich Affeldt(엮음): *Die Debatte um das bedingungslose Grundeinkommen. Pro und Contra. Artikel, Aufsätzen und Essays zum bedingungslosen Grundeinkommen*: https://christengemeinschaft.de/sites/default/files/Affeldt-Friedrich/pdf/2018-11/debatte-zum-bedingungslosen-grundeinkommen.pdf; Christoph Butterwegge and Kuno Rinke: *Grundeinkommen kontrovers. Plädoyer für und gegen ein neues Sozialmodell*, Beltz Juventa, 2018.

기본 소득 반대자들의 책은 다음과 같다. Heiner Flassbeck, Friederike Spiecker, Volker Meinhardt and Dieter Vesper: *Irrweg Grundeinkommen. Die große Umverteilung von unten nach oben muss beendet werden*, Westend 2012; Dominik Enste: *Geld für alle. Das bedingungslose Grundeinkommen. Eine kritische Bilanz*, Orell Füssli 2019.

의미 사회는 어떻게 만들어질까?

새로운 학교에 대해서는 다음 책 참조. Richard David Precht: *Anna, die Schule und der liebe Gott. Der Verrat des Bildungssystems an unseren Kindern*, Goldmann 2013. 빌헬름 폰 훔볼트의 교육 개념에 대해서는 다음 책 참조. Wilhelm von Humboldt: *Denkschrift über die äußere und innere Organisation der höheren wissenschaftlichen Anstalten in Berlin. Rechenschaftsbericht an den König 1808-1809*, in: 같은 저자: Werke, 4권, Wissenschaftliche Buchgesellschaft/Cotta 1860. 다음 책도 참조. Dietrich Benner: *Wilhelm von Humboldts Bildungstheorie. Eine problemgeschichtliche Studie zum Begründungszusammenhang neuzeitlicher*

Bildungsreform, Belz Juventa 2003. Gudrun Quenzel and Klaus Hurrelmann(엮음): *Bildungsverlierer. Neue Ungleichheiten*, VS Verlag 2011. Karl Popper: *Ausgangspunkte. Meine intellektuelle Entwicklung*, Mohr Siebeck 2012.

옮긴이의 글
사회적 자유주의의 설계

비행기를 타고 있으면 속도감이 거의 느껴지지 않는다. 우리가 한 공간 안에서 같이 움직이고 있는 데다 외부에도 허공과 흰 구름 외에 속도감을 느끼게 해줄 만한 다른 대상이 없기 때문이다. 지금 우리는 비행기 안과 같은 그런 세계에 살고 있지 않을까? 세상은 엄청난 속도로 달려가고, 기술은 하루가 다르게 발전하고, 우리의 삶은 획기적인 변화의 소용돌이에 빠져 있는데도 우리는 무감각하다. 단순히 라이프 스타일의 변화만 말하는 게 아니다. 부의 양극화는 심해지고, 금융 자본의 힘은 날로 커지고, 사회 안전망 역할을 하는 연금 시스템은 근간부터 흔들리고, 경제적 불안과 부실한 일자리를 자양분 삼아 세계 각국에서 극우가 기승을 부린다.

특히 노동 세계의 변화는 그야말로 격변이다. 디지털 혁명으로 대변되는 제2차 기계 시대에 접어든 지금, 인공 지능의 산업 현장 투입은 수많은 일자리의 소멸을 예고한다. 일각에서는 새 일자리가 그 공백을 메꿀 거라 기대하지만 거대한 구조적 흐름은 쉽게 바뀔 것 같지 않다. 현대 사회는 노동을 중심축으로 굴러간다. 우리는 노동으로 먹고살고, 노동으로 시간을 보내고, 노동으로 노후를 대비하고, 노동에서 삶의 이유를 찾는다. 한마디로 노동은 사회를 유지하는 토대다. 그러나 장차 인공 지능의 대대적인 투입으로 실직자가 늘고, 구매력이 줄고, 그와 함께 기업의 이윤이 감소하고, 젊은 취업자의 비용으로 늙은 비취업자의 노후를 보장하는 연금 시스템이 무너지면 어떤 일이 벌어질까? 우리는 이 변화를 감당할 준비가 되어 있을까?

프레히트는 이러한 문제의식을 바탕으로 노동 개념의 역사적 철학적 기원을 되짚는다. 일반적으로 우리는 하루 여덟 시간씩 일주일에 닷새 일한다. 시간도 아침 9시부터 오후 6시까지로 일정하다. 이를 당연시하지 않는 사람은 별로 없다. 그러나 이는 인간종의 특성에 맞는 자연스러운 질서도 아니고, 자연법칙이나 신이 정해 준 것도 아니다. 기껏해야 산업 혁명(제1차 기계 시대) 이후 경제 및 정치권력이 필요에 따라 사회적으로 정착시킨 강요된 규범에 불과하다. 게다가 일할 수 있음에도 일하지 않는 사람을 보는 눈은 곱지 않다. 그런 사람은 무능력자나 심하게는 사회적 기생충 정도로 여겨진다. 원래 돈이 많아 일할 필요가 없는 사람이 아니라면 말이다.

그렇다면 이렇게 물을 수 있다. 우리는 정말 좋아서 일을 하는 걸까? 일부는 그럴 수 있다. 또한 직업을 통해 삶의 의미를 찾는 사람도 있다. 하지만 대다수는 먹고살려고 일한다. 충분한 돈이 있다면 일하지 않으려는 사람이 훨씬 많을 것이다. 인간은 본능적으로 일을 좋아하거나 규칙적으로 일하는 동물이 아니다. 우리 속에는 오히려 석기 시대인의 DNA가 더 강하게 각인되어 있다. 당시 인간들은 사냥하거나 채집 활동을 할 때만 제외하고는 빈둥거렸다. 쉬면서 노는 것이 우리 본성에 더 맞다는 이야기다. 사실 지금도 그렇지 않은가? 우리는 어느 때 행복한가? 좋은 사람과 함께 밥 먹고, 영화 보고, 게임하고, 여행하고, 꽃을 키우고, 반려동물과 놀고, 멍때리는 시간을 좋아한다. 모두 돈 버는 것과는 관련 없는 일이다. 결국 우리는 일하기 위해 사는 게 아니라 살기 위해 어쩔 수 없이 일할 뿐이다. 다만 그게 자발적이고 의미 있는 일이라면 이야기는 달라진다.

저자는 가능한 한 많은 사람이 스스로 의미를 부여하면서 즐겁게 일하는 사회를 상상한다. 그리고 이를 위해 기존의 성과 중심 노동 사회를 구성원들이 스스로 의미를 만들어 나가는 의미 사회로 바꾸자고 제안한다. 그 변화의 전제는 경제적 독립이다. 자기 주도적인 삶은 경제적 기초 위에서만 가능하기 때문이다. 이 대목에서 프레히트는 자유로운 실존을 위해 국가의 기본 생존권 보장을 이야기한다. 많은 전문가가 제2차 기계 시대의 도래로 일자리의 상실을 걱정하지만, 그는 오히려 이것을 해방의 기회로 본다. 우리가 하기 싫은 일을 기계가 대신해 준다면 우리에게는 그만큼 시간적 여유가 생기고, 국가가 우리의 경제적 독립을 위해 기본 생계를 책임져 준다면 우리는 이를 토대로 각자가 원하는 일을 찾을 수 있다는 것이다.

그에 필요한 재원 마련을 위해 저자는 지금껏 우리가 걷지 않았던 여러 세금을 차례로 검토한다. 제2차 기계 시대로 혜택을 받는 기업들을 대상으로 한 기계세와 수익 창출세, 인공 지능세, 그리고 노동이 아닌 자본으로 돈을 버는 사람들을 대상으로 한 부유세와 금융 거래세 같은 것들인데, 이런 세수를 바탕으로 무조건적 기본 소득을 지급하는 것이 목표다. 여기서 그는 기본 소득을 단순한 분배 정책이 아닌 인간의 자율적인 삶을 보장하는 사회적 기본권으로 본다. 이는 단순히 공상적 구상이 아니라 눈앞에 닥친 현실적 문제에 대한 철학적 응답이자 제도적 대안이다. 경제적으로 가능하다면 모든 시민에게 생계 보장용 소득을 제공하지 못할 이유는 무엇인가? 누구나 경제적 독립을 통해 자아실현의 기회를 누리지 못할 이유는 어디 있는가? 사람들은 늘 익숙한 것을 현실적이라 생각하고, 그 익숙함에서 벗어난 새로운 생각을 비현실적이라고 일축한다. 그러나 그 익숙함에서 벗어날 때가 되었다. 그만큼 닥쳐올 변화의 파고는 높고 거칠다. 지난하겠지만 사회적 합의가 이루어진다면 얼마든지 실현 가능한 이야기다. 이 책은 유토피아, 즉 어디도 존재하지 않는 세상에 관한 이야기가 아니다. 냉철한 현실 분석과 역사적 고찰, 그리고 철학적 사유에서 비롯된, 인간의 자유로운 삶을 위한 대담한 미래 설계도다.

　　역자는 지금껏 프레히트의 책을 상당수 번역했다. 그때마다 고개를 갸웃거리게 된다. 어떻게 그렇게 많은 책을 다 읽었을까? 자신의 이름을 내건 방송을 진행하고 끊임없이 강연하는 가운데 어떻게 그렇게 쉴 새 없이 책을 쓸 수 있을까? 그런 철학자는 이제껏 보지 못했다. 관심 분야도 철학에 국한되지 않고 정치, 사회, 문화, 경제를 넘나든다. 게다가 철학자라고 하면 사물의 본질을 따지고 난해한 개념만 늘어놓는 사람으로 떠올리기 쉽지만, 그는 늘 철학을 일상으로 끌어오고, 일상에서 다시 철학을 끄집어낸다. 그가 이 책에서 말하는 사회도 공산 사회나 기존의 사회 민주주의가 아니라 현실에 기반한 사회적 자유주의, 즉 경쟁과 시장 중심의 고전적 자유주의와 달리 보편적 생계 보장으로 개인의 자기실현을 가능케 하는 사회다.

『모두를 위한 자유』는 『사냥꾼, 목동 비평가』, 『인공 지능의 시대, 인생의 의미』에 이어 그의 미래 3부작을 완성하는 책이다. 이 묵직한 책이 던지는 메시지는 명확하다. 지금 우리는 단순히 기술 진보를 목격하는 시대에 살고 있는 것이 아니라 인간 존재의 의미와 삶의 방식을 근본적으로 다시 묻는 전환기에 서 있다. 프레히트가 제안하는 사회적 자유주의는 무조건적 기본 소득이라는 경제적 기반 위에서 자기 주도적 삶을 구축하려는 철학적 비전이다. 우리는 이제 노동을 신성시하던 시대에서 벗어나 어떻게 살 것인가라는 질문으로 시선을 옮겨야 한다. 노동의 신성함이라는 낡은 명제에 더 이상 맹목적으로 따를 수는 없다. 인간의 존엄은 선택 가능성에서 비롯되고, 그 선택의 출발점은 안정된 삶이다. 이 책은 노동에 관한 상식을 용기 있게 뒤집는다. 그리고 우리에게 그런 새로운 상식을 만들 용기가 있는지 묻는다.

박종대

찾아보기

옮긴이 **박종대** 성균관대학교 독어 독문학과와 동 대학원을 졸업하고 독일 쾰른에서 문학과 철학을 공부했다. 사람이건 사건이건 겉으로 드러난 것보다 이면에 관심이 많고, 환경을 위해 어디까지 현실적인 욕망을 포기할 수 있는지, 그리고 어떻게 사는 것이 진정 자신을 위하는 길인지 고민하는 제대로 된 이기주의자가 꿈이다. 리하르트 다비트 프레히트의 『세상을 알라』, 『너 자신을 알라』, 『너 자신이 되어라』, 『사냥꾼, 목동, 비평가』, 『의무란 무엇인가』, 『인공 지능의 시대, 인생의 의미』를 포함하여 『콘트라바스』, 『승부』, 『어느 독일인의 삶』, 『9990개의 치즈』, 『데미안』, 『수레바퀴 아래서』 등 200권이 넘는 책을 번역했다. 로베르트 무질의 『특성 없는 남자』로 2024년 한독문학 번역상(시몬느 번역상)을 받았다.

모두를 위한 자유

발행일 2025년 5월 30일 초판 1쇄

지은이 리하르트 다비트 프레히트
옮긴이 박종대
발행인 홍예빈
발행처 주식회사 열린책들

경기도 파주시 문발로 253 파주출판도시
전화 031-955-4000 팩스 031-955-4004
홈페이지 www.openbooks.co.kr 이메일 humanity@openbooks.co.kr

ISBN 978-89-329-2516-5 03100